JN056844

［体育・スポーツ・健康科学テキストブックシリーズ］

❄

生涯スポーツ実践論

―生涯スポーツを学ぶ人たちに―

改訂5版

❄

川西　正志・野川　春夫
監修

伊藤　央二・大勝志津穂・北村　尚浩
工藤　康宏・長ヶ原　誠
編著

CHI
市村出版

[監修・著]
川西　正志
　　北翔大学　特任教授

[編　著]
伊藤　央二
　　中京大学スポーツ科学部　教授
大勝志津穂
　　椙山女学園大学人間関係学部　教授
北村　尚浩
　　鹿屋体育大学スポーツ人文・応用社会科学系　教授

[執筆者]
青島　健太
　　参議院議員，（有）オフィス・ブルー　取締役
秋吉　遼子
　　東海大学体育学部　講師
岡安　功
　　広島経済大学経営学部　教授
上　梓
　　一般社団法人日本作業療法士協会　課長
川西　司
　　中部学院大学スポーツ健康科学部　助教
菊池　秀夫
　　中京大学スポーツ科学部　教授
工藤　保子
　　大東文化大学スポーツ・健康科学部　准教授
國本　明德
　　大阪産業大学スポーツ健康学部　准教授
久保　和之
　　龍谷大学社会学部　教授
久保田晃生
　　東海大学体育学部　教授
小坂井留美
　　北翔大学生涯スポーツ学部　教授
兒玉　友
　　日本福祉大学スポーツ科学部　准教授
坂口　俊哉
　　鹿屋体育大学スポーツ人文・応用社会科学系　講師
上代　圭子
　　東京国際大学人間社会学部　准教授
冨山　浩三
　　大阪体育大学スポーツ科学部　教授
中澤　公孝
　　東京大学大学院総合文化研究科　教授
永谷　稔
　　北翔大学生涯スポーツ学部　教授
仲野　隆士
　　仙台大学体育学部　教授
中本　浩揮
　　鹿屋体育大学スポーツ人文・応用社会科学系　准教授
中山　健
　　大阪体育大学スポーツ科学部　教授

野川　春夫
　　武庫川女子大学　学術顧問

工藤　康宏
　　武庫川女子大学健康・スポーツ科学部　教授
長ヶ原　誠
　　神戸大学大学院人間発達環境学研究科　教授

二宮　浩彰
　　同志社大学スポーツ健康科学部　教授
萩　裕美子
　　東海大学体育学部　前教授
樋口　毅
　　（株）ルネサンス　執行役員　健康経営企画部　部長
彦次　佳
　　関西大学人間健康学部　教授
平野　貴也
　　一般社団法人生涯スポーツ社会創成研究所　研究員
藤田　紀昭
　　日本福祉大学スポーツ科学部　教授
舟木　泰世
　　尚美学園大学スポーツマネジメント学部　専任講師
舩越　達也
　　京都光華女子大学健康科学部　教授
増山　尚美
　　北翔大学生涯スポーツ学部　教授
松岡　宏高
　　早稲田大学スポーツ科学学術院　教授
松永　敬子
　　龍谷大学経営学部　教授
松本　耕二
　　広島経済大学経営学部　教授
松本　眞一
　　公民連携事業経営コンサルタント
松本　弘志
　　（株）カワサキスポーツサービス　代表取締役
山口　志郎
　　流通科学大学人間社会学部　教授
山口　泰雄
　　神戸大学　名誉教授
山田奈美江
　　スポーツ庁　参事官（地域振興担当）付　専門職
來田　享子
　　中京大学スポーツ科学部　教授
涌井佐和子
　　順天堂大学スポーツ健康科学部　先任准教授
渡辺　泰弘
　　広島経済大学経営学部　准教授

〈五十音順〉

生涯スポーツ実践論　第５版改訂に向けて

　21世紀に入り，社会経済状況は著しく変化し，記憶にも新しい2020東京オリンピック・パラリンピック大会は，さまざまな日本のスポーツ振興に課題を残す結果になりました．近い将来，さらに深刻化する日本の少子高齢化に伴い，地域や国内のスポーツ状況も大きな変革の時期に差し掛かっています．子どもの体力向上，部活動の地域移行，多様性への対応，スポーツのビジネス化，高齢者の運動による健康づくりなどの具体的な課題検証の必要性が挙げられます．

　日本のスポーツ振興にとっても，この20数年の間にさまざまなスポーツ政策が策定されてきました．スポーツ振興基本計画を皮切りに，50年ぶりに改訂された「スポーツ基本法」，第1期から第3期までのスポーツ基本計画，部活動ガイドラインなどのスポーツ政策ラッシュといったあわただしさを感じています．

　今回，私どもは，こうした，新たな局面を迎えた日本社会とスポーツ政策に対応すべく国民各層への生涯スポーツの振興の提案が必要と考え，今後5年先を見据えた新しい生涯スポーツ振興への課題解決のために本書の改訂を試みることになりました．今回は，若手の先生方に編集作業をお願いし，よりきめ細かい査読をお願いしました．

　これまでの初版から改訂4版までの内容を見直し，よりアップデートなデータを提供しました．国内で教科書として数多くの機関で本書が使用されている体育・スポーツの大学専門学部生，専門学校，地域の行政，地域スポーツ指導者など幅広い人々とともに考える視点に立ちながら，コンパクトでインパクトのある内容構成の対応をしたいと考えました．

　日本のスポーツ界の変革に対応すべき「生涯スポーツの理論と実践」に関する科学的根拠と実践的な取り組みを示した内容に仕上がったと思っています．今回の改訂では，使用されている方々からの意見を参考に，全体をよりコンパクトに構成してあります．執筆者からはもう少し詳しく書きたいなど，意に添わない部分もあったかと思いますが，全体のバランスを考慮しながら期待どおりの原稿を執筆していただいたと思っています．

　最後に，本書の改訂作業は，広範囲にわたる大変な作業になりましたが，各執筆者のご努力により，予定通りの出版に間に合いました．この間，毎回の事ですが市村出版の市村近さんにはご尽力いただきました．

　また，悲しいことでしたが，丁度この改訂作業を始めたころから，これまで本書に執筆いただいていた日本生涯スポーツ学会会長で東海大学の萩裕美子教授が病気療養中であった中ご逝去されました．本改訂版では，これまでの先生の原稿を同僚の久保田晃生先生に共著者として執筆をお願いしました．これが萩先生の最後のお仕事としたいと思っています．生涯スポーツ研究の始まりから今日まで精力的に研究活動を実施されてきた萩先生に対して感謝し，すばらしい改訂版ができたことをご報告いたします．

最後にこの著者の皆さまには，編集者より無理なお願いをしました時もありましたが，快く対応頂きましたことに対し，改めて心より感謝申し上げます．

2024年3月20日

監修者　川西　正志

野川　春夫

初版　はじめに

　21世紀を迎え日本の少子高齢化社会が急速に進む中，国民の運動・スポーツによる健康づくりの必要性が叫ばれている．特に近年，子どものスポーツ環境の整備や，生活習慣病の予防などに重点が置かれ，地域での生涯スポーツ振興や健康づくりが地方自治体の行政担当者ばかりでなく，広く国民各層の関心事となっている．

　地域のスポーツ振興は，1970年代後半から社会体育の振興という形で進められてきた．そこでは，学校や職場，地域が別々の範疇で，参加者に対してプログラムや指導者のあり方を問う内容や，スポーツ集団に対しての施策および振興計画が中心的課題であった．しかしながら，少子化と完全週5日制に伴い学校の運動部活動を取り巻く環境に大きな変化の兆しがみられ，種目によっては，単一校での活動が困難な状況も出てきている．同様に，スポーツ少年団活動についても団員の確保や指導者の確保も難しくなってきた．一方，バブル経済の崩壊とともに1990年代後半以降，企業クラブの廃部が相次ぎ，同時に企業内での体力づくりプログラムも，個人の取り組みに委ねられる形となってきた．

　21世紀に入って，日本の運動・スポーツ環境は，施策対象が集団から個人へ，横断面的から生涯にわたる縦断的な視点へと新たな局面を迎えている．この新しい局面に対応すべく文部科学省は「スポーツ振興基本計画」を，厚生労働省は「健康日本21」を掲げて，日本各地でスポーツ環境と健康づくり環境の整備が急速に進みつつある．

　著者らが関係している鹿屋体育大学は20年前に創設され，その教育目標の一つが今でいう生涯スポーツ指導者の育成であった．この教育目標を達成すべく独自性の高い実習プログラムを開発してきた．また，地域社会における生涯スポーツプログラムや健康づくりに関した研究活動や普及振興に邁進してきた．3年前には，国内の有志とともに日本生涯スポーツ学会も立ち上げ，本年で第4回大会を神戸で開催するまでになってきた．

　今回，市村出版の市村近氏から本書の執筆を依頼され，実践的な生涯スポーツの内容で，大学生から現場の指導者や行政の生涯スポーツ担当者にも理解しやすい入門書にしたい旨を伝えた．したがって，体育・スポーツ系や健康福祉系の大学生や専門学校生および地域のスポーツ指導者が平易に理解できる内容・表現を目標として，生涯スポーツに造詣の深い若手や中堅の研究者を中心に執筆を依頼した．編集を進める中で，生涯スポーツの領域の広がりと新たな進むべき方向性や研究課題が本書に示されたと自負している．各執筆者のご協力に深く感謝の意を表すとともに，本書が題名通り生涯スポーツ振興と発展に実践的に役立つことを祈念する次第である．

　最後に，本書を出版するにあたり企画から広範な編集作業までを精力的に進めてくださった市村近氏に心より感謝するとともに，この出版を新たなスタートとして，今後も生涯スポーツの教育研究に精進する決意をした次第である．

平成14年8月吉日

編著者　**川西　正志**
　　　　野川　春夫

iv

生涯スポーツ実践論　—生涯スポーツを学ぶ人たちに—　改訂5版

目　次

演習ノート　1～15章

1章 生涯スポーツ社会を目指して

[1] 生涯スポーツの歴史と定義

--- ポイント ---
欧米および日本における生涯スポーツ生成の歴史的な背景をかい摘んで紹介する.

1. 生涯スポーツの歴史：欧米の潮流

　　　第二次世界大戦が終結し，衣食住が充たされ始めると人々の欲求は余暇活動へと向けられた．20世紀における生涯スポーツムーブメントの源流は，旧西ドイツが1959年に始めた「第2の道」（Second Road）と1960年から15年計画で実施された「ゴールデン・プラン」にあるといっても過言ではない．国威発揚を目的としたエリート選手育成のチャンピオンスポーツを「第1の道」とし，一般市民がスポーツ・身体活動に参加できる道を「第2の道」と呼び，全市民がスポーツを享受できる「第2の道」を実現するために，宝くじ（Loto）の売り上げを財源にした公共スポーツ施設の整備拡充計画が「ゴールデン・プラン」である．

　　　第二次世界大戦の敗戦国でありながら，旧西ドイツは国の威信をかけたエリートスポーツの振興と並行して，国民の余暇活動の充実と健康体力つくりを重視する生涯スポーツ振興を国家事業に掲げた．産業化によって労働人口が都市に一極集中する都市化が進み，工業化社会がもたらしたライフスタイルの変容は運動不足や複合的ストレスに起因した健康問題を先進工業国に引き起こした．脱工業化社会に向かう欧米諸国において，暖衣飽食と運動不足がもたらす生活習慣病に起因した心身の健康問題の克服とコミュニティの再生は政治的課題となり，「スポーツの力」に熱い期待が寄せられた（島崎，1998，pp.29-33）．

　　　1967年にノルウェーで始まったトリム運動は，1970年に旧西ドイツの「第2の道」のメインプログラムに組み込まれ，トリム運動（Trimm Aktion）の名称でヨーロッパ大陸から全世界に普及していった．個人型スポーツ人口の拡大に貢献したトリム運動は，英国政府にも大きな影響を与えた．1960年にウォルフェンデン委員会報告書『スポーツと社会』において，生涯スポーツの重要性が提唱されていながらも，議会の承認を得られなかった英国では，トリム運動に刺激され，1972年に設置された英国スポーツ審議会は予算配分などの権限を持つ独立機関として"スポーツ・フォー・オール"

を宣言し，英国においてようやく生涯スポーツ時代の幕開けを迎えた．

　旧西ドイツとイギリスに端を発したスポーツ・フォー・オールの潮流は，健康・体力づくりやスポーツの問題について国際交流を図ろうとする気運をヨーロッパ諸国にもたらした．そして，1975年の第1回欧州スポーツ閣僚会議において8条からなる「ヨーロッパ・スポーツ・フォー・オール憲章（Sport for All Charter）」の採択勧告が行われ，スポーツ・フォー・オールムーブメントに弾みがつき，世界的な運動に拡大した（山口，1989，pp.4-6）．

　1992年の第7回欧州スポーツ閣僚会議では，新しいヨーロッパ共同体制（Europe Union）に適合させるために，「新ヨーロッパ・スポーツ憲章」を加盟国12カ国が満場一致で採択し，翌1993年に発布した．新憲章からはフォー・オールの文言が外され，生涯スポーツが一般大衆に止まらず，ドーピングや八百長問題が蔓延しつつあるエリートレベルやプロスポーツへの支援をも含む広範囲な立場にあることを鮮明にしている（池田，1993，pp.5-12）．

　米国では，1950年代半ばにヨーロッパ諸国の青少年の体力に比べて米国の青少年の体力が劣っていることに危機感を持ち，青少年の健康・体力づくりを推進するために「青少年の体力に関する大統領体力審議会」（1956年）をアイゼンハワー大統領が設置した．1960年には，大統領に就任したジョンF・ケネディが，日常生活のオートメーション化で体力が落ちた青少年を「軟弱な世代（Soft Generation）」と呼び，学校教育への体力テストの導入とともに生涯スポーツの重要性を強調した．その後，大統領体力審議会は歴代の大統領に引き継がれ，1990年代後半には映画"ターミネーター"の主役アーノルド・シュワルツェネッガー元カリフォルニア州知事が先頭に立って，青少年の体力向上キャンペーンを推進したが国家的事業には至っていない．

　1990年代以降，欧米各国やオセアニア，東南アジア諸国などで，青少年の身体活動離れ，薬物汚染，非行防止などの解決策としての側面から生涯スポーツの必要性が強調されてきたが，啓もうキャンペーンに止まり，重点対象層の行動変容にまで至っていない．とくにデジタル世代の青少年の運動・スポーツ実施率が上がっていない．国際スポーツ・フォー・オール協議会（TAFISA）は，ナイキ社が2012年に開発した「Designed to Move」プログラムを積極的に推進しているが浸透度は低く，皮肉にも「ポケモンGO」が日常の身体活動を推進するなどVRやARを駆使したeスポーツを含む生涯スポーツ時代の幕開けとも言える．

2. 生涯スポーツの変遷：日本の潮流

　1961年にスポーツ振興法が施行され，日本のスポーツ行政がようやく確立し始めた．1964年の東京オリンピックを契機として急激に進んだ「高度経済成長」は，大都市一局集中化，先端技術化社会をもたらした反面，労働密度の高まりによるストレスの増大，労働の質の変化による運動不足病・生活習慣病の増加およびコミュニケーション欠如をもたらした．工業化社会における人間関係の希薄化や生きがいの見直しに対する福祉国家政策の一環として，一部のスポーツ愛好者だけでなく全市民のスポーツや身体活動要求に対応する施策が必要となった（内海，2005）．

　1970年代に入ると，ヨーロッパの先進諸国と同様に「選手スポーツ」の時代から「み

んなのスポーツ」「スポーツ・フォー・オール」「地域スポーツ」の時代へと突入した．文部大臣の諮問機関である保健体育審議会が「体育・スポーツの普及振興に関する基本方策について」の答申を1972年に出した．この答申には，スポーツ普及のための地域的施策を定め，地域住民の日常的なスポーツ参加等の施策が散りばめられていた．スポーツはレジャー・レクリエーション活動としても重視されたことから，文部省に加えて通産省（現・経済産業省）や経済企画庁等の余暇政策の中核のひとつとしてスポーツ政策が位置付けられた．内海（2005）は，日本での「福祉元年」のスポーツ版が確立したと述べている．

　経済成長が続いた1970年代は，「スポーツクラブの育成」，「コミュニティ・スポーツの振興」，「スポーツ振興計画の設置」，「スポーツ施設の建設ラッシュ」が特徴的といえる．そして1980年代には，学校体育施設と公共スポーツ施設が飛躍的に増加し，日常生活圏域のスポーツ・レクリエーション活動実施率の押し上げにつながった．スポーツ振興法で創り出された体育指導委員は，スポーツクラブの育成やコミュニティ・スポーツの振興に貢献することになった．

　1988年には文部省体育局スポーツ課が「生涯スポーツ課」と「競技スポーツ課」に分化拡充され，スポーツ行政の体制が整えられた．1988年は『生涯スポーツ元年』とも称される年である．生涯スポーツ課の誕生後，生涯スポーツコンベンション，全国スポーツ・レクリエーション祭，社会体育指導者資格付与制度等の文部科学省のプログラムと厚生労働省が始めた全国健康福祉祭（通称ねんりんピック）が次々と誕生し，「するスポーツ」が脚光を浴び，「1村1品運動」ならぬ「1村1スポーツイベント」時代を迎えた．

　1990年代は，Jリーグの登場により『Jリーグ百年構想』の地域密着型のスポーツクラブ文化が注目されるようになった．1995年からは，スポーツ振興投票くじ（toto）の売り上げを財源とした「総合型地域スポーツクラブ」構想が開始された．しかし，totoの売り上げの目論見が外れ，総合型地域スポーツクラブの育成事業には，日本体育協会に年間約10億円の予算をつけて7年間で約3,000クラブの創設・育成を目指した．1990年代のスポーツ政策は基本的には1980年代末の路線を踏襲し，チャンピオンスポーツを強調したが，費用は民間任せ，生涯スポーツから手を引いた状態でほとんど無策状態が続いたという批判（内海，2005）もある．

　2000年9月には政府が40年間ないがしろにしてきた「スポーツ振興基本計画」が産声をあげた．『生涯スポーツ社会の実現』を謳い，2010年までに成人のスポーツ実施率を35％から50％に引き上げ，総合型地域スポーツクラブを各自治体の中学校区に少なくとも1クラブ設置し，全体では10,000クラブの創設を目指すという画期的な数値目標を掲げた．しかし，折からの財政難によって国家的な予算措置も十分ではなく，サッカーくじの収益金頼みという形になってしまった．

　自民党のスポーツ議員が中心となって作成した「スポーツ立国戦略」のたたき台は，政権交代と関係なく民主党に引き継がれ，2011年6月に超党派の議員立法として「スポーツ基本法」が成立した．そして実効性を伴う「スポーツ基本計画」が2012年国会を通過し，種々さまざまな施策が施行されている．スポーツ基本法には『スポーツ権』が滲み出ており，準公務員の位置付けである体育指導委員の名称がスポーツ推進

委員と変更された.

　2011年には，文部科学省青少年スポーツ局からは生涯スポーツ課という名称が「スポーツ振興課」に替わり，文字通り「スポーツ＝生涯スポーツ」の時代を迎えた. そして，2015年10月1日にスポーツ庁が設置され，「スポーツ振興課」は「健康スポーツ課」に名称変更され，身体と心の健康づくり・保持増進のツールという位置づけられた. 2017年3月には第2期スポーツ基本計画，そして2022年3月には第3期スポーツ基本計画が発表され，新たなスポーツ施策が次々と展開されている. また，スポーツ基本法の改正なども画策されている.

3. 生涯スポーツの定義

　生涯スポーツとは何であろうか？　スポーツ・フォー・オールは，1970年代から"みんなのスポーツ"として定着してきたが，1988年の文部省体育課の改組により"生涯スポーツ"と改称された. 生涯スポーツ＝スポーツ・フォー・オールとするには，いささか違和感があろう. 生涯スポーツが社会体育に変わって登場してから約35年が経とうとしているが，明確な学術定義がなされていない.

　従前は，生涯スポーツを生涯学習としてのスポーツとして捉える考え方が多く，"みんなのスポーツ"＝"生活の中のスポーツ"として捉え，「生涯の各時期，各分野において必要に応じて，いつでも学べるような多様なスポーツ活動の学習機会の保証と環境整備を意味する」(平澤・粂野，1979) と定義されている. これに対して，筆者らや山口 (1989) は，「生涯にわたる各ライフステージにおいて，生活の質 (QOL) が向上するために自分自身のライフスタイルに適した運動・スポーツを継続して楽しむこと」という簡素化した概念定義を提唱している.

　スポーツ基本法では，「スポーツは，心身の健全な発達，健康および体力の保持増進，精神的な充足感の獲得，自律心その他の精神の涵 (かん) 養等のために個人又は集団で行われる運動競技その他の身体活動」と定義しているが，スポーツ実施率の上昇を目論んで第2期スポーツ基本計画ではさらに緩い概念定義「『スポーツ』とは『気晴らし』である」としたため，自治体のスポーツ振興関係者の間に大きな混乱を招いた.

　東京都スポーツ推進総合計画 (2018) ではスポーツを「ルールに基づいて勝敗や記録を競うものだけでなく，余暇時間や仕事時間等を問わず健康を目的に行われる身体活動，さらには遊びや楽しみを目的とした身体活動 (相応のエネルギー消費を伴うもの) まで，そのすべてを幅広く含むもの」として捉えているので，生涯スポーツの概念定義とほぼ類似している. 今後のスポーツの定義は，eスポーツをも取り込んだ弾力的な定義となろう.

[野川　春夫]

[キーワード]
・**第2の道**：旧西ドイツスポーツ連盟が提唱した「だれもが」「いつでも」「どこでも」スポーツ・身体活動に参加できる生涯スポーツ政策.
・**ゴールデン・プラン**：旧西ドイツの全国津々浦々にスポーツ施設を建設する計画. 1960年に採択され，1961〜1975年に実施された15カ年計画である.
・**トリム運動**：心と体のバランスをスポーツ・身

体活動で取り戻そうとするノルウェーでの推進運動．旧西ドイツの第2の道政策の目玉プログラムとなる．

・**スポーツ・フォー・オール**：国際的には「みんなの生涯スポーツ」という意味合い．英国のスポーツ審議会が，スポーツ参加キャンペーンに用いたシンボルマーク．

[文　献]

・平澤　薫，粂野　豊（1977）生涯スポーツ：幼児・児童・成人・高齢者のために．プレスギムナスカ，pp.13-22.
・池田　勝（1996）新ヨーロッパ・スポーツ憲章に学ぼう．体育科教育，44（13）：36-38.
・野川春夫（1996）世界のスポーツ・フォア・オール運動—生涯スポーツ：世界の潮流—．生涯スポーツの基礎理論，鹿屋体育大学，pp.2-11.
・萩裕美子（2000）生涯スポーツ学の位置づけと方向性．九州体育学研究.
・山口泰雄（1989）生涯スポーツの理論とプログラム．鹿屋体育大学，pp.1-14.
・島崎　仁（1998）スポーツに遊ぶ社会に向けて：生涯スポーツと遊びの人間学．不昧堂.
・内海和雄（2005）日本のスポーツ・フォー・オール：未熟な福祉国家のスポーツ政策．不昧堂.
・東京都オリンピック・パラリンピック準備局（2018）東京都スポーツ推進総合計画．https://www.sports-tokyo-info.metro.tokyo.lg.jp/policyinformation/council/master_plan/（参照日2023年11月17日）
・文部科学省（2022）第3期スポーツ基本計画．https://www.mext.go.jp/sports/b_menu/sports/mcatetop01/list/1372413_00001.htm（参照日2023年11月17日）

[2] 生涯スポーツの伝統と文化

― ポイント ―
生涯スポーツの伝統構築には余暇・レジャー教育が求められ，現代のグローバル社会において生涯スポーツと文化のユニークな関連性を明らかにすることは学術的にも社会的にも重要である．

1. 生涯スポーツと伝統

　　伝統とは社会学辞典（1958）によると次のように定義されている．「ある集団（とくに民族）が文化的または精神的領域において所有する，あるいは所有すると信ぜられている優れた慣習のこと．（中略）伝統は，学問・芸術・宗教・政治その他すべての非自然的領域における思惟や行動の様式・手法・制度について問題となりうる」（p.636）．スポーツもその例外ではなく，国内では日本発祥といった文脈のもと相撲，柔道，剣道といったスポーツが伝統スポーツと呼ばれている．それでは，「生涯にわたる各ライフステージにおいて，生活の質（QOL）が向上するように自分自身のライフスタイルに適した運動・スポーツ」（岡安ほか，2013，p.50）と定義される生涯スポーツの伝統とはどういったものだろうか．それは，「みんなの生涯スポーツ」といった意味合いを持つ「スポーツ・フォー・オール」（野川，2012）の精神・考え方の浸透だと考えられる．例えば，前述した日本の伝統スポーツである相撲や柔道の愛好者（競技者含む）は，学校の運動部活動のシステムから投げ出された途端，活動場所を失ってしまうケースが多い．行いたいスポーツを行える環境整備が生涯スポーツを伝統と

していくためには必要であろう.

　加えて，生涯スポーツの伝統を構築していくためには，小中高での保健体育の授業はもちろん，高等教育機関での余暇・レジャー教育が重要であると考えられる．生涯スポーツは，世界保健機関が「健康」と定める身体的，心理的，社会的なベネフィットを私たちにもたらしてくれる．これらのベネフィットを理解することは，生涯スポーツ参加への動機づけとなり，生涯スポーツの伝統構築に寄与することが考えられる．また，余暇・レジャー教育では，阻害要因を乗り越える方法（阻害要因折衝）を紹介することも重要であろう．前述したように，生涯スポーツ参加には，環境整備（スポーツ施設の拡充など）といった構造的な要因から，生涯スポーツに対する態度といった個人的な要因，一緒に生涯スポーツを行う友人の欠如といった対人的な要因まで，さまざまな阻害要因が考えられる（Crawford et al., 1991）．しかしながら，阻害要因の存在がすぐに不参加といった結果につながるわけではなく，私たちは認知的（不参加理由の正当化など）や行動的（スケジュール調整など）な戦略を用い，意識的・無意識的に阻害要因を乗り越えていることが報告されている（Jackson et al., 1993）．また，阻害要因折衝はただ単に参加頻度を高めるだけではなく，ランニング中に音楽を聴くなどの生涯スポーツ活動中の楽しみや満足感を高めることにも応用が可能である．このような，生涯スポーツのベネフィット，阻害要因，阻害要因折衝に関する知識を余暇・レジャー教育を通して広めることは，生涯スポーツの伝統構築のためには必要不可欠であろう.

　伝統とは過去から現在に及ぶ連続性であり（社会学辞典，1958），一朝一夕で生涯スポーツの伝統が構築される訳ではない．1988年の文部省体育科の改組によってスタートした「生涯スポーツ」には，まだ35年の歴史しかないのが現状である（野川，2018）．余暇・レジャー教育を通して，スポーツ・フォー・オール（みんなの生涯スポーツ）の種を蒔いていくことが生涯スポーツの伝統構築に求められている.

2.　生涯スポーツと文化

　文化にはさまざまな定義が存在し，学問領域によってその内容も異なる（社会学辞典，1958）．しかし，一般的には，文化とは「集団で共有される生活様式」（Berry et al., 2002, p.2）や「意味の体系」（Geertz, 1973, p.312）と定義され，異なる生活様式や意味体系をもつ文化では，私たちはその文化でなされる行為を理解できないことが報告されている．例えば，前述した阻害要因を例に挙げると，男性と女性の接触に大きな制限があるイスラム教では男女間でのスポーツ活動は原則として禁止され，彼らの（とくにイスラム女性の）スポーツ機会を大きく制限していることが報告されている（Chick and Dong, 2005）．生涯スポーツの動機に関して言えば，個の重要性が強調される北米文化では個人の達成感のために，集団の重要性が強調される東アジア文化では周囲への期待に応えるために，生涯スポーツに参加するという文化差がMarkus and Kitayama（1991）の文化的自己観の理論から推察できる．また，理想とする感情が文化で異なるといった感情評価理論（Tsai et al., 2006）からは，高覚醒の快感情が重視される北米文化ではスリリングな感情をもたらすスポーツ（サーフィンなど）が，低覚醒の快感情が重視される東アジア文化ではリラックスな感情をもたらす ス

ポーツ（ヨガなど）が好まれることが予測される．さらには，文化によって異なる時間や労働の概念も生涯スポーツ参加に大きく影響している．残業がほとんどなく定時で仕事が終わる社会では，勤務後の夕方からスポーツを楽しむことができるが，日本のような残業が当たり前の社会では，平日の勤務後にスポーツを楽しむことは困難である．例えば，17時から18時での終業が当たり前のカナダのエドモントンという都市では，平日の18時や19時からサッカーやバレーボールといった生涯スポーツの機会が週末と同様に多く提供されている．このように文化と生涯スポーツには非常に密接なかかわりがあり，生涯スポーツの実態を理解するにはそれぞれの文化の特色を考慮する必要があると言える．

　加えて，グローバル化に伴い，国家間レベルでの人口移動が活発になってきた現代では，生涯スポーツが私たちの新しい文化への適応プロセスに大きく影響することが報告されている．例えば，私たちは自分の好きなスポーツ活動を通して，気分転換をしたり，日常の嫌なことを忘れたりすることができる．また，スポーツ参加を通し，新たな人間関係を構築することができる．この生涯スポーツがもたらす心理的なベネフィットと生涯スポーツを通して構築した新たな人間関係は，カルチャーショックなどがもたらすストレスを和らげる緩衝剤として重要な役割を担うことが報告されている（Coleman and Iso-Ahola, 1993）．また，Ito et al.（2011）の日本人およびブラジル人移民の子どもを対象とした研究においては，柔道教室がブラジル人移民の子どもたちに，日本人の友人を作る機会を提供しているだけではなく，日本文化（日本語，礼儀作法など）を学ぶ機会を提供していることが明らかにされている．伝統スポーツはホスト国の文化を内包しているため，伝統スポーツへの参加を通して，ホスト国の文化を吸収することが可能であると考えられる．以上のことから，移民にとって，生涯スポーツはただの趣味や気晴らしといった側面だけではなく，彼らがホスト国で生活する上で必要不可欠な新たな友人関係の構築やホスト文化の習得に大きく寄与すると言える．

　移民を事例に文化変容プロセスと生涯スポーツの関連性を述べたが，これらの生涯スポーツの役割は移民だけに当てはまるものではない．同じ日本でも，東京の文化と大阪の文化は異なる．東京から大阪へ引っ越してきた家族も程度は異なるが，移民と似たような文化変容プロセスを経験することになる．また，組織文化といった視点からは，転職をした人は新たな会社の文化（風土）に適応する必要に迫られる．その際に，前者に関しては総合型地域スポーツクラブのような生涯スポーツを推進する組織が，後者に関しては社内レクリエーションのような生涯スポーツの機会が，それぞれの新たな文化への適応にとって効果的だと考えられる．

　対照的に，生涯スポーツが自身の文化やアイデンティティの保持・習得に大きく役立つことも忘れてはならない．再度，移民を例にとると，アメリカに移住した日本人にとっては，柔道などの日本の伝統スポーツに参加することで，日本人としてのアイデンティティを保つことが可能になる．また，自発的な参加はもちろんだが，ホスト国で産まれ育った子や孫（移民2世，3世）に対して，両親や祖父母が自身の母文化を彼らに習得させるために伝統スポーツに参加させる事例も見られる．つまり，生涯スポーツには，文化変容の促進機能と文化的多様性の表現機能という2つの機能が存

在することがうかがえる．例えば，名古屋グランパスはブラジル人のアイデンティティの一部とも言われるサッカーを通じて，在留ブラジル人との共生社会の実現を目指している（太田ほか，2023）．バランスよくこの2つの生涯スポーツの機能を活用することが，現代のグローバル社会に求められている．

　これらの事例は生涯スポーツと文化の関係を考察する上で，ほんの一部の切り口に過ぎない．生涯スポーツと文化の関係を十分に理解するにはさまざまな視点や理論的枠組みが必要となる．理論に基づいた文化比較研究を通じて，生涯スポーツと文化のユニークな関連性を明らかにすることは，学術的意義だけではなく，私たちのQOL向上といった実践的意義を持つ，非常に重要な研究テーマである．

[伊藤　央二]

[キーワード]

・**阻害要因**：余暇・レジャー活動の選択を制限したり，余暇・レジャー参与の妨げになったり，またその楽しみを半減させてしまう要因のこと．これまでの研究で，おもに個人的，対人的，構造的の3要因が報告されている．

・**阻害要因折衝**：阻害要因を乗り越える方法（戦略）のこと．おもに認知的と行動的という2種類の折衝方法が報告されている．

[文　献]

・Berry J, Poortinga Y, Segall M, et al. (2002) Cross-cultural psychology: Research and applications. 2nd ed, Cambridge University Press.

・Chick G and Dong E (2005) Cultural constraints on leisure. In: Jackson EL, ed., Constraints to leisure. Venture Publishing, pp.169–183.

・Coleman D and Iso-Ahola SE（1993）Leisure and health: the role of social support and self-determination. J Leisure Res, 25: 111–128.

・Crawford DW, Jackson EL and Godbey G (1991) A hierarchical model of leisure constraints. Leisure Sci, 13: 309–320.

・福武　直，日高六郎，高橋　徹編（1958）社会学辞典．有斐閣．

・Geertz C（1973）The interpretation of cultures. Basic Books.

・Ito E, Nogawa H, Kitamura K, et al. (2011) The role of leisure in the assimilation of Brazilian immigrants into Japanese society: Acculturation and structural assimilation through judo participation. Int J Sport and Health Sci, 9: 8–14.

・Jackson EL, Crawford DW and Godbey G (1993) Negotiation of leisure constraints. Leisure Sci, 15: 1–11.

・Markus HR and Kitayama S (1991) Culture and the self-implications for cognition, emotion, and motivation. Psychological Rev, 98: 224–253.

・野川春夫（2018）生涯スポーツの歴史と定義．川西正志，野川春夫編，生涯スポーツ実践論．改訂4版，市村出版，pp.1–5．

・岡安　功，伊藤央二，山口志郎（2013）カナダ・アルバータ州の生涯スポーツ・レジャーと地域の関連性について．生涯スポーツ学研究，9: 49–55．

・太田明李，川西　司，伊藤央二（2023）在留ブラジル人の名古屋グランパスの試合観戦における阻害要因と個人属性との関連性．イベント学研究，6: 17–28．

・Tsai JL, Knutson B and Fung HH (2006) Cultural variation in affect valuation. J Personality Social Psychology, 90 (2): 288–307.

[3] 日本の生涯スポーツ政策の課題

― ポイント ―

わが国では，スポーツ基本法（2011年）に基づき，2015年からスポーツ庁によって生涯スポーツ政策が推進され，地方では都道府県，政令市，市区町村のスポーツ行政が担当している．

1．国の政策課題

　　わが国のスポーツ政策は，「スポーツ振興法」（1961年）を法的根拠として，保健体育審議会の答申により具体的施策が進められてきた．しかし，保健体育審議会答申には事業に対する財源はなく，スポーツ振興の指針を提示したもののその効果は十分ではなかった．1998年の「スポーツ振興投票法」により，スポーツ振興くじの収益を財源とすることが可能になり，2000年にはわが国初のマスタープランである「スポーツ振興基本計画」が策定された．

　　21世紀に入り，国連は「スポーツと体育の国際年(Int. Year of Sport and P.E.)」(2005年）を決議するなど，スポーツの多様な価値が認知されるようになった．しかし，スポーツ振興法は障害者やプロスポーツを含んでおらず，国民の多様なスポーツニーズに対応できていなかった．また，スポーツ・運動・健康に関する政策が複数の省庁や部局にまたがることから，縦割り行政の弊害も顕著になっていた（山口，2009）．

　　2011年には，スポーツ振興法の改正により新たに「スポーツ基本法」が制定・施行された．スポーツ基本法第7条は，「国，独立行政法人，地方公共団体，学校，スポーツ団体及び民間事業者等は，基本理念の実現を図るため，相互に連携を図りながら協働するよう努めなければならない」とされ，連携・協働の重要性が強調されている．また，同法附則第2条に，「スポーツに関する施策を総合的に推進するため，スポーツ庁の設置を検討し必要な措置を講ずること」が記載されたことにより，2015年の「スポーツ庁」の発足に繋がった．

　　図1-3-1は，わが国のスポーツ振興の系譜を示している．プログラムライフ分析（PLC）によれば，1961年の「スポーツ振興法」から1998年の「スポーツ振興投票の実施等に関する法律」までが，「導入期」と言える．1998年から2014年までが「スポーツ基本法」の制定による「成長期」，そして2015年の「スポーツ庁」の設置以降が「成熟期」と言える．

　　2015年10月1日に発足した「スポーツ庁」は，文部科学省の外局として5課2参事官により構成され，他省庁からの23人の再配置を含め，121人でスタートした．他省庁は，厚労省，国交省，農水省，経産省，外務省，環境省等からの再配置と民間事業者からの出向も含まれている．2021年4月1日から，スポーツ庁は4課（政策課，健康スポーツ課，地域スポーツ課，競技スポーツ課），3参事官（地域振興担当，民間スポーツ担当，国際担当）に再編されている．図1-3-2は，スポーツ庁の組織図を示している．スポーツ庁長官の下に，次長，審議官が置かれている．政策課の中には企画調整室があり，健康スポーツ課の中には障害者スポーツ振興室が置かれている．

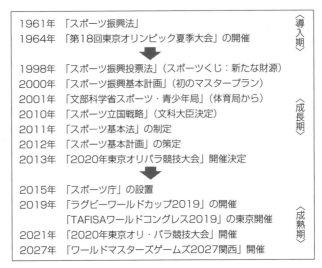

図1-3-1　わが国のスポーツ振興の系譜（PLC分析）

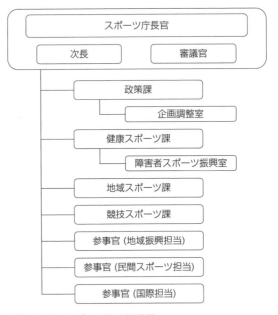

図1-3-2　スポーツ庁の組織図

　2011年のスポーツ基本法の制定以降，第1期スポーツ基本計画（2012年～2016年度），第2期スポーツ基本計画（2017年～2021年度），第3期スポーツ基本計画（2022年～2026年度）と，5年おきに国が目指すスポーツ政策の基本方針と重点施策が策定されるようになった．重点施策の策定においては，前期計画における数値目標データの達成状況が評価され，新たな数値目標が提示されている．

　第3期スポーツ基本計画においては，①東京オリ・パラ大会のスポーツ・レガシーの継承・発展に資する重点施策，②スポーツの価値を高めるための新たな「3つの視点」

を支える施策，③今後5年間における重点施策，が提示されている．生涯スポーツの推進に関連する重点施策は，「多様な主体によるスポーツの機会創出，スポーツによる健康増進，スポーツによる地方創生，まちづくり，スポーツを通じた共生社会の実現，スポーツ推進のためのハード，ソフト，人材，スポーツを実施する者の安全・安心の確保」があり，それぞれにおいて政策目標，施策目標，具体的施策があげられ，毎年，国家予算が計上される．

2.　地方の政策課題

　　地方スポーツ政策とは，都道府県，政令市，市区町村のスポーツ行政による政策，施策，事業である．図1-3-3は，地方におけるスポーツ振興財源の推移を示している．同財源は1995年度の1兆84億円をピークに，翌1996年度から2011年度まで連続して減少の一途であった．1995年は阪神淡路大震災の年であり，同年からスキー人口が減少し，地方自治体の財政も経済不況の影響により厳しさが増し，スポーツ振興の価値が低下した．この状況を変えたのが，2011年の「スポーツ基本法」の制定であり，翌年の「スポーツ基本計画」の策定とそれに続く「地方スポーツ推進計画」により右肩上がりに転じた．2013年の東京2020オリンピック・パラリンピックの開催決定がさらにスポーツ推進を後押しした．2019年度の地方スポーツ振興財源は，9,494億円と1995年度のピークまで近づいた．2019年度は，ラグビーワールドカップ日本開催の年で，いわゆる"ゴールデン・スポーツイヤーズ"の初年度となるはずだった．しかし，新型コロナウイルス感染症というパンデミックにより，世界的な身体不活動（physical inactivity）のまん延という事態に直面し（山口，2022），ポストコロナ時代における新たなスポーツ推進施策が求められる．

　　地方スポーツ行政における生涯スポーツ政策の課題は，①地方スポーツ行政の一元化，②持続可能な地域スポーツクラブの育成，③部活動の地域移行，にある．地方公共団体において，これまでスポーツ振興や学校体育は教育委員会，障がい者スポーツや高齢者スポーツは健康福祉部局，総合運動公園や公園管理は公園緑地部局，マリンスポーツは港湾局など，縦割りにより情報の共有が行われず，効率性・効果・経済性に課題があった．全国の47都道府県の中で，スポーツ担当が教育委員会に置かれているのは24県，20政令市の3市，市区町村の85％になっている（2016年9月時点）．約半数の都道府県と多くの政令市では，スポーツ・文化・観光部局など，知事部局や市長部局にスポーツ担当が置かれるようになっている．市区町村においても，スポーツ行政の一元化が求められる．

　　総合型地域スポーツクラブは，全国で3,582クラブに上っている（スポーツ庁，2016）．現状は財政基盤が弱いクラブが多く，法人格の取得と有資格クラブマネジャーの配置による持続可能な総合型クラブの育成とポストコロナ期における活動の活性化が課題である．

　　学校運動部活動は，少子化や教員の働き方改革という背景から，外部指導者の導入やガイドラインによる休養日（平日・週末に各1日以上）の設定等により，地域移行が試行されてきた．しかし，外部指導者による部活動運営には課題があり，スポーツ庁は「学校部活動及び新たな地域スポーツクラブ活動のあり方等に関する総合的なガ

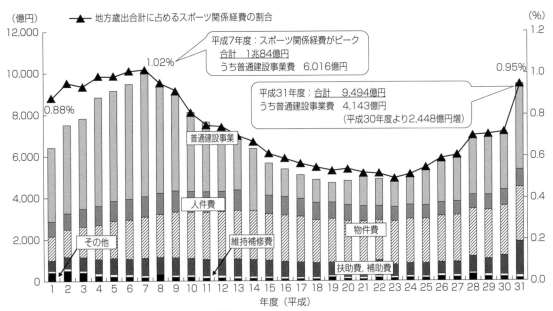

（億円）　◆— 地方歳出合計に占めるスポーツ関係経費の割合　　　　　　（%）

平成7年度：スポーツ関係経費がピーク
合計　1兆84億円
うち普通建設事業費　6,016億円

平成31年度：合計　9,494億円
うち普通建設事業費　4,143億円
（平成30年度より2,448億円増）

普通建設事業

人件費

物件費

その他

維持補修費

扶助費，補助費

年度（平成）

図1-3-3　地方におけるスポーツ振興財源の推移
（スポーツ庁（2022）第3期スポーツ基本計画. p.71, 2022）

イドライン」を策定・公表した（2022年11月）．具体的には，公立中学校における部
活動を段階的に地域移行し，2023年度から25年度を改革推進期間に位置づけている．
部活動の地域移行においては，いかに地域の受け皿を確保するかが重要であり，ステー
クホルダーによる議論とヴィジョンづくりが課題である．

[山口　泰雄]

[キーワード]
・スポーツ庁：2015年10月1日に発足した「スポー
ツ庁」は，文部科学省の外局として4課3参事官
で構成されている．他省庁らの再配置と民間事
業者からの出向も含み，わが国のスポーツ行政
を総合的に推進している．

[文　献]
・スポーツ庁（2016）平成28年度　総合型地域ス
ポーツクラブ育成状況. https://www.mext.
go.jp/sports/b_menu/sports/mcatetop05/list/
detail/1379932.htm（参照日2023年9月11日）
・スポーツ庁（2017）第2期スポーツ基本計画〜ス
ポーツが支える，未来を創る〜. https://www.
mext.go.jp/sports/b_menu/sports/mcatetop04/
list/1405720_00014.htm（参照日2023年9月11日）
・スポーツ庁（2022）第3期スポーツ基本計画.
https://www.mext.go.jp/sports/b_menu/
sports/mcatetop01/list/1372413_00001.htm（参
照日2023年9月11日）

・スポーツ庁（2022）学校部活動及び新たな地域ス
ポーツクラブ活動のあり方等に関する総合的な
ガイドライン. https://www.mext.go.jp/sports/
b_menu/sports/mcatetop04/list/1405720_00014.
htm（参照日2023年9月11日）
・山口泰雄（2009）わが国のスポーツ政策の動向
と研究課題. 日本体育学会第60回大会体育社会
学専門分科会シンポジウム，広島大学.
・山口泰雄（2022）第3期スポーツ基本計画の系譜
とアウトプットを考える. 体育・スポーツ政策
論厳，2（1）：36-49.

[4] オリンピック・パラリンピックレガシーと生涯スポーツ

> ── ポイント ──────────────────────
> 国際スポーツイベントとしてのオリンピック・パラリンピック大会が生涯スポーツ振興に及ぼすレガシーについて述べる.

1. 日本の生涯スポーツ振興と研究レガシー

　　日本における2020オリンピック・パラリンピック東京大会（以下，2020東京オリ・パラ大会）に向けて，開催前よりレガシーということが良く専門家の間で話題となっていた．とくに，ここでは，生涯スポーツ研究やスポーツ振興に関した側面に着目して，その要点を整理してみたい.

　　日本において，生涯スポーツという言葉が出てきた時期は1964年（昭和39年）東京オリンピック大会後のことである．当時は，生涯教育の範疇で体育や身体活動の重要性が唱えられ，その後は，現文部科学省の組織改変に伴って「生涯スポーツ」の言葉が頻繁に使われるようになってきた．研究動向から見てみると，生涯スポーツの出現前までは，体育・スポーツ分野で「社会体育」として多くの研究対象となっていた．それらは，おもに，体育・スポーツ社会学や体育経営学の分野で，スポーツの政策・プログラム・施設・指導者・クラブなどについて研究されてきた．今日，地域における健康づくり運動などへの国民の関心や地域振興政策の出現によって，運動生理学・スポーツ医学・健康科学など幅広い研究分野の研究者によって多くの研究が蓄積され，今や「生涯スポーツ研究」は，学際的な研究で実施されてきている．これまで，図1-4-1に示すように体育・スポーツ社会学分野での筆者が行った研究成果分析（川西ほか，2020）について見ると，その研究の流れは，オリンピック東京大会後の地域スポーツ，スポーツ集団，スポーツ振興などの社会体育研究から，個人の生涯にわたる価値観や権利に根差した「生涯スポーツ」へシフトし，今日では，国のスポーツ振興政策に関係した現象に研究者の関心が注がれている.

　　わが国におけるスポーツ政策は，表1-4-1に示すように21世紀の前から，今日までの20年間で多くの政策が出現し実行されている．とりわけ生涯スポーツに関した研究動向も政策評価と呼応して出現し，第1期スポーツ基本計画からは具体的な数値目標をあげ，その評価を実施しているなど，オリンピックなどの国家的メガイベントの後は，さらなる研究へのレガシーが構築されていくことが予想される.

2. 2020東京オリンピック・パラリンピック大会のレガシー

　　2020東京オリ・パラ大会を目前として，さまざまな機関や研究者がレガシーについて注目してきた．レガシーとは，一般的に辞典によれば，「遺産や先人の遺物とされ，本来，過去に築かれた，精神的・物理的遺産の意であるが，近年，首相としてのレガシーを作るように，後世に業績として評価されることを期待した，計画中の事業の意でも用いられるようになった.」（デジタル大辞泉2023）という．これを見る限り，

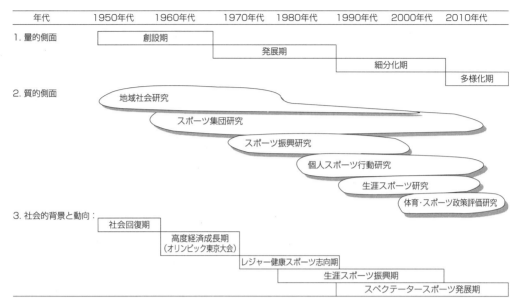

図1-4-1　体育社会学分野における生涯スポーツ研究動向

表1-4-1　日本におけるスポーツ政策の変遷

「地方スポーツの振興について」文部事務次官通達，1957.4
「スポーツ振興法」1961.6
「国民の健康体力増強策」閣議決定，1964.12
「体力づくり国民会議」設立，1965.3
「コミュニティー生活の場における人間性の回復」国民生活審議会調査部会，1969.9
「体育・スポーツの普及振興に関する基本方策について」保健体育審議会答申，1972.12
「経済社会基本計画—活力ある福祉社会のために」経済企画庁，1973.2
「生涯にわたる心身の健康の保持増進のための今後の健康に関する教育及び振興のあり方」
　　保健体育審議会答申，1997.9
「スポーツ振興基本計画」文部省，2000.9
「健康日本２１」厚生省，2000.3
「子どもの体力向上のための総合的な方策について」中央教育審議会答申，2002.9
「スポーツ立国戦略—スポーツコミュニティ・ニッポン—」文部科学大臣決定，2010.8
「スポーツ基本法」2011.6公布（平成23年法律第78号）
「スポーツ基本計画」2012.3
「第2期スポーツ基本計画」2017.3
「第3期スポーツ基本計画」2022.3

　2020東京オリ・パラ大会の事業の成果として，後世の時代に残る有形無形の遺産と考えられる．むろん，そこには肯定的なことばかりではなく，否定的な遺産も含まれることはいうまでもない．
　IOCは，2012年の夏季オリンピック大会より候補国の選定資料にオリンピックのレガシーとして全体とスポーツ分野に関した諸項目の記述を求めることになった．その中でオリンピック・パラリンピックの開催動機，概念，国民の見解に関した項目で，大会の主催国の都市や地域でのインパクトと遺産について述べられている（IOC,

2003）．とくに，有形の遺産となる競技会場の後利用等や長期戦略について説明が求められている．

　SSF笹川スポーツ財団（2016）では，1964年の東京オリンピック大会がスポーツ参加に与えた影響について現状のシニア層の運動・スポーツ参加の増加傾向を当時のレガシーと位置づけ考察している．同様にJOC（2017）では1964年の東京大会は有史以来の大きなインパクトを与え，計29個のメダル獲得に伴う国際競技力のレベルに対抗できる成果を生み，その後のサッカー，バレーボール，バスケットボールなど多くの実業団リーグの創設を始め，翌年から始めた子どもを対象とした水泳，体操などを中心とするスポーツのクラブ（スクール，教室）の普及や家庭の主婦，中高年まで，幅広い人々がスポーツに参加することになったことなどを挙げている．そして，金子（2014）は2012年のロンドン・オリンピックが創った新たなレガシーとして自国のパフォーマンスの好成績によるナショナル・プライドの高揚，ボランティアの活躍による意識変化，多様性の肯定などを挙げている．

　今回の2020東京オリ・パラ大会のレガシー構築に向けて，スポーツ振興の観点からは，先に出された第2期スポーツ基本計画の目標とすべき，国際競技力や交流の向上，年代各層のスポーツ参加率の向上，スポーツ団体のインテグリティを始めガバナンスやコンプライアンスの強化，強い絆で結ばれた地域社会の基盤整備などが，その具体性と関連してくる．

　とくに，2020東京オリ・パラ大会に向けてのレガシープログラムとして，国内ばかりではなく大会開催前からの2014年から2020年までの7年間で開発途上国を始めとする100カ国以上・1,000万人以上を対象に，日本政府はスポーツを通じた国際貢献事業としてSport For Tomorrowプログラムを立ち上げた．そこでは，
①スポーツを通じた国際協力および交流：おもに開発途上国を対象として，ハードソフトの両面からスポーツを通じた国際協力および交流を促進，
②国際スポーツ人材育成拠点の構築：将来の国際スポーツ界のリーダーを育成するために，国内外の若者等を対象とした大学院修士コースの開設と，日本文化やスポーツマネジメントなどを学べる短期セミナーを開催，
③国際的なアンチ・ドーピング推進体制の強化支援：日本アンチ・ドーピング機構は，ユース世代やリーダーを育成するための教育プログラムの開発・提供や，スポーツの価値を守りその価値を広める活動を，各アンチ・ドーピング関係機関らと連携し展開する，
など，新しい国際貢献事業とレガシー構築をめざしてきた．このSFT事業の成果はSFT Report（2019）によれば，2014年から始まった事業では，2018年までに964万人のスポーツを通じた国際協力および交流事業対象者を，また，人材育成にあたっては，国内3大学での国際スポーツアカデミーが実施された．

　また，地方都市の2020東京オリ・パラ大会の開催にあたってホストタウン構想が出され，そこでは大会参加者との交流，大会参加国の人々との交流，日本人オリンピアン・パラリンピアンとの交流を目的として，各自治体で招待国との連携協定を締結し，事前合宿等を大会後までを見据えて実施する予定で取り組んだ．国内では，総登録件数375件で，自治体は442，国地域数は152カ国が登録された．そうした，ホス

表1-4-2　2020東京オリンピック・パラリンピック大会のレガシー

	対　象	期待される事項
人的資源の開発	アスリート	パフォーマンスの向上
	コーチ	インテグリティ・ガバナンスの向上
	ボランティア	ホスピタリティの継承
スポーツ振興	生涯スポーツ	アクティブライフ人口の増大
	ツーリズム	スポーツによる地域開発
	エコロジー	自然との調和的開発
社会的インパクト	経済	経済的開発
	メディア	日本文化のアイデンティティの普及
	グローバル化	おもてなしネットワークの拡大

トタウン構想は，自治体の国際化を促進し，また，住民参加型の大会を可能にした地方プログラムであった（内閣官房，2019）．

　これらの2020東京オリ・パラ大会に向けてのレガシープログラムは，当初目的とした事業成果が期待されたが，実際には，2020年初旬からの日本国内のコロナパンデミックですべての事業の継続が難しくなり，実際には1年後に無観客で開催された大会後においてもその成果を十分に確認することができない．しかしながら，2019年までの成果を見る限り，2020東京オリ・パラ大会に向けてのこのSFTとホストタウン構想は，地方都市や大学の国際貢献と国際化に一応の役割とシステム構築に多大な成果を上げたといえる．

　また，東京都は独自にレガシープログラムを実施し，①安全・安心，②まちづくり，③スポーツ・健康，④参加・協働，⑤文化・観光，⑥教育・多様性，⑦環境・持続可能性，⑧経済・テクノロジー，⑨被災地復興支援を挙げ，それぞれの分野で東京都のスポーツ振興と合わせた成果を記述している（東京都，2023）．

　最後に，今後の生涯スポーツ振興に対する，筆者なりに期待された2020東京オリ・パラ大会に向けてのレガシーについてまとめてみると表1-4-2のようになる．これらは，スポーツ基本計画との関連もあり，する・みる・ささえるスポーツ人口の増大はもとより，トップスポーツ選手やコーチ，そしてボランティアなどの人的資源の育成システムの構築が強く望まれる．2020東京オリ・パラ大会では，多くの外国人が訪問することが予想されたが無観客の開催となり，さまざまな地域文化への影響や日本文化へのアイデンティティの確立は十分な結果を得ていないのは事実である．とくに2020東京オリ・パラ大会を通してのホストタウン事業では，地方のスポーツの振興への効果も見込まれた．また，この事業によってグローバルネットワークの確立や国際交流が拡大される絶好の機会であったことも事実であり，コロナパンデミック前までに地方の国際スポーツ交流の受け入れシステムが少なからず構築されたことは大きなレガシーとして今後の日本に残るであろう．

[川西　正志]

[キーワード]
・**オリンピック・パラリンピックレガシー**：オリンピック・パラリンピック開催によってもたらされる有形無形の遺産.
・**SFT（スポーツ・フォー・トゥモロー）**：2020東京オリ・パラ大会に向けて2014年から開始され

たレガシープログラムで，①スポーツを通じた国際協力および交流，②国際スポーツ人材育成拠点の構築，③国際的なアンチ・ドーピング推進体制の強化支援事業を実施した.

[文　献]
・IOC (2003) CANDIDATURE ACCEPTANCE PROCEDURE GAMES OF THE XXX OLYMPIAD 2012. pp.25–27.
・金子文弥（2014）2012年ロンドン・オリンピックが創った新たなレガシー：スポーツマネジメント論／スポーツ社会学の視点から. ADSTDIES, 50: 17–23.
・川西正志（2020）日本体育学会創設からの70年間の体育社会学専門領域活動の課題と展望. 特別寄稿論文, 年報体育社会学, 日本体育学会体育社会学専門領域発行, 1: 15–27.
・Kawanishi M (2016) Local and National Projects targeting the Legacy of the 2020 Tokyo Olympic and Paralympic Games. TASSM International Conference, Keynote Speech I, Presentation Materials.
・内閣官房（2019）東京オリンピック競技大会・東京パラリンピック競技大会推進本部資料. https://www.kantei.go.jp/jp/singi/tokyo2020_suishin_honbu/hostcity_townkousou/dai10/siryou2.pdf（参照日2024年2月23日）
・SFTコンソーシアム（2019）SFT REPORT. https://www.sftlegacy.jpnsport.go.jp/jp/sftreports/（参照日2024年2月23日）
・SSF（2016）オリンピックレガシー：東京1964年オリンピック大会がスポーツ参加に与えた影響. Vol. 1–3. https://www.ssf.or.jp/international/usa/20161202.html（参照日2024年2月23日）
・東京都（2023）TOKYO 2020 LEGACY REPORT. https://www.2020games.metro.tokyo.lg.jp/taikaijyunbi/torikumi/legacy/2023_legacyreport/index.html（参照日2024年1月15日）

2章 世界の生涯スポーツ

[1] ヨーロッパの生涯スポーツ

> **― ポイント ―**
> イギリスは近代スポーツ発祥の地だが，EU（欧州連合）27 カ国は各国政府が独自のスポーツ政策を推進する一方，欧州委員会が社会的受容を目指した EU の生涯スポーツ政策を推進している．

1. イギリス

イギリスは近代スポーツ発祥の地であり，生涯スポーツの振興においても世界をリードしてきた．スポーツ政策は，デジタル・文化・メディア・スポーツ省（Department for Digital, Culture, Media and Sport）の所轄である．具体的なスポーツ振興政策と事業は，4つの地方政府（イングランド，スコットランド，ウェールズ，北アイルランド）にあるスポーツカウンシルが生涯スポーツ政策を担当し，UKスポーツがオリンピック・パラリンピックなどの競技スポーツを担当している．

イギリスでは，自主的・自立的なスポーツに重点が置かれ，政府の介入やメダル獲得には関心が低かった．しかし，21世紀に入り，スポーツのさまざまな社会・経済的価値を再評価し，「世界一のスポーツ立国（Sporting Nation）」へと政策を転換した．現在のスポーツ政策は，"More People"，"More Places"，"More Medals"（より多くの人々が参加し，多くの機会を提供し，多くのメダルを目指す）に代表される．

政策目標は，①子どもの体育・スポーツを振興する，②国民のスポーツ・身体活動への参加率を向上させる，③トップアスリートの競技力を向上し，国際大会での成績を向上させるにある．イングランドのスポーツカウンシルであるスポーツイングランド（Sport England）は，すべての国民が年齢や社会的背景や性別にかかわらず，スポーツや身体活動に参加できる機会と環境整備を行っている．政府からの財源だけでなく，スポーツくじの収益により，現在，"Uniting the Movement"（2021～2031）という「スポーツ・身体活動における不平等機会に挑戦し，統合する」という生涯スポーツ政策を推進している．

2. ドイツ

ドイツは，世界の生涯スポーツ政策のモデルとされているが（Palm, 1991），政策

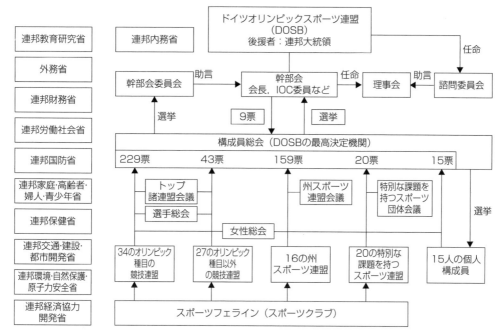

図2-1-1　ドイツにおけるスポーツ組織体制図
（笹川スポーツ財団（2011）　スポーツ政策調査研究報告書. p.81）

　の基盤となったのが,「第2の道」（Zweiten Weg）と「ゴールデンプラン」（Der Golden Plan）である. エリート選手の育成を中心に行われてきた「第1の道」に対して, 広く一般市民が余暇時間において, 健康・体力づくりや楽しみのために行うスポーツを「第2の道」と位置づけている.「ゴールデンプラン」は, 旧西ドイツが15年間（第1次）の歳月をかけ, 173億ドイツマルクを投入したスポーツ施設の整備事業である. グラウンドや体育館, テニスコートなどを, 地域の人口規模に応じて国民1人あたりの基準値（面積）を設定した.

　ドイツの生涯スポーツの推進の基盤になっているのが, 地域にあるスポーツクラブである. クラブ法により認可されたNPO（民間非営利）法人であるスポーツクラブは, 会費と寄付・事業費や自治体からの補助により自主運営されている. スポーツクラブには, 児童から成人, 高齢者という多世代で構成され, 障害者が参加できるクラブもある. 多種目型が多く, 大型クラブはトップレベルのサッカーチームから, 楽しむことを目的にしたチームをもっている. ドイツの人口は8,280万人（2016年現在）で, スポーツクラブ数は8万6,000クラブに上っている. スポーツクラブ会員は約2,700万人で, 総人口の1/3を占めている.

　連邦政府において, スポーツ振興の中心は連邦内務省でほかにも11省庁が関係している. 図2-1-1は, ドイツにおけるスポーツ組織図を示している. 実際に振興事業を担っているのはドイツオリンピックスポーツ連盟（DOSB）で, 指導者資格補修者は約50万人に上っている（笹川スポーツ財団, 2023）.

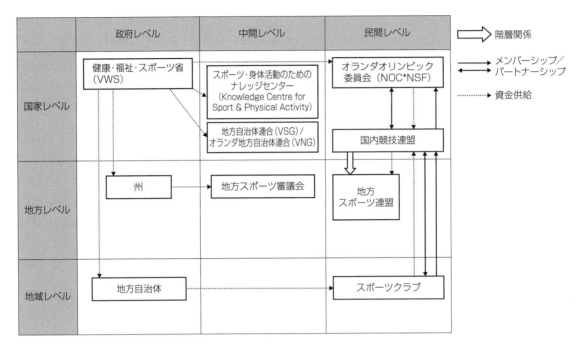

図2-1-2　オランダにおけるスポーツ組織

Note: VSG=Union of Local Authorities, VNG=Association of Netherlands Municipalities

（山口志郎，山口泰雄，青山将己（2016）オランダにおけるスポーツ政策と子どものスポーツ振興プログラムに関する事例研究．生涯スポーツ学研究．13（2）：63-74より引用改変）

3．オランダ

　　オランダでは，学校，公園，民間非営利団体，および商業施設などにおいてスポーツを行うことができるが，スポーツ実施者の多くは地域におけるスポーツクラブで活動している．オランダオリンピック委員会によると，オランダの人口のほぼ1/3を構成する約600万人が何らかのスポーツクラブに所属している（山口ほか，2016）．

　　図2-1-2は，オランダにおける政府レベル・中間レベル・民間レベルのスポーツ組織を，国家・地方・地域別に示している．国家レベルのスポーツ政策は，健康・福祉・スポーツ省が担っており，身体活動を通して国民が健康的な生活を過ごすことを目的にしている．オランダの12州には，地方スポーツ審議会があり，地方自治体は地域レベルの拠点であるスポーツクラブへの財政支援も行っている．

　　スポーツ・身体活動のためのナレッジセンター（Knowledge Centre for Sport & Physical Activity）は，健康・福祉・スポーツ省からの予算を受け，生涯スポーツ政策の中心団体として，地方レベルと地域レベルのプログラム開発とスポーツ事業を行っている．日本における独立行政法人日本スポーツ振興センターと同様の中核団体である．同ナレッジセンターを訪ねると，スタッフには固定したデスクがなく，ワンフロア内のどこでもノートPCを接続し仕事ができる．また，スタンディングデスクが採用され，バランスボールに座って仕事をしている人もみられる．

　　オランダは，自他ともに認めるヨーロッパの自転車王国である．オランダにおける自転車振興は，1970年代のモータリゼーションの普及により，自転車事故が増え，

とくに子どもを交通事故から守るための市民運動から始まった．振興政策は，自転車専用レーンの整備，公共交通と自転車の連携強化，自転車通勤・通学の奨励が中心である．自転車利用研究が蓄積され，自転車利用による死亡率の低下，予防死者数（年間），国内総生産の3%の経済効果，および平均寿命の増加が明らかになっている（山口，2022）．

　WHOヨーロッパ（WHO, 2018）によると，「毎日60分の身体活動を実施している」子どもは56%，青少年が31%，「1週150分以上の身体活動を実施している」成人（19〜65歳）は50%，高齢者（65歳）は37%に上っている．寛容と合理性を重視しているオランダの家庭においては，子どもたちは「自転車，水泳，アイススケート」の3つのスキルを学ぶことが伝統になっている．

4. フィンランド

　フィンランドは，定期的スポーツ実施者（週1回以上）が国民の91%にも上る世界一の生涯スポーツ先進国である．生涯スポーツの振興は，政府では文部省と厚生省，労働省，フィンランドスポーツ連盟がかかわっている．スポーツクラブは，7,000クラブあり，国民の1/5が所属している．3歳から18歳の子どもの1/3が，放課後，スポーツクラブに通っている．

　フィンランドのスポーツ・健康政策の特徴は，スポーツ振興と健康増進を一体化したことである．全国健康増進・身体活動ネットワーク（NHEPA）とスポーツ・健康科学財団（LIKES）が，公衆衛生とスポーツ科学，そしてヘルスプロモーションに関する研究と実践プロジェクトを展開している．2017年から旧フィンランドオリンピック委員会は，フィンランドスポーツ協会（Valo）と統合し，新たなフィンランドオリンピック委員会（FOC）としてスタートした．FOCは，これまでのエリートスポーツだけでなく，国民のアクティブライフへの行動変容を新たなミッションとしている．フィンランド人の多くは郊外に別荘を持ち，週末はノルディック・ウォーキングやアウトドアスポーツをした後，サウナを楽しむという羨ましい生活を享受している．

5. EU（欧州連合）

　EUは，27カ国からなる社会経済共同体である．統一通貨であるユーロの導入だけでなく，欧州議会と欧州司法裁判所を有し，EUの政策執行を担当するのが欧州委員会（European Commission: EC）である．ECの中に，「文化・メディア，スポーツ，教育・研修，青少年」省があり，スポーツ局（Sport Unit）が置かれている．

　スポーツは，「ヨーロッパにおける生活を豊かにし，人種差別や社会的排除，性差別といった社会課題の克服に寄与する．スポーツはまた，EU圏内の経済成長に顕著に貢献し，EUの対外関係の重要な装置である」と位置づけられている．スポーツ局は，「Erasmus＋」プログラムを担当し，「ヨーロッパスポーツ週間」を加盟諸国と連携し，実施している．

　「Erasmus＋」プログラムは，生涯学習や青少年教育などの助成事業で，ヨーロッパの政策課題である成長，雇用，公平性，社会的受容を促進することを目的にしている．2014年から，教育・研修・青少年に加え，新たにスポーツ事業が加わった．こ

表2-1-1　「Erasmus ＋」申請事業の分類

1. 大規模非営利ヨーロッパスポーツイベント（3件）
2. 非営利ヨーロッパスポーツイベント（8件）
3. 小規模協働パートナー（119件）
4. 協働パートナー①健康増進，ヨーロッパスポーツ週間（16件）
5. 協働パートナー②デュアルキャリア，ボランティア（19件）
6. 協働パートナー③反ドーピング，八百長，ガバナンス（13件）
7. 協働パートナー④社会的受容，反暴力・人種差別・差別（19件）

カッコ内の件数は2018年度実績

の背景には，統合を目指しているEUにおいて，市民は民主的生活における主体的な役割を担うことが期待され，凝集性と社会的受容が特徴である共生社会が求められているからである．スポーツ事業の加入は，スポーツの多様な力が認知されたからである．スポーツ局は，2014年から毎年EU加盟国において，「ヨーロッパスポーツフォーラム」を開催し，政策担当官や研究者，専門家を招き，ヨーロッパスポーツが直面する課題解決を議論している．

「Erasmus ＋」プログラムの申請団体は，国の機関およびスポーツ団体，青少年団体，大学などのnational agencyであり，事業の目的が，次の3つに該当することである．
①スポーツのインテグリティ（誠実性）を危うくするドーピングや八百長，暴力，差別をなくすことに挑戦する
②スポーツのガバナンス（組織統治）や選手のデュアルキャリアを強化する
③スポーツボランティアや社会的受容，健康増進活動，スポーツ・フォー・オールを推進する

表2-1-1は，「Erasmus ＋」申請事業の分類を示している．タイプによって，申請条件が異なるが，共通しているのは「協働パートナー」と呼ばれる協力団体の参画が必要なことである．これは，スポーツ政策の理念である地域・地方・全国的なスポーツ・身体活動の推進を図るために，シナジー効果（連携効果）を強化する狙いがある．「非営利ヨーロッパスポーツイベント」においては，10カ国以上の参画が条件で，国際レベルや全国レベルの競技大会は申請できない．その成果は，社会的受容や平等機会を提供し，健康増進につながること，およびスポーツや身体活動，ボランティア活動の参加者を増やすことが期待されている．また，「小規模協働パートナー」においては，最低ひとつのスポーツクラブの参加が条件になっている．

「ヨーロッパスポーツ週間」において助成した事業の中から，スポーツ参加に効果を上げた「職場賞」（従業員の啓発），「地域ヒーロー賞」（地域コミュニティの啓発），「教育賞」（生徒・学生の啓発）が贈られている．ヨーロッパスポーツ週間は2016年にスタートし，毎年，9月23〜30日にかけて，ヨーロッパ全土において多様なスポーツ・身体活動の参加型イベントが展開されている．2018年の登録参加者数は，1,364万3,492人に上り，総イベント数は5万753件であった．

［山口　泰雄］

[キーワード]

・**ゴールデンプラン**：1960年にドイツオリンピック委員会が発表した「スポーツ・レクリエーション施設」建設計画の勧告．建設資金は連邦政府，州政府，自治体が分担した．グラウンドや体育館，テニスコートなどを，地域の人口規模に応じて国民1人あたりの基準値（面積）を設定した．

・**スポーツカウンシル**：イギリス政府のスポーツ振興を担う独立行政法人．UKスポーツ（連邦政府），スポーツイングランド，スポーツスコットランド，スポーツウェールズ，スポーツ北アイルランドの5つがある．

[文　献]

・Palm J（1991）Sport for All: Approaches from Utopia to Reality. ICCPE Sport Science Studies 5, Karl Hofman GmbH.
・笹川スポーツ財団（2011）スポーツ政策調査研究報告書．文部科学省委託事業．
・笹川スポーツ財団（2023）諸外国のスポーツ振興政策の比較表．https://www.ssf.or.jp/files/2023_international_comparison_06r.pdf（参照日2023年9月13日）
・山口志郎，山口泰雄，青山将己（2016）オランダにおけるスポーツ政策と子どものスポーツ振興プログラムに関する事例研究．生涯スポーツ学研究，13（2）：63-74.
・Yamaguchi Y（2011）TAFISA Active World 2011: The Global Almanac on Sport for All. Sasakawa Sports Foundation.
・山口泰雄（2022）オランダにおける自転車振興政策とその身体的効果．流通科学大学論集―人間・社会・自然偏，34（2）：49-63.
・WHO（2018）PHYSICAL ACTIVITY FACT SHEETS for the 28 European Union Member States of the WHO European Region. pp.1-144.

[2] 北米の生涯スポーツ

> **― ポイント ―**
> アメリカではヘルシーピープルと全米身体活動ガイドラインを基に，カナダではカナダスポーツ政策とスポーツと身体活動における長期育成モデルを基に，生涯スポーツ振興が進められてきた．

1. アメリカの生涯スポーツ

アメリカのスポーツ振興は保健福祉省（Department of Health and Human Services: DHHS），そしてその部局の疾病予防健康推進室（Office of Disease Prevention and Health Promotion）によって進められている．国立公園などに関わるレクリエーション振興に関しては，内務省（Department of the Interior）の部局の国立公園サービス（National Park Service）が担当している（National Park Service, 2023）．日本のスポーツ基本計画に相当するものは，保健福祉省が管轄するヘルシーピープル（Healthy People）である（笹川スポーツ財団，2023）．1979年に国レベルでの健康増進を目的に発表されたヘルシーピープルはその後，ヘルシーピープル1990, 2000, 2010, 2020, 2030と10年ごとにアップデートが繰り返され，アメリカ人の健康増進と疾病予防のための取り組みの一環として生涯スポーツが推進されてきた（DHHS, 2023a）．2020年に発表された最新のヘルシーピープル2030は，2030年までの健康と福祉を向上させるための国レベルの目標をデータに基づき設定している（DHHS, online1）．具体的には，自由時間に身体を動かさない成人の割合を減らす，健康に重要なベネフィットをもたらす有酸素運動を十分に行う成人の割合を増やす，筋肉トレーニングを十分に行う成人の割合を増やす，といった身体活動に関わる目標が設定されている．目標に関しても，主要目標（測定可能な目標），開発目標（エビデンスはあるものの基準となるデータがまだない目標），研究目標（エビデンスがまだない目標）の3種類が設定され，異なる視点から生涯スポーツ振興のモニタリングが行われている（DHHS, online2）．

　加えて，保健福祉省は身体活動に焦点をあてた全米身体活動ガイドライン（Physical Activity Guidelines for Americans）の第1期を2008年に（DHHS, 2008），第2期を2018年に発表し（DHHS, 2018），ヘルシーピープルとリンクをさせながら生涯スポーツの振興に取り組んできている．第1期から一貫して変わらない点は，全米身体活動ガイドラインは科学に基づいたガイドラインであり，各ライフステージ（子ども，青年，大人，高齢者）に基づいたアドバイスとともに，妊婦，産後の女性，障害者，慢性的な健康障害を抱える人々というさまざまな状況の人たちへのアドバイスを含んでいる点である．さらに，全米身体活動ガイドラインは政策立案者や専門家を対象に執筆された内容であるため，一般の人々に向けたMove Your Way®という生涯スポーツのプロモーションが行われている（DHHS, 2023b）．Move Your Way®は個人を対象としたCampaign Materials（キャンペーン資料），地域を対象としたCommunity Playbook（地域戦略），生涯スポーツを推進する人たちを対象としたPartner Promotion Toolkit（パートナー推進ツールキット）から構成される．Move Your Way®のウェブサイトでは，ファクトシート，動画，ソーシャルメディアの活用法，アクティビティプランナーなどのさまざまなリソースが利用可能となっており，アメリカの生涯スポーツ振興に大きく貢献している．

2．カナダの生涯スポーツ

　カナダのスポーツ振興は文化遺産省（Department of Canadian Heritage）の部局であるスポーツカナダ（Sport Canada）によっておもに進められている．国立公園などに関わるレクリエーション振興に関しては環境・気候変動省（Environment and Climate Change Canada）の部局のパークスカナダ（Parks Canada）が担当している（Parks Canada, 2023）．日本のスポーツ基本計画に相当するものは，文化遺産省が進めるカナダスポーツ政策（Canadian Sport Policy）である（笹川スポーツ財団，2023）．2002年に策定されたカナダスポーツ政策では，2012年までの4つの目標が打ち出された：スポーツ参加の向上（Enhanced Participation），競技力の向上（Enhanced Excellence），潜在能力の向上（Enhanced Capacity），連携の向上（Enhanced Interaction）（Sports Information Resource Centre, 2002）．2012年にアップデートされたカナダスポーツ政策では，スポーツに参加するカナダ人の数と多様性を増やすことを目指し，5つの目標が打ち出された（Sports Information Resource Centre, 2012）：スポーツ入門（introduction to sport），レクリエーションスポーツ（recreational sport），競技スポーツ（competitive sport），ハイパフォーマンススポーツ（high performance sport），開発のためのスポーツ（sport for development）．第2期カナダスポー

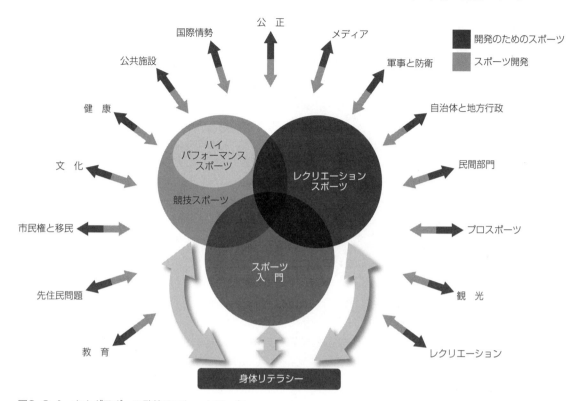

図2-2-1　カナダスポーツ政策のフレームワーク
　　　　スポーツ参加における4つの共通的文脈と身体リテラシー，そしてスポーツ参加と相互関係にある主要な利害関係者を示している．
（Sports Information Resource Centre（2012）Canadian Sport Policy 2012：筆者翻訳）

ツ政策にはこれら5つの目標の基盤になる身体リテラシー（physical literacy）というキーワードも追加された．身体リテラシーとは，健全な発達に資するさまざまな環境において，自信をもって運動することができる個人の能力のことであり，生涯にわたりスポーツに参加し，スポーツを楽しむための前提条件として考えられている（Sports Information Resource Centre, 2012）．図2-2-1に示された通り，身体リテラシーがスポーツ入門，レクリエーションスポーツ，競技スポーツ，ハイパフォーマンススポーツという4つの目標と相互に関連し，その4つの目標の周囲に存在する利害関係者が開発のためのスポーツ／スポーツ開発という目標に関連付けられるというフレームワークになっている．なお，2023年にはカナダスポーツ政策の改訂版が発表される予定である．

　カナダの生涯スポーツ振興には，カナダスポーツフォーライフソサエティ（Canadian Sport for Life Society）という2014年に設立された非営利の非政府組織も大きく貢献している．この組織は10年にわたるカナダスポーツフォーライフ（Canadian Sport for Life）運動の支援活動から設立された組織であり，スポーツ，教育，レクリエーション，健康部門間のパートナーシップを構築し，地域，州，国のプログラムを調整することを目的としている（Sport for Life, online）．その成果は，スポーツと

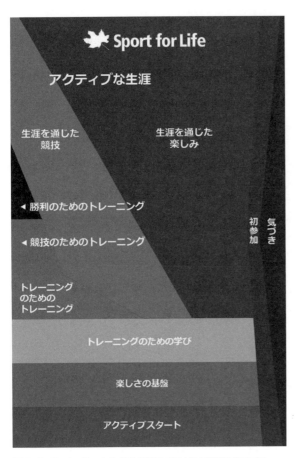

図2-2-2　スポーツと身体活動における長期育成モデル
(Sports for Life (2019) Long-term Development in Sport and Physical Activity 3.0：筆者翻訳)

身体活動における長期育成モデル（Long-Term Development in Sport and Physical Activity）の構築に表れている．もともとは，アスリートの長期育成モデル（Long-Term Athlete Development）という名称であったが，アスリート（athlete）という表現が子どもや高齢者に適切でないこと，参加者（participant）という表現に変更したとしてもコーチやスポーツ組織で働く人たちにはそぐわないことを踏まえ，「スポーツと身体活動における」という現在の名称に変更された（Sport for Life Society, 2019）．スポーツと身体活動における長期育成モデルには7つのステージとその前段階にあたる2つのプレステージが用意されている（図2-2-2）．まずは強固な基盤形成として，アクティブスタート（Active Start），楽しさの基盤（FUNdamentals），トレーニングのための学び（Learn to Train）の3つのステージがあり，その後にトレーニングのためのトレーニング（Train to Train）のステージ，さらには競技のためのトレーニング（Train to Compete）と勝利のためのトレーニング（Train to Win）という表彰台に向けた2つのステージ，そして最後にはアクティブな生涯（Active for Life）というステージが準備されている．最終ステージのアクティブな生涯には，生涯を通じた競技（Competitive for Life）と楽しみ（Fit for Life）という2つのスポーツ／身体活動への関わり方が組み込まれている．さらには，7つのステージを通した前段階として，気づき（Awareness）と初参加（First Involvement）というスポーツ／身体活動に生涯を通じて関わっていくために重要な最初のステップが縦断的に記載されている．また，先述した第2期カナダスポーツ政策のキーワードである身体リテラシーの重要性も，スポーツと身体活動における長期育成モデルに縦断的に組み込まれている．

[伊藤　央二]

[キーワード]
・ヘルシーピープル：保健福祉省が管轄するアメリカで日本のスポーツ基本計画に相当する健康増進計画である．1979年に国レベルでの健康増進を目的に発表され，10年ごとにアップデートが繰り返され，アメリカ人の健康増進と疾病予防のための取り組みの一環として生涯スポーツを推進してきた．

・スポーツと身体活動における長期育成モデル：カナダスポーツフォーライフソサエティという2014年に設立された非営利の非政府組織が発表した生涯を通したスポーツ／身体活動との関わりを示したモデルである．モデルは7つのステー

ジとその前段階にあたる2つのプレステージから　構成される.

[文献]

・笹川スポーツ財団（2023）諸外国のスポーツ振興施策の比較表. https://www.ssf.or.jp/files/2023_international_comparison_06r.pdf（参照日2023年8月20日）

・Department of Health and Human Services（2008）2008 Physical Activity Guidelines for Americans. https://health.gov/sites/default/files/2019-09/paguide.pdf（accessed 2023-08-20）

・Department of Health and Human Services（2018）Current Guidelines. https://health.gov/sites/default/files/2019-09/Physical_Activity_Guidelines_2nd_edition.pdf（accessed 2023-08-20）

・Department of Health and Human Services（2023a）Healthy People. https://www.cdc.gov/nchs/healthy_people/index.htm（accessed 2023-08-20）

・Department of Health and Human Services（2023b）Move Your Way® Community Resources. https://health.gov/our-work/nutrition-physical-activity/move-your-way-community-resources（accessed 2023-08-20）

・Department of Health and Human Services（online1）Healthy People 2030. https://health.gov/healthypeople（accessed 2023-08-20）

・Department of Health and Human Services（online2）About the Objectives. https://health.gov/healthypeople/objectives-and-data/about-objectives（accessed 2023-08-20）

・National Park Service（2023）About us. https://www.nps.gov/aboutus/index.htm（accessed 2023-08-20）

・Parks Canada（2023）Plan your visit. https://parks.canada.ca/voyage-travel（accessed 2023-08-20）

・Sports Information Resource Centre（2002）The Canadian Sport Policy. https://sirc.ca/wp-content/uploads/2019/12/2002-the_canadian_sport_policy.pdf（accessed 2023-08-20）

・Sports Information Resource Centre（2012）Canadian Sport Policy 2012. https://sirc.ca/wp-content/uploads/files/content/docs/Document/csp2012_en.pdf（accessed 2023-08-20）

・Sports for Life（2019）Long-term Development in Sport and Physical Activity 3.0. https://sportforlife.ca/wp-content/uploads/2019/06/Long-Term-Development-in-Sport-and-Physical-Activity-3.0.pdf（accessed 2023-08-20）

・Sport for Life（online）Our history. https://sportforlife.ca/about-us/our-history/（accessed 2023-08-20）

[3] アジア・オセアニアの生涯スポーツ

―― ポイント ――
アジア・オセアニアの生涯スポーツに関するスポーツ実施率，スポーツ統括組織，マスタープラン，生涯スポーツ振興政策などについて概説する.

1. ニュージーランド

　　　　ニュージーランドは，総人口522万人（2023年9月現在）であり，ラグビーをはじめ，ゴルフ，クリケット，ネットボール，バスケットボール，サッカーが盛んである. ラグビーはニュージーランドにおいて国技とされており，ラグビーユニオンに登録するクラブ数は約500あり，プレーヤーとしての登録数は約16万人，レフリーとしての登録数は約1,600人，コーチとしての登録数は約1万3,000人である.

（1）スポーツ実施率

「The New Zealand Participation Survey 2022」（Sport New Zealand, 2023）によると，人口の73％が毎週少なくとも1種目以上のスポーツ・レクリエーションに参加しており，ニュージーランドは生涯スポーツの先進国といえる．ウォーキングやランニング，サイクリングなど気軽に取り組める運動から，機器を用いた個人のワークアウトやグループフィットネスなどへの人気が高く，それらの種目が実施種目の上位を占めている．一方で，新型コロナウイルス感染症の影響により，2019年と2022年の調査結果を比較すると，実施種目の参加率は減少傾向にある．

（2）スポーツ統括組織

ニュージーランドの生涯スポーツを推進する総括団体は，スポーツ・ニュージーランド（Sport New Zealand: SNZ）である．2002年まで生涯スポーツを統括してきたヒラリーコミッションが，2002年2月にニュージーランド・スポーツ財団および観光・スポーツの政策部局と合併し，スポーツ＆レクリエーション・ニュージーランドが設立され，さらに2011年末にはSNZへ改称された．SNZには，「地域スポーツ」，「パートナーシップ・コミュニケーション」，「戦略・政策」，「統括・管理」の4部門が設置されている．競技スポーツを統括するハイパフォーマンス部門は，ハイパフォーマンス・スポーツ・ニュージーランド（High Performance Sport New Zealand: HPSNZ）として独立し，生涯スポーツはSNZ，競技スポーツはHPSNZが統括団体として，国内のスポーツ政策を進めている．

SNZは，文化遺産省および大臣府による監督のもと，学校でのスポーツ・レクリエーション環境の充実ならびに保険省と連携した健康づくりを目的とした身体活動の普及に取り組んでいる．さらに，地域レベルでは全国17地域にある地域スポーツトラストがSNZからの助成金やスポーツくじ収益基金を財源としてスポーツ事業を推進し，自治体や競技団体と連携して地域のスポーツ振興体制を整えている．

（3）エブリ・ボディ・アクティブ2020-2024年戦略計画

SNZでは2032年に向け，2020年より4年ごとの戦略計画を策定している．具体的な戦略計画は，SNZ独自のアウトカムフレームワークに基づいており（図2-3-1），中間アウトカムにおける社会生態学的行動変容モデルからウェルビーイングの成果までさまざまなつながりが示されている．2032年までの戦略的方向性として，すべてのニュージーランド人が，遊びや活動的なレクリエーション，スポーツを通じて活動的に身体活動を実施することが目指されている．

現在，生涯スポーツに関する具体的な戦略計画として，「エブリ・ボディ・アクティブ2020-2024年戦略計画」が策定されている．本マスタープランにおいて，タマリキ（5～11歳）とランガタヒ（12～18歳）に焦点が当てられているのは，この期間に質の高い経験を得ることにより，生涯にわたってスポーツに関わり続けることができるためである．

2．オーストラリア

オーストラリアは，総人口約2,650万人（2023年9月現在）であり，クリケット，オーストラリアン・フットボール，ラグビー，サッカー，水泳などが盛んである．オース

生活水準フレームワーク	自然資本			生産資本			
	社会資本			人的資本			

現在のウェルビーイングとアウトカム

知識と技能	健康	社会的なつながり	主観的ウェルビーイング	市民参加と統治	環境の質	文化的アイデンティティ

身体的リテラシーの向上

時間の使い方

余暇やレクリエーションに費やす時間の向上

希望する方法で身体活動を行っている人々の向上

SNZウェルビーイングアウトカム

長期的アウトカム

身体活動
身体活動の頻度，強度，時間，および種目の改善

経験
参加者，支援者，ボランティア，および従業員の経験の向上

文化的活力
すべてのニュージーランド人（タンガタフェヌア含む）のために，文化的に特徴的な身体活動の多様な経路を増やす

システム
ワイタンギ条約とパートナーシップ，保護，参加の原則を反映し，多様で信頼できるシステムの改善

中間アウトカム

個人要因	個人的関係	社会的・文化的規範	物理的環境	政策
（例：知識，自信，意欲，能力）	（例：家族，友人，コーチ，教師）	（例：組織の慣習，地域社会の構造，文化的背景）	（例：スペースや場所，インフラへのアクセス）	（例：国の規制，組織の方針）
改善： ・身体活動を行う価値 ・身体活動の利点の理解 ・身体活動を支えるボランティア，サポーター，労働力の価値	改善： ・身体活動への参加 ・身体活動への参加の奨励 ・身体活動に参加するための直接的なサポートの提供	改善： ・身体活動の機会を促進する組織の多様性 ・身体活動を可能にする組織文化 ・地域のイニシアチブを発展させるための既存の社会構造や制度の活用	改善： ・安全な身体活動の選択肢へのアクセス ・身体活動を通じた人と人とのつながり ・身体活動を通した人と周囲の環境とのつながり	改善： ・すべての人の活動を支援するためのリーダーシップとアドボカシー ・セクターの完全性を確保するための国および地域の規制の実施 ・身体活動を改善するためのエビデンスに基づくガイドラインの適用

図2-3-1　SNZのアウトカムフレームワーク

　　　　　　トラリアでは，1976年モントリオールオリンピックでの成績不振を契機に，オーストラリアスポーツ研究所（Australia Institute of Sport: AIS）が中心となり，エリートスポーツの育成・強化を進めてきた．一方で，近年はエリートスポーツ振興にとど

まらず，草の根スポーツである生涯スポーツへの振興にも力を入れており，国民の健康増進を含めたスポーツ参加率増加のための施策を実施している．

（1）スポーツ実施率

「AusPlay™」（Australian Government, 2022）によると，15歳以上の81%が，週1回以上のスポーツまたは身体活動に参加しており，オーストラリアは生涯スポーツの先進国といえる．人気の高い種目（年に1回以上：推定参加者数）に関して，男性ではウォーキング（384万人），フィットネス（359万人），ランニング（215万人），サイクリング（183万人），水泳（154万人）の順となっており，一方女性ではウォーキング（621万人），フィットネス（441万人），水泳（200万人），ランニング（179万人），ヨガ（129万人）の順である．また，青年・成人のスポーツ参加の動機として，「健康またはフィットネスのため」が82%，「楽しさまたは喜びのため」が53%，「社会的理由」が39%，「心理，メンタルヘルス，またはセラピーのため」が26%，「アウトドアまたは自然を楽しむため」が17%となっている．

（2）スポーツ統括組織

オーストラリアでは，1993年以降政権交代や内閣改造の度に，省庁の再編，監督省庁の変更が行われた．それに合わせて，スポーツの所管省庁も変わり，現在では高齢者福祉・保健省が国内のスポーツを一元的に所管している．実際に，オーストラリアのスポーツ施策全体を統括する組織は，高齢者福祉・保健省内の連邦組織であるオーストラリア・スポーツコミッション（Australia Sports Commission: ASC）である．ASCは1989年に制定されたASC法に基づき1985年に設立されている．ASCの役割は，スポーツセクターのリーダーシップと発展，財政支援，AISの運営を通じて，スポーツへの関与を高め，国際的なスポーツの成功を継続できるようにすることである．具体的には，国民のスポーツ参加を促す各種事業・プログラムの開発，情報発信，AusPlayの実施，国内統括団体等への予算配分，指導者の育成，選手の発掘・強化，女性・先住民・障害者のスポーツの普及・強化事業など，事業内容は多岐にわたる．

（3）スポーツ30

オーストラリアでは，2018年に初めて国家レベルでのマスタープラン「スポーツ30（Sport 30）」を策定した．スポーツ30は，オーストラリアにおけるスポーツ，身体活動，テクノロジー，教育，および企業コミュニティとのパートナーシップによって実現される，今後12年間のスポーツと身体活動に関するビジョンと計画が盛り込まれている．スポーツ30では，「より活動的なオーストラリアの構築」，「卓越したスポーツの実現」，「スポーツの透明性を守る」，「オーストラリアのスポーツ産業の強化」の4つの戦略的優先事項を基に，ミッション，ターゲット，アウトカムが設定されている．

3．シンガポール

シンガポールは，総人口約602万人（2023年9月現在）であり，競技としてスポーツに取り組むだけでなく，レクリエーションとしてさまざまなスポーツに取り組んでいる．具体的には，サッカー，水泳，陸上競技，バスケットボール，ラグビーユニオン，バドミントン，卓球，サイクリングが人気である．

（1）スポーツ実施率

　「National Sport Participation Survey 2018-2022」（Sport Singapore, n.d.）によると，週1回以上のスポーツまたは身体活動に参加している人々は74％となっており，シンガポールも生涯スポーツの先進国といっても過言ではない．加えて，パンデミック期間中においてもより多くの人々がスポーツに参加しており，2022年も引き続き増加傾向にある．人気の高い種目（過去4週間の種目別参加レベル）は，ウォーキング（40％）とランニング（29％）が人気の種目となっており，パンデミック以降，体操（15％），サイクリング（11％），水泳（9％）を行う国民が増加している．また，スポーツ参加のおもな動機として，「健康のため」が81％，「精神的健康／ストレス解消のため」が35％，「見た目や気分を良くしたい」が28％，「スポーツに興味があるため」が26％，「家での座りすぎや在宅勤務を補うため」が12％となっている．

（2）スポーツ統括組織

　シンガポールでは，1973年にナショナル・スポーツ・プロモーション・ボードとナショナル・スポーツ・コーポレーションの合併により，国内のスポーツを担当する法的機関としてシンガポール・スポーツ審議会（Singapore Sports Council: SSC）が発足した．その後，SSCは，2014年4月に「スポーツを通じてよりよく生きる」をスローガンとするスポーツ・シンガポール（Sport Singapore: SS）に改称された．SSは，シンガポール政府の文化コミュニティ青年省傘下の法定委員会であり，国家の総合的なスポーツ文化を発展させることを使命としている．2023年6月22日から25日に，シンガポールではSS，文化コミュニティ青年省，シンガポール国内オリンピック委員会の協力のもと，国際オリンピック委員会（IOC）主催の「オリンピックeスポーツシリーズ（Olympic Esports Series 2023: OEW 2023）」が開催された．OEW 2023は，64の国と地域から100人以上の選手が参加し，バーチャルサイクリング「Zwift」に代表される10種目が競技として採用された．2023年9月5日に，IOCは「eスポーツ委員会」の設置を発表し，将来的にバーチャルスポーツをオリンピック競技に採用する可能性を示唆するなど，シンガポールでのOEW 2023の開催がeスポーツの新たな歴史を切り開く可能性を予感させている．

（3）スポーツ振興政策

　1996年から展開されている生涯スポーツ振興政策「スポーツ・フォー・ライフ」は，一般市民（重点ターゲット：働き世代，主婦・夫，高齢者）の身体活動やスポーツへの参加促進，エリートスポーツの競技力向上，スポーツ・フィットネス施設の新設・改修，およびスポーツイベントの開催などに焦点が当てられた．その後，2000年に政府内の省庁再編によって，社会開発青年スポーツ省の発足を通したスポーツ大臣の就任が国内におけるスポーツ政策の転換期となった．2001年には，21世紀の新たなスポーツ振興政策として，「スポーティング・シンガポール」を発表し，スポーツを通じて世界全体におけるシンガポールの地位を高めるため，積極的なキャンペーン活動と多彩なプログラム・イベントの開発・推進に取り組んでいる．

　2004年には，約10競技に焦点を当てた中高一貫校の国立スポーツ学校を開校した．また，2005年にはナショナルスタジアム，インドアスタジアム，多目的アリーナ，アクアティックセンター，図書館，博物館，ショッピングモールなどを併設する多機

能・複合型施設の建設を発表した．その後，2014年6月に世界初となるPPP（Public Private Partnership：官民連携）方式を採用したスポーツ振興拠点施設，「シンガポール・スポーツハブ」が誕生した．

(4) ビジョン2030

SSは，2012年にスポーツマスタープラン「ビジョン2030（Vision 2030)」を発表し，一生涯を通じたスポーツ参加の道筋を示す「スポーツで未来に備える」，全国民に対して平等にスポーツ機会を提供する「国境なきスポーツ」，スポーツで国民を繋ぎ地域コミュニティを再生する「共通言語としてのスポーツ」，組織間の連携を促しスポーツ産業のエコシステムを構築する「成功のための組織化」の4つの指針を示した．ビジョン2030では，長期的な視点に立って，シンガポールの将来のあるべき姿と20の提案事項が明記されている．

4. 韓　国

韓国は，総人口約5,177万人（2023年9月現在）であり，サッカー，野球，バスケットボール，ゴルフ，テコンドー，バドミントン，バレーボールが盛んである．韓国では，1986年アジア競技大会，1988年ソウルオリンピック・パラリンピック競技大会の開催を契機に，国民のスポーツへの関心が高まった．

(1) スポーツ実施率

「Korea National Sports Participation Survey」（Lee et al., 2022）によると，10歳以上の週1回以上（30分以上）定期的にスポーツに参加している人々は，2020年で60.1%となっており，これは2019年と比較すると6.48%減少している．また，2019年と2020年共に，ウォーキングへの参加率がもっとも高く，2019年の29.2%から2020年の35.7%へと上昇している．また，屋内スポーツ活動（ジムでのワークアウト，水泳など）の順位と参加率は低下している一方で，屋外スポーツ活動（登山，サイクリングなど）の順位と参加率は増加傾向にある．新型コロナウイルス感染症の流行は，韓国の人々の定期的なスポーツ参加や種目に影響を与えたことを示唆している．

(2) スポーツ統括組織

スポーツ担当行政は，大きく生活体育（生涯スポーツと同義語），エリートスポーツ，スポーツ産業の3分野に分けられ，2023年9月現在，文化体育観光部が担当している．学校体育は文化体育観光部と教育部，国民の健康増進は保健推進部と協力して推進している．また，文化体育観光部体育局の傘下に障害者体育課を設置しており，パラリンピックへの選手派遣や障害者アスリートの選手強化等を担当している．韓国では2009年にパラスポーツ専用のナショナルトレーニングセンター「d'Ground」を設立するなど，障害者アスリートの育成にも力を注いでいる．

(3) 生涯スポーツ振興政策

生涯スポーツ振興政策として，第1次国民体育振興5カ年計画（1993-1997）を皮切りに，第2次計画（1998-2002），第3次計画（2003-2008）が設立された．16年間にわたる国民体育振興計画は，生活体育（生涯スポーツ），専門体育（エリートスポーツ），国際体育（国際スポーツ交流），スポーツ産業，体育科学（スポーツ科学），および体育行政（スポーツ行政）の6つの施策で構成された．

その後, 2008年にイ・ミョンバク政権が「文化ビジョン（2008-2012)」を発表し, そこでは生活体育の政策課題が提示され, 国内で生活体育政策がより積極的に推進されることとなった. パク・クネ政権では「スポーツビジョン2018」が策定され,「手に届くスポーツ」,「スポーツ環境の土台」,「経済を活性化するスポーツ産業」が重点テーマに設定された. 現在は, ムン・ジェイン政権によって策定された「スポーツビジョン2030」が施行され,「すべての市民へのスポーツ環境」,「スポーツを通じた調和」,「誇り高いスポーツ文化の形成」,「民主的な先進スポーツの確立」を主要目標に, 生涯スポーツ振興政策が進められている.

[山口　志郎・上　　　梓]

[キーワード]

・**スポーツ30**：2018年にオーストラリア政府が発表したスポーツマスタープラン. 2030年までのスポーツと身体活動に関するビジョンと計画が明記されている.

・**PPP（官民連携）**：公共と民間がパートナーシップを組み, 知識や資金を出し合いながら最適なサービスを提供.

[文　献]

・Australian Government（2022）AUSPLAY™: National sport and physical activity participation report. https://www.clearinghouseforsport. gov.au/__data/assets/pdf_file/0010/1077544/ AusPlay-National-Sport-and-Physical-Activity-Participation-Report-November-2022-V2.pdf（accessed 2023-9-15)

・Lee O, Park S, Kim Y, et al.（2022）Participation in sports activities before and after the outbreak of COVID-19: Analysis of data from the 2020 Korea national sports participation survey. Healthcare, 10: 122.

・Sport Singapore（n.d.）National sport participation survey 2018-2022. https://www.activesgcircle. gov.sg/sportdexsg（accessed 2023-9-15)

・Sport New Zealand（2023）Active NZ changes in participation: The New Zealand participation survey 2022. https://sportnz.org.nz/media/ oescgpvc/active-nz-changes-in-participation-2022. pdf（accessed 2023-9-15)

[4] ヨーロッパ諸国のスポーツクラブ事情の変革

── ポイント ──────────

ヨーロッパ諸国を中心とした地域スポーツクラブの概要から, クラブ創設の社会的背景やクラブ特性について学ぶ.

現代ヨーロッパ社会におけるスポーツやスポーツ文化を概観すると, ドイツのスポーツ社会学者Heinemann（1999）が指摘するように, ①英国スタイルのスポーツ, ②ドイツでみられるTurnen, ③スウェーデン体操などが各国で発展してきた身体活動の理念や目的を持った文化的背景から, その社会的機能や役割を論じることが重要な意味を持つ. しかしながら, 一方では, 現代社会はスポーツのグローバル化が進み, スポーツへの社会化過程にも, そうした伝統的なスポーツ文化やシステムとは異なっ

た諸相がみられる.

　ドイツをはじめとする現代ヨーロッパのスポーツクラブライフについて，トカラスキー（Tokarski, 2003）は，新しいスポーツのトレンドの主要な部分を，レジャー・レクリエーション的現象として捉え，そこでの，変革するスポーツ現場でのクラブ組織や指導者養成の重要性を述べている．今日の大衆スポーツやレジャー・レクリエーションスポーツは，余暇時間の増大，個人主義スポーツ参加，そして，身体・スポーツへの新たな認識などの4つの社会的現象を経て，ここ20年から30年間発展してきているという．同時にそれらスポーツ人口の増大に伴う多様な組織の出現に伴って，従来からある伝統的なスポーツ組織への参加継続が減少していることを強調している．言い換えれば，スポーツがライフスタイルに定着し，かつ，多様性を帯びたため，スポーツ組織やクラブが対応できなくなってきている結果として捉えている．とくに指導現場にいる指導者の資質向上が望まれ，多様性と専門性に対応する指導者養成の重要性が急務であるという．当然のことながら，こうした現象は，これまでのヨーロッパ諸国で発展してきた伝統的なコミュニィティ・スポーツクラブの持つ役割機能や集団特性の変化に影響をもつことは確かである.

　各国のコミュニティ・スポーツクラブ数の把握は，日本同様難しいところがあるが，鹿屋体育大学主催（2003）「21世紀のコミュニティ・スポーツクラブとクラブライフの振興に関する国際シンポジウム大会報告書」および筆者の収集した資料からは，おおよそ表2-4-1のようにまとめられる．ただし，スポーツシステムやクラブ概念の相違もみられる状況で示された数値として理解していただきたい.

1. ドイツ

　クラブの数は，ドイツスポーツ連盟（DOSB）で管理され，統計については毎年報告されている．2003年時点では8万7,717クラブと2,681万2,757人の会員を有する．ドイツでのスポーツクラブの現状については，Heinemann（2003）は，社会共同体としてのスポーツクラブとして，会員本位の任意団体と公共機関的性格をもつクラブの公共性の狭間にあるスポーツ集団の特徴を指摘している．これは，伝統的なドイツでのトゥルネンの概念から派生するフェラインと西洋型のクラブの概念的な相違に端を発するとし，スポーツの多機能を有するが非政治的な性格をもつ現代スポーツクラブは集団とは異なった特徴である．ドイツでは，多世代型のクラブは多いものの，必ずしも，多種目型のクラブの数が単一種目型のクラブよりも多いわけではなく，3割程度である．また地域での社会集団としての機能をもつ伝統スポーツ組織の衰退やクラブ運営を支えるボランティア組織の弱体化，健康増進を主目的とする近代的な民間スポーツクラブとの差別化などの諸課題を抱えている．現在のスポーツクラブのもつ役割機能の評価に新しい研究手法を使ってBreuer（2003）はコミュニティでのスポーツ開発計画へのASMS（Assessment and Surveillance Model Sport：査定監視型スポーツモデル）の応用を試み，地域スポーツ組織の実行可能性の向上のためにクラブの会員制の論理，政府補助への影響論理，開発論理の三局面の評価が重要な課題であることを報告している．地域スポーツクラブの管理部局の実務者レベルのドイツ地方都市ノイス群のBecker（2003）からは，スポーツ政策やプログラム開発に対して，専門性

表2-4-1　ヨーロッパ各国のコミュニティ・スポーツクラブ事情とクラブライフ

国（人口　千人）	ドイツ（82,357）	イギリス（56,352）	フランス（56,634）
クラブ数	87,717	100,000〜150,000 (106,000)	172,653
会員数	26,812,757	8,150,000	14,481,970
クラブライフの現状と課題	多世代／多・単一種目一貫指導型 ・伝統スポーツ組織の衰退 ・多様なニーズへの対応 ・ボランティア強化 ・青少年スポーツの強化 ・質の高いサービス強化 ・民間フィットネスとの差別化	多世代／多・単一種目一貫指導型 ・ボランティア強化 ・青少年スポーツの振興 ・国民の運動能力の強化	多世代／多・単一種目一貫指導型 ・クラブのプロ化 ・アマチュア主義とビジネス主義の葛藤 ・専任指導者の雇用促進
国（人口　千人）	デンマーク（5,295）	フィンランド（5,181）	ベルギー（9,979）
クラブ数	14,000	8,000	19,000
会員数	1,700,000	1,500,000	1,150,000
クラブライフの現状と課題	多世代／多・単一種目一貫指導型・分割指導型 ・伝統スポーツ組織の衰退 ・多様なニーズへの対応 ・ボランティア強化：場所、任務の分配の限界，有給化との葛藤	多世代／多・単一種目一貫指導型 ・スポーツ組織変革：指令系統がトップダウンからボトムアップへ ・クラブ本位の顧客サービス重視	多世代／多・単一種目一貫指導型 ・青少年スポーツ強化 ・クラブの活動目標の明確化と助成条件の設置 ・キャンペーン活動の強化

＊各国のスポーツクラブ数や会員数については，シンポジウムでの発表論文と資料に基づく数値をクラブライフについては，発表者の発表論文から筆者Zが要約作成したものである．

（筆者撮影）

　の高いケルン体育大学との連携による，科学的に裏付けられた形でのスポーツクラブ育成事業を実施するなどのクラブの質的向上の重要性が述べられている．先にも述べた，現在のドイツスポーツクラブの経営を支えるボランティアの減少に対して，ボランティア義務や仕事の明確化を示唆し，また，急激なスポーツ環境の変化に必ずしも対応しきれないクラブの組織性と，近年，青少年のクラブ継続年数の短縮化に歯止めを掛けるための政府の抜本的な財政支援や公共性への投資も重要な課題としている．

2. イギリス

　Collier（2003）は，イギリス全土のこれまでの地域スポーツ政策の経緯について，その核となっている10万から15万あるといわれる地域スポーツクラブの社会的影響度の重要性を述べている．現在，新たな地域スポーツクラブ支援強化を盛り込んだ国内クラブ開発戦略が策定されている．クラブ開発戦略には，学校とクラブの連携，スポーツボランティア奨励，コーチ認定制度，地域スポーツコーチ職の配置とキャンペーン，それらの財政支援事業の強化，クラブの免税処置などを骨子とした具体的な戦略事業が明らかにされている．

3. フランス

　フランスでは，オリンピック種目団体として認定されている競技スポーツクラブの7万5,000クラブの経営と約1万5,000人の専任指導者の雇用状況と促進が課題としてある（Nier, 2003）．とくにコミュニティレベルでのクラブのプロ化については，ラグビークラブの発展経緯から，アマチュア主義とビジネス主義の葛藤を中心とした地域スポーツクラブ経営課題がある．例えば，クラブの競技レベルが高度化する中で優秀な指導者の存在が不可欠であるものの，専門的職業としての確立が，ボランティア組織を基本とする地域スポーツクラブ運営では限界があり，そうした点からクラブの新たなビジネスモデルの確立が急務である．2003年時点での競技スポーツ以外のクラブ総数は，17万2,653クラブ1,448万1,970会員と報告している．

4. デンマーク

　制度化福祉モデルとなる北欧のデンマークにおいて，国民の成人や児童の約半数が定期的な運動・スポーツ参加者であり，その数は1960年代から3倍の増加率を示しており，日本と同様地域，企業，夜間学校等でも一部実施され，地域では成人の45％

と活発な児童の75％が伝統的なスポーツクラブに加入している．スポーツ活動は，公共部門として，小中学校の授業や課外クラブで実施している．また，商業部門では，フィットネスセンターなどを中心として増加傾向がみられ，成人の22％と児童の10％が活動している．しかしながら，クラブ運営に欠かせないボランティアの減少が大きな課題としてある．成人の5％がスポーツクラブのボランティアとして参加しているが，仕事の場所や条件，組織内での仕事任務の分配の限界，さらには有給化するさまざまな仕事との狭間でその参加は困難さを増している（Ibsen, 2003）．

（筆者撮影）

5. フィンランド

　国民の身体活動やスポーツ参加率で世界1位とされるフィンランドでは，とくに青少年スポーツの振興へ果たす社会的役割が重要な課題である．2003年時点でフィンランドでは7,000～10,000あるクラブに，国民の4人に1人の成人がクラブ会員である．

クラブ運営は，ほとんどがボランティアで行われている．1990年代のフィンランドスポーツ連盟の組織改革により，これまでの4つに分断された組織を統合し，上位下達的な指令系統から民間経営手法を重視したクラブ会員からのボトムアップの指令系統への変換を行い，クラブ会員本位の顧客サービスに重点をおいた点が強調されている（Koski, 2003）．

6. ベルギー

　Lierde（2003）によると，国の全人口1,000万人のうち600万人を占めるフランダース圏では，19,000クラブの115万人の会員を有する．フランダース文化圏にスポーツ省を設置し，600名の職員が管理運営にあたっている．これまでのスポーツ連盟への政府助成金のあり方を見直し，2001年には助成の条件が定められた．すなわち，競技会の開催，種目ごとのスポーツプロモーション計画，指導者トレーニング，クラブへの財政支援，情報提供など5つの条件のうち3条件への具体的な取り組みが求められている．また，青少年スポーツ振興キャンペーン活動に関した「ウイルス・オブ・スポーツ（ひとたび触れれば，スポーツを始める）」などのユニークな具体例が示されている．そして，最近の調査からクラブ員やクラブ数の減少が指摘され，その対応としてクラブ所属への奨励とクラブ運営が新たなスポーツ需要に対応することを明確な課題として位置付けている．

　以上，6カ国の概要について述べたが，ヨーロッパの多くの国では多民族，多文化を有する社会構造の中で人々のスポーツクラブやクラブライフへの取り組み方や価値特性が変化しつつある．以前のようにスポーツクラブ運営への参与形態もボランタリーな部分が必ずしも十分に満たされている訳でもない．伝統スポーツからトレンドスポーツへと人々の価値観や活動形態も急激に変化しつつある．クラブを統括管理するスポーツ中央組織や地域でのスポーツ振興政策の評価や説明責任の必要性など，国家的レベルにおいても公共投資の費用対効果が重要な視点となってきている．Breuer（2014, 2017, 2022）は，これまでヨーロッパ10カ国のスポーツクラブの国際比較やドイツのDOSB登録のスポーツクラブの全国調査をコロナ禍でも継続的に実施し，そこでのクラブの全体概要を毎時報告している．こうした研究によってスポーツクラブの質的評価も可能となり，今後の発展に貢献できる貴重な研究資料となっている．

[川西　正志]

[キーワード]

・DOSB：ドイツオリンピックスポーツ連盟であり，ドイツ全土のスポーツクラブ活動からチャンピオンスポーツの組織の頂点に立つ組織である．近年，これまでの分離していた生涯スポーツとオリンピックスポーツを融合し，機能的にスポーツ振興をすることになった．

・Turnen（トゥルネン）：ドイツの体育家であり，器械体操分野でドイツ体育の父といわれているヤーンによって普及開発された体操．ドイツのスポーツクラブでは，このトゥルネンを基本とした体操クラブが今日のスポーツクラブの源流ともいわれ，その底流はドイツばかりではなくヨーロッパ全土のスポーツクラブムーブメントに強い影響を与えてきた．

［文　献］

・Breuer C and Feiler S（2022）Sports clubs in Germany: Results from the 8th wave of the sport development report. Sport Development Report for Germany 2020-2022 - Part 1, Bundesinstitut fur Sportwissenschaft.

・Breuer C, Feiler S, Llopis-Goig R, et al.（2017）Characteristics of European sports clubs. A comparison of the structure, management, voluntary work and social integration among sports clubs across ten European countries, University of Southern Denmark.

・Breuer CB, Hoekman R, Nagel S, et al. Eds.（2014）Sport clubs in Europe: A cross-national comparative perspectives, Springer.

・Breuer CB（2003）New approaches to sport development planning. 21世紀のコミュニティ・スポーツクラブとクラブライフの振興に関する国際シンポジウム大会報告書，pp.107-112.

・Collier P（2003）Community sports clubs in England. 21世紀のコミュニティ・スポーツクラブとクラブライフの振興に関する国際シンポジウム大会報告書，pp.120-126.

・Deutscher Sportbund, Bestandserhebung 2000.

・Heinemann KL（2003）Sports clubs as a social community. 21世紀のコミュニティ・スポーツクラブとクラブライフの振興に関する国際シンポジウム大会報告書，pp.176-184.

・Ibsen B（2003）Voluntary organized sport in Denmark. 21世紀のコミュニティ・スポーツクラブとクラブライフの振興に関する国際シンポジウム大会報告書，pp.226-235.

・川西正志（2002）ドイツ地方におけるスポーツクラブの経営状況と課題：ノイス群の特徴的なクラブの事例から．日本体育学会第53回大会体育社会専門分科会発表論文集，pp.87-92.

・Lierd A（2003）Community sport club in Belgium. 21世紀のコミュニティ・スポーツクラブとクラブライフの振興に関する国際シンポジウム大会報告書，pp.210-216.

・Nier O（2003）The professionalisation of union sport organisations in France: Economic and cultural factors. the Rugby Case. 21世紀のコミュニティ・スポーツクラブとクラブライフの振興に関する国際シンポジウム大会報告書，pp.136-142.

・Koski P（2003）Promotion of sport and sports club life: Finnish perspective. 21世紀のコミュニティ・スポーツクラブとクラブライフの振興に関する国際シンポジウム大会報告書，pp.193-201.

・Tokarski W（2003）Enriched sports club life and leader training. 21世紀のコミュニティ・スポーツクラブとクラブライフの振興に関する国際シンポジウム報告書，pp.92-98.

3章　日本の生涯スポーツ・レジャー振興の現状

[1] 日本の生涯スポーツ・レジャー政策の変遷

> ─ ポイント ─
> 日本の生涯スポーツ政策やレジャー政策の変遷について述べる.

1. 日本の生涯スポーツ政策の変遷

　　日本の体育・スポーツ分野における政策は，1961年6月に制定されたスポーツ振興法（昭和36年法律第141号）を皮切りに始まり，そこでは，おもにスポーツの定義をはじめ，各地方公共団体レベルでのスポーツ振興審議会の設置や，非常勤公務員としての体育指導委員（現スポーツ推進委員）の委嘱，さらには，国民体育大会（現国民スポーツ大会）の運営に要する経費やその他スポーツの振興のために地方公共団体が行う事業に要する経費など，国の補助や地方公共団体の補助等について規定した.

　　文部大臣（現文部科学大臣）の諮問機関である保健体育審議会は，1972年の答申において，地域でのスポーツ環境施設整備や体育・スポーツへの参加の促進，指導者養成などの基本方策を明らかにした.　また，1970年代は経済企画庁，国土庁，自治省等関係各省庁からは，コミュニティ再形成施策と相まって体育・スポーツ活動やレクリエーション活動の拠点となるコミュニティセンターの整備などが並行して提唱された.　日本では，社会体育振興として地域でのスポーツ活動の拠点施設整備を中心としたハード優先の施策が出現した時期である.

　　21世紀を前にして保健体育審議会は答申（1997）のなかで，生涯にわたる豊かなスポーツライフを実現していくために，主体的にスポーツに親しむ態度や習慣の定着・発展という観点から，各ライフステージ別の運動・スポーツの望ましいあり方の指針を明らかにした.　この答申は生涯スポーツの振興を意図したもので，運動・スポーツ継続の基本的な考え方，多様なスポーツ振興施策の展開の必要性等，これまでのハード中心からソフト志向へシフトした政策である.

　　2000年9月に文部省（現文部科学省）はスポーツ振興法の規定に基づき，文部大臣告示として「スポーツ振興基本計画」を策定した.　本計画はおおむね10年間で実現すべき政策目標を設定し，政策目標達成に必要な施策を示したもので，2006年に見直しが行われた.　本計画に示された主要政策課題のひとつとして「生涯スポーツ社会

の実現に向けた，地域におけるスポーツ環境の整備充実方策」が掲げられ，その中心的な施策として総合型地域スポーツクラブおよび広域スポーツセンターの育成が推進された．

2011年6月24日にスポーツ基本法（平成23年法律第78号）が公布された．本法律は，1961年に制定されたスポーツ振興法を50年ぶりに全部改正する形で議員立法により制定された．本法律は「スポーツは，世界共通の人類の文化である」という一文から始まる前文が規定されており，総則には本法律の目的やスポーツに関する基本理念等が示され，行政だけでなく，スポーツ団体や関係者にも共通する理念を規定している．

スポーツ基本法第9条に基づき，2012年3月に「スポーツ基本計画」（以下，基本計画）が策定された．計画期間は，今後10年を見通した5カ年計画である．基本計画は，スポーツ基本法の理念を具現化し，今後のわが国のスポーツ政策の具体的な方向性を示すもので，スポーツ施策は基本計画に基づき推進される．

2013年9月に2020年東京オリンピック・パラリンピック競技大会の開催が決定したこと等を契機として，2015年10月1日に文部科学省の外局としてスポーツ庁が設置された．スポーツ庁は，スポーツ基本法の趣旨を踏まえ，スポーツを通じ「国民が生涯にわたり心身ともに健康で文化的な生活」を営むことができるスポーツ立国の実現を最大の使命としている．

スポーツ庁長官の諮問機関として設置されたスポーツ審議会において，第2期スポーツ基本計画の策定について審議され，2017年3月に策定された．2022年3月には第3期スポーツ基本計画が5カ年計画（以下，第3期計画）として策定された．本計画では，東京オリンピック・パラリンピック競技大会のスポーツ・レガシーの発展に向けて，とくに重点的に取り組むべき施策を示すとともに，「新たな3つの視点（スポーツを「つくる／はぐくむ」，スポーツで「あつまり，ともに，つながる」，スポーツに「誰もがアクセスできる」）」を支える施策を示している（表3-1-1）．

2. 日本のレジャー政策の変遷

レジャーはスポーツを包括する概念で，日本語では「余暇」と訳される．広辞苑第7版によるとレジャーは「余暇．仕事のひま．転じて，余暇を利用してする遊び・娯楽．」，余暇は「自分の自由に使える，あまった時間．ひま．いとま．」と解説されている．また現代のレジャーは，労働時間と対比され生活時間の中に位置づけられており，労働時間が短縮されただけレジャー時間が増大するという関係性にある（日本大百科全書，online）．

日本では，1950年代後半から各省庁により個別で余暇行政が展開され，例えば国民宿舎や国民休暇村などの公営レジャー施設の整備が行われた．1960年前後より労働時間短縮への転換とともにレジャーブームが到来した．1970年代に入ると，余暇時間を円滑に過ごせるような条件整備を図るため，1972年に経済企画庁に余暇開発室が設置され，余暇行政の総合調整を行うようになった．また，同年には通商産業省（現経済産業省）にも余暇開発産業室が設置され，通商産業省，経済企画庁，民間が共同で「余暇開発センター」を設立した（内海，2005）．まずは余暇活動を行うための条件整備のためにスポーツ施設，公民館，図書館などのハード面を整える動きがみ

表3-1-1　日本のおもなスポーツ振興関連政策

1957年4月	「地方スポーツの振興について」文部事務次官通達
1961年6月	「スポーツ振興法」（昭和36年法律第141号）
1964年12月	「国民の健康・体力増強対策について」閣議決定
1965年3月	「体力つくり国民会議」結成
1969年9月	「コミュニティー生活の場における人間性の回復」国民生活審議会調査部会
1972年12月	「体育・スポーツの普及振興に関する基本方策」保健体育審議会答申
1973年2月	「経済社会基本計画―活力ある福祉社会のために」経済企画庁
1989年11月	「21世紀に向けたスポーツの振興方策について」保健体育審議会答申
1997年9月	「生涯にわたる心身の健康の保持増進のための今後の健康に関する教育及び振興の在り方について」保健体育審議会答申
2000年3月	「健康日本21」厚生省
2000年9月	「スポーツ振興基本計画」文部省（2006年9月改訂）
2002年9月	「子どもの体力向上のための総合的な方策について」中央教育審議会答申
2010年8月	「スポーツ立国戦略―スポーツコミュニティ・ニッポン―」文部科学省
2011年6月	「スポーツ基本法」（平成23年法律第78号）
2012年3月	「スポーツ基本計画」文部科学省
2012年7月	「健康日本21（第二次）」厚生労働省
2017年3月	第2期「スポーツ基本計画」文部科学省
2022年3月	第3期「スポーツ基本計画」文部科学省

られた（瀬沼，2005）.

　しかし，1973年のオイルショックにより政策は停滞し，余暇は「自由時間」として議論されるようになり，1970年代後半には余った時間ではなく積極的な意義と目的を持つ時間と位置づけられた（青野，2021）.1987年に「総合保養地域整備法」（通称リゾート法）が制定され，スキー場やゴルフ場等のスポーツ施設，遊園地・レジャーランドなどが急増したが，環境破壊などの問題が生じた.1990年代は完全週休2日制や各種休暇制度の充実がもたらした自由時間の増大や本格的な高齢社会の進展，バブル崩壊による経済状況の激変などを背景として，心の豊かさを目指した余暇活動や自由時間活動，人的資源投資を行う時間，家族や個々人が思いやりや交流によって暖かい社会をもたらすための時間といった考え方が加えられ，余暇に関する政策は転換期を迎えたといわれている（青野，2021）.

　2001年1月の中央省庁改編により「余暇行政」は中央省庁から姿を消したが，2000年代に入ってからは，政府は「ワーク・ライフ・バランス（仕事と生活の調和）」，「健康経営」，「働き方改革」などに取り組んでいる.多様な働き方や生き方の選択，従業員等への健康投資などは社会全体や私たち個々人のウェルビーイングに資するものといえる.

　2015年10月にスポーツ庁が設置されて以降，スポーツの成長産業化を政策課題のひとつに置き，多様な取り組みを推進している.これらの中で，レジャー政策としてとらえることができるものとして，スポーツツーリズム関連施策が挙げられる.

　現在，スポーツ庁が主導するスポーツツーリズムは，第3期基本計画をみると，「スポーツによる地方創生，まちづくり」の政策課題部分に示されており，つまりスポーツを活用して地域活性化を図る方策であって，日常生活におけるレジャー活動を促進するための方策としてとらえることは難しい.また，第3期計画では「レジャー」や「余

暇」という単語は使われていない．同様にスポーツ庁と経済産業省の共同会議体である第2期「スポーツ未来開拓会議」が2023年7月に公表した中間報告においても，「レジャー」には触れられていない．このようにスポーツ行政分野においては，レジャー関連の政策に触れられていないのが現状である．

　「国民生活に関する世論調査（令和4年10月調査）」（内閣府，2023）によると自由時間が増えた場合にしたいことでは「旅行」がもっとも多く，「映画鑑賞，コンサート，スポーツ観戦，園芸などの趣味・娯楽」，「睡眠，休養」，「体操，運動，各種スポーツなど自分で行うスポーツ」と続いている．同調査の今後の生活の力点については，「健康」がもっとも多く，「資産・貯蓄」，「食生活」，「所得・収入」，「レジャー・余暇生活」と続いている．また「レジャー白書2023（速報版）」では，「仕事より余暇を重視する割合が年々増加傾向」にあると報告されている（日本生産性本部，2023）．このような国民の意識に加え，「人生100年時代」といわれる現在，私たち一人ひとりがより豊かでウェルビーイングな人生を送ることができるよう，国や地方公共団体は，従来のスポーツ政策に加えて，スポーツを包括的に含むレジャー・余暇活動を促進するような政策にも力を入れることが求められる．

[舟木　泰世]

[キーワード]
・**スポーツ振興法**：日本で最初のスポーツ振興に関する法律であり，1961年6月に制定された．スポーツの定義をはじめ，自治体へのスポーツ振興審議会の設置や地域のスポーツ振興に従事する体育指導委員（非常勤公務員）の設置などを示した．
・**スポーツ基本法**：スポーツ振興法（1961年6月制定）を50年ぶりに全部改正し，スポーツに関する基本理念を定め，並びに国および地方公共団体の責務並びにスポーツ団体の努力等を明らかにするとともに，スポーツに関する施策の基本となる事項を定めている．
・**スポーツ基本計画**：スポーツ基本法第9条の規定に基づき文部科学大臣が定める，スポーツの推進に関する基本的な計画である．現在は第3期が展開されている．

[文　献]
・青野桃子（2021）政策的に「活用」される自由時間．宮入恭平，杉山昂平編，「趣味に生きる」の文化論：シリアスレジャーから考える．ナカニシヤ出版，pp.153-161.
・文部科学省保健体育審議会（1972）体育・スポーツの普及振興に関する基本方策．
・文部科学省保健体育審議会（1997）生涯にわたる心身の健康の保持増進のための今後の健康に関する教育及びスポーツの振興の在り方について．
・文部科学省（2011）スポーツ基本法．http://www.mext.go.jp/a_menu/sports/kihonhou/index.htm（参照日2023年9月10日）
・文部科学省（2022）第3期スポーツ基本計画．https://www.mext.go.jp/sports/content/000021299_20220316_3.pdf（参照日2023年9月10日）
・内閣府（2023）国民生活に関する世論調査（令和4年10月調査）概略版．https://survey.gov-online.go.jp/r04/r04-life/gairyaku.pdf（参照日2023年9月10日）
・日本大百科全書（ニッポニカ）（online）レジャー．JapanKnowledge（参照日2023年9月10日）
・日本生産性本部（2023）「レジャー白書2023」（速報版）詳細資料．https://www.jpc-net.jp/research/assets/pdf/app_2023_leisure_pre.pdf（参照日2023年9月10日）
・瀬沼克彰（2005）余暇の動向と可能性．学文社．
・内海和雄（2005）日本のスポーツ・フォー・オール：未熟な福祉国家のスポーツ政策．不昧堂出版．

[2] 野外レクリエーションのマネジメント

― ポイント ―――――――――――――――――――――――――――――――
野外レクリエーション空間における課題が山積しているなか，野外レクリエーション資源のキャリング・キャパシティへの対策について理解し，どのようにマネジメントに役立てるのかを考える．

1. レジャー・レクリエーションと野外レクリエーション

　　1960年代の日本における高度経済成長期には，時間的・金銭的余裕をもつようになった庶民の間で余暇を積極的に過ごす風潮が広まった．ハイキング，海水浴，スキーといった野外でのレジャー活動に取り組む人々が行楽地に押し寄せて賑わいを見せた．「レジャー」が流行語になった時代であるが，今日でもレジャーという言葉は，余暇を過ごす「時間」として使われたり，娯楽やスポーツの「活動種目」として使われたり，人々が行楽地に出向いて行う「行為や経験」として使われたりしている（西野，1998）．類似した言葉の「レクリエーション」は，休養，気晴らし，娯楽といった意味があり，余暇に心身の活力を回復するために行われる創造的な活動を指す．レジャーとレクリエーションという言葉は，いずれも余暇に行われる自発的な人間行動であり，ほぼ同義に捉えられることから「レジャー・レクリエーション」と並列して使用されることもある．

　　レジャー・レクリエーションを日常的な活動としてではなく，自然環境で非日常的な活動として行うものは野外レクリエーションと呼ばれる．野外レクリエーションには，自然に回帰するという人間がもつ欲求を満たす機能がある．人々は，自然に向き合うことで冒険心をくすぐられ，自然を克服することで達成感を味わい，心身ともにリフレッシュすることができる．さらに，野外レクリエーションは，人々の生活の質（QOL）を向上させ，自己実現を促す生涯学習としての役割を担っている．個々人のライフステージに見合った活動種目を選択して取り組むことで，生涯にわたって充実した余暇を過ごすことができよう．

2. 野外レクリエーション空間における課題

　　野外レクリエーションの現場において山岳遭難や水難といった悲惨な事故が後を絶たないのは，野外レクリエーション空間の安全管理が不十分であることに起因する．スポーツ庁が地域活性化策として「アウトドアスポーツ推進宣言」をしているにもかかわらず，わが国の野外レクリエーション空間における法的整備や環境整備が追いついていない状況にある．安全にアウトドアスポーツを楽しむ環境を整えるためには，野外レクリエーション空間におけるリスクマネジメントを検討することが課題となっている．そのためには，自然環境を保全しながら，野外レクリエーション参加者が安全・快適に野外レクリエーション空間を利用することができるようにすることが求められる．

　　山岳，高原，原野，湖沼，河川，海洋などの自然資源をフィールドとして行われる

野外レクリエーション参加者の体験は，自然環境や野外レクリエーション空間の状況によって満足や快楽の度合いが左右される．そのため，良質な自然環境や快適な野外レクリエーション空間には，多くの参加者が押し寄せることになり，レクリエーション利用の需要増大が自然環境に悪影響を及ぼすことが危惧される．自然環境の保全とレクリエーション利用の調和を配慮することが重要であり，自然環境が将来の世代のニーズを満たす能力を損なうことがないよう持続可能な開発目標（SDGs）の取り組みとして野外レクリエーションを推進しなければならない．

3. 野外レクリエーション資源のキャリング・キャパシティ

野外レクリエーション資源のマネジメントでは，自然環境の収容力を表すキャリング・キャパシティの概念によって，野外レクリエーション活動，自然環境，社会空間という3つの観点から自然環境収容力を管理している（Pigram and Jenkins, 1999）．図3-2-1には，野外レクリエーション資源のキャリング・キャパシティへの対策を提示した．

1つ目の野外レクリエーション活動のキャリング・キャパシティについては，自然環境において参加者が快適かつ安全に活動することができるよう管理することが求められる．海水面利用の場合，自然エネルギーを使うカヤックやウインドサーフィンのようなノン・モーターライズド・スポーツとエンジンを使う水上バイクやウェイクボードのようなモーターライズド・スポーツの活動形態が異なる参加者が，同じレクリエーション空間で活動することで参加者間に軋轢が生じることがある．このようなレクリエーション空間における参加者同士の衝突による社会的コンフリクトを回避するよう，レクリエーション空間における棲み分けを考慮することが大切である．

2つ目の自然環境のキャリング・キャパシティでは，レクリエーション空間において利用者の最大収容力を超えないように制限したり，原動機を使う車両や船舶を規制することによって生態系を破壊することがないように管理したりすることが求められる．環境省では，集団登山によって植生荒廃や山道侵食を招いている日本百名山における「利用集中特定山岳登山歩道整備事業」や，植生や野生動植物の生息・生育環境への被害を防止するためにオフロード車，スノーモービル，モーターボートなどの公園内乗り入れ規制を行っている．このようにレクリエーション空間におけるオーバーユース（過剰利用）を制限することが課題となっており，自然保護思想や利用マナーの啓発により，野外レクリエーション参加者の意識を高めることが急務であろう．

世界遺産に登録された富士山では，観光目的の登山初心者や外国人登山者が急増していることから利用マナーを啓発するため，公園利用指導員の配置やパンフレット配布などの対応が取られている．また，入山料の名目で富士山保全協力金（1人1,000円）が任意徴収されており，登山道やトイレの環境整備，登山者の安全対策などに充てられているが，登山者全体に占める協力率は7割程度に止まっている．

3つ目の社会空間のキャリング・キャパシティについては，野外レクリエーション活動の場面において利用者が適度な人数で活動することができるように管理することが求められる．これには，レクリエーション参加者の心理面にかかわるクラウディング（混雑感）が関係する．スキー場の場合であれば，ゲレンデ内のスキーヤー・スノー

```
□野外レクリエーション活動＜社会的コンフリクト＞
 ⇒ノン・モーターライズド・スポーツとモーターライズド・スポーツ
 の棲み分け
□自然環境＜オーバーユース＞
 ⇒レクリエーション空間における過剰利用の規制
□社会空間＜クラウディング＞
 ⇒レクリエーション参加者が抱く混雑感の抑制
```

図3-2-1　野外レクリエーション資源のキャリング・
キャパシティへの対策

ボーダーの多さやリフトの待ち時間によって利用者が混雑感を抱いてしまう問題である．このようなレクリエーション空間における参加者の心理面にかかわるクラウディングを抑制することが課題となっている．

　以上のように，野外レクリエーション活動における社会的コンフリクト，自然環境におけるオーバーユース，社会空間におけるクラウディングといった課題について，野外レクリエーション資源のキャリング・キャパシティへの対策としてマネジメントしていかなければならない．また，野外レクリエーションは自然と共存することが大前提であるため，自然資源を利用する際には，環境への負荷が最小になるように管理するミニマム・インパクトを配慮することを忘れてはならない．野外レクリエーションのマネジメントでは，需要を拡大するためのマーケティングが必要とされると同時に，自然環境を保全するために需要を抑制するデ・マーケティングが不可欠である．

4. 「レクリエーションの専門志向化」理論

　野外レクリエーションのマネジメントには，社会的コンフリクト，オーバーユース，クラウディングといった野外レクリエーション空間の状況に応じて参加者の態度を把握することが必要である．野外レクリエーション参加者の行動を理解するための概念枠組みのひとつに，レクリエーションの専門志向化（recreation specialization）という理論がある（Bryan, 2008）．参加者がある特定の野外レクリエーション活動の経験を重ねることで知識や技能を習得して，その活動への関与を高めていくという行動様式が説明されている．この理論を提唱したBryan（1977）によると，「スポーツで使われる用具や技能，そして活動場面の選好によって反映される，一般から特殊に至る行動の連続体」であると定義されている．

　図3-2-2は，参加形態が異なるウインドサーファーが専門志向化の連続体に配列されることを示している．その現地調査によるフィールドワーク研究（二宮ほか，2005）では，参加次元，用具次元，技能次元，生活中心性次元という4つの次元から参与観察を行い，不定期参加者→社交志向参加者→競技志向参加者→快楽志向参加者というように専門志向化過程の高い段階に移行するほど，行動様式の専門志向化が高まることを検証している．この調査研究によって，レクリエーション活動に対して異なる期待や欲求をもつセグメントごとの行動特性（4C）が把握されている．4Cとは，①ウインドサーフィンの不定期参加者は専門的な知識・技術の助言や指導をしてくれ

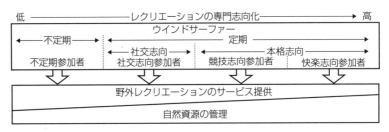

図3-2-2 ウインドサーファーの専門志向化と各段階によるサービス提供と
自然資源管理

　る人（Consultant）を望んでいる，②社交志向参加者は活動場所での仲間との交流
（Communication）を求めている，③競技志向参加者はレースに出場して成績を上げ
ること（Competition）を目指している，④快楽志向参加者は風待ちをして風の状況
（Condition）が良いときを狙っている．こういった研究成果は，野外レクリエーショ
ンのサービス提供や自然資源の管理におけるマネジメントに役立てることができる
（二宮ほか，2002）．レクリエーションの専門志向化による概念枠組みは，説明力のあ
るマーケット・セグメンテーション（細分化）変数として野外レクリエーション参加
者の行動を理解することに寄与している．

[二宮　浩彰]

[キーワード]

・**持続可能な開発（sustainable development）**：
国連の「環境と開発に関する世界委員会」が
1987年に発行した『地球の未来を守るために』
と題する報告書で説明され多くの支持を受けた
用語．
・**キャリング・キャパシティ（carrying capaci-
ty）**：レクリエーション利用において自然環境が
持続的に受け入れ可能な最大収容力．
・**社会的コンフリクト（social conflict）**：レクリ
エーション空間で複数の参加者が反感をもち合
い，相互に利用することが不可能な状態．
・**クラウディング（crowding）**：レクリエーショ
ン空間で活動する参加者が，人の多さや密度に
ついて知覚する心理状態．
・**デ・マーケティング（demarketing）**：需要が
一定量を超えて悪影響を及ぼす状況が生じない
ように，需要を抑制して調整する逆マーケティ
ングの取り組み．

[文　献]

・Bryan H（1977）Leisure value systems and rec-
reational specialization: the case of trout fisher-
men. Journal of Leisure Research, 9: 174-187.
・Bryan H, New Foreword by Scott D（2008）Con-
flict in the great outdoors: toward understanding
and managing for diverse sportsmen preferenc-
es. The University of Alabama Press, pp.59-98.
・二宮浩彰，菊池秀夫，守能信次（2002）レクリエー
ションの専門志向化：その研究動向と方法論.
体育学研究，47: 319-331.

・二宮浩彰，菊池秀夫，守能信次（2005）レクリエー
ションの専門志向化過程からみたウインドサー
フィン行動：レジャーの社会的世界における
フィールドワークを通じて．レジャー・レクリ
エーション研究，54: 1-10.
・西野　仁（1998）やさしいレジャー・レクリエー
ション論（1）レジャー・レクリエーションの捉
え方．レクリエーション，469: 29-31.
・Pigram JJ and Jenkins JM（1999）Outdoor
recreation management. Routledge, pp.84-110.

[3] 野外レクリエーションのニュートレンド

> ─ ポイント ─
>
> 2020年前後の経済や社会情勢に影響を与えた要因に着目して，野外レクリエーションのニュートレンドとの関連を整理して例示する．

1. トレンドを生み出す社会事象

　　2020年前後の経済・社会情勢に影響を与えた注目すべき要因として，①新型コロナウイルス感染症の世界的な拡大，②「温暖化」に代表される地球環境の変動と，2015年に国連が打ち出した「持続可能な開発目標（SDGs）」，③2020東京オリンピック・パラリンピック大会を契機として進められた「観光立国推進政策」，④DX（Digital transformation）の推進，の4点に着目する．これら4つの事象は，野外レクリエーションにどのような影響を与えただろうか．直接的，間接的な影響について想像しながら読み進めていただきたい．

2. 新型コロナウイルス感染症がアウトドア活動にもたらした影響

　　2019年，COVID-19の感染が広がりを見せた．世界中の人々が行動制限を受ける中で，レジャー産業は大きな影響を受けた．日本国内では，健康志向の高まりなどを背景に，2014年以降利用者数を増やしてきたフィットネスクラブは，2020年5月の緊急事態宣言直後から，利用者数を大きく減少させた（経済産業省，2021）．このような，感染予防のための行動制限は，他のレジャー活動にも影響を与えた．

　　コロナ禍によって，屋内施設での運動は控えられる一方で，屋外で手軽に行える運動については負の影響は少なかったとする分析結果も見られる（経済産業省，2021）．確かに，令和2年度「スポーツの実施状況に関する世論調査」（スポーツ庁，2021）の結果をみると，ウォーキングに関しては2019年から2020年にかけても実施率の上昇傾向が見られ，体操やトレーニングでも同様であった．

　　コロナ禍でも話題となったキャンプについてはどうだったのか．オートキャンプ白書2023（日本オートキャンプ協会）を参照してみると，オートキャンプ場の平均稼働率は2019年の17.5％から2020年の16.3％へと減少したが，2021年には20.4％に増加し，2022年には20.7％へとさらに増加している．オートキャンプ人口は減少傾向にあったものの，施設の稼働率は堅調に推移している．このように，キャンプに関して言えば，コロナ禍は新たな発展を遂げる契機となったようにも見える．

　　コロナ禍でキャンプは，3密（密接・密集・密閉）を避けやすい活動として再認識され，ひとりで楽しむソロキャンプが話題となった．ソロキャンプは，2020ユーキャン新語・流行語大賞トップ10にも選ばれた．このキャンプスタイルは一時的な流行にとどまらず，一般的なレジャーとして定着しつつある．ホームセンターや100円ショップには，アウトドア用品コーナーが常設された．ソロキャンプ用にさまざまなグッズも販売されるようになり，多くのキャンプ用品が一人用にリサイズされて販売

された．「ベランピング」，「ワーケーション」など，アウトドア志向のライフスタイルを表現する新たな言葉も生まれた．キャンプ業界にとって新型コロナ感染症の流行は，「ピンチがチャンスになった」ひとつの例かもしれない．

3. エコからサステナビリティへ

　　SDGs（持続可能な開発目標）という概念が多くの国民に浸透した．国連総会でこの国際的目標が採択された2015年以降，私たちの生活に関わるさまざまな行動が，地球環境に影響を与えていることを意識する機会が増えた．フードロスの削減，ゴミの分別とリサイクル，原材料の健全な調達など，環境へ配慮した取り組みは，野外レクリエーションのトレンドにも大きな影響を与えている．CO_2排出量の削減，地球温暖化防止のための行動は人類に共通の課題として認識されるに至った．

　　アウトドア活動は自然環境の恩恵を受けることで成り立っている．環境に過度な負荷をかけずに楽しむことがアウトドア活動の持続可能性を高める．また，関連するサービスや製品の安定供給がこれらの活動を支えている．環境に対する配慮だけでなく，生産に関わるすべてのステイクホルダーの健全性に配慮した"フェアトレード"という概念も浸透しつつある．

　　モータースポーツ，人工雪を利用したスキーなど，化石燃料を大量に消費する活動については，自然環境への影響を最小限にするための配慮が求められている．例えば，気候変動の影響が雪不足として顕在化しているウィンタースポーツの世界では，目的地までの移動にかかる二酸化炭素の排出についても，その削減を求める動きがみられる．スキーの国際大会については，近年，温暖化の影響で安定した雪が確保できず，コース整備ができないことを理由に，大会自体がキャンセルされるケースもあった．競技スポーツ団体や選手にとってだけでなく，大会が開催される地域の観光や交通サービスに関わる企業や組織にとってもFIS（国際スキー連盟）の決定は大きな影響を与える可能性がある．

　　国連気候変動枠組条約（UNFCCC）事務局は2018年，この条約に基づくアクションとしてS4CA（Sports for Climate Action）を打ち出した．全世界のスポーツ競技団体やそのステイクホルダーに対して，気候変動防止への取り組みに参加することを呼びかけている．白馬八方尾根スキー場では，2020年からスキー場のリフトを再生可能エネルギーで運行する取り組みを始めた．

4. アドベンチャーツーリズムの普及に向けた取り組み

　　旅行産業のニッチなセグメントのひとつとして，アドベンチャーツーリズム（以下，AT）が注目されている．ATの定義はさまざまで定まっていないが，ATTA（Adventure Travel Trade Association）は，アドベンチャートラベルセクターの定義として，おもに①身体的な活動，②自然と環境への接触，および③没入型の文化体験，の要素を含む旅行形態としている（ATTA, 2013）．

　　国土交通省観光庁観光資源課が発表した「地域の自然体験型観光コンテンツ充実に向けたナレッジ集」の報告によれば，ATの国際市場規模は2016年に約49兆円で，2023年には約147兆円まで拡大すると予想する調査結果もある．その年間成長率は

17.4％にも上り，国際的に成長が期待される旅行形態となっている．AT旅行者は，教育水準が高く富裕層が多いこと，滞在日数が長く（平均14日間），装備へのこだわりが強いことなど，一般的旅行者とは異なる特徴も報告されている．先述のATTAの調べによれば，1万米ドルの経済効果を生み出すために，マスツーリズム（クルーズなど）では100人の来訪者が必要であるのに対して，アドベンチャーツーリズム旅行者の場合は4人の来訪者で達成できると試算されている．オーバーツーリズムが顕在化しつつある日本の観光地では，今後，ATのような，高付加価値でローインパクトな旅行形態のプロモーションも求められる．

5. テクノロジーとの融合

　　ジョギングやマラソン，トレイルランニングやサイクリングなどのエンデュランス系スポーツの人気が高まるのと相まって，多機能ウォッチやスマートフォンなど身近なデバイスが進化している．心拍数，位置情報，走行距離や走行ルート，移動中の標高差を自動的に記録して，その情報をSNSで共有することは特別なことではなくなっている．携帯電話のカメラや小型のアクションカメラは高画質化され，その場で露出調整や動画編集が可能なアプリも登場している．GPSナビゲーションやトレーニングトラッキングが進化して，より付加価値の高い情報を発信できるプラットフォームもでき上がった．また，モバイルスタンプラリーやロゲイニングのイベントでも，位置情報システムが広く活用されるようになった．こうしたテクノロジーの発展は，アウトドア活動のリスクコントロールにも活かされている．

　　AUTHENTIC JAPAN株式会社は，2016年から「ココヘリ」という名称のサービスを提供している．このサービスは，山岳遭難者を早期発見するサービスで，発信機型会員証と全国エリアの捜索ネットワークを使い，遭難者の居場所を素早くかつ正確に把握し，救助組織へと引き継ぐものとして開発提供されている．地震や水害，土砂災害等の災害時の捜索へも対応するサービスとして2021年度「グッドデザイン金賞（経済産業大臣賞）」を受賞した．近年では，トレイルランニングの大会や，バックカントリースキーツアーで，ココヘリへの加入が義務化され始めた．

6. フィットネス志向の新たな動き

　　ACSM（American College of Sports Medicine）が発表した"Top10 Worldwide Fitness Trends for 2023"では，1位にWearable Technology, 2位にStrength Training with Free Weightが選ばれ，6位にはOutdoor Activitiesが選ばれている．国際的なフィットネストレンドの中にもアウトドア活動が上位に選出されている点は注目すべき結果と言える．

　　日本国内に目を向けると，海を中心に活動されてきたSUP（Stand Up Paddleboard）は，湖や流れの緩やかな河川でも楽しまれるようになった．また，ボードの上で行うヨガなどの活動も注目され，活動場所，活動内容ともにバリエーションが増えてきた．身近に実施可能な活動場所を選ぶことで，比較的簡単に自然に触れることのできる活動が注目を集めている．

　　感染症の予防という理由だけではなく，活動場所を屋内から屋外へと移すことで感

じられる開放感や心地よさを積極的に取り入れたサービスもスタートしている．2022年にオープンした「BEACHTOWN日比谷」は，アウトドアフィットネスのコンセプトの下，プロのガイドがサービスを提供する，サーフィンやSUP，トレッキングやトレイルランニングなどの体験を提供している．

このような活動は近年話題になっている「リトリート（retreat）」サービスの一部としても活用されている．自分自身に向き合える時間や癒し，リフレッシュの時間の過ごし方として，身体的側面だけでなく精神的側面の効用を求める活動場所として，アウトドアが脚光を浴びている．

7．ソーシャルメディアで情報を共有する

アスレティックウエアをファッションに取り込む"アスレジャー"が話題となったファッションのトレンドは，よりアウトドアのテイストを取り入れたGorpcore（Good Old Raisins and Peanuts）のスタイルへと進化している．2021年には，ハイブランドのGUCCIとThe North Faceのコラボコレクションが注目を集めた．国際的には2017年に登場したと言われるこのスタイルは，コロナ禍以降の日本でも注目されている．極地用にデザインされた高機能のジャケットを羽織って行く先は犬の散歩，という"performance gear into everyday life"のスタイルはファッション界のトレンドとして定着している．ライフスタイル，環境意識，健康志向とファッションの関係性が強くなっている中で，アウトドアの持つイメージはさまざまな形で消費されている．

野外レクリエーションの体験は，さまざまなSNSを媒介して共有される情報の主要なコンテンツのひとつになっている．InstagramerやYouTuberがアウトドア活動のトレンドを形成するうえで強い影響力を持つようになってきた．前述のGorpcoreといったファッションスタイルやソロキャンプも，こうした影響力の強いオピニオンリーダーの存在によって，より早く広範囲に伝播されてきた．

インターネットメディアは，情報を即時に更新可能なこと（速報性），すぐに不特定多数に情報が伝播しやすいこと（拡散性）などの特徴を持つ．そのため，インターネットメディアを通じて一度情報が広まり始めれば，比較的短時間でブームを引き起こすきっかけとなる可能性がある．また，こうした情報伝達の革新によって，これまでアウトドア活動に好んで参加しなかった消費者層に働きかける可能性も秘めており，生涯スポーツの振興の観点からは，興味深い変化といえる．

［坂口　俊哉］

［キーワード］

・**ソロキャンプ**：複数人で時間を過ごすファミリーキャンプや組織キャンプとは異なり，Solo（独り）で時間を過ごすキャンプのスタイル．

・**リトリート（retreat）**：撤退，退却，精神修養，瞑想することなどの意味を持つ言葉．日常の生活から離れて過ごす静養先や，疲れた心や体を癒す過ごし方も意味する．

・**ココヘリ**：AUTHENTIC JAPAN株式会社が提供する山岳遭難対策制度．加入者には遭難時の捜索以外にも安全な登山のための講習会や登山用品の割引購入権などのサービスも提供されている．

・**Gorpcore（Good Old Raisins and Peanuts）**：登山やハイキングで携行するレーズン

やナッツなど，栄養価の高い行動食を指す言葉の頭文字をとって名付けられたファッションス

タイル．アウトドアブランドのジャケットなどをファッションに取り入れたスタイルの呼称．

[文　献]

・経済産業省（2021）コロナ禍で苦戦するフィットネスクラブ（2021年8月13日）．https://www.meti.go.jp/statistics/toppage/report/minikaisetsu/hitokoto_kako/20210813hitokoto.html（参照日2023年9月15日）
・スポーツ庁（2021）令和2年度スポーツの実施状況に関する世論調査．
・日本オートキャンプ協会（2023）オートキャンプ白書2023．
・AP News（2023）Skiers seek climate change moves:'The seasons have shifted'（2023-02-13）．https://apnews.com/article/sports-europe-mikaela-shiffrin-climate-and-environment-alpine-skiing-cebde053a3542ad096b194caa81f955d（参照日2023年9月15日）
・国際連合広報センター（2019）スポーツ界, COP24で気候行動枠組みを立ち上げ（2019年2月14日）
・Adventure Travel Trade Association（2013）

ATTA Values Statement. http://www.adventuretravel.biz/wp-content/uploads/2013/02/Value-Statement-Consumer-English.pdf（参照日2023年9月15日）
・国土交通省観光庁観光資源課（2018）地域の自然体験型観光コンテンツ充実に向けたナレッジ集．https://www.mlit.go.jp/common/001279557.pdf（参照日2023年9月15日）
・Adventure Travel Trade Association（2023）Adventure Travel Industry Snapshot Report 2023. https://cdn-research.adventuretravel.biz/research/64b9e42a905226.17033554/ATTA-Snapshot-Trends-2023-Report.pdf（参照日2023年9月15日）
・American College of Sports Medicine（2023）Top10 Worldwide Fitness Trends for 2023. ACSM's Health & Fitness Journal, 27（1）: 9–18.

[4] 海洋レクリエーションのニュートレンド

ポイント

海洋レクリエーションはさまざまな自然環境に対応して楽しみ方が広がっている．近年は用具のイノベーションをきっかけに新しいトレンドが生まれているが，新たなレクリエーションの普及とトレンドの特徴の関係について考えていきたい．

1.　海洋レクリエーションとは

　　　わが国は，南北に細長く伸び，四方を海に囲まれた島国であり，長い海岸線を有している．海岸線の延長は約34,568kmあり，そのうち18,402kmは自然海岸で，川や湖を含め豊富な水資源は生活，生産の場であると同時に，憩いや遊びの場となっている．水辺を利用するウォーター・レクリエーションにおいて，海浜，海面，海上，海中，海底などの海周辺で行われる活動を海洋レクリエーションと呼ぶ．

　　　海は風向，波高，潮の干満，潮流，地形の変化，透明度，水位など自然条件が常に変化し，多彩な実施環境を同じ場所でも楽しめることが海洋レクリエーションの魅力でもある．ただ変化する環境に対応するためには浮力，水圧，水温，抵抗などの水の特性，気象や海象，安全，仲間との協力，自然環境に対する配慮などの知識技能が必要であり，自然体験活動や海洋教育など，それらの習得を通じた教育活動の場として

表3-4-1　海洋レクリエーションの活動様式と活動内容

活動様式	活動内容や用具
Sailing	ヨット，ウインドサーフィン，カイトボード
Boating	モーターボート，パーソナルウオータークラフト（PWC），ウェイクボード，水上スキー，パラセーリング
Surfing	サーフィン，ボディーボード
Diving	スキンダイビング，スキューバダイビング，スノーケリング
Fishing	釣り，トローリング
Swimming	海水浴，遠泳，オープンウォータースイミング
Catching	潮干狩り
Watching	グラスボート，観光船，磯遊び
Playing	ビーチサッカー，ビーチバレー，ビーチヨガ
Rowing	手漕ぎボート，ボート
Paddling	カヌー，カヤック，スタンドアップパドルボード
Foiling	プローンフォイル，ウイングフォイル

も活用されている．

　海洋レクリエーションを活動様式によって分類し，おもな内容や用具の名称を表3-4-1に示した．複数の活動様式を同時に行うレクリエーションは，主たる活動によって分類した．例えば，ウインドサーフィンやカイトボードは波があればSurfingを楽しむことができるが，主たる動力は風の力を利用しているため，Sailingに分類した．またウェイクボードや水上スキーなどはBoarding，Surfingも行うが，おもな動力は船舶やPWCのモーターから得ており，Boatingに分類を行った．

2．海洋レクリエーションの動向

　海洋レクリエーション参加者の動向として，2019年以前は5万人前後で推移していた小型船舶免許の取得者数は，2020年以降は6万人を超え，2021年は約7万4,000人に増加し（日本海洋レジャー・安全振興協会，2022），プレジャーボートや釣りを楽しむ者が増加した．またスタンドアップパドルボーディング（SUP）では，2019年には155名であった指導者登録数が2022年には550名（約3.5倍）に増加し，イベントや競技会が国内で150以上開催されている（SIJ，2022）．さらに海洋レクリエーションの実施に必要となるウエットスーツの販売数は2019年以前と比較して約1.3倍と伸びており，需要が高まっている．国内で4カ所（茨城県，神奈川県，静岡県，兵庫県）の人工サーフィン場が稼働していることなどから，あくまで特定の種目のデータによる推測ではあるが，海洋レクリエーション参加者は増加傾向にあると考えられる．

　こうした変化には，コロナ禍によって海上での密にならない活動への注目，活動制限の反動，東京オリンピック2020における日本人選手の活躍といった一過性の要因も挙げられる．ただ，アフターコロナ社会においてもアウトドアブームは継続されており，海洋レクリエーションがもたらす非日常感や解放感，スリルは働き方改革やライフスタイルの変化などで生み出された余暇時間に活用されていると考えられる．また海は大きな地域資源であり，観光やツーリズムの復調とととともに海洋レクリエーションをコンテンツとした地域振興や地域創生への活用が期待される．

　これまで，ヨット，ウインドサーフィン，サーフィンなど海岸から距離のある海上

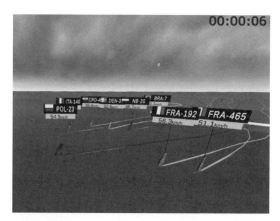

写真3-4-1
（写真提供：N-Sports）

で活動する種目は，観る者に競技や技術，楽しさを伝えにくいことが課題であったが，近年のドローンやウエアラブル端末，通信技術の向上，GPSの位置情報，センシング技術などのテクノロジー向上により，肉眼では観察できなかった競技の様子や迫力のある映像などをPCやスマートフォンで見られるようになった（写真3-4-1）．こうした技術的イノベーションは，海洋レクリエーションに関連したイベントや競技会の楽しみ方の拡大につながり，開催や誘致による地域活性や都市ブランドの形成，水辺活動の安全管理への応用が期待でき，動向が注目される．

　　レジャー・スポーツやレクリエーションの様式や用具の多くは，海外から導入されたイノベーションである．ロジャース（2007）はイノベーション，時間の経過，社会システム，コミュニケーション・チャネル（イノベーションを伝達する手段や経路）の4つをイノベーションの普及過程に影響を及ぼす要素に挙げている．例えば，4つの要素や採用者の動向を調査し，普及過程を予測することがトレンドを知る手掛かりとなり，さらに普及定着していくために必要なアクションを考えることができると考える．

　　次項にニュートレンドとして挙げる種目は，用具のイノベーションをきっかけに既存のレクリエーションが分離結合して生まれた種目であり，手軽で，多用途で，特別な施設等が必要なく，一人でもできるといった特徴がある．海洋レクリエーションに限らず，こうしたトレンドの特徴がレクリエーションの普及にどのような影響を与えているのかを考えると，さらに興味深い．

3. 海洋レクリエーションのニュートレンド

（1）スタンドアップパドルボーディング（SUP）

　　SUPの特徴は，水上でボードの上に立ち，シングルブレードのパドルを漕いで進むことである．船やボードの上に立って漕ぐ様式は以前からサーファーの遊びや通船などでも行われていたが，立って漕ぐことを前提にした専用の用具の開発という用具イノベーションによって誰でも取り組めるレクリエーションとなった．2005年ころに用具が販売され，2006年には神奈川県で本格的なSUP競技会が開催された．競技の浸透に伴って愛好者が増加し，各種団体が競技会開催，指導者養成，技能検定などを行われている．

　　平野（2015）はSUPの特徴として，サーフィンやウインドサーフィンなどと比較して初心者でもすぐに立って進める手軽さと多用途を挙げており，漕ぎながらSurfingやFishing, Watchingなどの活動が行われ，ボード上でヨガやフィットネスを行う健康を増進するためのツールとしても活用されている．

　　ただ手軽であるからこそ，水辺での経験や技量が十分でない段階から沖合，船舶の往来や波の高い場所に行くことができる．海上保安庁（2023）は，帰還不能などの海

難事故が2019年の32名から2022年には70名と約2.5倍に増加し,そのうちの2/3はSUPで利用されることが多い空気充填式のインフレータブルボードであったと報告している.さらなる普及には適所に応じた用具選択,実施方法やルールの啓もう,安全に対する配慮などの環境整備が必要であり,参加者にはライフベストの着用,流れ止めの装着,視認性を高める派手な服装の着用などが推奨される(写真3-4-2).

なお,手軽なSUPを活用して街中を流れる水路をめぐり,新たな街の魅力を発見する取り組み,水辺の環境保全や水質環境を考える活動などが行われており,地域振興や観光資源の開発など競技やレクリエーションの枠を超えた活動の展開が見られている.

写真3-4-2
(写真提供:横浜SUP倶楽部)

(2) ハイドロフォイル (写真3-4-3)

ヨットやウインドサーフィンなどのセーリング種目はセイルに発生した揚力を動力にしている.この揚力を水中に取り付けたハイドロフォイル(水中翼)に発生させて,ボードやヨットを水面から浮上させて走行する状態がフォイリングである.水中翼の揚力によってセーリング種目では,小さいセイル(帆)でもプレーニング(滑走)状態になり,通常のSUPやサーフィンでは乗ることのできない小さなうねりでも波に乗る感覚を味わうことができる利点がある.浮上すると水面との抵抗が少なくなり,スピードが向上しやく,国際的なヨットレースのアメリカズカップで

写真3-4-3

は20mを超える巨大な艇体が空中に浮きながら時速90km/hでフォイリングしている.2015年ころからカイトセーリング,ウインドサーフィン,SUP,サーフィンなどに取り付ける愛好者が増加している.オリンピックのセーリング競技にはハイドロフォイルを用いたナクラ17,IQフォイルクラスが採用されている.

(3) ウイングフォイリング (写真3-4-4)

ウイングは空気圧でセイルの形を作り,揚力を発生させる(写真3-4-5).ヨットやウインドサーフィンに必要な硬くて長いマストやブームが必要なく,ポンプで空気を注入するだけなので組み立てる手間が軽減され,金属やFRPが少なく軽量で,スケートボード,スノーボードなどでも手に持って使用できる.

海洋レクリエーションでは,2019年ころからハイドロフォイルと組み合わせたウ

写真3-4-4
（写真提供：Academy46）

写真3-4-5

写真3-4-6

　イングフォイリングの愛好者が増加し，グローバルウイングスポーツ協会が設立され，競技会が開催されている．手軽にフォイリングを経験でき，湖や川のような平水面で波の有無にかかわらずサーフィンのような浮遊感を味わうことができる．またヨットやウインドサーフィン，SUPなどでは用具のサイズが輸送や保管の課題であったが，ウイングは畳むことができ，ボードがコンパクトで軽自動車にも収納できる（写真3-4-6）．すでにフォイリングが一般化しているカイト，ウインドサーフィン，SUPなどの特徴をハイブリッドに併せ持つ，多彩な楽しみ方ができるニュートレンドである．

［平野　貴也］

［キーワード］

・イノベーションの普及過程：ロジャースEMはイノベーションの普及過程を「イノベーションが，あるコミュニケーション・チャネルを通じて，時間の経過の中で，社会システムの成員の間に，コミュニケート（伝達）される過程である」と定義している．イノベーションの採用者を時期によって革新的採用者，初期採用者，初期多数派，後期多数派，採用遅滞者の5つに類型化し，その特徴を用いてイノベーション普及過程を説明している．

［文　献］

・海上保安庁（2023）SUP　安全対策会議資料．
・日本海洋レジャー・安全振興協会（2022）統計資料．
・日本SUP指導者協会（SIJ）（2022）年次総会資料．
・ロジャースEM著，三藤利雄訳，（2007）イノベーションの普及．翔泳社，p.8.
・平野貴也（2015）スタンドアップパドルボード（SUP）愛好者の実状と普及のための課題．日本海洋人間学会，4（1）：41-46.

4章 生涯スポーツとビジネス

[1] 生涯スポーツのマーケティング

┌─ ポイント ──────────────────────────
人々に喜ばれるプログラムやサービスを提供するには効果的なマーケティングが不可欠だ．顧客の
ニーズや心をつかむ方法についての知識や技術が必要となる．
└──────────────────────────────────

　　生涯スポーツを一義的に捉えることは難しい．しかし，それは基本的に個々人とスポーツとの関わり方に関するものであり，その関わりが個人や社会のウェルビーイングに寄与することが期待されていると言えよう．生涯スポーツの振興は，スポーツのそうしたあり方が本来意図する善い方向に向うよう支援することである．そこに関わるスポーツ組織はさまざまであるが，人々にスポーツの価値を理解してもらい，それを実践し享受してもらおうとする点では共通の使命があると言える．そして多くの場合，それは「する」,「みる」,「ささえる」というスポーツの各側面への理解を深めるとともに，積極的な参加や参画を促す具体的なはたらきかけとして捉えることができるだろう．本稿ではそのようなスポーツ事業を営む組織を生涯スポーツ組織として捉え，その事業運営におけるマーケティングの役割とその進め方について検討する．

1. 生涯スポーツ事業とマーケティング
　　生涯スポーツに関わる組織は内容的にも規模的にもさまざまだ．公共・民間，営利・非営利等の性格が異なる組織がそれぞれに「する」,「みる」,「ささえる」というスポーツの各分野で事業を展開している．一般に事業は社会的に価値あるものを継続的に提供することとされているが，そこには2つの意味が込められている．ひとつは顧客が価値（有用性）を感じるようなサービスを提供することであり，もうひとつはその継続性である．継続ということは組織がサービス提供の見返りに相応の対価を得ることが前提となる[注]．得られた対価からサービス提供のコストを差し引いたものが利益であり，それは社会的価値の純増分ということができる．そうした価値の純増分が事業の継続や組織そのものの成長につながっていくのである．このように事業の運営は，顧客と組織間の交換の関係として捉えられる．この関係を顧客・組織の双方が満足するようなWin-Winの関係にしようとするのがマーケティングの役割である．

　マーケティングとは，組織が顧客にとって価値あると感じるような商品やサービスを提供することであり，組織自体もそこからなにがしかの成果をあげることを意味する．つまりそれは組織が価値ある交換関係を作り上げることによって，顧客を生み出すことであり，組織自体に成果をもたらすものである．その起点になるのが顧客志向の考え方だ．顧客志向自体は理念的には理解しやすいが，それを実践するとなると話はより複雑になる．組織としてどのように取り組むのかについて枠組みが必要となる．組織内でのこうした枠組みはマーケティングマネジメントプロセスといわれる．

　　注）公共のサービスや非営利組織では，必ずしもサービスを提供する顧客からの対価がそのまま事業継続のための資源と位置づけられている訳ではない．しかしながら，顧客が求めるサービスを提供するという点では，やはりマーケティングの取り組みが有効となる．

2．マーケティング活動の進め方

　図4-1-1は，組織としてのこの枠組み（プロセス）を示している．事業を営む組織は，変化する環境下で顧客が求める価値を見極めてそれに見合う商品やサービスを提供することが必要となる．したがって，マーケティング活動の出発点は，組織が自らおかれている状況（環境）を調べあげること（「分析」Research）からはじまる．次の段階は「計画策定」（Planning）である．つまり事業の方向性（目標）を明らかにしたうえで，その達成方法を決定していく．ここでは，誰を顧客とし，彼らに何を，どのように提供するのかが検討される．計画が策定されれば，次は「実行」（Implementation）となる．策定した内容を実際に展開するステージである．そして実行に続くのが「統制」（Control）で，計画が意図した方向に進んでいるのかどうかを評価し，必要あれば改善に繋げていくことになる．このように，マーケティングマネジメントプロセスはPDCAサイクルから成る．

　では，各ステージについて詳しくみていこう．まず，「分析」は，スポーツ組織自らが組織内外の環境でどのような立場におかれているのかを調べることからはじまる．組織自体の強みや弱みは何か，また組織にとって追い風や逆風となる要因は何か等について情報分析（SWOT分析など）を行い，どの分野に事業の可能性があるのかを見極める（方向性の明確化）．当然ながら，組織の強みを活かせることがポイントとなる．この作業で思いつきや場当たり的な考え方を大幅に排除することができる．

　「計画策定」の第一段階はSTPと呼ばれ，セグメンテーション（S，市場細分化），ターゲティング（T，標的市場の設定），ポジショニング（P）の3要素から成る．まず，「分析」で有望と思われる事業分野を確認できたら，その分野で想定される顧客の集合体（市場）を分析し，より同質なニーズをもつ下位集団（セグメント）に分けることが可能かどうか検討する．この作業が市場細分化（セグメンテーション）である．多くの場合，市場は同質（均質）であることはほとんどなく，ニーズや好みの違い，また地理的要因等でより小さな市場に分けて捉えることができる．対象市場が複数の細分化市場（セグメント）で構成されることが確認できたら，どのセグメントを対象とするのかを決定する．これをターゲティング（標的市場の設定）という．設定されるセグメントはターゲット・マーケット（標的市場）または単にターゲットともいわれる．

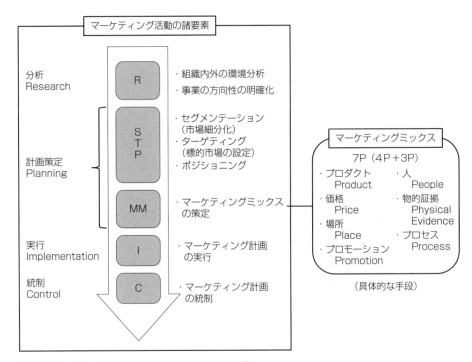

図4-1-1　マーケティング活動のプロセス（過程）
（久保田進彦，澁谷　覚，須永　努（2023）はじめてのマーケティング［新版］．有斐閣，p.51
を参考に作成）

ターゲットは複数設定されることもあるし，ひとつに絞り込まれる場合もある．次に必要な作業がポジショニングとなる．ポジショニングは，ターゲットとなる顧客の心に刺さるように，提供する商品やサービスを独自で魅力的に感じられるようにアピールすることである．そこでは，提供する商品を顧客の頭の中にある知識や経験，イメージと上手く結びつけることにより，競争相手の商品よりも独自性や親近性を感じてもらうことが重要だ．実際に独自性があったとしても，それをターゲットに感じてもらえなければ，ポジショニング自体は失敗となってしまうので注意が必要となる．その意味でターゲットに対するイメージづくりは非常に重要である．以上STPにおいては，セグメンテーションとターゲティングで「誰を顧客とするのか」が，ポジショニングでは「顧客にどう思われたいのか」が検討される．

　計画策定の第二段階はマーケティングミックスの策定である．マーケティングミックスはターゲット顧客に対して価値ある交換の関係を構築するための具体的な手段や活動の集合のことである．顧客が欲するものを提供するのがマーケティングの基本だが，だからと言って手探りで何をしてもよいというわけではない．組織には操作可能なことと不可能なことがあり，これをしっかり認識しておくことが必要だ．そのうち操作可能な要素の集合体がマーケティングミックスである．生涯スポーツ組織の多くは，モノそのものではなく，サービスを主体とする事業を営んでいる．その点を考慮して，ここでは7つの要素（7P）から成るマーケティングミックスを紹介する（表4-1-1）．通常は4Pとしてプロダクト（Product），価格（Price），場所（Place），プロモー

表4-1-1　サービス分野のマーケティングミックス（7P）

7Pの各要素	スポーツクラブを例にとると…
プロダクト Product	顧客に提供する核となるサービスのこと．クラブのコンセプトやそれに基づくプログラムや施設のあり方，スタッフの体制などをさす．他のマーケティング要素との関係で総合的にみて顧客が求める価値に合致しているのかが重要．
価格 Price	提供するサービスの価格や支払い方法．クラブの入会金や月会費等の設定，その支払いの方法などが含まれる．価格はクラブの収益につながる重要な要素．顧客が求める価値や利便性，競合価格等を総合的に判断することが必要．
場所 Place	サービスが提供される場所や時間的スケジュールをさす．クラブの立地やアクセス手段，営業時間の長さ，各種プログラムの組み合わせや時間的スケジュールなどが含まれる．提供されるサービスと顧客が出会う場を総合的に検討することが重要．
プロモーション Promotion	顧客にサービスを認知し受容してもらうためのコミュニケーション手段．クラブとしての広告宣伝やパブリックリレーション，その他販売促進の活動などが含まれる．単なる情報伝達だけでなく，意図するイメージを持ってもらうことが重要．
人 People	サービスを顧客に提供する人（従業員）のこと．クラブで顧客と直接接するスタッフ（人員）の専門的知識やスキル，態度，また現場での対応力等をさす．サービス分野の要となる部分．スタッフの能力や動機付け，またそのための教育が重要．
物的証拠 Physical Evidence	サービス提供に関わる物的な手がかりのことで，顧客がクラブや提供されるサービスを評価する際に手がかりとなるもの．クラブ施設の内外装や設備，働くスタッフやその服装，パンフレット等の見栄えなど．総合的にみて一環していることが重要．
プロセス Process	サービスが提供される過程のこと．例えば顧客がクラブに入館し，エクササイズをして退館するまでの一連の流れや手続きのこと．サービスでは生産と消費が同時に起こるのでプロセス自体がサービスの評価に大きく影響する．効果的な管理が重要．

ション（Promotion）の4要素の引き合いが多いが，サービス分野では4Pに加えて3つのP，つまり人（People），物的証拠（Physical Evidence），そしてプロセス（Process）の要素が追加される．これらの要素は顧客がサービスを評価する際の材料となることが知られているからである．

　マーケティングミックスの策定では，選定したターゲット顧客に対して，彼らのニーズに合致するようポジショニングした7Pを立案する．ここでは顧客にとって魅力的なサービスやプログラムの開発（Product）が軸となるが，あくまでも顧客目線，顧客が求める価値から考える必要がある．そして提供するサービスに見合う価格の設定や支払い方法等（Price）も検討する．またサービスをどこで，どのような時間帯で提供するのか（Place），そしてそれらの内容をどのように顧客に伝えるのか等（Promotion）を検討する．さらにサービスそのものの特徴をふまえて，サービス提供者のあり方や顧客との関係性（People），サービス提供の舞台設定やその他の形ある手がかり（Physical Evidence）について検討する．またどのようにサービスを提供するのかについて，その手順や流れ（Process）についても検討していくこととなる．最終的にはマーケティングミックスの各要素が相互に結びついてターゲットにアピールするよう調整される必要がある．

　マーケティングミックスが策定されれば，いよいよ選択したターゲットに対してこれを展開することになる．この段階が「実行」（I）の段階である．実行に続く段階は「統制」（C）となる．この段階ではマーケティング計画の達成度の測定と評価を行い，適切なフィードバック（修正行動）をとることになる．マーケティング活動は常に計画通りに進むとは限らない．社会や経済等の状況も変化するし，予期せぬ競合も出現するかもしれない．また，とくにサービスの分野は生産と消費が同時に行われそこに人（People）が介在する．その過程（Process）をコントロールするにも難しさが伴う．

その都度状況に応じた対応（調整）が必要となる．その意味ではこの統制の段階は組織としての力量も問われることとなる．

3. まとめ

　以上，生涯スポーツ組織におけるマーケティングとその進め方について検討してきた．まずマーケティングは組織的な取り組みであることを強調しておきたい．顧客志向という考え方自体は理解しやすいが，それを実行するには組織としての取り組みやコミットメントが不可欠である．本稿で紹介した枠組みはマーケティングの定石であり，時代によって大きく左右されるものではない．しかし一方で，事業遂行に関わるマーケティングミックス要素は社会の動きや変動に大きく影響を受けることを理解しておきたい．例えば，新型コロナウイルス感染症の流行では多くの組織がプログラムの変更や内容調整に奔走せねばならなかったことは記憶に新しい．また，今日のIT技術やデジタル化の進歩にも注意が必要だ．プロモーションの分野では組織の意図するイメージやメッセージをどのようにターゲットや潜在顧客層に伝えるのかはもちろん，提供するプログラムやサービス自体にも大きく影響しそうである．加えてダイバーシティやSDGs等の社会的な動向についても常に目を光らせておく必要があろう．このようにマーケティングでは基本的な枠組みに沿いつつ，社会の動きやそれに伴う人々の変化をしっかりと見極めながら柔軟に対応していくことが求められる．

[菊池　秀夫]

[キーワード]
・**SWOT分析**：組織や事業の現状分析をするための手法．組織（内部環境）の強み（Strength）と弱み（Weakness），また外部環境の機会（Opportunity）と脅威（Threat）の4要因を使って組織の方向性や改善点を見つけるのに使われる．機会は追い風要因，脅威は向かい風要因ともいわれる．

・**サービスの特性**：モノ商品と比較すると，サービス商品は無形性（物理的な形がない），同時性（生産と消費が同時に起きる），変動性（提供物にばらつきがある），消滅性（在庫をもてない）等の特性がある．これらをふまえたサービス提供のマネジメントが必要とされる．

[文　献]
・久保田進彦，澁谷　覚，須永　努（2023）はじめてのマーケティング［新版］．有斐閣．
・西本章宏，勝又壮太郎（2022）マーケティング．日本評論社．

・バート・ヴァン・ローイほか編，白井義男監修，平林　祥訳（2004）サービス・マネジメント：統合的アプローチ（上）．ピアソン・エデュケーション．

[2] 生涯スポーツにおけるセグメンテーション

─ ポイント ─

市場細分化と呼ばれるセグメンテーションは，セグメントの特徴の理解を通して，生涯スポーツの振興にとって有用な情報をもたらしてくれる．より範囲の狭いニッチ市場に焦点を当てることも，マイナースポーツを含む生涯スポーツのさらなる推進に求められる．

1. セグメンテーション

　　前節で取り上げられた通り，セグメンテーションはマーケティング活動における重要なステップである．市場の需要側の発展に基づいて導入されたセグメンテーションは，消費者やユーザーの要望に対して，製品やマーケティングの取り組みを合理的かつより正確に調整することを意味する（Smith, 1956）．前節で市場細分化と説明されたように，セグメンテーションは重要なセグメント（グループ）間の嗜好の違いに応じて，異質な市場（多様な需要を特徴とする市場）をいくつかの小さな同質の市場とみなすことを目的とする（Smith, 1956）．セグメンテーションに利用される変数はさまざまあるが，おもに客観的変数（収入，年齢，教育，行動パターン等）と主観的変数（価値観，性格，評価，態度等）に分類される（van Raaij and Verhallen, 1994）．このような変数を用いて細分化されたセグメントの特徴を理解することで，効果的かつ効率的なマーケティング戦略の立案が可能になる（徳山，2017a）．

2. 生涯スポーツとセグメンテーション

　　生涯スポーツにおいても，セグメンテーションの有効性がこれまで報告されてきている．人は生まれてから年齢と共にライフステージを進んでいき，その過程にあるさまざまなライフイベントを経験しながら遊び，身体活動，そしてスポーツに従事する．Levinson（1986）は，人の一生を「人生の季節」と称し，生涯を0歳から22歳までの「幼少・思春期」，17歳から45歳までの「成人期前期」，40歳から65歳までの「成人期中期」，そして60歳以上の「成人期後期」の4つに分類した．これは，客観的変数である年齢に基づいたセグメンテーションといえる．スポーツ庁（2023）の令和4年度「スポーツの実施状況等に関する世論調査」結果によると，年代別の週1日以上のスポーツ実施率は，10代（18〜19歳：56.8%）から30代（44.7%）にかけて低下し，40代（45.9%）から70代（68.8%）にかけて上昇する傾向が見られる．生涯スポーツの推進には，スポーツ実施率が顕著に低下する20代から30代にかけての対策の重要性がうかがえる．

　　年齢と同様，客観的変数である余暇・レジャー活動の参加パターンを基にしたセグメンテーションも行われている．Jackson and Dunn（1988）は，ある活動をやめて新しい活動も始めなかった「停止型」，新しい活動は始めず同じ活動を継続している「継続型」，ある活動をやめることなく別の新しい活動を始めた「追加型」，以前の活動はやめて新しい活動を始めた「変更型」の4種類に参加パターンを分類している．セグ

メントの特徴をより明確にするために，複数の変数を組み合わせ，セグメントをさらに細分化することをセグメンテーションミックスと呼ぶ（徳山，2017a）．例えば，Nimrod（2007）は先ほどの参加パターンに余暇・レジャー参加頻度も加え，少ない活動を低頻度で行う「減少型」，限られた活動を高頻度で行う「集中型」，多くの活動を高頻度で行う「拡大型」，多くの活動を低頻度で行う「分散型」の4種類に余暇・レジャー参加者を分類している．彼女の分析からは，「拡大型」と「集中型」が共に高い人生満足度，「減少型」は低い人生満足度が明らかになったが，同時に余暇・レジャー活動の種類で差が生じることも報告されている．具体的には，スポーツなどアウトドアレクリエーションにおいては「拡大型」は「減少型」に比べて人生満足度が高かったが，読書やテレビ鑑賞などの活動においては「減少型」がもっとも高い人生満足度を示した．国内においても，児嶋・伊藤（2019）がマスターズ大会参加者のスポーツ参加パターンを「継続型（学生時代から社会人以降も参加競技を継続）」，「追加型（学生時代のスポーツを継続しつつ社会人以降に参加競技を開始）」，「変更型（学生時代のスポーツはやめて社会人以降に参加競技を開始）」，「開始型（学生時代はおもにスポーツをせず社会人以降に参加競技を開始）」の4種類に分類し，スポーツへののめり込みと幸福感の関連性を検証している．分析結果から，変更型を除き，全体的にのめり込み度が高い人ほど，幸福感が高いことを明らかにしている．

　年齢や参加パターンのような客観的変数だけではなく，志向や態度など主観的変数に基づくセグメンテーションも重要である（van Raaij and Verhallen, 1994）．例えば，Ito（2020）は楽しみ志向と競技志向という2つの変数から，競技の楽しさと真剣さの両面によって動機づけられる「イベント競技者」，競技の楽しさによって動機づけられる「イベント愛好者」，競技の真剣さによって動機づけられる「真剣な競技者」，大会キャリアの始まりに位置する「初心者」の4グループに日本人のマスターズ大会参加者を分類している（図4-2-1）．この4グループ間で，大会へののめり込みと幸福感の関連性が異なることや（Ito, 2020），大会参加への問題を乗り越える方法（阻害要因折衝）が部分的に異なること（伊藤・河野，2021）が明らかにされている．大会参加志向のような主観的変数に基づくセグメンテーションを通して，各セグメントの特徴から成る「マスターズマーケット」へ効果的にプロモーションを行うことが今後のさらなるマスターズ大会発展に求められている（Young et al., 2015）．

3. 生涯スポーツにおけるニッチ市場

　マイナースポーツの存在を考えると，生涯スポーツの振興にはニッチ（隙間）市場の視点が重要である．ニッチとは，セグメントよりもさらに狭く定義される顧客グループを指し，その特徴がより同質的なものとなる特性がある（徳山，2017b）．独占的もしくは競合が少ない市場において一定のシェアを獲得できるのであれば，潜在顧客数が少なくても大きな収益を上げるチャンスが存在する（徳山，2017b）．例えば，スポーツツーリズムにおける季節性（季節間における不均衡）の打開策のひとつとして，潜在的なスポーツツーリストへのプロモーションが挙げられる（Higham and Hinch, 2018）．市場の多様化戦略とも呼ばれるこのアプローチは，旅行のタイミングにおいて問題が少ない人たち（高齢者，会議参加者，子育てを終えた夫婦等），シー

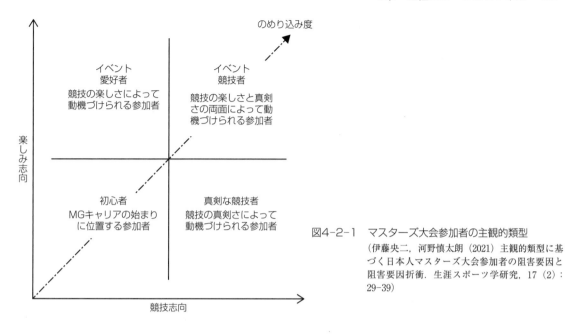

図4-2-1　マスターズ大会参加者の主観的類型
(伊藤央二，河野慎太朗（2021）主観的類型に基づく日本人マスターズ大会参加者の阻害要因と阻害要因折衝．生涯スポーツ学研究，17（2）：29-39)

ズン関係なくスポーツに特別な関心を持つ旅行者（アウェイサポーター，サーファー等）といったニッチ市場に焦点を絞ることで，季節間における不均衡を低減するという戦略である．

　ニッチ市場にうまくアプローチした生涯スポーツの事例に，栃木県佐野市のクリケット振興が挙げられる．クリケットは国内ではマイナースポーツに分類されるが，世界ではイギリス，オーストラリア，南アジアの英連邦諸国を中心に100カ国以上でプレーされ，総競技人口がサッカーに次ぐ世界第2位のスポーツである（堀込，2020）．その可能性に着目して，佐野市はクリケットを通した地方創生を進めている．具体的には，日本初かつ唯一の国際規格の広さを備える佐野市国際クリケット場を活用し，競技者や観戦者を集中的に呼び込み，その集客波及効果により地域の稼ぐ力を高めることを目指している（佐野市，online）．第3次佐野市スポーツ推進基本計画（佐野市，2022）でも，基本施策のひとつとして「クリケットを活用した地域活性化」が掲げられ，クリケットというニッチ市場を活用した地方創生が進められている．最後に，ニッチ市場は規模が小さく不安的な顧客グループでもあるため（徳山，2017b），より慎重な環境分析や戦略立案が求められることに注意が必要である．

[伊藤　央二]

[キーワード]
・**セグメンテーション**：市場の需要側の発展に基づいて導入されたアプローチであり，消費者やユーザーの要望に対し，製品やマーケティングの取り組みを合理的かつより正確に調整すること

とを目指す．
・**ニッチ市場**：セグメントよりもさらに狭く定義される顧客グループを対象とした，同質的な特徴を持つ市場のこと．

[文　献]

・Higham J and Hinch T (2018) Sport tourism development. 3rd ed., Channel View Publications.

・堀込孝二（2020）クリケットを核とした地域創生マネジメント：栃木県佐野市の事例から．国際研究論叢，33（2）：117-133.

・Ito E (2020) Relationships of involvement and interdependent happiness across a revised Masters Games participant typology. J Sport Tourism, 24（4）：235-250.

・伊藤央二，河野慎太朗（2021）主観的類型に基づく日本人マスターズ大会参加者の阻害要因と阻害要因折衝．生涯スポーツ学研究，17（2）：29-39.

・Jackson EL and Dunn E (1988) Integrating ceasing participation with other aspects of leisure behavior. J Leisure Res, 20: 31-45.

・児嶋恵伍，伊藤央二（2019）レジャー参加パターン間におけるマスターズ大会参加者の大会参加へののめり込み度と相互協調的幸福感の関連性について：オンライン調査を用いた事例研究．生涯スポーツ学研究，16（1）：11-20.

・Levinson DJ (1986) A conception of adult development. American Psychologist, 41（1）：3-13.

・Nimrod G (2007) Expanding, reducing, concentrating and diffusing: Post retirement leisure behavior and life satisfaction. Leisure Sci, 29: 91-111.

・佐野市（2022）第3次佐野市スポーツ推進基本計画．https://www.city.sano.lg.jp/material/files/group/52/suportsplan3.pdf（参照日2023年8月20日）

・佐野市（online）平成29年度「クリケットタウン佐野」創造プロジェクト　地方創生推進交付金（第1回）実施計画（抜粋）及び事業進捗状況．https://www.city.sano.lg.jp/material/files/group/18/03_45993920.pdf（参照日2023年8月20日）

・Smith WR (1956) Product differentiation and market segmentation as alternative marketing strategies. J Marketing, 21（1）：3-8.

・スポーツ庁（2023）別紙「令和4年度スポーツの実施状況等に関する世論調査」結果の概要．https://www.mext.go.jp/sports/content/20230324-spt_kensport02-000028561_1.pdf（参照日2023年8月20日）

・徳山　友（2017a）セグメンテーションの種類．仲澤　眞，吉田政幸編，よくわかるスポーツマーケティング．ミネルヴァ書房，pp.106-107.

・徳山　友（2017b）標的市場の設定と評価．仲澤　眞，吉田政幸編，よくわかるスポーツマーケティング．ミネルヴァ書房，pp.108-109.

・Young BW, Bennett A and Seguin B (2015) Masters sport perspectives. In: Parent MM and Chappelet J-L, eds., Routledge handbook of sports event management: A stakeholder approach. Routledge, pp.136-162.

・van Raaij WF and Verhallen TMM (1994) Domain-specific market segmentation. European J Marketing, 28（10）：49-66.

[3]　生涯スポーツイベントとスポンサーシップ

─ ポイント ─

継続性のあるスポンサーシップには，イベント主催者が資金を単に受け取るだけでなく，スポンサー側のメリットを高めるさまざまな施策に協働して取り組むことが重要である．

1．スポーツスポンサーシップとは

　　　　オリンピック・パラリンピックやサッカーワールドカップのような国際的なメガ・スポーツイベントを成功させるうえでの必要な資金の多くは，放映権料収入とスポンサーシップ収入によって賄われている（松岡，2016）．生涯スポーツイベントの場合は，メガ・イベントのような多額の放映権料収入を得ることができないため，少額であっ

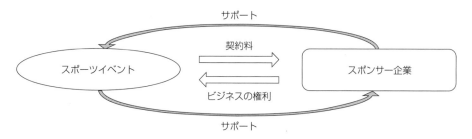

図4-3-1　スポーツスポンサーシップの考え方
(Mullin BJ, Hardy S and Sutton W（2014）Sport marketing. 4th Ed, Human Kineticsおよび
藤本淳也（2018）スポーツ・スポンサーシップ. 原田宗彦編著, スポーツマーケティング改訂版.
大修館書店より引用改変)

たとしてもスポンサーシップによる収入はメガ・イベント以上に重要な収入源である.

　スポーツイベントのスポンサーシップは, イベントへの寄付やフィランソロピー（企業による社会貢献）とは異なり, 企業がビジネス上のメリットを得る権利に対して出資することである. スポーツイベント側が一方的に収入を得るという関係ではないため, イベント主催者は契約するスポンサー企業にビジネス機会（プログラムへの広告掲載, 会場での企業名掲出など）を提供しなければならない. この関係を整理すると図4-3-1のようになる. つまり, スポーツスポンサーシップとは, 「スポーツイベントやスポーツ組織とそれらに資金や資源を投資または支援する企業との相互交換関係」と定義することができる（藤本, 2018）. この相互関係に加えて, 図4-3-1に示されているようにお互いに支援し合い, それぞれのメリットを高めることで相乗効果が生まれる.

　企業にとっては音楽や芸術などの文化的イベントも投資対象になるが, スポンサー契約の対象はスポーツが圧倒的に多い. その理由として考えられることは, スポーツにかかわる人々, つまり企業から見た消費者が多様なことである. スポーツは年齢, 性別, 社会的地位などにかかわらず, 比較的多様な層から注目され, 関与されていることから, 多くの企業にとっては効果的な広告・宣伝の媒体として活用したい対象である. この利点を利用して, 各種生涯スポーツイベントは, イベント参加者やボランティアスタッフを含む関与者のデータ（人口統計的・社会心理的データなど）を把握し, スポンサー獲得のためのセールスに効果的に活用することが必要である.

2. スポンサーシップのマーケティング効果

　スポーツイベントに協賛する企業の主要目的のひとつがマーケティング効果である. 企業は自社, ブランド, そして商品の認知度およびイメージの向上などを通して, 売り上げ向上に結び付くプロモーション効果を期待している. この効果を高めることが, 企業のスポンサーシップ契約に対する評価の向上, さらには契約の継続に影響を与える.

　そのためには, 人々が企業のプロモーション活動（広告, 販売促進活動などを含む）による刺激に対してどのように反応し, どのようにその企業の商品を購買するという行動へと至るのかについて, その過程を理解しておく必要がある.

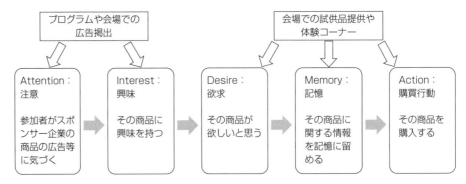

図4-3-2　スポーツイベントにおけるスポンサー活動とAIDMAモデル

　図4-3-2は，一般的に人々が広告などの情報に気付いてから購買するまでの過程を説明したAIDMAモデルを示している．この過程には，「注意（Attention）」，「興味（Interest）」，「欲求（Desire）」，「記憶（Memory）」，「行動（Action）」が含まれ，AIDMAはそれぞれの英単語の頭文字である．イベント参加者が，会場で掲出されたスポンサー企業の商品に関する広告（ポスターや看板など）を見て，興味を持ち，欲しいと思い，その商品のことを記憶に留め，機会があるときに購買するというように，図4-3-2の左から右へと移行していく．ただし，すべての参加者が簡単にこの過程を進むわけではなく，むしろほとんどの参加者は最後の購買行動までは至らない．なかにはそのスポンサー企業の存在にすら気付かない，つまり「注意」ステージにも至らない者も少なくないと認識しておくことも必要である．

　一般的な消費行動において，この5つのステージの最初から最後までを移動させることは容易ではないが，スポーツイベント会場においてはこの過程の途中において働きかけをする機会を作ることができる．それがイベント会場でよく見かけるスポンサー企業による試供品提供や体験コーナーである．会場で配布されるスポーツドリンクやサプリメントなどのサンプルはその場で試される，つまり消費を経験するため，「また飲んでみたい」という欲求が生まれやすく，その経験が鮮明に記憶に残りやすい．また，スポーツ用品や健康器具などを実際に使用してみることができる体験コーナーでは，企業の担当者が商品についての詳しい説明および，購入方法や購入可能な場所についての情報提供も可能である．その場での販売を可能とする条件をスポンサーシップ契約に含めることもできる．このようなイベント参加者の購買欲求や行動に直接的に働きかける機会を大きなメリットとして主張することで，イベント主催者側に優位な契約を進めることも可能となる．

　このように広告掲載や看板掲出といった露出によるマーケティング効果には限りがあることから，上記のようなスポンサーにとっての販売促進機会を提供することもイベント主催者には求められる．さらに，イベント参加者がスポンサーに対して好意的な態度を形成し，関与を高めるような取り組みの機会の創出についても期待されている．近年は，イベント主催者とスポンサーが協働して社会貢献活動に取り組む事例が多く見られるようになっている．このような事例を含むスポンサーシップ・アクティベーションと呼ばれる活動は，とくにB to Bの企業や非営利組織（イベントの参加

者や関係者が直接的に購買する最終消費財を扱っていない企業・組織）にとっては欠かせない取り組みと言える．直接的なマーケティング効果の他には，以下のような効果がスポンサーには期待されている（Mullin et al., 2014）．

・地域コミュニティへの関与の強化
・人々の生活を豊かにすることでの社会的責任の達成
・他の企業との関係構築（イベントでのホスピタリティの機会）
・競合企業との競争優位性の獲得

3. スポーツイベントとスポンサー企業の適合性

　イベント会場や大会プログラムの広告欄等において，スポーツとの関係性がまったくもって想像できない企業や商品を見かけることがある．これに対して，それを見た参加者や一般の人々は何らかの違和感を抱く．この場合，そのスポンサーシップの効果は期待しているほどは得られないと考えられている．反対に，スポンサー企業やその商品がイベントと違和感なく適合している場合は，企業が獲得するスポンサーシップの効果が高まると考えられている．この両者の適合性を「スポンサーフィット」と呼ぶ（松岡，2016）．

　スポーツイベントにおけるこの適合性は，スポーツ用品やスポーツドリンクのように，スポーツ実施現場で消費される商品およびその生産企業において高く感じられるのは当然のことである．しかし適合性を高めるのはそれだけではなく，人々が親しみを感じている地元企業のスポンサーにおいて高く感じられることや，長年にわたる契約において高く感じられることもある（Olson and Thjomoe, 2011）．また，企業のおもな顧客がイベントのおもな参加者である場合，つまりターゲット顧客が一致している場合にも適合性は高くなる．スポンサーの獲得においてはこのような適合性を考慮して，イベントの参加者層を顧客として狙っている企業に対してスポンサー契約の提案を持ちかけることも必要である．

　上記のような適合性が表出する関係が見られないスポンサーシップ契約も当然ながら存在する．その場合は，スポーツイベントとスポンサー企業がお互いに掲げている理念や使命が一致していることを説明することで，適合性を高めることができると考えられている（Kang and Matsuoka, 2021）．例えば，「地域の青少年の健全な育成のためにスポーツイベントが貢献する」という使命が企業の使命と一致しているということであれば，このことがスポンサーシップ契約を締結した理由であるということをプレスリリースなどで公示することで，スポンサーシップの効果を高めることができる．この説明するという活動は，スポンサー企業だけで行うのではなく，スポーツイベント側もそれをサポートし（図4-3-1），相互のメリットを高めることが求められる．

[松岡　宏高]

[キーワード]
・スポーツスポンサーシップ：スポーツイベントやスポーツ組織とそれらに資金や資源を投資または支援する企業との相互交換関係と定義することができる．企業等からスポーツイベントへの寄付やフィランソロピー（企業による社会貢献）とは異なり，企業も広告・宣伝などのビジ

ネス上の権利を得ることで，両者がメリットを獲得する関係である．

・**スポンサーフィット**：スポンサーシップにおけるスポンサー企業とその対象となるスポーツイベントやスポーツ組織の両者の適合性を指す．

この適合性は，イメージの類似度，地理的な類似度，消費場面の類似度，顧客層の類似度などから形成される．適合度が高いほどスポンサーメリットが高まると考えられている．

[文　献]

・藤本淳也（2018）スポーツ・スポンサーシップ．原田宗彦編著，スポーツマーケティング改訂版．大修館書店．
・Kang T and Matsuoka H（2021）The effect of sponsorship purpose articulation on fit: Moderating role of mission overlap. Int J Sports Marketing Sponsorship, 22（3）：550-565.
・松岡宏高（2016）スポーツとスポンサーシップ．

山下秋二ほか編著，図とイラストで学ぶ新しいスポーツマネジメント．大修館書店．
・Mullin BJ, Hardy S and Sutton W（2014）Sport marketing. 4th Ed, Human Kinetics.
・Olson EL and Thjomoe HM（2011）Explaining and articulating the fit construct in sponsorship. J Advertising, 40: 57-70.

[4] 生涯スポーツとプロスポーツ

> ─ ポイント ─
> プロスポーツ領域は，「みる」スポーツ領域として位置づけられますが，生涯スポーツのあり方にもさまざまな影響をもたらす．

　近年，さまざまな種目でリーグ改革が進められている．各種目別団体（NF）は種目の普及・振興が課題であり，そのための方策としてナショナルチームの強化が効果的である．そして強いナショナルチームを作るためには，国内リーグを充実させることが必要であり，各NFは国内リーグ充実の方策として，リーグのプロ化を志向するということになる．プロリーグを設立するためには財源の確保が不可欠となるが，プロリーグの財源と言えばスポンサーシップがあげられる．リーグやチームがスポンサー契約を結ぶにあたってまず必要なのはファンの存在であることは言うまでもない．試合ごとにスタジアムやアリーナが熱狂的なファンで満員になるような環境を作り上げてこそスポンサーへの注目度も高まるわけで，スタジアムに有料で入場してくれるファンを育てることがリーグのマネジメントにおいては重要とされる．各チームはさまざまなホームタウン活動を展開することでファンとの関係構築を志向することになるが，ここにプロスポーツと地域住民の接点が生まれる．プロチームによるホームタウン活動は，生涯スポーツを志向するコミュニティ環境づくりにインパクトを生みだすことになる．

　生涯スポーツとは，ライフステージの各段階において個人の能力や興味・関心に応じたスポーツ活動を生活に取り入れ，質の高い生活を送ろうとするものである．そして地域コミュニティは，生涯スポーツを支えるフィールドである．なかでも，プロスポーツチームが生みだす社会的インパクトは大きい．プロ選手は子どもたちのあこが

れであり，スター選手にあこがれてスポーツを始めることも多い．数万人のファンによって生みだされるスタジアム空間は，地域住民に感動経験をもたらす．スポーツの話題によって人々の生活は豊かなものとなり，地元チームの応援によって住民の一体感が深まるのである．ここでは，プロスポーツと生涯スポーツのかかわりについて考えてみたい．

1. プロスポーツと地域コミュニティ

　プロスポーツチームには社会公益的存在としての期待が寄せられている．わが国のプロスポーツリーグの中でもとりわけ生涯スポーツとのかかわりが深いのはプロサッカーリーグ；Jリーグであろう．1993年に設立されたJリーグは，わが国のスポーツシステムに大きなイノベーションをもたらした．サッカー協会は，国内リーグ（Jリーグ）の充実とそのことをきっかけとしたナショナルチームの強化に成功した事例と言える．リーグ設立以前にはわが国においてあまり馴染みのなかった，地域密着型のスポーツマネジメントを定着させた功績は大きい．

　Jリーグ規約では「地域社会と一体となったクラブづくり（社会貢献活動を含む）を行い，サッカーを初めとするスポーツの普及および振興に努めなければならない」と定められており，わが国のスポーツ文化や地域スポーツ推進を積極的に担っていくことで，公益的な存在であろうとするJリーグの姿勢が示されている．「Jリーグ100年構想」は，「あなたの町に，緑の芝生に覆われた広場やスポーツ施設を作ること」，「サッカーに限らず，あなたがやりたい競技を楽しめるスポーツクラブを作ること」，「観る・する・参加する，スポーツを通して世代を超えたふれあいの輪を広げること」をメインコンセプトとしており，サッカーのみならず地域スポーツの振興を目指す存在であることがこの構想からも明らかである．Jリーグクラブは，地域の学校や福祉施設などを訪問したり，地元のお祭りに参加したりするなどといったホームタウン活動を積極的に展開し，地域になくてはならないシンボルとして位置づけられている．

　一方，1936年の「職業野球連盟」の設立以降わが国において長い歴史と人気を有するプロ野球（NPB）においても球団運営で地域コミュニティとの関係が意識されるようになり，とくにパリーグでは所属6球団中5球団までがチーム名に都市名を加えるなど，より地域に根ざしたチーム運営を目指している．なかでも学校訪問やアカデミー事業などといった事業が地域コミュニティとの関係を深める役割を果たしている．

　三菱UFJリサーチ＆コンサルティング（2022）の調査では，わが国のプロ野球ファン人口は，2,099万人，Jリーグのファンは788万人となっており，プロ野球ファン人口がJリーグの約2.5倍となっている．また，サッカー日本代表のファンはプロ野球ファンとほぼ同じ2,113万人となっているが，プロ野球ファン，サッカー日本代表のファンともに減少している（図4-4-1）．バスケットボールのBリーグやラグビーのジャパンラグビーリーグワンなど，新しいリーグが設立され，日本代表チームも活躍する事例が増えており，人々のスポーツへの関心がさまざまな種目に広がっていることが考えられる．

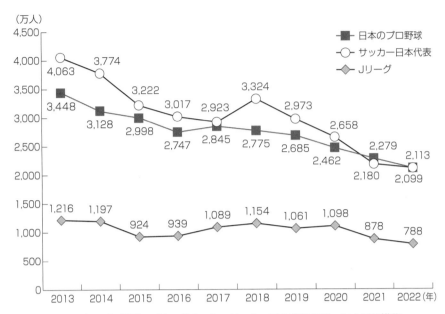

図4-4-1　日本のプロ野球，Jリーグチーム，サッカー日本代表のファン人口の推移
（三菱UFJリサーチ＆コンサルティング（2022）【速報】2022年スポーツマーケティング基礎調査）

2. スポーツ基本法とプロスポーツ

　　2011年に公布されたスポーツ基本法では，前文において「スポーツ選手の不断の努力は，人間の可能性の極限を追求する有意義な営みであり，こうした努力に基づく国際競技大会における日本人選手の活躍は，国民に誇りと喜び，夢と感動を与え，国民のスポーツへの関心を高めるものである」と記している．そして「第二条　基本理念」においてはスポーツ選手の位置づけが明確にされ，プロスポーツ選手を含むことを示していることから，今後のスポーツ振興においてプロ選手を含めてスポーツ界が一体となってスポーツ振興を進めるという方向性が示されている．また「地域におけるスポーツを推進する中から優れたスポーツ選手がはぐくまれ，そのスポーツ選手が地域におけるスポーツ推進に寄与することはスポーツに係る多様な主体の連携と協働によるわが国のスポーツの発展を支える好循環をもたらすものである」として，望ましいスポーツ界の好循環についても記載されている．わが国ではトップ選手がスポーツを引退した後の活動の場が極めて限られていることが指摘されてきた．今後は引退後のプロスポーツ選手が生涯スポーツの指導者としての役割を担うことによって，スポーツ界における好循環を生みだす環境づくりが求められている．

3. チームがもたらす波及効果

　　プロスポーツチームが地域に存在することによって，さまざまな波及効果が生みだされる．Crompton（2004）は，チームが生みだす5つの効果を指摘している．ひとつ目はスタジアム建設やメンテナンスにかかる経費，観戦者の来訪に伴う食事や交通またはホテルでの宿泊などによる「直接的な経済効果」である．そして2つ目はチーム

の勝敗がテレビや新聞などのメディアによって報道され，優勝争いをするようなことになればさらに積極的に報道されるなど，「報道によって多くの人が地域名を目にする機会増加による効果」があげられる．そして地域名を目にする機会が増えれば「地域イメージの向上効果」が期待できる．さらに，スタジアム周辺にレストランやショッピングセンターができるなどといった関連開発事業などによって「周辺地域での開発の促進効果」が得られる．5つ目に指摘できるのが「地域住民への心理的な便益」である．

　プロチームによって生みだされる心理的便益は，以下の6つの側面を指摘することができる（Crompton, 2004を参照）．

①試合によって生まれる興奮：アウェイチームを招いての試合によって生みだされるスタジアム空間は日常生活にはない興奮状態を生みだす．

②チームへの情緒的愛着：地元のチームを応援することでチームへの直接的な愛着が深まり，チームアイデンティティが高まっていく．

③地域住民の一体感：同じチームを応援する仲間としての地域住民同士の一体感が生まれる．

④プロチームを地元に持つというプライド：プロチームが地元にあることによって住民に生まれる地域の誇り，プライド，地域のための活動に取り組むと言った意欲的態度が生まれる．

⑤チームの勝利による自己概念の向上：観戦者は，応援するチームに自己概念を重ね合わせて応援する．そこでのチームの勝利は，自分自身が勝利したような気持ちになり自己概念の向上につながる．

⑥コミュニティイメージの向上：スポーツチームがあることによって地域のイメージが向上する，またスポーツ施設の整備などによって地域が整備されることによっても地域コミュニティのイメージが向上する．

　プロチームが存在することで，このような波及効果がもたらされるため，自治体はこれらの効果を期待してプロスポーツチームの誘致や，地元チームへの支援を行うのである．ただし，プロチームがもたらす経済効果については限定的であるという研究も見られており，今後は経済効果の実態を把握する取り組みが必要であるとともに，経済効果だけではなくチームが生みだす社会的インパクトについても検証が求められている．

　図4-4-2には，プロチームがもたらす社会的なインパクトと，それがどのような価値を生むのかについて示されている．プロチームの活動によって「社会的インパクト」の枠内に示されるようなさまざまな社会的インパクトが地域コミュニティまたは地域住民にもたらされる．そしてそれは，図4-4-2の「マネジメント価値」に示されるような価値を生みだす．もたらされるインパクトとマネジメント価値の掛け合わせによってプロスポーツチームが生みだす社会的インパクトをプロデュースすることが可能となる．

4. スポーツ観戦と生活満足

　レジャー活動に参加することは，生活満足（ライフ・サティスファクション）を高めることが知られている（Iwasaki, 2007）．それは，個人の快感情や内在的な興味が

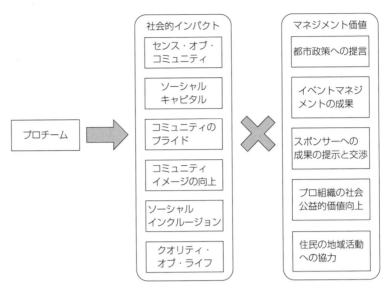

図4-4-2　プロチームが生みだす社会的インパクト

レジャーとかかわって，人々に積極的な感情や自己概念などをもたらしている．そして，レジャー活動は個人的な成長や学習の機会を提供しており，そのことによって生活満足度の高まりを実感するのである（Inoue, 2017）．このような経験はスポーツ観戦においても同様で，応援しているプロスポーツチームの勝利によって得られる快感情や，スポーツ観戦によってもたらされる技術的な側面の理解は，観戦者に生活の張りや満足度をもたらすことができる．また，ファンクラブなどにおける観戦仲間との交流の機会は，生活満足度を高める重要な要因と言える．今後は，生涯スポーツの実践においてプロスポーツ選手の存在が身近にあることによって，する・みる・ささえるの豊かなスポーツ環境を実現し，人々のウェルビーイングに貢献することが求められる．

[冨山　浩三]

[キーワード]
・**ホームタウン活動**：Jリーグクラブが実施する地域貢献活動は，ホームタウン活動と呼ばれ，Jリーグ規約において，「ホームタウン活動により地域社会と一体となったクラブづくり」が義務づけられている．
・**心理的便益**：プロチームが実施する地域貢献活動が生みだす効果は，経済的効果と社会的効果に分けられる．Crompton（2004）は，社会的効果のうち，地域住民の心理的側面にもたらされる6

つの側面を心理的便益（Psychological Benefit）と呼んだ．
・**ウェルビーイング**：ウェルビーイングとは「Well善い，Beingあり方」であり，社会的，心理的，身体的側面においてより良い状態であるとされる．する・みる・ささえるといったスポーツへの関わりと心理的ウェルビーイングの関係についての研究が進められている．

[文　献]
・Crompton J（2004）Beyond economic impact: an alternative rationale for the public subsidy of major league sports facilities. J Sport Management, 18: 40-58.
・Inoue Y, Sato M, Filo K, et al.（2017）Sport spectatorship and life satisfaction. J Sport Man-

agement, 31: 419–432.
・Iwasaki Y（2007）Leisure and quality of life in an international and multicultural context: what are major pathways linking leisure to quality of life? Social Indicators Res, 82: 233–264.

・三菱UFJリサーチ＆コンサルティング（2002）【速報】2022年スポーツマーケティング基礎調査. https://www.murc.jp/wp-content/uploads/2022/11/news_release_221027_01.pdf（参照日2023年12月8日）

5章	生涯スポーツと ヘルスプロモーション

[1] ヘルスプロモーションと政策

─ ポイント ─
近年の健康づくりは,ヘルスプロモーションの考え方が主流となっていることから,ヘルスプロモーションの概要と日本の関係政策および今後の方向性について理解する.

1. ヘルスプロモーションとは

　1986年にカナダのオタワで開催されたWHOの第1回ヘルスプロモーション会議において,オタワ憲章が採択された.その中の「Health Promotion is the process of enabling people to increase control over, and to improve, their health」がヘルスプロモーションの最初の定義とされている.この定義がまとめられるまでには,いくつかの宣言や計画が影響を及ぼしたが,端を発したのは1974年のカナダのLalondeによるレポートである.Lalondeは人間の健康を左右する要因には,遺伝,ヘルスサービス,ライフスタイル,環境の4つがあると提唱した(島内,2015).健康の獲得に,環境やライフスタイルが影響するといった視点を気づかせた重要な報告である.

　その後ヘルスプロモーションはさまざまな国で展開されており,その定義も時代や取り組む地域で多種多様であった.2005年にタイのバンコクで開催された,WHOの第6回国際ヘルスプロモーション会議で,「Health promotion is the process of enabling people to increase control over their health and its determinants, and thereby improve their health」と新たな定義がなされた.日本語では「ヘルスプロモーションとは,人々が自らの健康とその決定要因をコントロールし,改善すること」と訳されている.大きなポイントは,「決定要因」を対象としたところである.医学の進歩とともに,より具体的な健康の決定要因が明らかになってきたこと,健康の決定要因は個人の問題だけでなく,社会の変容とのかかわりの中にあることを踏まえたと考えられる.

　このことはヘルスプロモーションのプロセス戦略からも確認できる.オタワ憲章には3つのヘルスプロモーションのプロセス戦略(Advocate:唱道,Enable:能力の付与,Mediate:調停)があったが,バンコク憲章ではこれらを踏まえて,Advocate:唱道,Build Capacity:能力形成,Partner and Build Alliance:協働と同盟形成,

Invest：投資，Regulate and Legislate：法的規制と法制定の5つに拡大された．投資と法的規制が新たに加わったが，より活動を進めていくためのヘルスプロモーションのプロセス戦略として重要であることが認識された結果といえる．一方，ヘルスプロモーションの活動戦略は，オタワ憲章で提案された5つの活動戦略（①健康的な公共政策づくり，②健康を支援する環境づくり，③地域活動の強化，④個人技術の開発，⑤ヘルス・サービスの方向転換）が，バンコク憲章でも継承・発展されている．多くの議論をした上での結論であることを考えると5つの活動戦略は，普遍的なものといえる（島内，2021）．

2．日本におけるヘルスプロモーション

わが国では，1978年の「第一次国民健康づくり運動」を皮切りに，健康の維持増進政策が始まった（表5-1-1）．しかし，ヘルスプロモーションの概念を具体的に取り入れたのは，2000年の「21世紀に向けた国民健康づくり運動（以下，健康日本21）」からである．健康日本21は，これまでの行政主体の施策ではなく，住民や関係団体の積極的な参加や協力を得ながら推進することを基本に据えている．『国民の健康づくり』というひとつの目標に向かって，関係機関がいかに連携していくか，また住民がいかに参画するかが重要な課題とされた．21世紀最初の10年間の施策が評価され，その結果を踏まえて2012年に健康日本21（第二次）が策定された．第二次施策の大きな特徴は，健康施策を成功に導くためには個人の努力だけではなく，社会環境の改善が重要であると認識されたことである（厚生科学審議会，2012）．第二次からすでに10年が経過したことから，2024年に健康日本21（第三次）を進めることが公表されている．第三次では，「全ての国民が健やかで心豊かに生活できる持続可能な社会の実現」のため，「誰一人取り残さない健康づくりの展開（Inclusion）」と「より実効性をもつ取組の推進（Implementation）」を通じて，国民の健康増進の総合的な推進を図ることが示されている．また，基本的な方向として，①健康寿命の延伸・健康格差の縮小，②個人の行動と健康状態の改善，③社会環境の質の向上，④ライフコースアプローチを踏まえた健康づくりが示された（厚生労働省，2023）（図5-1-1）．

3．生涯スポーツ政策とヘルスプロモーション

ヘルスプロモーションは厚生労働省の政策の中で進められているが，文部科学省においても，ほぼ同時期に生涯スポーツ政策がすすめられた．2000年に入ると「子どもの体力向上のための総合的な方策について」の答申で，子どもの運動不足や体力の低下が問題視された．2006年には「放課後子どもプラン創設」が厚生労働省と文部科学省の連携施策となり注目されるポイントである．また，2008年から厚生労働省において特定健診・特定保健指導の施策が始まり，運動不足改善のための運動実践の場が求められている．

文部科学省では，2011年のスポーツ基本法の成立，2012年の第1期スポーツ基本計画の策定，2015年のスポーツ庁の設置と大きな変革を起こしてきた．スポーツ庁には新たに健康スポーツ課が設けられ，スポーツによる健康づくりへの動きが始まった．2017年にはスポーツ庁を中心とした第2期スポーツ基本計画が策定され，総合型地域

表5-1-1　ヘルスプロモーション（健康づくり）の変遷

年代	世界の動き	厚生労働省等関連政策	文部科学省・スポーツ庁等関連政策
1970年代	1974年　ラロンド報告（カナダ） 1978年　アルマ・アタ宣言（WHO）	1978年　第一次国民健康づくり運動 1979年　シルバー・ヘルス・プラン	1976年　体力つくり推進校設置
1980年代	1986年　オタワ宣言（カナダ）	1988年　「健康運動指導士」養成開始 1988年　アクティブ80ヘルスプラン 1989年　THPヘルスケアトレーナー養成	1982年　生涯スポーツ推進指定市町村の設置 1988年　スポーツプログラマー養成 1988年　生涯スポーツ課と競技スポーツ課に改組
1990年代	1990年　ヘルシーピープル2000（アメリカ） 1998年　健康の社会的決定要因の定義（WHO）	1995年　育児・介護休業法 1999年　男女共同参画基本法 1999年　男女雇用機会均等法 1999年　労働基準法一部改正	1990年　生涯スポーツコンベンション 1990年　生涯学習振興法 1990年　スポーツ振興基金 1995年　総合型地域スポーツクラブ育成事業 1999年　広域スポーツセンター育成事業
2000年代	2000年　ヘルシーピープル2010（アメリカ） 2005年　バンコク憲章（タイ）	2000年　健康日本21 2001年　厚生労働省設置 2001年　介護保険制度 2003年　健康増進法 2004年　健康フロンティア戦略 2005年　食事摂取基準値，食事バランスガイド 2005年　健康日本21中間評価 2006年　健康づくりのための運動基準2006・指針2006（エクササイズガイド） 2006年　放課後子どもプラン（厚生労働省・文部科学省） 2007年　健康運動指導士養成校制度 2007年　新健康フロンティア戦略 2008年　特定検診・特定保健指導 2008年　すこやか生活習慣国民運動	2000年　新体力テスト実施 2000年　スポーツ振興基本計画 2001年　文部科学省設置 2002年　中央教育審議会「子ども体力向上のための総合的な方策について」答申 2006年　スポーツ振興基本計画改定 2008年　日本学術会議「子どもを元気にするための推進体制の整備」提言 2009年　全国体力・運動能力，運動習慣等調査
2010年代	2010年　アデレード声明（オーストラリア） 2010年　トロント憲章（カナダ） 2016年　身体活動のバンコク宣言（タイ） 2018年　身体活動に関する世界行動計画2018-2030（WHO）	2011年　スマート・ライフ・プロジェクト 2012年　健康日本21（第二次） 2013年　日本再考戦略 2013年　健康づくりのための身体活動基準2013・指針2013（アクティブガイド） 2015年　食事摂取基準値（2015年版） 2016年　食生活指針改定 2018年　健康日本21（第二次）中間評価	2010年　スポーツ立国戦略 2011年　スポーツ基本法 2012年　スポーツ基本計画（第1期） 2015年　スポーツ庁設置 2017年　スポーツ基本計画（第2期） 2018年　女性スポーツの促進方策 2019年　Sport in Life プロジェクト
2020年代	2020年　ヘルシーピープル2020（アメリカ） 2020年　身体活動・座位行動ガイドライン（WHO）	2020年　食事摂取基準値（2020年版） 2024年　健康日本21（第三次） 2024年　健康づくりのための身体活動基準・指針（改訂予定）	2022年　スポーツ基本計画（第3期） 2022年　地域スポーツ連携・協働再構築推進プロジェクト 2023年　幼児期からの運動習慣形成プロジェクト

スポーツクラブが，持続的に地域スポーツの担い手としての役割を果たしていくため，クラブ数の量的拡大から質的な充実に重点を移し，子どもだけでなく親や祖父母を巻き込み，地域の健康づくりの拠点として活用されることが進められた．さらに，2022年には第3期スポーツ基本計画が策定されたが，スポーツを通じた健康増進による健康長寿社会の実現も示され，健康増進に資するスポーツに関する研究の充実・調査研究成果の利用促進，医療・介護や企業・保険者との連携強化などが，計画的に取り組む施策として掲げられた（文部科学省，2022）．

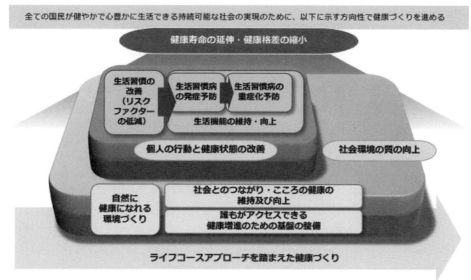

図5-1-1　健康日本21（三次）の概念図
（厚生労働省（2023）健康日本21（第三次）推進のための説明資料. p.15）

[2] 健康づくりのマネジメント

> **ポイント**
> 健康づくりを効果的・効率的に実践していく上で「目標管理」を重視したマネジメントの考え方が求められるため，健康づくりのマネジメントに関する一連の流れを理解する．

　これまでの健康づくり施策の成果評価は，おもにどのような事業を展開してきたかというプロセス（過程）評価であった．近年は，限られた資源で効果的な事業を展開するために，プロセス評価から施策の成果を重視したアウトカム（結果）評価に重点が置かれるようになった．つまり，健康事業を実施しただけでは評価は得られず，その事業の目標をあらかじめ明確にし，その目標がどの程度，あるいはどのように効果がみられたのかという評価を，明らかにすることが求められる．そのためにも健康づくり事業の評価指標を明確にして，あらかじめ設定しておくことが必要であり，「目標管理」を重視したマネジメントの考え方が求められる．マネジメントではまず目標の設定が重要視され，その目標が達成可能かについて吟味することも重要である．つまり，きちんと成果を出すためには，まずは現状把握を丁寧に行うことが重要である．

　健康に関連する要素はさまざまであるが，とくに環境やライフスタイルとの関係が強調されている．この観点で見逃せないのが地域特性の理解である．地域診断と地域における課題の抽出，またライフスタイルという点では対象者のニーズやウォンツ，健康リテラシーの状況も把握する必要がある．これらの状況を十分に把握したうえで，目標設定がなされることが重要である．

1. 目標設定（Plan）

「健康日本21」の指標は，地域で健康づくり施策の目標設定を進める際に，ひとつの目安となる．一方，「健康日本21」に示されている現状は，地域によって違いが見られる．したがって，どのような目標設定をするかは，各地域の現状を十分に把握し分析することから始まる．これまでの目標設定は，専門機関や専門家に検討されて決められてきた経緯がある．しかし「健康日本21」の考え方には「住民参画」があり，目標設定から住民に参画してもらう方法が有効と考えられる．その場合には住民の高い意識が必要であり時間もかかる．また，事務局の取りまとめる力量が問われる．しかし積極的な住民参加を促すきっかけとなり効果的な手法である（厚生省ほか，2000）．また，目標設定でのポイントは，評価可能な具体的目標を設定することである．できる限り数値化し，数値化できない場合でも目標の評価の視点は，あらかじめ明確にしておく必要がある．

2. 実施（Do）

健康づくり事業の実施については，住民の参画はもとより，地域の持つ社会的資源や人的資源を積極的に活用していくことが必要である．例えば，スポーツや運動の実践には，地域にすでにある民間スポーツクラブの活用にくわえ，総合型地域スポーツクラブや住民の自主的なスポーツクラブを紹介するなど，さまざまな連携によって進めていくことが考えられる．その際，スムーズに連携していくためにはお互いの立場を尊重しつつ，具体的にどのような協力が得られるのか，期待される機能や役割を整理しておく必要がある．したがって，日頃から情報交換を行い，相互理解と柔軟な協力体制づくりの構築が求められる．また，厚生労働省では，住まい・医療・介護・予防・生活支援が一体的に提供される「地域包括ケアシステム」や，地域の介護予防の拠点となる場所として「通いの場」を推進している．このような既存の仕組みを活用することで，地域における健康づくり事業を促進していくことも可能となる．

3. 評価（See，check）

健康づくり事業における評価は，各事業の目的の達成に貢献しているのか判断するために行われる．評価は，事業が実施された結果のみを対象に行うのではなく，目標設定，実施，評価，改善のすべての段階において行われる．事業計画に関する企画評価や事業実施に関する評価からなる．企画評価に関しては，地域診断と目標設定の評価とプログラム評価に分けられる．地域診断と目標設定の評価では，地域特性，地域の健康問題・社会資源などの分析を行うことで，その事業が優先順位の高い企画であるか，事業の目的や目標が具体的に総合的に明示されているかを評価する．プログラム評価は，事業の対象者の選定，予想される参加者数，プログラムの内容や構成のほかに，必要な機器，マンパワー，時期，会場，周知方法，事業予算など，事業の計画の適切性を評価する．

事業の実施に関する評価には，アウトカム（結果）評価，アウトプット（事業実施量）評価，プロセス（過程）評価，ストラクチャー（構造）評価の4つがあり，最終的な評価はアウトカム評価となる．しかし，アウトカム評価のみでは課題や問題点が

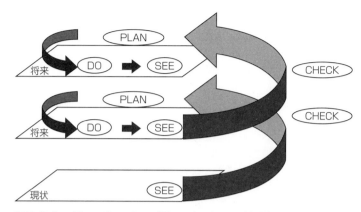

図5-2-1　Plan・Do・See（Check）・Actionサイクル
（健康・体力づくり事業財団（2000）地域における健康日本21実践の
手引き．健康・体力づくり事業財団，pp.1-39より引用改変）

明らかにされないことからプロセス評価，ストラクチャー評価（各評価については84ページを参照）を行うことで，結果にいたるまでの過程と事業の構造の側面を検討し，改善策に繋げていくことが必要である．また，数値的な結果が得られにくい場合は，事業の参加者数や実施回数などのアウトプット評価を実施する．

　評価指標は，時代の流れによって注目される指標や，新たに加わる指標も存在する．例えば，少子高齢社会に突き進むわが国において，国民医療費・介護費の問題は重要な経済問題である．そこで，健康づくり事業の経済効果を，評価指標として計画に取り入れることも進められている．また，2015年に経済産業省は，健康経営に力を入れる企業を健康経営銘柄として選定するとともに，健康経営優良法人認定制度も進めている．これらが普及することは，職域における健康づくり事業の進展でもあり，認定企業数や認定率を評価指標とする計画も認められている．

4. 改善（Action）

　健康づくり事業が計画したとおりに実施できるとは限らないし，予測した成果が出ないかもしれない．しかし重要なことは，そのような結果に至った原因を探して，常に改善していくことである．健康とは，人類にとって死ぬまで続く連続線である．したがって，健康づくり事業も同様に，とぎれることのない連続線といえる．図5-2-1に示したとおり，Plan・Do・(See) Check・Actionが繋がって，螺旋階段状サイクルで実施できることが理想である．その際，重要なことは，そこにかかわる“人”である．とくに行政では担当者が定期的に変わることは避けられないが，事業の連続性が損なわれては意味がない．どのような状況でも，PDCAサイクルを回すことができるよう工夫が求められる．また人だけでなく予算の問題も重要である．費やした予算でどのくらいの効果が得られたのかという費用対効果が，今後ますます厳格に求められる．そのためにも最新情報を入手し，効果的な事業を効率的に展開していくことが重要で，これらをすべてまとめて健康づくりのマネジメントといえよう．

［萩　裕美子・久保田晃生］

[キーワード]

[キーワード]

- Inclusion：「健康日本21」（第三次）では，「全ての国民が健やかで心豊かに生活できる持続可能な社会の実現」をビジョンとし，「誰一人取り残さない健康づくりの展開（Inclusion）」を進めていくとしている．2015年の国連サミットで採択された国際目標である「持続可能な達成目標（SDGs）」においても「すべての人に健康と福祉を」が目標のひとつとされており，第三次の中でも，このことが取入れられている形となる．

- Implementation：Inclusionと同じく，「健康日本21」（第三次）で目指すビジョンを実現するために，「より実効性をもつ取組の推進（Implementation）」を図ることも大きな柱としている．具体的な内容には，「多様化する社会において，集団に加え個人の特性をより重視しつつ最適な支援・アプローチの実施」，「さまざまな担い手の有機的な連携や社会環境の整備」，「ウェアラブル端末やアプリなどテクノロジーも活用したPDCAサイクル推進の強化」が含まれている．

- PD（S）CAサイクル：一般的にはPDCAサイクルと呼ばれることが多い．Plan（計画），Do（実行），SeeもしくはCheck（評価），Action（改善）の一連の流れをいう．事業を行う際，計画を立て実行する．そこで終了せずに，実施したことを評価してよりよいものへと改善していくためのプロセスである．利益を上げることが目的の企業では当たり前の考え方であるが，教育や行政においても活用されるようになった．限られた資源を有効に活用し成果を上げるためには有用な考え方である．

[文 献]

- 厚生労働省（2023）国民の健康の増進の総合的な推進を図るための基本的な方針．https://www.mhlw.go.jp/content/001102474.pdf（2023年8月現在）
- 厚生科学審議会（2023）健康日本21（第二次）の推進に関する参考資料．https://www.mhlw.go.jp/bunya/kenkou/dl/kenkounippon21_02.pdf（2023年8月現在）
- 健康・体力づくり事業財団（2000）地域における健康日本21実践の手引き．健康・体力づくり事業財団，pp.1-39.
- 文部科学省（2022）第3期スポーツ基本計画．https://www.mext.go.jp/sports/content/000021299_20220316_3.pdf（2023年8月現在）
- 中村裕美子ほか（2022）公衆衛生看護活動の評価．標美奈子ほか編，公衆衛生看護学概論．医学書院，pp.126-128.
- 島内憲夫（2021）WHOヘルスプロモーションとは何か？オタワ憲章とバンコク憲章の相違．民医連医療，590：44-45.
- 島内憲夫（2015）ヘルスプロモーションの近未来．日健教誌，23（4）：307-317.

[3] 地域における健康づくり事業の計画と実践効果

- ポイント -
地域における健康づくり事業の計画をする際に必要な内容や，実際に健康づくり事業を実践した場合の実践効果を評価する方法を理解する．

1．地域における健康づくり事業の計画

地域における健康づくり事業は，各自治体が策定している保健・医療計画に沿って計画し，実施されることが多い．保健・医療計画に沿わない健康づくり事業は，地域の健康課題の解決に繋がらない可能性もある．そのため，健康づくり事業を行う自治体の保健・医療計画をしっかりと確認して，地域の健康課題の解決に向けた健康づくり事業を実施することが望ましい．健康づくり事業は大きく4つの事業に類型化可能

〈実施者支援事業〉
健康づくりの活動を実践する者・これから実践する者への意識向上や動機づけを図る事業

・キャンペーン事業（マスメディアを利用した意欲，関心を高める事業など）
・カウンセリング事業（個別相談，ケアに関する事業など）
・ライフスタイル改善事業（活動を行う時間，生活環境を改善するための仕組みづくりの事業など）
・表彰事業（優れた成績や功績に対する個人や団体の評価，授与事業など）

〈人的支援事業〉
健康づくりの活動をサポートする人材育成と組織環境の育成の事業

・指導者，ボランティア育成事業（活動を直接的に支援する専門指導者やボランティアの育成事業など）
・サポーター育成事業（活動を間接的に支援する者の育成事業など）
・ネットワーク活性化事業（活動に関する人的交流や専門家との連携を促進する事業など）
・クラブ育成事業（活動の拠点となる組織的基盤の育成事業など）

〈機会支援事業〉
健康づくりの活動を実践するための機会や条件を整える事業

・プログラム，種目の開発普及事業（新たな健康づくりプログラムや，新たなスポーツ種目の開発，普及事業など）
・イベント開発普及事業（健康づくりのイベント開催や，イベント招致活動に関する事業など）
・情報開発，交流事業（活動の情報を収集，集約して市民へ発信することや，市民フォーラムによる情報交流を図る事業など）

〈環境支援事業〉
健康づくりの活動を実践する環境条件とアクセスを高める事業

・施設開発，整備事業（健康づくり施設の量的，質的サービスを高める事業など）
・エリア拡大事業（活動の範囲を広め，参加者を増やすために量的，質的サービスを高める事業など）
・アクセス改善事業（健康づくり施設利用の利便性，近接性を高める事業など）

図5-3-1　健康づくり事業の4つの類型化
（涌井佐和子（2018）健康づくり事業例. 川西正志, 野川春夫編, 生涯スポーツ実践論. 改訂4版, 市村出版, pp.62-63より著者作成）

であるが（図5-3-1），その健康づくり事業を効果的，効率的に展開していく上で，事前に健康づくり事業の計画を作成しておくことが不可欠である．

　事前に作成する健康づくり事業の計画には，健康づくり事業の背景，目的・目標，目標達成のための過程などを含める．目的・目標は具体的に示し，目標を達成するために，もっとも効果が期待できる対象や適切な方法を選択し記述する．また，どのように健康づくり事業を展開（普及）するかまで記述することが求められる．事業の計画が具体的であれば，効果的かつ効率的に実践可能となる．また，健康づくり事業は，年度内で取り組むような短期的な事業が多いが，生活習慣病の罹患者を減少するような目標の場合，年度をまたぐ長期的な事業もある．その場合にも，複数年に渡る具体的な計画があれば，途中で担当者が変更になった場合でも持続可能である．さらに，関係者の共通認識を得やすく，同じ方向に進めるためにも計画は必要となる．

　さらに，健康づくり事業の実施には，費用が発生することが少なくない．その場合，予算を確保する必要があるが，事業計画は財政担当者への説明資料にもなる．そのため，事業の必要性や費用対効果などについても記述が必要である．また，近年，事業の計画をホームページで公開する地方自治体も多い．健康づくり事業は，住民やさまざまな機関・団体を巻き込んで進めていくものであるが，各立場での関わり方を明確に記述することで，主体的な参加や参画につながるであろう．

2. 健康づくり事業の計画作成に必要な内容

　地域において健康づくり事業の計画を作成する場合，各自治体が示す様式を使用することも多いが，一般的な健康づくり事業の計画には，次の内容が含まれる.

①背　景

　健康づくり事業は，何らかの健康課題の解決のために企画・実施されるため，背景として記述する.　また，事業の必要性や緊要性を伝えるために，既存の保健統計から関連指標を確認し，全国平均や県平均と地域の現状値を比較したり，基準値や推奨値がある指標ならば，その値と地域の現状値を比較したりと，客観的に示すことが有効である.　法や条例改正によって事業を実施する場合，国や県の動向も背景として記述する.　また，国や県の健康づくりに関係する計画や指針も数年で見直しがあるため，しっかりと把握して，適宜，背景に記述する.

②目的・目標

　目的は，健康づくり事業の実施により，目指したい地域住民の姿となるため，具体的な表現で記述する.　例えば，「壮年層の身体活動量の低下を防ぎ，メタボリックシンドロームの該当者や予備群になるのを未然に防ぐ」といった記述は，住民に身体活動の推進を図るような事業の目的となる.　目標は，目的の達成状況を明確に確認できる記述とする.　先の目的例の目標では，「40〜64歳のメタボリックシンドロームの該当者・予備群の割合を，現行の30%から3年後に25%まで低下させる」といった記述になる.　現在，多くの自治体で事業の事後評価が行われていることに鑑みると，計画を作成する段階で，いつまでに（どのくらいの期間），何の指標を，どの程度改善させるのか，具体的で客観的な記述をすることが望ましい.

③事業の対象者

　健康づくり事業の対象者の選定を確実に行うには，明確に記述することが重要である.　例えば，壮年層の中で既に運動習慣のある者を除いた事業を実施したい場合，「壮年層」を対象者とするより「40〜64歳で運動習慣のない者」を対象者とした方が明確となる.　また，運動習慣も定義付けすることで，より明確となる.　対象者の記述が明確でないと，事業に「参加してほしい人が参加しない」ことにもつながる.

④実施時期・期間

　健康づくり事業は年度内で進められることが多い.　そのため，当該事業は年度内のいつから始め，いつまでに終わるのかを記述する.　事業は計画通りに進まない場合もあり，余裕をもつことが望ましい.　何らかの検診の該当者を事業の対象者とする場合や，年度をまたぐ事業の場合であっても，当該年度の1〜2月で終わり，成果報告をまとめる時間を確保することも重要である.

⑤内容と実施方法

　健康づくり事業計画でもっとも重要なのが，内容と実施方法である.　住民や他機関・団体，さらには財政担当者に対して事業の魅力が伝わるように，事業の特徴を示すことがポイントになる.　具体的には，誰が，何の活動を，どこで，誰に，どう実施するのかを記述する.　とくに，従来の活動との違いや優位性を強調することが重要である.　また，事業の参加者が主体性を持ち，持続可能な活動へと繋げられる仕掛け（仕組み）も記述することが好ましい.

なお，事業の内容と実施方法については，タイムスケジュールやスタッフの役割，参加者の動きなど，実際の事業が円滑に進められるように詳細な情報が必要である．そのため，健康づくり事業の計画書とは別に，より詳細な事業実施要領などを作成することが一般的である．

⑥スタッフ

スタッフは，常勤のスタッフだけではなく，臨時雇用のスタッフも含めて，どの程度のスタッフの人数が必要になるか記述する．事業を安全に実施することが大前提となるが，やみくもにスタッフを増やすのではなく，適切なスタッフ数を検討する．事業の内容によって，外部の専門職の支援を得ることが必要な場合もある．

⑦連携機関・団体

事業の展開（普及）に応じて，他機関・団体との連携が必要となる．そのため，事業の計画を作成する段階で，連携機関・団体も検討し，必要に応じて役割も含めて記述する．なお，連携が可能かどうかは，事前に他機関・団体に確認してから，計画に記述することが望ましい．

⑧事業量（回数・時間）

例えば，減量のための運動教室を開催する場合，何回（週や月当たり），何時間（1回当たり）実施するのかといった具体的な事業量（回数・時間）を記述する．これらの情報は，スタッフの人数の算出や，予算の積算にも必要である．一方，すでに事業に割けるスタッフや予算が限られている場合もある．その場合，実現可能な事業量とすることや，目標が本当に達成できるのか（目標の見直し），再確認することが必要となる．

⑨期待される効果

事業量が明確になると，介入することが可能な対象者数も明らかとなる．また，介入の効果がすでに研究され科学的根拠が示されている場合，対象者の健康状態をどの程度改善できるのか，期待される成果（アウトカム）が試算できる．成果は，可能な限り数値化して記述する．期待される成果（アウトカム）は，事業の直接的な効果であるが，事業参加者が地域住民に働きかけることで，事業が普及するといった波及効果も示すとよい．

⑩予算と財源

事業の実施にかかる予算と財源を示す．予算は，事業量や事業に関係する諸経費（会場使用料や用具費など）から積算し，必要な額を記述する．また，財源（国や県の補助金など）についても記述する．

⑪法令などの根拠

行政が行う健康づくり事業には，法的な根拠があるものが少なくない．なぜ，この事業をするのか問われた際に，法的な根拠を示すことも必要である．

⑫評価計画

事業の事後評価が多くの自治体で行われていることから，計画を作成する時点で，どのように評価するのかも検討して記述する．評価の視点は，次に詳細を示す．

3. 健康づくり事業の実践効果

健康づくり事業の実践効果を示す上で評価が必要となる．評価としては，大きく①アウトカム評価，②アウトプット評価，③プロセス評価，④ストラクチャー評価の4視点がある．

①アウトカム（Outcome，結果）評価

事業の目的・目標の達成度，また，成果の数値目標を評価する．健康づくり事業の上位指標には，地域のQOLや健康状態の指標が挙げられる．次に，実際の事業の目標に据えられることが多い生活習慣や健康行動の指標，それを実現するための条件の指標などがある．それぞれの段階に応じた指標を適切に選択することが重要である．

②アウトプット（Output，事業実施量）評価

目的・目標の達成のために行われる事業の結果を評価する．健康づくり事業の実施回数，参加人数など，実際の事業の実施に伴う結果を評価する．例えば，メタボリックシンドローム対策で運動教室を実施した場合には，その運動教室の実施回数や参加人数といった結果が評価の指標となる．

③プロセス（Process，過程）評価

事業の目的や目標の達成に向けた過程（手順）や活動状況を評価する．例えば，事業で運動指導をした場合，その実施過程，すなわち指導に関する情報収集，アセスメント，問題の分析，目標の設定，指導手段（コミュニケーション，教材を含む），指導実施者の態度，運動実践の記録状況，対象者の満足度などがある．

④ストラクチャー（Structure，構造）評価

事業を実施するための仕組みや体制を評価する．例えば，事業で運動指導をした場合，従事するスタッフの体制（職種・人数・スタッフの資質等），実施に係る予算，施設・設備の状況，他機関との連携体制，社会資源の活用状況などがある．

健康づくり事業の計画の段階で，上記の内容を検討することになるが，実際の事業の実践でも評価を意識しながら取り組むことで，目的や目標の達成に近づけていくことが可能となる．また，評価指標によっては，事業を実践していく中で情報を収集することも重要である．例えば，事業に参加した対象者の満足度や，健康行動・生活習慣の変化などについて，情報収集する仕組み（毎回，アンケート調査を行うなど）を，事前に検討しておくとよい．さらに，事業のスタッフや，事業の連携機関・団体からも，事業に参加しての満足度や事業の反省点などを聴取することも必要である．そして，事業の実践の効果を高めるためにも，意見や反応に基づいて柔軟に事業の改善を常に図ることが重要である．

[久保田晃生]

[キーワード]

・**健康づくり事業**：「事業」とは「すること」と「仕事」の意味を持つ．したがって，健康づくり事業とは，職域の従業員あるいは地域住民など対象を限定して，「健康づくり」を提供するという目的を持ち，組織的・計画的に行う仕事である．

[文　献]

・藤内修二（2021）保健計画の策定プロセス．藤内修二ほか編，保健医療福祉行政論．医学書院，pp.201-220.

・藤内修二（2022）保健医療福祉における施策化と事業化．標美奈子ほか編，公衆衛生看護学概論．医学書院，pp.164-184.

[4] 健康づくり事業での体力測定法の実践例

> ─ **ポイント** ─
> 健康づくりのための身体活動基準ならびに地域・コミュニティ，職域における健康づくり事業での体力測定法の実践例について述べる．

厚生労働省では，国民が主体的に取り組める新たな国民健康づくり対策として「21世紀における国民健康づくり運動（健康日本21）」を展開している．2013（平成25）年度から2023（令和5）年度までは，「21世紀における第二次国民健康づくり運動（健康日本21（第二次））」を推進してきたが，最終評価における運動項目では「住民が運動しやすいまちづくり・環境整備に取り組む自治体数の増加」の改善傾向が認められたものの，「日常生活における歩数の増加」，「運動習慣者の割合の増加」については「変化なし」となった．最終評価を踏まえ，令和5年5月に，令和6年度からの次なる国民健康づくり運動である「21世紀における第三次国民健康づくり運動（健康日本21（第三次））」を推進するための当該方針が改正され，厚生労働大臣名で告示された．「健康づくりのための身体活動基準2013」では，身体活動の増加でリスクを低減できるものとして，従来の糖尿病・循環器疾患等に加え，がんやロコモティブシンドローム・認知症が含まれることが明確化され，子どもから高齢者までの基準を検討し，科学的根拠のあるものについての基準が設定された．さらに，令和6（2024）年度からの「健康日本21（第三次）」に対応して，「健康づくりのための身体活動・運動ガイド2023」が示された．座りすぎを防ぐために，新たに座位行動という概念が取り入れられ，筋力トレーニング実施や環境対策が強調された．

1．身体活動量の評価

体を動かすことを「身体活動」と言い，「身体活動」は，健康増進などを目的として余暇時間などに行われる活動である「運動」と，生活を営む上で必要な活動である「生活活動」に分類される．スポーツ活動や屋外での趣味などの「運動」や，通勤，家事および肉体労働のような「生活活動」のうち，3METs以上の強度の活動を1週間記録して，各活動の強度（METs，メッツ）と実施時間の積の総和から週当たりの身体活動量を算出する．身体活動としては23METs・時／週（強度が3METs以上の活動で1日当たり約60分．歩行中心の活動であれば1日当たり，およそ8,000～10,000歩に相当），また，活発な運動としては4METs・時／週（例えば，速歩で約60分）を基準としている．また，座ったり寝転んだりして過ごすこと（例えば，デスクワーク

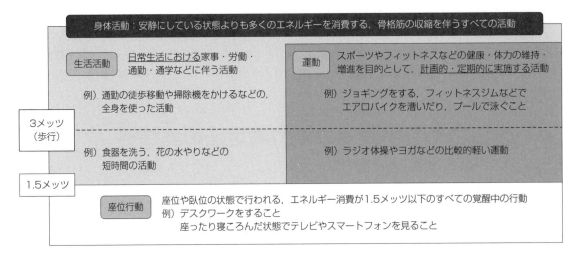

図5-4-1　身体活動（生活活動・運動・座位行動）の概念図
　　　　（厚生労働省：健康づくりのための身体活動・運動ガイド2023）

表5-4-1　性・年代別の全身持久力の新たな基準値

・表のメッツ値の強度の運動あるいは生活活動を約3分継続できた場合，全身持久力の基準を満たすと考えられる．
・メッツの値を3.5倍することで，最高酸素摂取量（単位：mL/kg/分）の基準値に換算することが可能である．
・10〜19歳の値は志望や疾患発症のリスクとの関係が明確でないため参考値とする．

	10〜19歳	20〜29歳	30〜39歳	40〜49歳	50〜59歳	60〜69歳	70〜79歳
男　性	14.5（参考値）	12.5	11.0	10.0	9.0	8.0	7.5
女　性	12.0（参考値）	9.5	8.5	7.5	7.0	6.5	6.0

（厚生労働省：健康づくりのための身体活動・運動ガイド2023）

やテレビやスマートフォンを見ること，車や電車・バス移動で座っているなどの行動）
を座位行動と言い，「座位，半臥位（はんがい）および臥位の状態で行われるエネルギー
消費が1.5メッツ以下のすべての覚醒行動」と定義されている（図5-4-1）．

2.　健康の維持・増進に必要な体力

　　客観的・定量的に把握できる狭義の「体力」の構成要素としては，①全身持久力，
②筋力，③筋持久力，④瞬発力，⑤敏捷性，⑥平衡性，⑦柔軟性などがある．また高
齢者に必要な体力として，⑧歩行能力・移動機能，⑨生活機能（ADL）等があげら
れる．
　　体力と生活習慣病との関係を示す内外の文献についてシステマティック・レビュー
を実施した結果，体力では全身持久力の指標である「最大酸素摂取量」（kg/mL/
min）について性別・年代別に内外文献調査に基づく平均値が基準値と範囲が設定さ
れている（表5-4-1）．10.0METsの強度の運動，例えばランニングなら167m/分（10km/
時）の速度で3分間以上継続できるのであれば，「少なくとも40〜59歳男性の基準値
に相当する10.0METsの全身持久力がある」とする．また，基準値の50〜75％の強
度の運動を習慣的（1回30分以上，週2回以上）に行うことで，安全かつ効果的に基

準の全身持久力を達成・維持することができる．50歳の男性の場合，至適な強度の
目安として5METs（＝10METsの50％）が推奨される．

　スポーツや健康教室など継続的に実施する事業においては，質問紙調査や歩数計・
加速度計による身体活動量の評価を行うとともに，複数の体力測定項目を組み合わせ
たバッテリーテストとして教室前後に体力測定を行い，その変化を評価指標として用
いることが多い．また，イベント型の健康づくり事業（「○○健康まつり」「○○体力
測定会」など）での体力測定は，職域や地域における集団の評価のほか，個人の健康
づくりに対する動機づけを高めるのに役立つ．

3. 体力テスト（フィールドテスト）例 (表5-4-2)

（1）全身持久力

　全身持久力は粘り強さやスタミナのことで，心血管
系疾患の罹患率や死亡率に関連することがいくつかの
研究で明らかにされている．ラボラトリーテストでは
自転車エルゴメーターやトレッドミルを用い，直接法
や間接法による最大酸素摂取量（単位時間当たりの酸
素摂取能力）の値が全身持久力の評価指標として用い
られる．フィールドテストの例としては「20mシャトルラン」，「急歩（男子1,500m，
女子1,000m）」，「3分間歩行」，「6分間歩行」，「12分間走」などがあげられる．

（2）筋　力

　筋力には大きく分けて，筋力，筋持久力，筋パワー
（瞬発力）の3つがあり，健康づくり事業における体
力測定では筋力・筋持久力の測定が主として行われる．
　筋力とは筋肉の収縮によって1回に出せる最大の力
のことである．体力測定の例として「握力」，「脚筋力」
などがあげられる．また，ロコモ度テストのひとつと
して，立ち上がりテストも実施されている．写真は健康づくり事業開始前の脚筋力の
測定の様子である．筋持久力とは一定の力での筋運動を長時間継続する力のことであ
る．体力測定の例として，腹筋を測る「30秒上体おこし」，下肢の力を測る「椅子立
ち上がり」などがある．筋パワーとは筋が一定時間にできる仕事量のことで，スポー
ツ動作を考慮した筋力である．フィールドテストでは一般に「瞬発力」の測定として
行われており，走（25m走，50m走，100m走）・跳（立ち幅跳び，垂直跳び）・投（ソ
フトボール投げ）の3つに分類される．

（3）バランス能力

　バランス能力とは，安静時・運動時における姿勢保
持能力のことで，感覚系，中枢司令系，筋力系など複
数の要素によって決まる．高齢者においては転倒の予
防という点において重要な能力となっている．フィー
ルドテストによるバランス能力の評価方法として，「閉
眼片足立ち」，「開眼片足立ち」，「ファンクショナルリー

表5-4-2　体力テストの例

全身持久力	平衡性
20mシャトルラン	閉眼片足立ち
急歩（男子1,500m，女子1,000m）	開眼片足立ち
3分間歩行	Functional Reach
6分間歩行	柔軟性
12分間走	長座体前屈
筋力	歩行能力・移動機能
握力	5m歩行
脚筋力	10m歩行
立ち上がりテスト（ロコモ度テスト）	障害物歩行
筋持久力	2ステップテスト（ロコモ度テスト）
腕立伏臥腕屈伸	総合運動機能（バッテリーテスト）
上体起こし	体力診断テスト
椅子立ち上がり	運動能力テスト
瞬発力	壮年体力テスト
跳（立ち幅跳び）	新体力テスト（20-64歳）
跳（垂直跳び）	新体力テスト（65-79歳）
投（ソフトボール投げ）	生活機能
敏捷性	総合的生活機能ADL（文部省他）
ステッピング（座位）	足のうらタッピング
ステッピング（立位）	ロコモ25（ロコモ度テスト）
反復横跳び	
全身反応時間（跳躍反応時間）	

チ」などの簡便法がよく用いられている．厚労省によると，開眼片足立ちは，足の筋力やバランス機能を調べるのに適している上，短時間で簡単に測定が可能．高齢者で長くできる人ほど歩行中に転倒しにくい，という研究報告もあり，安全な歩行の指標に適しているとされる．

(4) 柔軟性

関節の可動域のことで，形成する筋や腱筋肉と関節とが一緒になって働く動作の円滑さを決める能力で，障害予防に重要といわれる．フィールドテスト種目として一般的には「長座体前屈」の測定が実施されている．

(5) 歩行能力・移動機能

高齢者においては，歩行能力・移動機能を評価するために，5m歩行，10m歩行，障害物歩行などのフィールドテストが行われている．また，ロコモの予防・啓発活動を目的としてロコモチャレンジ！推進協議会ではロコモ度テストを推奨しており，この中で，2ステップテストのフィールドテストが実施されている．

(6) その他

高齢者においては，生活機能・障害物歩行などのフィールドテストに加え，生活自立度の評価指標としてADL調査票やロコモ25などが使用されている．

［涌井佐和子］

[キーワード]

・**体力**：生命活動の基礎となる体を動かす力のことである．健康づくりに関連する体力は「健康関連体力（health-related fitness）」と呼ばれ，その内容は「心肺持久力」，「筋力・筋持久力」，「身体組成」，「柔軟性」から成る．このほかに，瞬発力，敏捷性，平衡性（バランス能力）などがある．介護予防においては，歩行能力・移動機能，平衡性（バランス能力），日常生活活動能力（Activities of Daily Living：ADL）なども重視される．

・**ロコモ**：日本整形外科学会が提唱した用語．運動器の障害（筋肉，骨，関節，軟骨，椎間板といった運動器のいずれか，あるいは複数の障害）が起こり，「立つ」，「歩く」といった機能が低下している状態のために移動機能の低下をきたした状態を「ロコモティブシンドローム（略称：ロコモ，和名：運動器症候群）」という．進行すると介護が必要になるリスクが高くなる．

[文　献]

・厚生労働省（2023）健康日本21（第三次）推進のための説明資料．https://www.mhlw.go.jp/content/001158870.pdf（参照日2023年9月15日）
・健康・体力づくり事業財団（2023）健康運動指導士養成講習会テキスト（下）．
・厚生労働省（2013）健康づくりのための身体活動基準2013．https://www.mhlw.go.jp/stf/houdou/2r9852000002xple-att/2r9852000002xpqt.pdf（参照日2023年9月15日）
・厚生労働省（2024）健康づくりのための身体活動・運動ガイド2023．https://www.mhlw.go.jp/content/001194020.pdf（参照日2024年2月1日）
・出村愼一監修，長澤吉則，山次俊介，佐藤　進ほか編著（2019）健康・スポーツ科学のための動作と体力の測定法：ここが知りたかった測定と評価のコツ．杏林書院．
・日本健康運動指導士会編（2007）特定保健指導における運動指導マニュアル．サンライフ企画．
・小野　晃，琉子友男編著（2007）テキストブック介護予防運動指導士：高齢者の体力を維持・向上させるプログラム．ミネルヴァ書房．
・佐藤祐造，川久保清，田畑　泉ほか編（2008）特定健診・保健指導に役立つ健康運動指導マニュアル．文光堂．
・ロコモチャレンジ！推進協議会　https://locomo-joa.jp/（参照日2023年9月15日）

6章 生涯スポーツと地域活性化

[1] 生涯スポーツイベントの動向

ポイント
生涯スポーツイベントの定義を明確にするとととともに，イベント開催の意義と動向，今後のあり方
について述べる．

　スポーツイベントは，ルールに基づき身体的能力・技術を競い合うための機会を組織化し，それらの本質的要素がもっとも顕在化される場（笹川スポーツ財団，2011）である．その中で野川（2003）は，プロ・エリートスポーツイベントと生涯スポーツイベントの違いは，参加資格の厳しさであるとし，参加資格が「緩く」，「さまざまなレベルや年齢に開かれている」イベントを生涯スポーツイベントとしている．また，スポーツ白書2017（笹川スポーツ財団，2017）は，イベントの開催の「目的」，「種目」，「規模」によってスポーツイベントを分類している（表6-1-1）．目的で分けると，プロやトップアスリートが出場する競技性が高い大会であり，観戦型である「トップスポーツイベント」と一般を対象として開催され参加型である「生涯スポーツイベント」に分けられる．また，種目で分けると，複数種目を同時開催する「総合種目開催型イベント」と一種目のみで開催される「種目別開催イベント」に分けられる．そして，規模で分けると，「国際レベル」，「複数国レベル」，「全国レベル」，「地域レベル」に分けられることから，16のカテゴリーで構成される（笹川スポーツ財団，2017）．

　そして間宮（1995）は，イベントを「何らかの目的を達成するための手段として行う行事・催し事」であるとしているが，その中で生涯スポーツイベントは，単なる競技，スポーツ振興といったスポーツ活動そのものを目的としているだけでなく，地域振興，観光振興なども目的としている．また山口（1996）は，スポーツ振興や市民レベルでの国際交流，そしてヒューマンネットワークの広がりなどさまざまな社会文化的効果が期待できるとし，野川（2007）も，地域振興や観光地のテコ入れなどの役割を担っているとしている．

　日本におけるスポーツイベント数を測ることは難しいが，生涯スポーツイベントの代表である種目別スポーツイベントを掲載している「スポーツエントリー」には，6,000件程度掲載されることから，わが国では年間，約6,000〜7,000件程度の生涯スポーツ

表6-1-1　スポーツイベントの分類とおもな大会例

トップスポーツイベント		生涯スポーツイベント	
総合種目開催型	種目別開催型	総合種目開催型	種目別開催型
国際レベル オリンピック パラリンピック ユースオリンピック デフリンピック ワールドゲームズ	FIFAワールドカップ ラグビーワールドカップ 世界陸上競技選手権 ツール・ド・フランス レッドブル・エアレース・ 　ワールドシリーズ	ワールドマスターズゲームズ ワールドスポーツ・フォー・ 　オールゲームズ スペシャルオリンピックス 世界移植者スポーツ大会	東京マラソン 世界マスターズ柔道選手権 世界マスターズ選手権水泳 佐渡国際トライアスロン大会
複数国レベル アジア競技大会 パン・パシフィック選手権 アジア・パラ競技大会 コモンウェルスゲームズ	東アジア女子サッカー選手権 四大陸フィギュアスケート 　選手権 アジアシリーズ（野球） ヨーロッパ水泳選手権	国際チャレンジデー パンパシフィック・ 　マスターズゲーム アジア太平洋ろう者スポーツ 　大会	アジアジュニア親善ゴルフ 　大会 アジアマスターズ陸上競技 　選手権大会 日韓交流少年野球大会
全国レベル 国民体育大会 全日本学生選手権 全国高等学校総合体育大会 全国中学校体育大会	大相撲 日本ラグビーフットボール 　選手権大会 全国高等学校野球選手権 全日本体操競技選手権大会	全国障害者スポーツ大会 日本スポーツマスターズ ねんりんピック コーポレートゲームズ	日本スリーデーズマーチ 全日本世代交流ゲートボール 　大会 全国ママさんバレーボール 　大会 スイーツマラソン
地域レベル 国民体育大会予選 全日本学生選手権予選 全国高等学校総合体育大会 　予選 全国中学校体育大会予選	東京六大学リーグ 関東大学ラグビーリーグ 関西学生サッカーリーグ 東京箱根間往復大学駅伝競走	県スポーツレクリエーション 　祭 都民体育大会 都市間交流スポーツ大会	九州少年ラグビー交歓会 都市親善ジュニアスキー大会 市民スポーツ大会（各種）

（笹川スポーツ財団（2017）スポーツ白書2017：スポーツによるソーシャルイノベーション．p.226）

　イベントが開催されていると推測される．また，イベント消費規模推計報告書（イベント産業振興会，2022）によると，スポーツイベントの2021年の消費規模は新型コロナウイルスの流行の影響を受けて1兆3,921億円であったが，2022年には2兆1,419億円にまで戻っている．2022年，イベント消費規模全体は14兆8,828億円であったことから，約14.0％を占めていることになる．また，国民の21.7％が何かしらのスポーツイベントに参加しており，8.4％はオンラインでのイベントに参加しており，回数にするとリアルなイベントは平均2.50回の参加だったのに対して，オンラインでのイベントは2.92回だったことから，新型コロナウイルスの流行によって新たなスポーツイベントへの参加の形が生まれたと言える．そしてこれらのスポーツイベントが求められる背景には，日本におけるスポーツとスポーツイベントの大衆化，日本国民の健康志向の高まり，地域社会での経済効果，住民の共同体としての意識高揚がある（工藤，2012）と考えられる．また，2017年から2021年の第2期スポーツ基本計画においては，「『スポーツ参画人口』を拡大し，『一億総スポーツ社会』の実現に取り組むこと」が明記された．スポーツ参画とはスポーツを「する」ことだけではなく，「みる」，「ささえる」というアプローチも含まれたのである．そして2022年からの第3期スポーツ基本計画では，「誰もが『する』『みる』『ささえる』スポーツの価値を享受し，さまざまな立場・状況の人と『ともに』スポーツを楽しめる環境の構築を通じ，スポーツを軸とした共生社会を実現」することを目指している．CNNニュース（2019）によると，イギリスのリーズ大学主導の研究（2019）において，「ひいきのチームを応

援するのは心血管系の程よい運動になり，心理的には試合結果によって上向いたり落ち込んだりする」とし，「手に汗握るサッカー観戦は健康に良い可能性がある」と指摘している．したがって，アスリートによる素晴らしいパフォーマンスを見ているだけでも高揚感が高まることで，「みる」ことも「する」ことと同様に，心身ともに健康に良い影響を与えることがわかってきている．また，東京都によると，「イベントの運営やサポートなどを行うスポーツボランティア以外にも，試合の審判や，監督，コーチなど支える存在も重要です．また，選手やチームの応援，企業等によるスポーツ用品や用具の提供，スポーツイベントへの協賛などもスポーツを支える活動に含まれる」（スポーツTOKYOインフォメーション，online）とされており，「ささえる」スポーツも多岐にわたっている．元来日本では，スポーツ少年団の活動などは指導者も飲食の用意などの役割も，保護者などが無給で行ってきたが，これらの活動は「ささえる」活動である．「ささえる」スポーツというとスポーツボランティアが連想されることが多いが，決してこれらの活動だけではなく，今後は支え方は多岐にわたることをアピールしていくことも重要だと考えられる．したがって，これからは「する」だけではなく「みる」こと，そして「ささえる」こともスポーツ活動として重要な選択肢のひとつとなるのではないだろうか．

　規模別にみると，もっとも大きな世界規模・国際レベルの生涯スポーツイベントとして，ワールドマスターズゲームズが挙げられる．ワールドマスターズゲームズとは，公式ホームページによると「国際マスターズゲームズ協会（IMGA）が4年ごとに主催する，30歳以上の成人・中高年の一般アスリートを対象とした生涯スポーツの国際総合競技大会」である．2021年には，アジアで初めて日本の関西地域において開催されることが決まっていたが，残念ながら新型コロナウイルスの流行により延期となり，改めて2027年に同じく関西地域で開催されることが決まっている．この大会は，年齢制限さえクリアすれば競技レベルに関係なく誰でも参加することができるため，世界一の生涯スポーツイベントと言えるであろう．そのため，日本での開催においては，「生涯スポーツの振興と元気で活力ある高齢社会の実現」，「スポーツツーリズムを通じた地域の活性化」，「文化，観光，産業，環境などの地域特性の世界への発信」が期待されている．

　全国レベルの大会としては，全国スポーツ・レクリエーション祭（スポレク祭）があったが開催費用の問題などから開催を受け入れる都市がなくなり，2011年の大会を最後に終了している．一方で単一種目の大会として，東京マラソンも全国規模の生涯スポーツイベントである．東京マラソンは，東京都で行われるマラソン大会であり，2007年に第1回が開催された．2013年大会からは「ワールドマラソンメジャーズ」に加入しており，世界の主要なマラソン大会のひとつとなり，最近では国際レベルの大会として捉えられることもある．2014年大会以降は倍率が9倍を超えており，現在の市民マラソンブームの火付け役となったと言っても過言ではなく，東京マラソンの開催以降，大阪・名古屋・京都・神戸など大都市で市民マラソン大会が開催されるようになった．2017年には，自治体などの主催者が各大会の事例やノウハウを共有し，地域同士の連携を強化することにより，マラソンによる地域活性化を目指し，全国各地の市民マラソン大会の連携を目的とする「全国ご当地マラソン協議会」が設立され，

2023年9月現在，58団体が登録されている．そして，観光庁の「テーマ別観光による地方誘客事業」で効果的な観光振興を推進したことが認められ，観光庁の助成事業「全国ご当地マラソンシリーズ」にも認定されている．また，東京マラソンには現在22社（2024年大会）のスポンサーがついているとともに，日本テレビとフジテレビが隔年ごとに全国中継を行うなど，マラソン大会開催による経済効果や地域振興，観光振興を成しており，生涯スポーツイベントのモデルのようになっている．このように，地方自治体では，生涯スポーツイベントを住民の健康増進やスポーツ活動実施のきっかけづくりとして捉えているだけでなく，地域振興や観光振興などの社会効果や経済効果を目的として開催する傾向にある．

　また，近年のわが国の高齢化の加速を背景として，中高年層をターゲットとした大会が増加している．ねんりんピックや日本スポーツマスターズなど，行政が主催者となって開催される大会のほかに，民間団体が率先して開催している大会も多々ある．もっとも有名になったものとしては「マスターズ甲子園」がある．2004年に第1回が開催されて以降，毎年規模が拡大していき，現在では高校野球と同様に県予選が行われる程人気の大会となっている．出場チームは各高校のOBチームであり，同じ高校の同窓生であれば年齢制限は設けていないため誰でも参加することができ，2019年には当時高校野球のスター選手のひとりであり，プロ野球東京読売巨人軍などで活躍した桑田真澄さんがPL学園のOBとして参加し，話題となった．大会理念として，「個人にとっては，夢への再挑戦による個々人の生き甲斐と活力ある人生への応援，地域にとっては，地元高校を軸とした同窓会と世代間交流の活性化，地元・母校への帰属意識・愛着心の向上に対する支援，社会にとっては，生涯スポーツ文化，OB/OG文化，熟年文化の発展への寄与，子ども達にとっては，野球ユース世代への野球文化の継承と応援メッセージの発信」といった，活力と夢に満ちた個人・地域・社会・未来への創造と発展に寄与していくことを目指している．この大会が人気となっているポイントはいくつかあるが，誰にでも楽しめるように，マスターズ甲子園ならではのローカルルールを制定していることもそのひとつである．例えば，「9イニングまたは1時間30分で打ち切りとし延長戦は行わない」，「3回までは34歳以下，4回以降は35歳以上の選手で実施」などといった独自のルールがある．また，高校球児の憧れの「聖地」である甲子園球場で開催することにある．したがって，現在，このようなノスタルジースポーツは増加しているが，環境やルールなど，魅力をどこに置くかを明確にすることは重要である．

　だが，野川（2003）が「『公共性・公益性』という名目で各種サービスを無料で受けることができた古き良き時代は終焉を迎えている」と述べるように，収支バランスが取れないものは見直される時代となっており，公共性・公益性は担保しつつも，目に見える形での経済効果や各種振興，が求められるようになっていると考えられる．また個人に対してもさまざまなベネフィットをもたらさなくてはならない．新型コロナウイルスの流行によって，人々の生活にも変化が起こった．スポーツ活動についても同様であり，流行前と比べて何らかの運動を実施している者の割合が高くなった可能性があり，なかでも個人が自宅や自宅周辺で行う種目で高くなる一方で，施設内や集団で行う種目は低くなっているとされる（星ほか，2021）．以前よりスポーツファ

ンは熱しやすく冷めやすいといわれてきたが，ますます嗜好やライフスタイルの変化に注意していくことが求められる．したがって，なぜにそのスポーツイベントを開催するのか，目的と効果を明確化しなくてはならない時代を迎えている．

[上代　圭子]

[キーワード]
・**生涯スポーツイベント**：参加資格が緩く，さまざまなレベルや年齢に開かれているイベント．単なる競技，スポーツ振興といったスポーツ活動そのものを目的としているだけでなく，地域振興，観光振興なども目的としている．ワールドマスターズゲームズのような世界規模の大会から，市民スポーツ大会のような地域規模の大会まで，多種多様に行われている．

[文 献]
・工藤康宏（2012）スポーツツーリズム．原田宗彦著，スポーツ産業論．第5版，杏林書院, pp.280-291.
・笹川スポーツ財団（2011）スポーツ白書2011：スポーツが目指すべき未来.
・笹川スポーツ財団（2017）スポーツ白書2017：スポーツによるソーシャルイノベーション.
・CNN.co.jp（2019/08/12）https://www.cnn.co.jp/showbiz/35141183.html
・スポーツTOKYOインフォメーション（online）支えるスポーツ．https://www.sports-tokyo-info.metro.tokyo.lg.jp/sasaeru/（参照日2024年2月29日）
・日本イベント産業振興会（2022）2022年イベント消費規模推計報告書.
・野川春夫（2003）生涯スポーツ：楽しいスポーツライフの実践．勤労者福祉施設協会.
・野川春夫（2007）スポーツ・ツーリズムのマネジメント．体育の科学, 57: 39-43.
・間宮聡夫（1995）スポーツビジネスの戦略と知恵：「メダルなき勝利者たち」への提言．ベースボールマガジン社.
・山口泰雄（1996）生涯スポーツとイベントの社会学：スポーツによるまちおこし．創文企画.

[2] 地域活性化とスポーツイベント

> ─ ポイント ─
> スポーツイベントを通じた地域活性化についての背景や概要を理解し，その上で生涯スポーツイベントとの関連を学ぶ．

1. スポーツイベントの効果

1992年の新ヨーロッパ・スポーツ憲章では，スポーツを「気軽にあるいは組織的に参加することにより，体力の向上，精神的充足感の表出，社会的関係の形成，あらゆるレベルでの競技成績の追求を目的とする身体活動の総体（池田, 1993, p.7)」と定義した．つまり，スポーツは体力の向上や心身の健康だけでなく，社会における良好な人間関係において重要な役割を果たすことができる．こうした中，スポーツイベントの主目的は，スポーツ振興と人々のスポーツ参与（スポーツに馴れ親しむ）の促進である（野川・間宮, 2002)．この主目的があるスポーツイベントは，開催する地域活性化が期待されている．そこには，さまざまな人々の交流も含まれる．

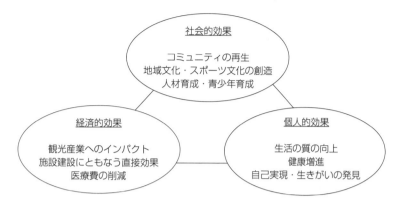

図6-2-1　スポーツイベントによる地域活性化
（山口泰雄（2004）スポーツ・ボランティアへの招待：新しいスポーツ文化
の可能性．世界思想社；内海和雄（2012）スポーツイベントによる生涯スポ
ーツ振興．川西正志ほか編，生涯スポーツ実践論．市村出版，pp.74-78；本
郷　満（2013）スポーツによる地域活性化．中国電力株式会社エネルギア総
合研究所，エネルギア地域経済レポート，No.472, 2013年11月を参考に作図）

　近年は，国の政策においても，そうした点に力を入れられている．例えば，第3期
スポーツ基本計画（2022年度～2026年度，スポーツ庁，2022）では，政策目標のひ
とつとしてスポーツを活用した地域社会問題の解決を促進し，競技振興と地域振興の
好循環が示されている．このことからは，スポーツイベントにおいても地域活性化と
いう視点が今まで以上に求められている．

　スポーツによる地域活性化が推奨されたのは，20世紀末から，経済や社会の成熟
化に伴って地域活性化の必要性が高まってきたことが契機になったと捉えられる（中
国地域経済白書，2013）．また，新川（2002）は，地域活性化について3つの事柄で
まとめている．1つ目は地域社会の維持，2つ目は地域における人々の暮らしを基盤
においての活性化，3つ目には地域に即した資源を重視した活性化戦略と説明してい
る．つまり，スポーツイベントという地域の資源を活用した人々の暮らしも踏まえた
活性化戦略として捉えることができる．

　スポーツ振興による地域活性化の効果は，山口（2004）によれば社会的効果，経済
的効果，個人的効果の3つが期待されると述べている．図6-2-1は，内海（2012）や
本郷（2013）を参考にして，スポーツイベントにあてはめて地域活性化について示し
たものである．社会的効果とは，例えばイベント開催に伴うボランティアの育成など
により地域全体でイベントにかかわることによる地域の関係性の向上や地域への愛着
の向上がある．また経済的効果は，地元以外からの参加者による観光産業へのインパ
クトがある．旅費などの必要経費以外に，サプリメント観光とも表されるイベント以
外の地域の景勝地訪問などが行われる．さらに個人的効果は，スポーツイベントへ選
手やボランティアとして参加することが，定期的なスポーツ参加につながることなど
がある．

　メガスポーツイベントに関する地域活性化効果については，社会資本を蓄積する機
能，消費を誘導する機能，地域の連帯性を向上する機能，そして都市のイメージを向

上する機能の4つがある（原田，2002）．社会資本を蓄積する機能は，スポーツ施設だけでなく道路や公園などをストックする機能である．消費を誘導する機能は，スポーツツーリストの活発な消費行動を誘発し，地域経済を活性化する機能である．地域の連帯性を向上する機能は，地域に密着したプロスポーツなどが話題となり，日常生活の潤滑油となり，地域の連帯感などを高める機能である．そして都市イメージを向上する機能とは，スポーツイベントの開催都市が，単なる地理的な場所のイメージだけでなく，スポーツが生み出す感動などとともに人々の心の中に定着する機能である．

　一方で，生涯スポーツイベントに分類されるようなマラソンやウォーキング，さらにサーフィンやカヌーなどのアウトドアスポーツに関連するイベントの開催では，上記に示したような国際的スポーツイベントと同じように，地域活性化効果が期待される．それぞれの効果は，国際的スポーツイベントに比べて大きな効果ではないが，地域活性化としてスポーツイベントに期待される役割は大きい．例えば，宮古島で開催されるトライアスロン大会について，住民へのアンケート調査を実施すると，大会開催による地域への経済的および社会的な効果は肯定的結果になっていると報告している（松本・山本，2016）．つまり，スポーツイベントの開催は，開催地域の規模に関係なく，地域活性化のひとつと期待されている．

2．スポーツイベントを通じた地域活性化

　こうしたスポーツイベントによる地域活性化は，地域に全体をコーディネートする組織の存在も重要である．近年は，地域スポーツコミッションがその中心的な役割を担っている．この組織は，地方公共団体とスポーツ団体，観光産業などの民間企業が一体となって組織された中心的な役割を担う存在である（スポーツ庁，n.d.）．

　またわが国においては，埼玉県さいたま市でさいたまスポーツコミッションが2011年10月に設立され，する・みる・ささえるの3つの視点から地域のスポーツ資源を活用し，スポーツイベントを通じた地域活性化が進められている（さいたまスポーツコミッション，n.d.）．つまり，地域活性化を進めるためには，地域全体をフィールドとして，年間を通じてスポーツイベント等を開催できるマネジメント組織が重要である．そうした中では，インナー戦略（地域のスポーツ振興など）とアウター戦略（スポーツツーリズムの振興など）に注目することも求められる．

　第3期スポーツ基本計画（スポーツ庁，2022）には，スポーツによる「地方創生，まちづくり」についてアウター施策（地域外の交流人口向け）とインナー施策（地域内の住民向け）の2種類がある．

　アウター施策は，スポーツツーリズムの推進と関連する．例えばスポーツイベント：市民マラソン大会を通じた地域活性化の事例としては，愛媛県西予市の四国朝霧湖せいよマラソン（n.d.）が，前夜祭や民泊，そして商店街でのグルメ市というユニークなものである．愛媛県の南東部の中山間部に位置する西予市野村町で行われた．この前夜祭の開催や民泊では，イベントの前日から参加者が現地に滞在し，地域の人々と交流するプログラムであり好評を得ている．地域外交流人口の増加という視点で，また参加してもらう，楽しんでもらえるスポーツイベントのアウター施策である．

　インナー施策の視点では，地域の人たちのための生涯スポーツイベントも重要であ

る．例えば，300歳ソフトボールが各地で開催されている．北海道北広島町（2016）の大曲地区では，9人の年齢合計が300歳以上になるように，また女性か65歳以上の男性を1名以上含むというルールでイベントが開催された．多世代による生涯スポーツイベントは，交流を目的とした「お祭り」の要素を含んだ地域活性化にとって重要な役割を担っている．そして，スポーツを通じた地域活性化のインナー施策に通じるものである．

　一方で，本当にスポーツイベントが地域活性化の起爆剤になるかどうか，考えないといけない側面もある．スポーツイベントを開催すれば，地域開発やまちづくりにつながるといった安易な図式や国際スポーツイベントを開催することで公表されるプラス側面の経済効果のみを期待するものではない（工藤，2012）．またロイ（2006）は，オリンピックの開催について，イベント開催にかかる費用，保安対策費，さらにインフラストラクチャの建設費用などを考えた時に再考する必要もあると述べている．同様にGetz（2012）は，イベントの開催による課題として，自然環境の破壊や政治的な利用，さらに住居の移動を余儀なくされるなどのさまざまなストレスが生じる可能性を秘めていることを説明している．

　こうしたスポーツイベントは，開催後のハード面とソフト面の両面におけるレガシーをどのように活用して地域活性化を進めるかには，中・長期的な戦略が必要である．そして，スポーツイベントを持続可能なものにするためには，トリプル・ボトム・ライン（Triple Bottom Line）と称する社会的，環境的，経済的成功が求められる（Fredline，2005；山口ほか，2017）．

　また，地方自治体が企画運営する生涯スポーツイベントの多くは，プログラムがワンパターン化とマンネリ化，参加者の固定化と減少化の問題を抱えている（上代・野川，2010）．こうした中で，地元の特産品であるスイカやさくらんぼを賞品などにしたマラソンの大会が開催されている．こうして，開催地域外からの参加者に向けた魅力あるイベントがつくられていく．

　また生涯スポーツイベントには，さまざまな視点から開催目的が設定されている．徳島県三好市（2023）では，池田湖でのラフティングのイベントが開催されている．この地域は，四国を流れる吉野川があり，国内外から注目されるリバースポーツのメッカである．しかしながら，生涯スポーツとしてのリバースポーツ，ラフティングは決して広く日本に浸透している状況ではない．だからこそ，まずは知って楽しんでもらうという「導入段階」のスポーツイベントが必要になる．また，地域の子どもなどへの川での安全な遊び方の教育という側面も，重要なイベントの開催意義のひとつである．

　自然環境への配慮も，スポーツイベントと地域活性化では求められる．こうした中，カーボン・オフセットと言われる温室効果ガスの排出削減策について，鹿児島県・指宿市で開催されている「いぶすき菜の花マラソン」など各地の市民マラソン大会で実施されている（かごしまエコファンド，n.d.）．一人ひとりができることとしては，廃棄物削減やエコドライブなども自然環境への配慮行動として挙げられる．

　地域活性化のスポーツイベントにするには，他の地域，他のスポーツイベントにはない特徴と魅力あるプログラムとして開催する必要もある．また生涯スポーツの振興

というもうひとつの役割を担うことが求められている．そして，持続可能な形でのスポーツイベントの開催こそが，地域活性化につながると考えられる．

［岡安　　功］

［キーワード］

・**スポーツイベントによる地域活性化効果**：社会的効果，経済的効果，個人的効果の3つがある．社会的効果は，スポーツイベントの運営へのかかわりによって地域の関係性の向上や地域への愛着が高まることがあげられる．経済的効果は，開催地域外からのスポーツイベント参加者によってもたらされる飲食や観光費用や，イベント開催に伴うスポーツ施設等の建設による雇用創出などがあげられる．そして個人的効果は，スポーツへの関心や定期的参加，また生きがいの創出などがあげられる．

・**地域スポーツコミッション**：スポーツイベントの誘致や開催などを支援する地域の組織である．米国では，各都市においてみられる組織であり，独立組織やコンベンション・ビジターズビューローの一部として設置されている．日本では，2011年に初めて「さいたまスポーツコミッション」がさいたま観光コンベンション・ビューローにおいて設立された．

［文　献］

・中国地域経済白書（2013）スポーツによる地域活性化．中国電力エネルギア総合研究所・中国地方総合研究センター．
・Fredline E（2005）Host and guest relations and sport tourism. Sport in Society, 8: 263-279.
・Getz D（2012）Event studies: theory, research, and policy for planned events. Routledge.
・原田宗彦（2002）スポーツイベントの経済学．平凡社新書．
・北海道北広島町（2016）第30回記念　大曲地区300歳ソフトボール大会．https://www.city.kitahiroshima.hokkaido.jp/photo/386.html（参照日2023年8月4日）
・本郷　満（2013）スポーツによる地域活性化．中国電力株式会社エネルギア総合研究所，エネルギア地域経済レポート，No.472，2013年11月．
・池田　勝（1993）ヨーロッパ諸国のスポーツ構造①．体協時報．474: 5-12.
・上代圭子，野川春夫（2010）生涯スポーツイベントのマーケティング．間宮聰夫ほか編，スポーツイベントのマーケティング．市村出版，pp.108-114．
・かごしまエコファンド（n.d.）購入者リスト（購入者一覧）http://kagoshima-ecofund.jp/buyer/buyer.html（参照日2023年8月1日）
・工藤康宏（2012）地域開発とスポーツイベント．改訂3版，川西正志ほか編，生涯スポーツ実践論．市村出版，pp.72-74．
・松本耕二，山本公平（2016）離島トライアスロン大会開催による地域活性化の波及効果に関する研究：運営手法の違いが地域愛着に及ぼす影響．SSF笹川スポーツ財団研究助成報告書，pp.118-126．
・野川春夫，間宮聰夫（2008）スポーツ：観るスポーツとするスポーツ．イベント学会編，イベント學のすすめ．ぎょうせい，pp.120-137．
・ロイ・ジョン・W著，平野秀秋訳（2006）オリンピックをなぜ開催するか．スポーツ社会学研究，14: 9-14.
・さいたまスポーツコミッションHP「さいたまスポーツコミッションとは」http://saitamasc.jp/about/（参照日2023年8月1日）
・四国せいよ朝霧湖マラソン（n.d.）https://asagirikomarathon.com/index.html（参照日2023年8月1日）
・新川達郎（2002）地域活性化政策に関する市町村計画行政の課題と展望：東北地方の現状から．同志社政策科学研究，3（1）: 1-13.
・スポーツ庁（n.d.）スポーツによる地域・経済の活性化：地域スポーツコミッションの活動支援．http://www.mext.go.jp/sports/b_menu/sports/mcatetop09/list/detail/1372561.htm（参照日2023年8月1日）
・スポーツ庁（2022）第3期スポーツ基本計画．https://www.mext.go.jp/sports/b_menu/sports/mcatetop01/list/1372413_00001.htm（参照日2023年8月5日）
・徳島県三好市（2023）サマ漕ぎ！2023実績報告書．

・内海和雄（2012）スポーツイベントによる生涯
　スポーツ振興. 川西正志ほか編, 生涯スポーツ
　実践論. 市村出版, pp.74-78.
・山口志郎, 山口泰雄, 野川春夫（2017）市民マ

ラソンの社会的効果に及ぼす関与者と非関与者
の比較分析. イベント学研究, 1（1）：5-12.
・山口泰雄（2004）スポーツ・ボランティアへの招
待：新しいスポーツ文化の可能性. 世界思想社.

[3] プロスポーツ振興とソーシャルキャピタル

> ── ポイント ──
>
> 「地域力」と同時に地域社会を考える上で重要な概念であるソーシャルキャピタルを説明できるようにすること, プロスポーツ振興を契機としたソーシャルキャピタル醸成と促進について理解することを目的とする.

　日本を代表するプロスポーツで, 1993年に始まったJリーグは, ホームタウン制や地域密着型経営を通じて地域と深く結びつきながら活動している. これらの地域活動は地域の経済的活性化の効果だけでなく, ホームタウンとなる住民の共同体意識や信頼感を強める役割も果たしている. ここでは, プロスポーツ振興が地域力ともいえるソーシャルキャピタル（社会的資本）醸成に及ぼす影響について述べる.

1. ソーシャルキャピタルとは

　ソーシャルキャピタル（Social Capital：社会的資本, 以下SC）の概念は, これまでに多くの研究者で議論されてきたが, アメリカの政治学者ロバート・D・パットナムによる研究によって地域形成の体系的な概念として広がりを見せてきた. 彼が提唱したソーシャルキャピタルは, 人々の協調行動を活発にすることによって社会の効率性を高めることのできる「信頼」,「規範」,「ネットワーク」といった社会組織の特徴で, 共通の目的に向かって協調行動を導くものとされる.

　それぞれが相互関係を持つSCの概念イメージは図6-3-1のようである.

　SCは, 個人とコミュニティの健全な発展に寄与し, 社会的な問題の解決やプロジェクトの成功に重要な役割を果たし, 社会・経済面において好ましい効果をもたらすと考えられている. この概念については, 国内外の自治体レベルにおいても, 地域力の基礎をなす概念として捉えられている.

　日本におけるSCを網羅的に分析したものは, 内閣府（2003）が実施した調査がある. この調査では, パットナムの分析枠組みを踏襲し, 個人レベルのSCを定量的に把握した. この結果からボランティアなどの市民活動を行っている人は他者を信頼し, 他者とのつきあい・交流も活発な人が相対的に多いことが明らかとなった. この調査以後, 社会の活性化を促進するためにSCの重要性が挙げられ, 地域社会の発展に関する政策や研究に影響を与えてきた. 近年ではスポーツ科学分野においても社会的効果の1つとして議論されている.

　しかしながら, 一方でSCという概念は, 必ずしも明確な定義として統一されたも

図6-3-1 ソーシャルキャピタルの概念イメージ

のが存在しているというわけではない．本節では，SCの概念を広く一般的に普及させたパットナムの考え方を中心に紹介したい．

　パットナムは，著書「Making Democracy Work」を通じて，SCの概念を広く知らしめ，とくに以下の3つの要素である，信頼，互酬性の規範，ネットワークに焦点を当てている（Putnam, 1993）．信頼（Trust）とは，人々がどのくらい地域に属する他の人たちや組織を信じ，頼りにすることができるかどうかを表すものである．信頼が高い地域社会では，人々は互いに良い意図を持って接し，相手を誠実で信頼できると判断する．このような信頼感は，人々の交流や協力意識に働きかけ，結果として社会全体の安定性を高めることとなる．地域に人を信頼する雰囲気があると人々は自分から進んで協力し，そのような協力がさらに信頼を深める．つまり，信頼は人々がお互いを助け合い，より良い関係を築くための重要な要素であるといえる．規範（Norm）とは，社会的な行動の基準やルールであり，地域コミュニティや文化に深く根ざしていて，人々が正しい行動や倫理的な原則に従うためのものである．例えば，皆が守るべきマナーや，正しいとされる振る舞いなどがこれにあたる．これらの規範が地域社会で共有されていると，人々はより協力し，相手を思いやる行動を取りやすくなると考えられている．次に，「互酬性」というのは，お互いに依存しあいながら利益を交換することを指す．これには2つのタイプがあり，1つは「均衡のとれた互酬性」でこれは同じ価値のものをお互いに交換すること．もう1つは「一般化された互酬性」で今は不均衡でも将来的には均衡が取れると期待しながら交換を続ける関係のことである．この一般化された互酬性は，短期的には相手に利益を与えることを目指しつつ，長期的にはお互いの利益になるような関係を築くことを意味する．つまり，互酬性の規範とは，利己心と協力のバランスが保たれ，良い関係が築かれると考えられている．最後にネットワーク（Networks）は，人々や組織間の相互作用とのつながりの程度や頻度を示すものである．これらのネットワークは，情報の伝達，資源の共有，協力の機会が挙げられる．例えば，友人，家族，仕事仲間，地域コミュニティ，さらにはオンラインのソーシャルメディアのつながりなども含まれる．ネットワークを通じて人々は相互に影響を与え，社会的結びつきが形成されると考えられている．

　上述した通り，パットナムによるSCの概念は，地域コミュニティの健全な機能や住民の市民活動を促進するために極めて重要な意味を持っている．そこで示された地域住民の信頼・互酬性の規範・ネットワークの相互関連の質を強化することで地域の活力や質を高める包括的な地域力の概念でもある．

2.　ソーシャルキャピタルの分類から見たプロスポーツ振興

次にプロスポーツとSC醸成について見てみたい.

パットナムは，社会的ネットワークの対象範囲や有り様，構成要素の特徴などから人々が持つSCを「結合型（bonding）」と「橋渡し型（bridging）」という2つのタイプに分類できるとしている. これらの分類は，地域密着型のプロスポーツ振興のSCとの関連に有益な視点となってくる.

例えば，結合型SCとは，同じコミュニティやグループ内の人々の間の関係を強化する要因として機能するものである. 言い換えれば，プロスポーツのファンクラブやサポーターグループの活動などが挙げられる. これらの集団は活動を通じて，ファンコミュニティを形成し，チームやプレイヤーに対する熱狂や支持を生み出す要因となりえる. この強いつながりは，観客動員やマーチャンダイジングの売上増加に貢献する可能性がある.

次に橋渡し型SCは，グループを超えた関係や知人，友人などのつながりといった異なる組織間における異質な人や組織を結び付けるネットワークである. 結合型に比べて結びつきは弱く，薄いものではあるが，異なる集団間の開かれた関係を通じて，より広範な協力と交流を促進するものである. プロスポーツファンは共通の関心事を通じて結びつき，試合やイベントに参加することで異なる文化や背景を持つファン同士が交流する機会が生まれる. この交流は，新しい社会的つながりやネットワーキングのチャンスを提供し，結果として新規のファンの獲得やチームへの愛着を高める効果に期待できる.

ここで示したSCの2つのタイプは，プロスポーツの成長や展開において，異なる方法で貢献できる可能性を持っている. すなわち結合型は，チームへのアイデンティティや地域への愛着を強化し，固定ファンを増やすためのキーとなる. 橋渡し型は，多様な人々をプロスポーツに惹きつけ，ファンベースの拡大に寄与するとともに，プロスポーツを通じた社会的結束力の強化にもつながる. プロスポーツの振興においてSCが持つ特性を活かし，戦略を考えることがプロスポーツの持続的な成長と普及につながるといえる.

3.　地域におけるプロスポーツ振興とソーシャルキャピタル

これまでのスポーツとSC研究の中で，プロスポーツ振興とSC醸成に注目した研究の多くが，プロスポーツチームへの関与が，SC醸成にポジティブな影響を与えることを示唆しているものである. 例えば，SCの評価が高い人ほどプロスポーツの試合観戦に多く参加する傾向にある（川西・菊池，2019）. また，スポーツ観戦者は，他者への信頼や地域社会でのボランティア活動や地域活動への参加意欲が高い（金，2012）ことなどが報告されている. そして観戦経験によってSC醸成が促進される（有吉・横山，2013）という研究も報告されている. さらに中山（2012）は，プロスポーツチームへの参与が高い人は，SCを媒介してコミュニティへの帰属意識に影響を及ぼすことと，プロスポーツチームが地域で行う社会貢献活動がコミュニティ形成に寄与することも併せて報告している.

これらの研究からいえることは，プロスポーツの振興がそのホームタウンである地

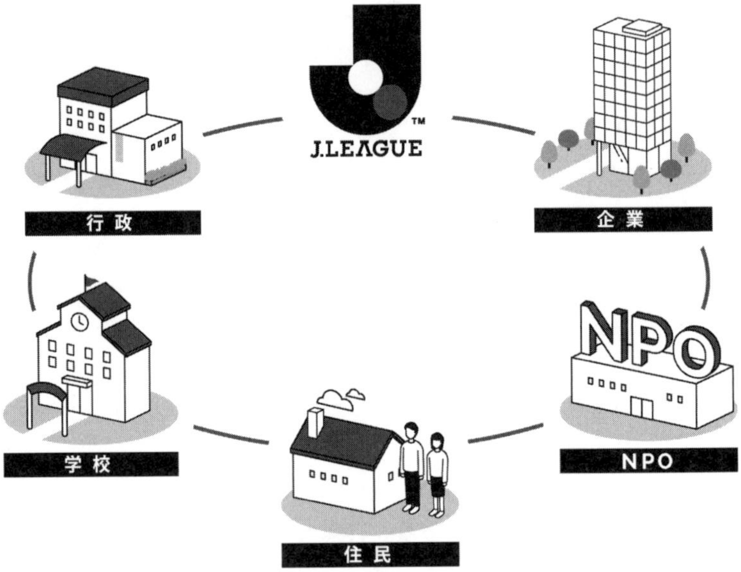

図6-3-2 Jリーグ社会連携 シャレン！について
（Jリーグ：シャレンに！ついて）

域のSC醸成に少なからず貢献できる可能性を持っていることを示唆している．言い換えれば，プロチームへのアイデンティを高めるための地域住民の観戦行動やチームの地域での普及活動とスポーツ指導などが，ホームタウンの住民間の地域の絆を深めるために重要な役割を果たしている．そして，プロチームや選手の活動は地域の誇りを強化し，試合の結果やチームの動向は住民を1つに結び付ける共通の話題となることが想定される．さらに，プロスポーツチームの試合やイベントが地域経済に影響を及ぼし，試合やイベントを契機として，観光業，宿泊業，飲食業などの産業が活性化され，雇用創出にもつながり，地域住民の経済的な安定感や生活満足度が向上し，相互の信頼関係や協力の雰囲気が育まれることが期待できる．

これら，プロスポーツ振興がそのホームタウンの地域住民の連帯感の強化やネットワークの構築に貢献し，そのことが，SC醸成を可能にするきっかけになる．しかしながら，ホームタウン以外の地域社会への影響については，その地域社会の範域によって，SC醸成の程度も異なってくる．プロスポーツ振興がホームタウン以外の地域に与える影響には，さまざまな要因が絡むため一概にはいえないものの，地域の特性やプロチームとの関わり，歴史などによってSC醸成の度合いや方向性が変化する．「元々地域にどのような人たちが生活しているのか」や，「地域のステークホルダーの存在」がプロスポーツ振興におけるSC醸成では重要となる．

Jリーグは「シャレン！」という社会課題や共通のテーマ（教育，ダイバーシティ，まちづくり，健康，世代間交流など）に，地域の人・企業や団体（営利・非営利問わず）・自治体・学校などとJリーグ・Jクラブが連携して，取り組む活動（Jリーグ，online）をしている（図6-3-2）．これらの活動では，3者以上の協働者と，共通価値を創る活動を想定しており，社会貢献活動等を通じて，地域社会の持続可能性の確保，

関係性の構築と学びの獲得とそれぞれのステークホルダーの価値の再発見に繋がるものと考えている.

　このようなプロスポーツの活動を通じて，チームのブランド価値の向上や新たなファンの獲得，地域間の交流の促進，社会的な認知の向上など，ホームタウンだけでなく，その外の地域にも多岐にわたる影響を及ぼすことが期待される．これらの活動は，地域の誇りを強化し，地域の活性化や魅力の向上に繋がるとともに，プロスポーツ振興を契機としたSC醸成と促進を目指したものである.

［川西　司］

［キーワード］

・**ソーシャルキャピタル**：パットナムが提唱した「信頼」，「規範」，「ネットワーク」の相互的な関係性における，いわば地域社会の地域力としての総称した社会関係資本.

・**互酬性の規範**：例として，2011年3月11日の東日本大震災時に，見ず知らずの者同士が声を掛け合い，避難所や駅などで計画停電中でも我先には行動せず，むしろ自分を犠牲にしても弱い者を救うという行動をとった．これは，見返りを期待しての行動ではなく，絆や他者への信頼，思いやりの表れであり，このような絆や規範的な行動がソーシャルキャピタルであると報告されている.

［文　献］

・Putnam DR著，河田潤一訳（2001）哲学する民主主義：伝統と改革の市民的構造．NTT出版.
・桶葉陽二（2011）ソーシャル・キャピタル入門：孤立から絆へ．中央公論新社.
・内閣府（2003）ソーシャル・キャピタル：豊かな人間関係と市民活動の好循環を求めて．国民生活局市民活動促進課ソーシャル・キャピタル調査研究会.
・菅　文彦，古川拓也，舟橋弘晃ほか（2017）スポーツ観戦意図及び行動と地域愛着の関係分析：FC今治を事例として．スポーツ産業学研究, 27（3）: 223-232.
・木村宏人（2020）地元のプロ・スポーツチームを応援する住民が持つ地域意識：地域的愛着と拡大意識に注目して．年報社会学論集, 33: 109-120.
・川西　司，菊池秀夫（2019）プロスポーツ観戦者のソーシャル・キャピタルについて：FC岐阜ホームゲーム観戦者の事例研究．中京大学体育研究所紀要, 33: 21-28.
・金　玹兌（2011）新しい公共を担う組織としてのプロスポーツクラブの可能性：地域社会への貢献活動とソーシャル・キャピタルの醸成に着目して．SSFスポーツ政策研究, 1（1）: 91-100.
・有吉忠一，横山勝彦（2013）スポーツ観戦とソーシャル・キャピタル形成についての一考察：経験価値を視点に．同志社スポーツ健康科学, （5）: 1-8.
・中山　健（2012）プロスポーツクラブの社会貢献活動が地域に与える影響に関する研究：ジェフユナイテッド市原・千葉を事例に．SSFスポーツ政策研究, 1（1）: 140-149.
・Jリーグ：シャレンに！について．https://www.jleague.jp/sharen/about/（参照日2023年9月15日）

[4] スポーツイベントとツーリズム

ポイント

スポーツイベントとツーリズムの現代的な関係について説明し，開催地／国といった地域社会におけるスポーツツーリズムの推進とその影響について述べる．

---

1. スポーツとツーリズムのかかわり

　近年，海外のプロスポーツリーグへ移籍する日本人アスリートの増加とその観戦・応援ツアー，日本代表チームの活躍に伴う熱狂的ファンによる応援ツアーをはじめとして，旅行会社のホームページにはスポーツをテーマとした旅行特集が組まれることが一般的になってきた．金銭と時間的余裕を併せ持つ，団塊世代を中心としたシニア層が大きな顕在・潜在需要を持つといわれている体験型国内外ツアーにおいても，トレッキングやウォーキングに代表されるスポーツ体験が人気を集めている．COVID-19のパンデミック後，国際観光もパンデミック前に近いレベルに回復し，その傾向はスポーツを目的とした旅行も同様である．

　このような居住地を離れ，スポーツ参加や観戦，応援を主・副目的とした移動や宿泊を伴う旅行活動のことを「スポーツツーリズム」と呼んでいる．ヨーロッパや北米，オセアニアでは1980年代ころから注目されてきた分野である．2021年には国連世界観光機関（UNWTO）はカタルーニャ州観光局と共に「世界スポーツツーリズム会議」を開催するなど，世界的にスポーツツーリズムがもっとも急速に成長している観光分野のひとつとして注目と期待を集めている．日本でもスポーツ文化ツーリズムの推進（観光庁），「Japan Sport Tourism」サイトの開設（スポーツ庁），一般社団法人スポーツツーリズム推進機構（JSTA）によるスポーツツーリズムによる地域振興の推進，第3期スポーツ基本計画にみられる交流人口増加やまちづくりに対する期待など，その機運は年々高まっている．

　スポーツツーリズムの特徴は，「スポーツあるいはスポーツイベントへの参加または観戦，応援などを主目的としている」という活動（目的）的要素，「日常生活圏を離れ旅行し帰着する回帰性」といった空間的要素，「スポーツイベント開催地や目的地における宿泊や滞在」という時制的要素の3点であると考えられる．また，近年ではマスターズ甲子園や東京マラソンでのボランティアとして旅行を伴い参加する「ボランティアツーリズム」とも呼ばれる，支えるスポーツツーリストも注目される．オリンピックやサッカーW杯などに代表されるHallmark event（集客が見込まれるイベント）や，開催地域外からのスポーツツーリストの訪問を期待した行政団体主催の生涯スポーツイベント，メガスポーツイベント開催に伴うホストシティやホストタウン事業のようなスポーツキャンプなどは「観光アトラクションのひとつ」として活用され，社会・経済的効果が期待されている．スポーツイベントはスポーツツーリズムのもっとも顕著な形態とされている（ハイアム・ヒンチ，2020）．

　スポーツツーリズムと近接領域とされるものには，自然環境下でのアクティビティ

	活動的ではない ←	→ より活動的
非競争的 ↑	ヘルスツーリズム <例> スパツーリズム，湯めぐり，森林浴	ヘルスツーリズム <例> フィットネス療養・静養（リトリート），クアハウス，クアオルト	アドベンチャーツーリズム <例> スクーバダイビング，ハイキング，キャニオニング，ラフティング（競技ではない）
	アドベンチャーツーリズム <例> ヨットのチャーター(操船者つき)	観光客向けのアクティビティ（ヘルス，スポーツ，アドベンチャーの要素を含むもの） <例> サイクリング，シーカヤック	アドベンチャーツーリズム <例> 登山，フリークライミング，ボルダリング（自然の中で行う）
↓ 競争的	スポーツツーリズム <例> スポーツ観戦	スポーツツーリズム <例> ゴルフ，ローンボウルズ	スポーツツーリズム <例> 海洋レース，ウルトラマラソン，レイド・ゴロワーズ

図6-4-1　Hallのアドベンチャー・ヘルス・スポーツツーリズムのモデル

(Hall CM（1992）Adventure, Sport and Health Tourism. In: Weiler B, Hall CM（Eds.）Special Interest Tourism. Belhaven Press. p.142より引用改変)

を特徴とするアドベンチャーツーリズム，心身の健康の維持や増進を目的としたヘルスツーリズム，医療や治療のための旅行であるメディカルツーリズムなどがある．とくにアドベンチャーツーリズムやヘルスツーリズムは，スポーツイベントの開催と関連があると考えられる（図6-4-1）．

2. メガスポーツイベントとツーリズム

　　ラグビーW杯やオリンピック・パラリンピック，ワールドマスターズゲームズといったメガスポーツイベントに伴う，参加者と同伴者といったビジターの来訪，イベント開催時/開催後の観光客増加による経済効果などに期待が寄せられている．メガスポーツイベントの開催に対する社会・経済的な期待は大きい．スポーツイベントをホストシティとして開催することを都市間競争の指標である「都市力」として評価するシンクタンクも現れてきた（森記念財団，2022；Kearney, 2021）．都市で開催される都市型マラソンイベントや若年世代に人気のあるアーバンスポーツイベントが新たな集客型観光アトラクションとして注目されている．

　　とくに国際大会やメガスポーツイベントの場合，選手や関係者と共に各国メディアが開催地やその周辺を訪れる．各国メディアは自国選手の活躍と共に開催国や開催地特有の食や文化，日常生活を自国民に報道することで，いわば「ショーケース」のような役割を果たしてくれる．オリンピック・パラリンピック東京大会の際に東京を中心として日本を訪れた多くのメディア担当者が日本のコンビニやおにぎりに感激したことがSNSで拡散されたことなどは良い例である．その映像やSNSを通して開催国/開催地を見たことがきっかけで同じような体験を求める旅行者が増えることから，国際大会やメガスポーツイベント開催後にインバウンド・ツーリストが増加する傾向が見られる．COVID-19の影響により東京大会が無観客で開催されたことで期待していた観光による効果が得られなかったことを指摘する意見もあるが，スポーツイベント

のショーケース効果と東京大会のスポーツ・レガシーの活用がむしろパンデミック後に求められている.

3. 生涯スポーツイベントの開催とスポーツツーリズムの推進

　地域に与える社会・経済的効果を期待して, 日本全国で数多くのスポーツイベントが開催されている. 開催地域外から参加者が訪れ, イベント参加だけでなく地域観光を行い, お土産を買い, 地酒や郷土料理を楽しみ, その結果として地域経済が潤うことを期待している. とくに, 観光アトラクションが乏しい地域では魅力的に映る構図だろう. しかし現実には, イベント参加者は増えるのに観光行動や消費行動に結びつかない場合がみられる.

　イベント参加型の日本人スポーツツーリストはスポーツに参加・観戦することが主目的であるため, 「倹約志向」で「風のように現れ, 風のように去っていく」ことが指摘されている (野川, 1992). その一方で, 行先の地域の特徴, 文化・史跡, 住民との交流, 特産品や名物料理に高い関心を寄せており, 主目的であるスポーツ参加・観戦を阻害しないことを条件とすれば, 潜在需要が極めて高いことも報告されている (工藤・野川, 2004). つまり「スポーツイベント参加者やその同伴者」を「観光客化」させるには, イベント開催に加え, イベント参加者の消費を促し, 滞在期間を1日でも増やす, あるいはイベント開催期間以外の時期の再訪を促すような「仕掛け」が必要となる. 毎年12月の第1週目に米国ハワイ州ホノルルを舞台に開催されているJALホノルルマラソン大会はスポーツイベントとツーリズムの好例としてあげられる. 夏季に比べ閑散期となる12月にCOVID-19前で1万1,000人, 2022年に5,000人を超える日本人参加者を集めることでホノルル観光・宿泊業に貢献している. 大会開催数日前には開催地の物産やマラソンウェア, 記念Tシャツなどを販売するホノルルマラソン・エキスポやカーボローディングパーティ, 参加者同士の交流会であるアロハフライデーナイトの開催, マラソン後には観光はもちろん月曜日に完走証の受け取りや年齢別部門の表彰などを行うフィニッシャーマンデーなどを実施することで連泊を促す工夫が凝らされている.

4. スポーツイベントとツーリズムにおける今後の課題

　これまでのスポーツツーリズム研究では, 「参加型」, 「観戦型」など, スポーツ参与の形態に基づいた分類が用いられ, スポーツツーリストの特性や参加動機, 観光活動は, これらの分類によって異なると考えられてきた. しかし, スポーツツーリストの参加意思決定では, スポーツ参加/観戦活動そのものへの「参加の重要度」と「行先地の評価」によって意思決定に影響を与える要因が異なることが指摘されている(工藤, 2006). スポーツイベントへの「参加を重視するタイプ」は参加・観戦への動機が強く, 開催地での観光活動には興味を示さない. 一方, 「参加と行先地の特徴を重視するタイプ」では, 参加動機とイベントの魅力に加えて, 開催地の文化・史跡や観光資源などの「行先地の特徴」が誘因や魅力のひとつとなり, 参加意思決定に影響を与えており, しかもイベント参加に伴う観光活動を積極的に実施することが指摘されている (工藤, 2006). つまり一見すると, 共に「スポーツツーリスト」だが, スポー

ツイベント参加が強い動機であり「スポーツ参加者」でイベント参加に旅行の形態をとらざるを得ない者と，スポーツ参加者であると同時にツーリストの特性を持つ者が存在すると考えられる．これらの特性を踏まえながら，スポーツイベント開催とスポーツツーリズム推進を検討する必要がある．そのため，スポーツ・コミッションやコンベンション・ビューローなど専門振興組織を活用し，スポーツとシティセールスを戦略的に推進することが求められる．

　また，地域のスポーツツーリズム専門振興組織の活用においても，自地域だけのことを優先するだけでなく，近隣地域と連携し，それぞれの強みによって弱みを互いに補い合うようなケースも散見されるようになってきた．スポーツを活用した地域活性化やまちづくりは一見すると地域間競争にも受け取られるが，複数地域を横断する河川の治水政策のように近隣地域との連携が今後は必要になると考えられる．そのような共生の発想はグローバルで課題とされる生涯スポーツイベントを通じたSDGsへの貢献にもつながることが期待される．

［工藤　康宏］

[キーワード]

・**スポーツツーリズム**：スポーツ参加や観戦，応援などを主目的または副目的とした移動や宿泊などを伴う，居住地（生活圏）を一定期間離れ戻ってくる旅行活動のこと．また，そのようなスポーツ参与行動を示す人々をスポーツツーリストと呼んでいる．一方でスポーツと観光領域という分野の広い範囲にわたる共通部分に焦点を当てているため，定義化は非常に困難であることが多くの研究者に指摘されている．

[文　献]

・原田宗彦編著（2015）スポーツ産業論入門．第6版，杏林書院．
・ハイアムJ，ヒンチT著，伊藤央二，山口志郎訳（2020）スポーツツーリズム入門．晃洋書房．
・Kearney（2021）2021 Global Cities Report（グローバル都市調査）https://www.kearney.com/global-cities/2021（参照日2023年9月30日）
・工藤康宏，野川春夫（2002）スポーツ・ツーリズムにおける研究枠組に関する研究：スポーツの捉え方に着目して．スポーツ健康科学研究，6：183-192．
・工藤康宏，野川春夫（2004）スポーツイベント開催に伴うサプリメント観光に関する研究．生涯スポーツ学研，2：15-21．
・工藤康宏（2006）日本人スポーツ・ツーリストのツアー参加意思決定構造に関する研究．順天堂大学大学院スポーツ健康科学研究科博士論文．
・野川春夫（1992）スポーツ・ツーリズムに関する研究：ホノルルマラソンの縦断的研究．鹿屋体育大学学術研究紀要．7：43-55．
・森記念財団都市戦略研究所（2022）世界の都市総合力ランキング（GPCI）2022. https://www.mori-m-foundation.or.jp/ius/gpci/（参照日2023年9月30日）
・国連世界観光機構（UNWTO）https://www.unwto.org/（参照日2023年9月30日）

7章 生涯スポーツ指導者とボランティア

[1] 日本の生涯スポーツ指導者と社会的制度

─ ポイント ─
わが国の生涯スポーツ振興と推進を担う指導者とその資格を知り，社会的制度について理解する.

　スポーツ指導者は，プレーヤーがなりたいと思う自分に近づくため活動をサポートする不可欠な存在であり，安全に，正しく，楽しく指導し，スポーツの本質的な楽しさや素晴らしさを伝え，望ましい生涯スポーツ社会の実現に貢献する役割を担っている．生涯スポーツ社会では，子どもから高齢者，障害のある・なしにかかわらず，競技力や技術の向上（競技志向）はもとより，遊びやレクリエーション（たのしみ志向），健康・体力づくり（健康志向）など，高度化，専門化，多様化するニーズに応える資質能力（思考・判断，態度・行動，知識・技能）を兼ね備えた指導者が求められる.

1. スポーツ基本法にみる指導者養成
　スポーツ基本法（2011）の第11条（指導者等の養成等）に，スポーツ立国に不可欠な人的資源の養成とその活用のための仕組みを確立することを国と地方公共団体の責務とすることが記されている．また第32条（スポーツ推進委員）では，地域スポーツの指導・推進役を業務としたスポーツ推進委員（旧体育指導委員）が明記され，法的に位置づけられている．このスポーツ推進委員の制度は，1957年に文部省（現文部科学省）がスポーツの振興を図る上で指導者確保とその活動が不可欠として全国に体育指導委員を配置したことにはじまり60年以上の永きにわたって継承されている（表7-1-1）.

2. スポーツ推進委員（旧体育指導委員）
　スポーツ推進委員は，市町村教育委員会もしくは行政の長がスポーツ推進のための事業やその実施に係る調整連絡，住民に対する実技の指導と助言を業務として委嘱する非常勤公務員である．その業務は，実技の指導者（インストラクター），スポーツ事業の企画・運営者（プロデューサー），さらには総合型クラブをはじめとしたスポーツ団体や地域団体などを繋ぐ連絡・調整役（コーディネーター）であり，年間を通し

表7-1-1　スポーツ基本法にみる指導者養成とスポーツ推進委員

第11条　（指導者等の養成等）	第32条（スポーツ推進委員）
国及び地方公共団体は，スポーツの指導者その他スポーツの推進に寄与する人材（以下「指導者等」という．）の養成及び資質の向上並びにその活用のため，系統的な養成システムの開発又は利用への支援，研究集会又は講習会（以下「研究集会等」という．）の開催その他の必要な施策を講ずるよう努めなければならない．	第32条　市町村の教育委員会（特定地方公共団体にあっては，その長）は，当該市町村におけるスポーツの推進に係る体制の整備を図るため，社会的信望があり，スポーツに関する深い関心と理解を有し，及び次項に規定する職務を行うのに必要な熱意と能力を持つ者の中から，スポーツ推進委員を委嘱するものとする．
	2　スポーツ推進委員は，当該市町村におけるスポーツの推進のため，教育委員会規則（特定地方公共団体にあっては，地方公共団体の規則）の定めるところにより，スポーツの推進のための事業の実施に係る連絡調整並びに住民に対するスポーツの実技の指導，その他スポーツに関する指導及び助言を行うものとする．
	3　スポーツ推進委員は，非常勤とする．

た研修活動で研鑽し，その任にあたっている．

　このスポーツ推進委員は，全国の市町村に4万8,302人（2023年8月現在）が委嘱され国民のおよそ2,500人に1人の割合となっている．そのうち女性スポーツ推進委員は2009年に30％を超えたが未だ32.3％と低い状況にある．非常勤公務員としての報酬は自治体によって異なるが年額1〜6万円が8割（スポーツ推進委員組織調査，2023）である．「スポーツ推進委員は，わずかな財政負担の中で非常勤公務員という誇りと使命感のもと，ほぼボランティアともいえる活動を通して，わが国の地域スポーツの拡大発展に大きく貢献してきた．」（全国スポーツ推進委員連合）と，実際の年間活動日数は多く拘束時間も長いが，地元地域への愛着とボランタリーな活動によって，わが国の地域スポーツをささえている．これらスポーツ推進委員の知名度や活動内容認知の低さ，後継者となる担い手不足，選任方法などの問題や課題も少なくない．

3. 体育・スポーツ関連資格の体系

　わが国の資格は，資格認定団体によって国家資格，公的資格，民間資格に大別されるが，体育・スポーツ関連資格はその大半が公的資格に位置付けられる．スポーツ指導者は，自発的に自由意志で活動に関わり職業としないボランタリーな指導者が多数を占め，公益法人が認定する資格が大半を占める．また資格の機能別分類では，資格がないと業務に従事できない職業資格と一定の基準をクリアした者に付与する能力認定資格があるが，スポーツ指導者関連資格はそのほとんどが後者に類する資格となる．トップリーグや実業団，また商業スポーツ施設などでは，業界標準として資格を取得することで業務遂行上有利となる資格に位置づけられている（表7-1-2）．これらの資格取得には，講習（講習会，自宅学習，通信制など）で運動や種目の特性，対象等の特性，プログラム指導に関する共通科目と専門科目等を一定時間受講し，筆記や実技等の試験に合格することが必要要件であり，その後，登録手続き（登録料の支払い）を行うことで資格認定されるシステムとなっている．一般的に，登録後の資格有効期間が定められており，資格更新の研修や講習の受講など更新手続きを行わないと失効になる．

表7-1-2　おもな生涯スポーツ指導者関連資格の体系

分　類		資格認定団体	資格名（例）
国家資格		都道府県教育委員会	教育職員免許状（保健体育）
公的資格	公益法人	日本スポーツ協会 日本レクリエーション協会 日本キャンプ協会 日本パラスポーツ協会 中央競技団体・種目団体	公認スポーツ指導者：競技別指導者資格 レクリエーションインストラクター キャンプインストラクター 障がい者スポーツ指導員 公認指導員，公認審判員 　　　　　　　　　　　　　　　　　　　など
		健康体力づくり事業財団 日本フィットネス協会	健康運動指導士，健康運動実践指導者 グループエクササイズフィットネスインストラクター 　　　　　　　　　　　　　　　　　　　など
民間資格	NPO法人	日本トレーニング指導者協会	トレーニング指導者 　　　　　　　　　　　　　　　　　　　など
	株式会社	PADI	スクーバダイビングCカード 　　　　　　　　　　　　　　　　　　　など

（馬場宏輝（2015）スポーツ指導者制度．中村敏雄ほか編，21世紀スポーツ大事典．大修館書店，p.53より筆者修正加筆）

4. 公認スポーツ指導者

　　公認スポーツ指導者とは，日本スポーツ協会（JSPO）およびその加盟，関連団体がそれぞれの公認指導者養成制度に基づき，資格認定した指導者のことである．

　　この公認スポーツ指導者養成事業は1964年に開催された東京オリンピック大会を契機として，日本体育協会（現日本スポーツ協会）が競技力向上委員会を発足させたことに端を発している．その後の1977年には現行に近い登録制となり，1987年の文部（現文部科学）大臣が一定基準を満たす指導者養成事業を行うスポーツ団体を認証し，資格を社会的に保障する制度となったが，行政改革の流れの中で，2005年には大臣認定は一律廃止となってしまった．その後もスポーツ指導者養成団体は，社会やスポーツ界の変化に対応して指導者資格を改定し，今日の社会的要請に応えている．日本スポーツ協会（2022）には，5領域18種類の資格がある．2019年の改定の際には，競技別指導者資格の名称を指導員からコーチに統一した．また学校部活動の地域移行に対応する喫緊の課題に対し，資格取得と対象者を明確にしたスタートコーチ資格を創設するなどしている（表7-1-3）．また日本レクリエーション協会では，レク・サポーターや元気アップ・リーダーとした公認資格取得前段階のプログラムを開発し受講認証から指導者登録へ繋げ，公認指導者の質的・量的確保に努めている（表7-1-4～表7-1-6）．

5. 生涯スポーツ指導者と社会的制度の課題

　　資格をもたずにスポーツ指導を行う者は，運動部活動の顧問等を含めると公認スポーツ指導者の資格を有するものよりもはるかに多いという（馬場，2020）．地域のスポーツは，このようなボランタリーなスポーツ指導者らによって現場が維持されている実状がある．スポーツ指導者養成や資格認定は，日本スポーツ協会をはじめ，各スポーツ指導者育成・資格認定団体の事業として展開されており，スポーツ指導の養成とした共通目的がありながら，組織間相互の事業・プログラムの連携や資格互換などがない．馬場（2015）は，現状のスポーツ指導者資格認定の意義を，①スポーツの

表7-1-3　日本スポーツ協会公認スポーツ指導者の資格名称と役割

種類	資格名	役割
スポーツ指導基礎資格	スポーツリーダー	地域のスポーツサークル等のリーダー
	コーチングアシスタント	地域のスポーツサークル等で上位資格者を補佐
競技別指導者資格	スタートコーチ（スポーツ少年団）	地域スポーツクラブ・スポーツ少年団・学校運動部活動等にて，上位資格者と協力して安全で効果的な活動を提供
	スタートコーチ（教員免許状所持者）	
	スタートコーチ（競技別）	
	コーチ1	地域クラブ・スポーツ少年団・学校運動部活動等でのコーチングスタッフ
	コーチ2	地域クラブ・スポーツ少年団・学校運動部活動等での監督やヘッドコーチ等の責任者
	コーチ3	トップリーグ・実業団等でのコーチングスタッフ
	コーチ4	トップリーグ・実業団・ナショナルチーム等のコーチングスタッフ
	教師	商業・民間スポーツ施設等で会員・利用者に応じたコーチング
	上級教師	商業・民間スポーツ施設等での実技指導の責任者と企画・経営業務
メディカル・コンディショニング資格	スポーツドクター	健康管理，スポーツ外傷・障害の診断，治療，予防，研究等
	スポーツデンティスト	歯科口腔領域のスポーツ外傷・障害の診断，治療，予防，研究等
	アスレティックトレーナー	スポーツ外傷・障害予防，コンディショニングなどパフォーマンスの回復・向上を支援
	スポーツ栄養士	スポーツ栄養の専門家として栄養・食事に関する支援・サポート
フィットネス資格	フィットネストレーナー	商業・民間スポーツ施設等で相談・指導助言と各種トレーニングの基本的指導等
	スポーツプログラマー	地域スポーツクラブ等でフィットネスの維持や向上のための指導及び助言
	ジュニアスポーツ指導員	地域クラブ等で幼少年期の子どもに遊びを通した身体づくり，動きづくりの指導
マネジメント資格	アシスタントマネジャー	総合型地域スポーツクラブ等でクラブマネジャーを補佐
	クラブマネジャー	総合型地域スポーツクラブ等で経営資源を活用したマネジメントとクラブスタッフが役割に専念できる環境を整備
旧資格	スポーツトレーナー1級	
	スポーツトレーナー2級	
合計（スポーツリーダーを含まない）		
合計（スポーツリーダーを含む）		

（日本スポーツ協会　https://www.japan-sports.or.jp）

表7-1-4　日本レクリエーション協会公認指導者の資格名称と役割

資格名	役割
スポーツ・レクリエーション指導者	楽しさを大切にした健康スポーツを推進
レクリエーション・インストラクター	歌やゲームでコミュニケーションを推進
余暇開発士（養成休止中）	専門家として余暇の充実のためのカウンセリングやアドバイス
レクリエーション・コーディネーター	社会的な課題をレクリエーションで解決に導くマネジメント
福祉レクリエーション・ワーカー	一人ひとりの生きがいづくりをサポート
のべ人数	

（日本レクリエーション協会2022年度事業報告書）

高度化への対応に必ずしも職業ではないが高度なレベルのスポーツ指導者育成のためにカリキュラム・認定試験・継続教育によって知識と技能を担保するため．②生涯学習社会を背景にした学びの場やその学びの証明のため．③生涯スポーツ社会の実現に向けて職業ではないが広くスポーツを安全に正しく楽しく指導するボランティア指導者を育成しスポーツの普及振興に尽力してもらうためとした3点を挙げているが，こ

表7-1-5　日本パラスポーツ協会公認指導者の資格名称と役割

名称	役割
上級パラスポーツ指導員	都道府県におけるリーダーとして，パラスポーツの高度な専門知識を持ち，地域の初級・中級指導員のとりまとめ
中級パラスポーツ指導員	地域のパラスポーツ振興のリーダーとして，指導現場で十分な知識や経験に基づいた指導
初級パラスポーツ指導員	障がい者のスポーツ参加のきっかけ作りを支援
パラスポーツコーチ	国際大会で活躍する競技者に専門的な育成・指導
パラスポーツ医	障がい者のスポーツ・レクリエーション活動に必要な医学的管理や指導などの支援にあたる医師
パラスポーツトレーナー	障がい者へのアスレティックリハビリテーションおよびトレーニング，コンディショニング
合　計	

（日本パラスポーツ協会　https://www.parasports.or.jp）

表7-1-6　健康・体力づくり事業財団の指導者の資格名称と役割

名　称	役　割
健康運動指導士	保健医療関係者と連携し安全で効果的な運動を実施するための運動プログラム作成及び実践指導計画の調整等
健康運動実践指導者	個々人の身体状況に応じた安全で効果的な運動を実施するための運動プログラム作成と指導
合　計	

（健康・体力づくり事業財団　http://www.health-net.or.jp）

れらは指導者の質的担保を認証する資格付与側の論理であり，スポーツの指導を行う側の視点とはいえない．このままでは積極的に資格を取得し登録・更新を継続する指導者は，トップスポーツの監督やコーチなど資格が役割遂行に必要な人に限られてしまう．現状の資格取得者にはスポーツ指導の学びが活かせる活動機会の提供と，雇用に繋がる場や仕組みなど，持つ資格から活かせる資格への再構築が待たれる．また将来的には，国やスポーツ関連団体が連携し，スポーツ指導者に必要な共通カリキュラムを構築し，指導現場にかかわるすべての指導者が資格を保持するとした制度づくりが望まれる．

[松本　耕二]

[キーワード]
・**スポーツ推進委員**：市町村のスポーツ事業にかかわる連絡調整と地域住民に対するスポーツ実技指導や助言を行うスポーツ基本法第32条に定められた非常勤公務員．

[文　献]
・馬場宏輝（2015）スポーツ指導者制度．中村敏雄ほか編，21世紀スポーツ大事典．大修館書店，p.53.

・馬場宏輝（2020）スポーツ指導者の資格と制度の分析に関する研究．尚美学園大学スポーツマネジメント研究紀要，1：5-21.

[2] 生涯スポーツ指導者の資格マーケット

> ─ ポイント ─
> 現在の日本では，生涯スポーツ指導者に対して保持を義務付けた資格制度は存在しない．しかしな
> がら今後は，運動実践者の多様化に伴って，安全かつ効果的な運動指導をする知識とスキルを有す
> る指導者であることを証明する指導者資格の有効活用が求められる．

1. 生涯スポーツ指導者養成の概要

　　近年，生涯スポーツ指導者の養成は，公益財団法人などが行う指導者養成事業と，その養成カリキュラムの認定を受けた専門学校や大学（以下，認定校）を通じて行われている．認定校では卒業時に単位取得証明貼付・申請することで資格取得認定，あるいは受験資格が得られるため，卒業後に改めて要請カリキュラムを受講する必要がなくなり，大幅な時間と費用が軽減される有効な手立てとされている．一方で，認定校では卒業時に資格取得に必要な科目の単位認定が行われることが多く，早期化する就職活動には間に合わないといったシステム上の問題や認定校における資格取得メリットの不透明感が指摘されている．

　　また，少子化に伴う学生数の減少や入学者の獲得競争により運営費用の見直しを求められる大学や専門学校では，各種スポーツ指導者養成資格認定校としての登録を廃止することで費用のスリム化を図るケースも見られるようになってきた．今後，教育機関における指導者養成は見直しや改善が求められている．

2. 生涯スポーツに関連するおもな指導者認定団体と公認指導者名称

（1）公益財団法人日本スポーツ協会

　　日本スポーツ協会公認スポーツ指導者制度の基礎資格と位置づけられる「スポーツリーダー」はすべての協会公認指導者認定に必要なベースとなっていたが，2019年の改定から「スポーツリーダー」に代わる資格として「コーチングアシスタント」が創設され，指導者として必要な最新の知識の習得や時代に応じたスポーツ環境におけるさまざまな問題に対する認識を備えた指導者として「旧・スポーツリーダー」から「コーチングアシスタント」への移行が推奨されている．

　　このスポーツ指導基礎資格からさらに上位のスポーツ指導者資格となる競技別の競技指導の指導員・コーチ・教師を養成するための「競技別指導者資格」，地域のスポーツクラブなどでスポーツや運動，トレーニングなどを指導するトレーナー，プログラマー，指導員のための「フィットネス資格」，スポーツ活動現場における健康管理や競技能力の向上に寄与するトレーナー，ドクター，栄養士の「メディカル・コンディショニング資格」，地域スポーツクラブの運営に関わる「マネジメント資格」がある（表7-2-1）．

　　また，日本スポーツ協会公認指導者の養成に適していると認定された大学や専門学校などは，「スポーツ指導者養成講習会免除適応コース承認校（適応コース認定校）」

表7-2-1 公認スポーツ指導者登録者数（2022年10月1日現在）

		2016年10月	2022年10月
スポーツ指導者 基礎資格	コーチングアシスタント		15,695名
	スポーツリーダー	324,712名	428,912名
競技別 指導者資格	スタートコーチ （スポーツ少年団・教員免許状所持者・競技別）		11,749名
	指導員 ⇒ コーチ1	108,381名	119,500名
	上級指導員 ⇒ コーチ2	12,764名	10,583名
	コーチ ⇒ コーチ3	17,481名	24,832名
	上級コーチ ⇒ コーチ4	5,492名	6,977名
	教師	3,290名	2,730名
	上級教師	1,325名	982名
フィットネス資格	スポーツプログラマー	3,647名	3,137名
	フィットネストレーナー	472名	418名
	ジュニアスポーツ指導員	4,544名	4,453名
メディカル・ コンディショニング 資格	アスレティックトレーナー	3,027名	5,002名
	スポーツドクター	5,806名	6,309名
	スポーツデンティスト	136名	667名
	スポーツ栄養士	212名	464名
マネジメント資格	アシスタントマネジャー	5,551名	5,695名
	クラブマネジャー	397名	376名
旧資格*	スポーツトレーナー1級	32名	17名
	スポーツトレーナー2級	76名	39名
合計（スポーツリーダーを含まない）		172,633名	219,625名
合計（スポーツリーダーを含む）		497,345名	648,537名

＊永年資格認定による旧制度資格のため，新規認定はされていない.
（JSPO日本スポーツ協会HP）

として承認され，卒業時に必要要件を満たした学生は認定申請によって日本スポーツ協会公認指導者資格（コーチングアシスタント，アシスタントマネジャー，アスレティックトレーナーなど）を取得ができる.

(2) 公益財団法人日本レクリエーション協会

日本レクリエーション協会では，子どもから高齢者まで心身の健康と余暇生活の向上，レクリエーション活動の普及と推進を担う人材養成のための公認指導者認定を行っている.

2017年度4月より運動習慣のない人に継続的な運動機会を創出する新しい指導者養成を目指して，「スポーツ・レクリエーション指導者」の資格登録が追加された．これによって，従来の地域社会でレクリエーション活動を展開する「レクリエーション・インストラクター」，地域社会の課題解決にレクリエーション活動を活用し，人材やグループの連携と事業を継続的に展開する「レクリエーション・コーディネーター」，自立支援や介護面で援助する「福祉レクリエーション・ワーカー」，余暇時間を活用して地域社会に貢献する「余暇開発士」の5つの資格を制定したが，現在「余暇開発士」は養成を休止している（表7-2-2）.

現在レクリエーション公認指導者は，日本レクリエーション協会や各都道府県のレクリエーション協会のほか，全国で208校249課程（2022年度）の大学・短期大学・専門学校など課程認定校においても養成が行われている.

表7-2-2　日本レクリエーション協会公認指導者数（2023年3月31日現在）

資格名	人数（2023年度）	人数（2019年度）
スポーツ・レクリエーション指導者	2,177 名	1,694 名
レクリエーション・インストラクター	8,952 名	12,289 名
準中級レクリエーション・インストラクター	22,455 名	25,676 名
中級レクリエーション・インストラクター	1,219 名	483 名
準上級レクリエーション・インストラクター	2,512 名	1,389 名
上級レクリエーション・インストラクター	787 名	415 名
レクリエーション・コーディネーター	1,986 名	2,149 名
福祉レクリエーション・ワーカー	2,899 名	3,345 名
余暇開発士	388 名	438 名
のべ人数	43,375 名	47,878 名

（日本レクリエーション協会HP）

表7-2-3　日本パラスポーツ協会公認指導者数（2023年3月31日現在）

資格名	人数（2023年度）	人数（2019年度）
初級パラスポーツ指導員	21,450 名	21,448 名
中級パラスポーツ指導員	4,209 名	3,731 名
上級パラスポーツ指導員	888 名	843 名
パラスポーツコーチ	211 名	180 名
パラスポーツ医	616 名	517 名
パラスポーツトレーナー	233 名	183 名
のべ人数	27,607 名	26,902 名

（日本パラスポーツ協会HP）

（3）公益財団法人日本パラスポーツ協会

　近年，国内選手によるパラリンピックにおける活躍などにより，パラスポーツへの注目が高まるとともに，生きがい・仲間づくりを目的にスポーツ活動に取り組む障がい者が増加しており，その活動を支える指導者の養成が求められている．

　そのような背景から日本障がい者スポーツ協会から日本パラスポーツ協会への名称変更に伴いそれまで「障がい者スポーツ指導員」と称していた指導者資格を「パラスポーツ指導員」へと変更して，スポーツの生活化を促す「初級パラスポーツ指導員」，地域における障がい者スポーツのリーダーとしての活躍が期待される「中級パラスポーツ指導員」，都道府県レベルでのスポーツ指導にかかわる高度な指導レベルを有する「上級パラスポーツ指導員」，各種競技別の強化・育成とともにその活動組織の運営に関与する「パラスポーツコーチ」，障がい者に医学的支援や安全管理，競技力向上にかかわる「パラスポーツ医」や「パラスポーツトレーナー」などの資格を認定している（表7-2-3）．

　日本パラスポーツ協会公認のスポーツ指導員資格（初級および中級パラスポーツ指導員）は，資格取得に必要な指定カリキュラムの履修が可能な大学，短期大学および専修学校など（初級認定校157校，中級認定校39校：2022年度）において取得をすることができる．

（4）公益財団法人健康・体力づくり事業財団

　健康を保持・増進する観点から生活習慣病の予防を目指した健康運動指導士・健康

表7-2-4　健康・体力づくり事業財団公認指導者数（2023年8月1日現在）

資格名	人数（2023年度）	人数（2019年度）
健康運動指導士	18,206名	18,253名
健康運動実践指導者	18,378名	20,323名

（健康・体力づくり事業財団HP）

運動実践指導者の養成事業は，健康・体力づくり事業財団によって推進されている．健康運動指導士は，保健医療関係者と連携して安全で効果的な運動プログラムの作成や実践指導計画の立案に携わり，健康運動実践指導者は成人だけに限らず幅広い年齢層を対象とした積極的な健康づくり運動を安全かつ効果的に実践指導を行う指導者として養成されている（表7-2-4）．

　健康運動指導士は指定カリキュラムの履修が可能な大学において，また健康運動実践指導者も同様に大学や短期大学および専修学校などにおけるカリキュラム履修によって受験資格を得ることができる．

3. 民間団体によるスポーツ指導者資格認定の現状

　上記以外にも幅広く運動やスポーツ，トレーニングなどの指導を行う指導者育成を目指した民間団体による指導者資格の認定も多くみられる（表7-2-5）．それらの資格制度は各団体ともに独自のカリキュラムを有して，それぞれの特徴を打ち出している．近年では，高齢者や要介護支援者の健康運動指導を目的とした資格認定制度の新設が各団体で多くみられる．

　しかしながら，運動スポーツ指導者を対象とした資格認定制度には従来「業務独占資格」としての機能はなく，特定の資格を所持していなければ運動指導業務に従事できないといった制約は存在しておらず，国や地方自治体といった公的機関による管理もなされていないまま，運動指導に関する類似資格が複数団体や事業者によって認定

表7-2-5　民間団体が認定するおもな運動指導者資格制度

資格名	資格認定団体
JATI認定トレーニング指導者資格（JATI-ATI）	日本トレーニング指導者協会 (https://jati.jp/)
Certified Strength and Conditioning Specialist (CSCS) Certified Personal Trainer（CPT）	NSCA（The National Strength and Conditioning Association） NSCAジャパン事務局 (http://www.nsca-japan.or.jp/)
グループエクササイズフィットネスインストラクター（GFI） 健康福祉運動指導者	日本フィットネス協会 (http://www.jafanet.jp/)
パーソナルフィットネストレーナー（PFT） キッズコーディネーショントレーナー シニアフィットネストレーナー 要支援者認定トレーナー　　　　　など	NESTA（全米エクササイズ＆スポーツトレーナー協会） NESTAジャパン事務局 (http://www.nesta-gfj.com/)
AFAA International Group Fitness Instructor AFAAパーソナルフィットネストレーナー（PFT） 　　　　　　　　　　　　　　　　　など	AFAA（AEROBICS and FITNESS ASSOCIATION of AMERICA） （株）JAPAN WELLNESS INNOVATION (https://www.j-wi.co.jp/)

がなされているのが現状である．そのため，これらスポーツ指導者の認定制度については それぞれの資格に対する客観的な比較や評価が求められているとともに生涯スポーツ指導者はその目的や用途，必要性などを熟慮して最適な資格を選択していくことが重要である．

[舩越　達也]

[キーワード]

・**生涯スポーツ指導者資格**：対象者の技術・技能 レベル向上を主目的に指導に携わるスポーツ指導者も存在するが，本稿で取り上げる「生涯スポーツ指導者」は対象者の健康増進を主目的としたスポーツ活動を支援する指導者資格制度を紹介している．

・**業務独占資格**：その仕事をするために所持義務が付される資格．わが国では医療や法律，美容関連など資格保持者のみが従事できる業務があるが，スポーツ指導には資格保持義務がなく指導者の技能や専門性を客観的に保障するシステムはない．

[文　献]

・舩越達也，永松昌樹（2010）フィットネスクラブ業界における従業員の資格取得が勤務継続意思に及ぼす影響に関する研究．体育・スポーツ科学，19：1-9.
・木村三千世（2006）職業能力開発における公的資格取得の効果について．四天王寺国際仏教大学紀要，41：95-115.
・健康・体力づくり事業財団：健康運動指導士　健康運動実践指導者．https://www.health-net.or.jp/shikaku/index.html（参照日2023年9月1日）
・日本パラスポーツ協会（online）公認パラスポーツ指導員．https://www.parasports.or.jp/leader/index.html（参照日2023年9月1日）

・日本パラスポーツ協会（online）指導者向け資料室．https://www.parasports.or.jp/leader/leader_qualified_reference.html（参照日2023年9月1日）
・日本レクリエーション協会（online）レクリエーション公認指導者資格紹介．https://shikaku.recreation.or.jp/（参照日2023年9月1日）
・日本レクリエーション協会（2020, 2022）年度事業報告．
・日本スポーツ協会（2015）公認スポーツ指導者養成テキスト（第11刷）．
・日本スポーツ協会（online）スポーツ指導者（資格情報）データ．https://www.japan-sports.or.jp/coach/tabid248.html（参照日2023年9月1日）

[3] スポーツボランティア育成の現状と課題

― ポイント ―
スポーツボランティアの定義や分類，全国調査のデータからみるスポーツボランティアの現状，スポーツボランティアの育成の状況や課題について述べる．

1．スポーツボランティアの定義と分類

スポーツボランティアとは，「地域におけるスポーツクラブやスポーツ団体において，報酬を目的としないで，クラブ・団体の運営や指導活動を日常的にささえたり，また，国際競技大会や地域スポーツ大会などにおいて，専門的能力や時間などを進んで提供し，大会の運営をささえる人」と文部省（現文部科学省）が2000年に定義している．

表7-3-1　スポーツボランティアの分類（3分類）

クラブ・団体 ボランティア（クラブ・スポーツ団体） ＜日常的・定期的活動＞
ボランティア指導者 （監督・コーチ，指導アシスタント）
運営ボランティア （役員・監事，会計係，世話係，運搬・運転係，広報など）
イベント ボランティア（地域スポーツ大会，国際・全国スポーツ大会） ＜非日常的・不定期的活動＞
専門ボランティア （審判，通訳，医療救護，データ処理，大会役員など）
一般ボランティア （受付・案内，給水・給食，記録・掲示，運搬・運転，ホストファミリーなど）
アスリート ボランティア
トップアスリート・プロスポーツ選手 （ジュニアの指導，施設訪問，地域イベントへの参加など）

（山口泰雄（2004）スポーツ・ボランティアへの招待より作成）

スポーツボランティアは，役割とその範囲から，3分類に大別できる（表7-3-1）．「クラブ・団体ボランティア」は，スポーツ少年団の監督やコーチを務める「ボランティア指導者」とクラブや団体の役員やお手伝い等の世話をする「運営ボランティア」である．「イベントボランティア」は，地域レベルの市民マラソン大会や運動会，国民スポーツ大会（旧国体）や国際大会をささえる非日常的で不定期な活動である．イベントボランティアには，審判員や通訳，医療救護員，データ処理などの専門的な知識や技術が必要な「専門ボランティア」と，受付や会場案内，給水・記録などの特別な技術や知識が不要な「一般ボランティア」がある．また，現役・OBのプロスポーツ選手やトップアスリートによるボランティア活動を「アスリートボランティア」と呼び，オフシーズンの社会貢献活動やジュニア選手へのスポーツ指導を指す．

2. スポーツボランティアの現状と課題

(1) 成人のスポーツボランティアの現状

笹川スポーツ財団の「スポーツライフに関する調査」（1994〜2022）によると，成人のスポーツボランティアの実施率は1994〜2018年の約20年間にかけて，およそ7〜8％前後で推移しており，横ばいの状況が続いていた（図7-3-1）．性別では，いずれの調査年でも男性が女性を上回っており，スポーツボランティアは男性中心であることがわかる．

活動内容は，「日常的な団体・クラブの運営や世話」（40.2％）がもっとも多く，次いで，「日常的なスポーツの指導」（38.6％），「地域のスポーツ大会・イベントの運営や世話」（33.1％），「日常的なスポーツの審判」（25.2％）の順であった．

今後のスポーツボランティアの実施希望は，「行いたい」（「ぜひ行いたい」＋「できれば行いたい」）割合が，成人全体では11.4％，女性も9.8％と現状の実施率の2倍以上の活動希望がある（図7-3-2）．年代別では，18・19歳の希望率が33.3％ともっとも高い．この結果は国内で開催が続くビッグスポーツイベントへの期待の表れではないかと推察される．

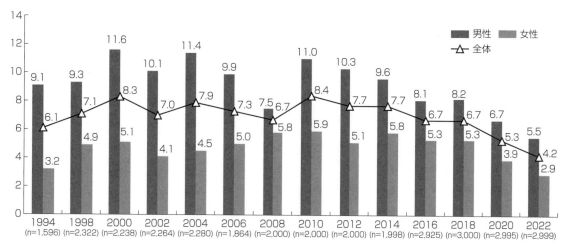

図7-3-1　成人のスポーツボランティア実施率の推移（全体・性別）
（笹川スポーツ財団（2022）スポーツライフに関する調査より筆者作成）

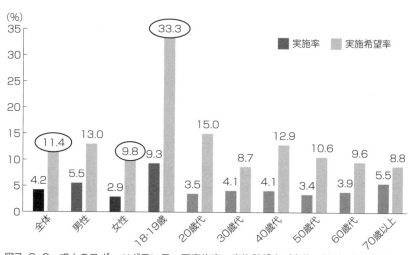

図7-3-2　成人のスポーツボランティア実施率・実施希望率（全体・性別・年代別）
（笹川スポーツ財団（2022）スポーツライフに関する調査より筆者作成）

（2）青少年のスポーツボランティアの現状

　過去1年間にスポーツボランティア活動の実施経験が「ある」と回答した12〜21歳（9.9％）は，成人（4.2％）と比較して5.7ポイント上回っている（図7-3-3）．性別では，成人と同様に男子の実施率（12.9％）は，女子（6.8％）を上回っている．学校期別では，高校期（11.6％）がもっとも高く，中学校期（11.1％），大学期（9.0％）の順となる．活動内容は，「スポーツの指導や指導の手伝い」（41.1％），「スポーツの審判や審判の手伝い」（37.5％），「スポーツイベントの手伝い」（32.1％）の順であった．ちなみに，実施の希望率は，青少年の全体・男女共に4割が希望しており，成人より28ポイント以上も高い．また，男子よりも女子の希望率が高く，青少年に対してスポー

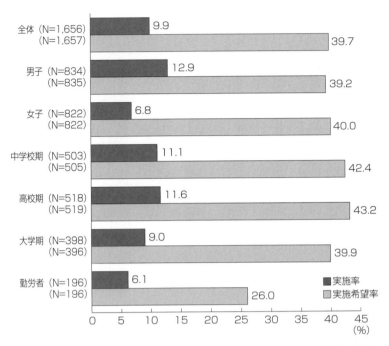

図7-3-3　12〜21歳のスポーツボランティア実施率・実施希望率（全体・性別・学校期別）
（笹川スポーツ財団（2021）12〜21歳のスポーツライフに関する調査）

ツボランティアへの参画機会の提供が求められている．

3．スポーツボランティア育成の現状と課題
（1）小学生・中学生・高校生を対象にしたスポーツボランティアの育成

　東京都教育委員会では，「東京都オリンピック・パラリンピック教育」実施方針（2016年1月）を策定した．対象は，都内すべての公立の幼稚園・小学校・中学校・義務教育学校・中等教育学校・高等学校および特別支援学校である．期間は，2016年度から2020年度までの5年間実施された．「重点的に育成すべき5つの資質」の一番目に『ボランティアマインド』があげられており，スポーツボランティアについて学び，体験する機会が提供された．

　独自にスポーツボランティア教育を展開している事例は，岐阜県揖斐川町主催の「いびがわマラソン」である．毎年，地元の小・中学校の児童・生徒はこのマラソン大会にボランティアとして関わることが課外授業となっている．中学校では，事前学習が授業で行われ，コースの清掃活動なども行っている．マラソンイベントを教材とし，イベントボランティアとして具体的に給水・清掃活動に従事することで，スポーツボランティアへの体験機会を提供している．

　宮城県仙台市では，任意団体「市民スポーツボランティアSV2004」が，2014年から次世代のスポーツボランティアの育成を目的として『中高生スポーツボランティア育成講座』を開設している．2回の講義のあと，仙台市内のトップスポーツチーム（ベ

ガルタ仙台，東北楽天ゴールデンイーグルス，Bリーグの仙台89ERSなど）や仙台国際ハーフマラソン大会などで3回以上の活動経験とレポート提出で講座修了となる．2022年度は中学1年生から高校3年生までの過去最高の120名が修了している．

（2）大学でのスポーツボランティアの育成

　東京オリンピック・パラリンピック競技大会組織委員会は，約810の大学・短期大学と連携協定を締結し，2020年大会に向けて各大学は特色を活かした取り組みを行った．順天堂大学スポーツ健康科学部では，笹川スポーツ財団と連携・協力協定を締結し，2015年度から「スポーツボランティア」講座を開講している．本講座はNPO法人日本スポーツボランティアネットワーク（現，公益財団法人日本財団ボランティアセンター）の資格認定講座でもあり，履修後のレポート等による審査を経て合格者には「スポーツボランティア・リーダー認定資格」が付与される．受講対象者は3年生以上で，すでに100名以上がリーダー資格を取得している．本講座は卒業所要単位として位置づけられており，2017年度からは，亜細亜大学や早稲田大学でも同様の講座が開講されている．

（3）東京2020オリンピック・パラリンピック競技大会のボランティアの育成

　東京2020大会のボランティアは，大会組織委員会が運営する大会ボランティア（名称：フィールドキャスト）と，東京都やその他の会場自治体が運営する都市ボランティア（名称：シティキャスト）の2種類があった．大会に向け2018年の9〜12月にかけて募集された．大会ボランティアの活動内容は，移動サポート・案内・競技・アテンド・運営サポート・メディア・式典・ヘルスケア・テクノロジーの9つがあり，おもに競技会場や選手村で活動する．都市ボランティアの活動内容は，大会を観にくる国内外の観戦者などへの交通案内・観光案内が主であり，活動場所は主要な駅や空港，観光地などであった．表7-3-2に示した通り，大会ボランティアでは募集8万人に対し2.5倍の20万4,680人が応募し，都市ボランティアでは募集2万人に対し，1.8倍の3万6,649人が応募した．新型コロナウイルス感染症拡大のため会期が1年延びてしまい，かつ原則無観客での開催となったことから，当初活動予定であったボランティアが全員活動できたわけではなかったが，大会ボランティアで7万970人，東京都シティキャストで1万1,913人が活動した．なお，大会組織委員会と会場自治体は必要な共通研修や役割別研修，会場別研修等を実施するほか，会期延長に伴うボランティアのモチベーション維持のために，各ボランティアのマイページ（個人の登録ページ）を通じて定期的な情報発信等を実施していた．

（4）東京2020オリンピック・パラリンピック競技大会のボランティアのレガシー

　2017年，東京2020大会組織委員会は，大会ボランティアの連携・協力に関する協定を公益財団法人日本財団と締結した．これをうけて一般財団法人日本財団ボランティアサポートセンター（以下，ボラサポ）を設立し，全国の会場都市とも連携し，大会ボランティアと都市ボランティアの育成に取り組んだ．ボラサポは大会終了後の2022年3月に解散したが，その事業は公益財団法人日本財団ボランティアセンター（以下，ボラセン）に引き継がれ，東京2020大会組織委員会から大会ボランティアの「個人情報」を引き継ぎ，日本オリンピック委員会とともに運用している．さらに，2012年に全国のスポーツボランティアのネットワーク組織として設立した「NPO法人日

表7-3-2　東京2020大会のボランティア数（大会ボランティア，東京都の都市ボランティア）

	大会ボランティア「フィールドキャスト」	都市ボランティア「シティキャスト」（東京都）
募集人数（当初の活動予定人数）	80,000人	30,000人（一般公募は2万人）
応募人数	204,680人	36,649人
活動人数（全体）	70,970人	11,913人
活動者の男女比：男性	42%	37%
活動者の男女比：女性	58%	62%

（笹川スポーツ財団（2023）スポーツ白書2023より作成）

本スポーツボランティアネットワーク：JSVN」が2023年に解散し，その事業をすべてボラセンに譲渡された．ボラセンには，2022年3月31日時点でスポーツボランティアのみではないが，ボランティアが2万2,476名登録をしており，さらにJSVNのスポーツボランティア養成プログラム修了者ののべ約3万人も加わった．今後ボラセンは，オリンピック・パラリンピックのレガシーを活かして，わが国のスポーツボランティアの普及・発展を担う団体としての役割が期待されている．

　そのほかに，東京2020大会で活躍した大会ボランティアや都市ボランティアの活動機会の提供や活動継続をサポートするために，一般財団法人東京都つながり創生財団は，2021年11月に「東京ボランティアレガシーネットワーク」という名のポータルサイトを設立し，運営している．

(5) スポーツボランティア育成の課題

　ラグビーワールドカップ2019でのボランティア1万人，東京2020大会での大会ボランティア7万人，都市ボランティア1万人以上，さらに，47都道府県で募集された聖火リレーのボランティアや事前キャンプ地のボランティアなど，ここ数年で全国的にスポーツボランティアに参画する機会が増えたことは間違いがない．これらのメガスポーツイベントの開催は，スポーツボランティアの育成の大きなきっかけになる．大会終了後も継続して活動できる仕組みや受け皿を，各自治体や競技団体を含めたスポーツ関連団体が検討・提供していくこと，併せてスポーツボランティアとの「協同」の意義を各自治体や競技団体が再認識することが今後の課題といえる．

[工藤　保子]

[キーワード]
・スポーツボランティア：地域におけるスポーツクラブやスポーツ団体において，報酬を目的としないで，クラブ・団体の運営や指導活動を日常的に支えたり，また，国際競技大会や地域スポーツ大会などにおいて，専門的能力や時間などを進んで提供し，大会の運営をささえる人．

[文　献]
・笹川スポーツ財団（2023）スポーツ白書2023．笹川スポーツ財団．
・笹川スポーツ財団（2022）スポーツライフ・データ2022～スポーツライフに関する調査報告書．笹川スポーツ財団．
・笹川スポーツ財団（2021）子ども・青少年のスポーツライフ・データ2021～4～21歳のスポーツライフに関する調査報告書．笹川スポーツ財団．

・山口泰雄（2004）スポーツ・ボランティアへの　　　　招待：新しいスポーツ文化の可能性.世界思想社.

[4] 生涯スポーツイベントと
　　スポーツボランティアマネジメント

> ─ ポイント ─
> 生涯スポーツイベントにおけるスポーツボランティアの役割，重要性，そしてボランティアマネジメントに関する内容について概説している.

1．生涯スポーツイベントにおけるスポーツボランティア

　　　生涯スポーツイベントを成功させる上で，重要なマネジメント要因はボランティアの存在である．生涯スポーツイベントでは，地元ボランティアの活躍がイベントの成功に貢献していると報告（山口，2012）されており，スポーツイベントを開催する上でボランティアの存在は欠かせない．日本において初めてスポーツボランティアが組織的に活動を行ったのは，1985年のユニバーシアード神戸大会であった（山口，2004）．それ以降，1994年の広島アジア大会,1998年の長野オリンピック・パラリンピック冬季競技大会，国民体育大会などでもボランティアが公募されるようになり，それまでスポーツへのかかわりが少なかった人たちがスポーツボランティアの活動に加わり始めるようになった．2002年に日韓共催で開催されたFIFAワールドカップでは，募集予定人員の1.7倍の2万8,729件の登録（山口，2004）があったことが報告されており，メガスポーツイベントから生涯スポーツイベントに至るまで，さまざまなスポーツイベントにおいて，スポーツボランティアがイベントを支えているという認識が大衆に浸透し始めた.

　　図7-4-1には，生涯スポーツイベントの代表例である市民マラソンにおけるボランティア数の推移を示している．これらの市民マラソンは，いわゆる都市型市民マラソンに分類されており,東京マラソンと大阪マラソンでは1万人,京都マラソンでは8,000人のボランティアが大会を支えている．都市型市民マラソンではボランティアセンターを事務局内に設置しながら，ボランティアマネジメントを行う市民マラソンが増加している（松永，2017）．そのため，生涯スポーツイベントにおいては，ボランティアの存在は欠かせず，ボランティアマネジメントの実践が大会の成功を左右していると言っても過言ではない.

2．生涯スポーツイベントにおけるボランティアの活動内容

　　　生涯スポーツイベントを支えるボランティアには,専門的な知識や技術が必要な「専門ボランティア」と，特別な技術や知識を必要とせず誰もが参加できる「一般ボランティア」に分けられる．また，東京マラソンや大阪マラソンなどの組織化された生涯スポーツイベントにおいては,「ボランティアリーダー」を配置するイベントも少な

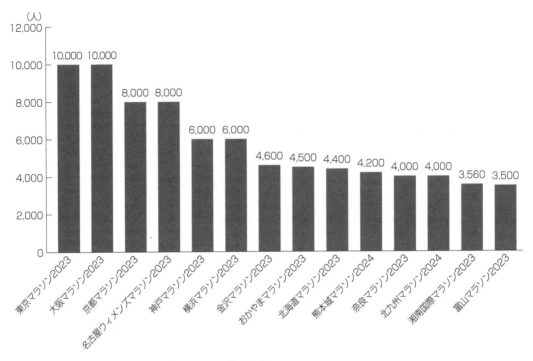

図7-4-1　市民マラソンにおけるボランティア数の推移
団体ボランティア，個人ボランティア，ボランティアリーダー含む.
（各市民マラソンホームページ実績データを基に作成）

くない.
　神戸マラソンを例にボランティアの活動内容を整理すると，募集方法は「団体ボランティア」と「個人ボランティア」ごとに行われているが，ボランティアの活動内容は同じである．具体的な活動内容は，活動場所によって異なり，例えばスタートブロックに関しては，「手荷物預かり」，「ランナーサービス」，「更衣所管理」，「会場誘導」，「給水・給食」，「総合案内」などがある．フィニッシュブロックでは，「計測チップ回収」，「更衣所管理」，「会場誘導」，「給水・給食」，「完走メダル等配布」，「手荷物返却」，「総合案内」がある．その他のブロックでは，「コース（沿道）の整理」，「ランナーサポート」，「距離表示」，「給水・給食」等がある．大会本番の2日前から開催されるEXPOイベントでは，ランナーの受付が行われることから，そこでもボランティアの募集が行われている．また，神戸マラソンでは外国人ランナーが安全・安心に出走できるよう，各ブロックに「語学対応ボランティア」を配置し，ボランティアの専門性を生かした活動が展開されている．
　沖縄県のNAHAマラソンや鹿児島県のいぶすき菜の花マラソンでは，地域住民が自発的にランナーに対して給水や給食を手渡す私設エイドステーションを設けるなど，ノンオフィシャルなボランティアが大会を支えている．

3. 生涯スポーツイベントに参加するボランティアの属性

　　近年の生涯スポーツイベントでは，人々のライフスタイルや価値観の多様化に伴い，さまざまな属性のボランティアが参加している．市民マラソンの場合，企業やファミリー，仲間同士の有志が自発的に集まり，団体でボランティア登録するケースや，インターネット申し込みなども拡大され，個人のボランティア登録を導入する大会も増加傾向にある（松永，2017）．一方，市民マラソンのスポンサーになった企業の社員がボランティアになるケース（山口，2021）や地元の教育機関にボランティアを依頼することもあり（山口ほか，2017），イベントの規模によってボランティアの属性はさまざまである．神戸マラソンの場合，女性が多く，年齢構成は10代から20代の若年層が半数強を占める一方で，50歳以上の中高年層も25.4%参加している（松村ほか，2023）．

　　ボランティアの中には，真剣に自身の余暇活動を追求する，「シリアスレジャー型」のボランティアと気軽な余暇活動として参加する，「カジュアルレジャー型」のボランティアが存在する．高齢者の場合，「シリアスレジャー型」のボランティアが多く，ボランティアリーダーとして大会を盛り上げることも少なくない．しかしながら，生涯スポーツイベントの場合，イベントの開催は年一回が多く，イベントが終了すればボランティアの活動が終了することがほとんどである．そのため，持続可能な生涯スポーツイベントを実現するためには，継続的に参加を促す仕組みづくりが重要であり，スポーツボランティアを育成・確保することも課題である．

4. ボランティアマネジメントの重要性

　　生涯スポーツイベントのボランティアマネジメントにおいて，継続的な参加を促すためには，ボランティア参加の動機を理解することが重要である．2022年に行われた神戸マラソンの調査結果（松村ほか，2023）から，「日常では得られない経験ができる」といった「利己的動機」がもっとも強い動機となっており，次に「人の役に立ちたい」といった「利他的動機」が続いた．また，参加動機とともに重要なことは，「離脱ボランティア」や「燃え尽き症候群ボランティア」の把握，つまり阻害要因の把握である．神戸マラソンの調査結果（山口ほか，2018）から，女性の方が男性に比べ，活動場所での構造的な問題（トイレが少ない，休憩が少ない，活動費が負担など）や個人的な問題（ボランティアに必要な体力，能力がない，安全面での不安など）によって，今後ボランティア参加を阻害される可能性が高いことが示された．イベントによってボランティアの動機や阻害要因は異なるものの，イベント主催者は，こうしたボランティアの動機や阻害要因に基づき，ボランティアマネジメントを実践することが望まれる．

　　最後に，生涯スポーツイベントにおけるボランティアマネジメントの課題は，ボランティアの組織化である．東京マラソンでは，2016年よりオフィシャルボランティアクラブ「VOLUNTANER」を立ち上げ，スキルアップ講習会やボランティアリーダー研修兼選考，ボランティアフォーラムの開催，普通救命講習会，活動証明書の発行，ニュース・メルマガ配信，SNSサービスなどを行い，ボランティアの組織化を図っている．最近では，2019年に開催されたラグビーワールドカップを契機に，静岡ブルー

レヴズがラグビーリーグワン初となる公式ボランティア組織「Revs Crew」を発足した．このように，日本ではイベントの規模に関わらず，全国各地でスポーツイベントが開催されていることから，イベントのレガシーとして，ボランティアの継続を促すためのマネジメントシステムを構築し，ボランティアの組織化を推し進める必要があるだろう．

[山口　志郎]

[キーワード]

・**シリアスレジャー (serious leisure)**：特別なスキルおよび知識の習得と，その発揮にかなりの年季が必要であるからこそ，対象者にとって十分に価値があり，興味が刺激されるような，アマチュア，愛好家，ボランティアといった人たちの組織的・系統的な趣味的活動（西野，2004, p.58）．

・**カジュアルレジャー (casual leisure)**：楽しむために技術や知識を要さない，比較的短時間で終わり，すぐに満足感を味わえる活動（Stebbins, 1997, p.18）．

[文　献]

・松永敬子（2017）市民マラソンにおけるボランティアマネジメント．柳沢和雄ほか編，よくわかるスポーツマネジメント．ミネルヴァ書房，pp.90-91．
・松村浩貴，土肥　隆，伊藤克広ほか（2023）『第10回神戸マラソン』ボランティアに関する調査報告書．神戸マラソン実行委員会事務局．
・西野　仁（2004）行動，状況，時間としてのレジャー．速水敏彦監訳，レジャーの社会心理学．世界思想社，pp.58．
・Stebbins RA (1997) Casual leisure: A conceptual statement. Leisure Studies, 16 (1): 17-25.
・山口志郎，Fairley S，伊藤央二（2017）日本におけるスポーツボランティアの概念化に関する質的研究：スポーツボランティア文化の構築に向けて．2016年度笹川スポーツ研究助成研究成果報告書，6 (1)：40-48．
・山口志郎，松村浩貴，伊藤克広ほか（2018）スポーツイベントボランティアの阻害要因：神戸マラソンにおける年齢，性別，および参加回数別による比較．生涯スポーツ学研究，15 (1)：25-38．
・山口志郎（2021）市民マラソンを活用したインターナルマーケティングの可能性．広報会議，151：139．
・山口泰雄（2004）スポーツ・ボランティアの招待．世界思想社．
・山口泰雄（2012）スポーツ・ボランティア．井上　俊ほか編，よくわかるスポーツ文化論．ミネルヴァ書房，pp.116-117．

8章 青少年の スポーツ参加

　青少年にとってスポーツ参加は，心身の発育・発達に影響を及ぼすとともに，生涯にわたるスポーツライフスタイルの形成といった意味からも，重要な役割を担っている．しかしながら，2000年代の初めには学力至上主義という価値観や子どもたちの生活環境の変化などによる，青少年の体力や運動能力の長期的な低下傾向が指摘され（中央教育審議会，2002），その後，体力は下げ止まったものの運動・スポーツ実施の二極化が顕著になる中，いわゆる"ブラック部活"の問題に見られるように学校運動部活動のあり方が問われるようになるとともに，勝利至上主義や過剰な競技志向によって引き起こされる，使いすぎ症候群などのスポーツ障害，燃え尽き症候群（バーンアウト）やドロップアウトなどの問題も指摘され続けている．

[1] 青少年スポーツ参加の動向

――― ポイント ―――
少子化が進行する現状を踏まえて，小学校期から高校期までの青少年スポーツへの参加状況を述べる．

　令和5年度の文部科学省の学校基本調査（速報値）によると，小学生，中学生，高校生（全日制・定時制）の数は，それぞれ604万9,503人，317万7,547人，291万8,486人で，合計すると1,214万人あまりである（文部科学省，2023）．いずれにおいても児童・生徒数は減少傾向にあり，依然として少子化が進行している．
　子ども・青少年を対象にしたSSF笹川スポーツ財団の調査（2021）によれば，小学校期から高校期にかけてのスポーツクラブや運動部などへの加入率は，小学校期58.0％，中学校期70.6％，高校期49.3％となっている．成人の加入率が16.5％と報告されている（笹川スポーツ財団，2022）ことから，成人と比べて青少年の組織的なスポーツへの参加率は高いといえる．しかしその一方で，組織的スポーツ活動への参加は，学校期が進むと加入者の割合は中学校期をピークに減少している．本項では各学校期における組織的スポーツへの参加状況を紹介する．

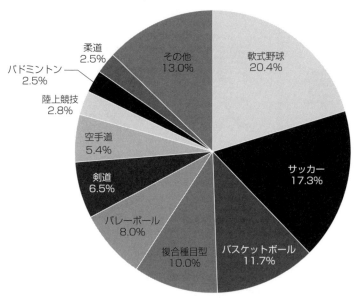

図8-1-1　登録団員種目別構成
(令和4年度スポーツ少年団育成事業報告書より著者作成)

1. 小学校期

　小学校期の代表的な組織的スポーツともいえるスポーツ少年団の加入状況をみてみ
る．日本スポーツ協会の資料によれば，2017年度に9.4％であった小学生のスポーツ
少年団加入率は2021年度には7.8％と減少傾向にあり，総登録団員数は69万4,173人
から56万9,586人と6年間で約18％減少している．学校基本調査による同期間の小学
生数は，644万8,658人から622万3,395人に減少しているが減少率は約3％であるので，
それを大きく上回る減少率である．

　次に，活動種目ごとの登録団員の割合（2022年度）では，軟式野球（20.2％）がもっ
とも多く，次いでサッカー（16.7％），複合種目（9.9％），バレーボール（8.3％）と
続いている．2004年度以前は複数の種目を行っている複合種目への登録団員数がもっ
とも多かったが，2005年度以降減少が続いている．また，活動の目安として1週間あ
たり2, 3回が無理のない活動とされて（日本スポーツ少年団，2012）おり，約6割が
月に1〜12日の活動を行っている．一方で月に16回以上（週あたり4回以上）活動し
ている少年団が24.2％に上り，1回の平均活動時間が3時間を超える少年団が27.8％あ
ることから，オーバーユースやバーンアウトなどが懸念される（図8-1-1）．

　スポーツ少年団のほか，民間企業が運営するスイミングクラブなども小学校期のス
ポーツ活動の担い手としてあげられる．Benesseが2017年に実施した調査では，学校
外のスポーツ活動としてスイミングの実施率がもっとも高く（33.6％），学研教育総
合研究所（2022）の調査でも，スイミングの実施率は23.4％でもっとも高いことが報
告されている．活動場所としては，61.3％が民間経営と回答している（Benesse,
2017）．その一方で，スポーツ活動にかかる費用の負担感が強くなっていることも
Benesseの調査で報告されており，家計の経済状況によってその活動が制限されてい

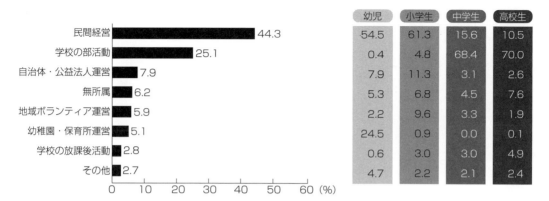

図8-1-2　スポーツ活動の場所
（ベネッセ教育総合研究所（2017）学校外教育活動に関する調査2017）

ることも示唆されている（図8-1-2）.

2. 中学校期

　　スポーツ少年団への加入率は，中学生で3%にも満たない．それに対して，学校運動部への加入率は57.8%（日本中学校体育連盟, 2023）となり，中学生の組織的スポーツとして部活動の占める役割の大きさがうかがえる．しかしながら，年々減少する生徒数に対して，部活動への加入率も10年前（2013年）の64.4%から6ポイントあまり減少しており，加入する生徒の絶対数も確実に減少している．とりわけ，女子の加入率は49.8%と半数を割り込んでおり，男子の65.4%と比較しても15ポイントあまり低い（図8-1-3）.

　　種目ごとの登録率では，男子ではバスケットボール（15.3%）がもっとも多く，ついでサッカー（14.0%），卓球（13.5%），軟式野球（12.7%）と続いている．一方，女子の登録率がもっとも高かったのは，ソフトテニスとバレーボール（19.5%）で，バスケットボール（15.5%），卓球（11.2%），陸上競技（10.6%）と続いている.

　　少子化に伴う生徒数の減少，指導者である教員の高齢化や実技指導力不足などによって，廃部となる部活動も増えている．そのため，複数の学校によってチームを編成する合同部活動や学校の教員以外の外部指導者や部活動指導員の登用など，新たな試みがなされている．中学校体育連盟の統計によれば，2002年に266であった2校以上の合同部活動の登録数は，2022年には約8倍の2,119にまで増加している．種目別では軟式野球（42.0%），サッカー（21.6%），バレーボール（13.7%），ソフトボール（9.8%）の順で，絶対的な部員数の不足が単独校によるチーム編成を困難なものにしている（図8-1-4）.

　　また，外部指導者の登用も2022年には2万8,389人にのぼっている．学校教育の一環として行われている運動部活動に，学外者が指導者として関わることの是非を問う声も聞かれるが，文部科学省の「運動部活動の在り方に関する調査研究報告書」（2013）でも指導体制の整備のため外部指導者の活用を提唱しており，今後さらに増加することが予想される（図8-1-5）.

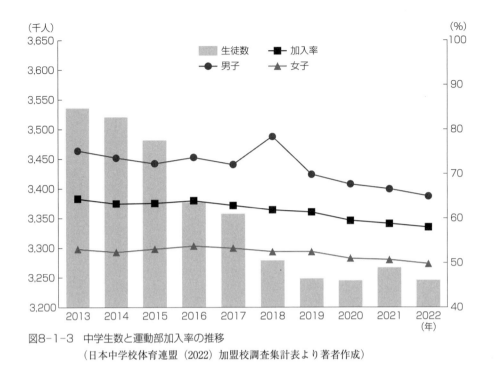

図8-1-3　中学生数と運動部加入率の推移
（日本中学校体育連盟（2022）加盟校調査集計表より著者作成）

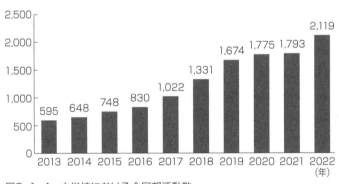

図8-1-4　中学校における合同部活動数
（日本中学校体育連盟（2022）加盟校調査集計表より著者作成）

3. 高校期

　全国高等学校体育連盟に登録している生徒数は106万5,741人，日本高等学校野球連盟に登録している生徒は13万6,029人（硬式12万8,357人，軟式7,672人）である．この数字から高校生の部活動加入率を計算すると41.2％となり，中学生が57.8％であるのに対して16ポイントあまり低い．進学とともに運動部活動離れが進んでいる様子がうかがえる．全国高等学校体育連盟に登録している高校生の種目別の登録数をみると，男子ではサッカー（20.7％）がもっとも多く，続いてバスケットボール（11.8％），陸上競技（8.6％），テニス（8.1％），バドミントン（7.6％）が上位を占めている．女子ではバレーボール（13.5％）の登録数がもっとも多く，ついでバスケットボール

図8-1-5　中学校における外部指導員・運動部活動指導員数
（日本中学校体育連盟（2022）加盟校調査集計表より著者作成）

表8-1-1　全国高等学校体育連盟種目別登録者数

	男　子			女　子		
	種　目	登録人数（人）	登録率（%）	種　目	登録人数（人）	登録率（%）
1	サッカー	139,487	20.3	バレーボール	52,021	13.7
2	バスケットボール	84,296	12.3	バドミントン	51,472	13.6
3	バドミントン	66,615	9.7	バスケットボール	49,747	13.1
4	陸上競技	60,537	8.8	弓道	35,841	9.5
5	バレーボール	50,834	7.4	陸上競技	32,029	8.5
6	卓球	44,406	6.5	テニス	26,389	7.0
7	テニス	42,458	6.2	ソフトテニス	26,036	6.9
8	ソフトテニス	36,476	5.3	卓球	19,977	5.3
9	弓道	29,518	4.3	ハンドボール	14,141	3.7
10	ハンドボール	27,049	3.9	ソフトボール	14,089	3.7

（全国高等学校体育連盟（2023）令和5年度加盟登録状況より著者作成）

（13.2%），バドミントン（12.8%），陸上競技（8.9%），テニス（8.3%）が上位を占めている（表8-1-1）.

　また，高等学校野球連盟に登録する生徒数は2010年の18万830人をピークに減少傾向が続いている．加盟校の数も公立学校の統廃合の影響を受けているとみられ，2005年以降は減少している．それでもなお，運動部加入者のおよそ1割は高野連（硬式野球）に登録していると推計され，高校生の"甲子園人気"は相変わらず高いようである.

［北村　尚浩］

［キーワード］

・**学校運動部活動**：学校で行われる生徒の自主的・自発的なスポーツ活動．教育課程以外の活動であるが，学校教育の一環として，教育課程との関連が図られるよう留意することが求められる.

中学校・高等学校の競技会に参加するほとんど　　の生徒が所属している.

[文　献]
・中央教育審議会（2002）子どもの体力向上のための総合的な方策について（答申）. 文部科学省.
・学研教育総合研究所（2022）小学生白書Web版（2022年9月調査）. https://www.gakken.co.jp/kyouikusouken/（参照日2023年9月1日）
・文部科学省（2023）令和5年度学校基本調査（速報値）.
・笹川スポーツ財団（2021）子ども・青少年のスポーツライフ・データ2021.
・笹川スポーツ財団（2022）スポーツライフ・データ2022.
・日本スポーツ協会（2022）令和3年度スポーツ少年団育成報告書.
・日本スポーツ協会（2023）小学生年代の全国大会に関する意識調査.
・日本スポーツ協会（online）スポーツ少年団登録状況. https://www.japan-sports.or.jp/club/tabid301.html（参照日2023年9月1日）
・日本スポーツ協会（2012）ガイドブック「スポーツ少年団とは」.
・ベネッセ教育総合研究所（2017）学校外教育活動に関する調査2017.
・日本中学校体育連盟（2022）加盟校調査集計表. https://nippon-chutairen.or.jp/data/result/（参照日2023年9月1日）
・全国高等学校体育連盟（2023）令和5年度加盟登録状況. https://www.zen-koutairen.com/f_regist.html（参照日2023年9月1日）
・全国高等学校野球連盟（2023）資料. https://www.jhbf.or.jp/data/statistical/index_koushiki.html（参照日2023年9月1日）

[2] 青少年スポーツ指導

> **ポイント**
> 青少年スポーツの指導者養成のあり方や，運動部活動における外部指導者，運動部活動指導員制度の導入，学校体育における体育教員の役割，さらには運動部活動の地域移行について述べる.

　先述のように，スポーツ少年団や運動部活動などの組織化されたスポーツへの参加は，子どもたち自身の興味や才能に応じてスポーツを行う機会として大きな役割を担っている. 青少年期は心身の健全な発育，発達の上で重要な時期であり，成長期にある子どもたちにとって適切な活動内容が求められる. 図8-2-1に示すようなスポーツに必要な諸能力の発達段階を十分に理解し，発達段階ごとにトレーニングの目的を明確にしてそれに応じた指導に留意すべきである. しかしながら，子どもたちはこのような知識に乏しく，青少年のスポーツ活動においては指導する大人たちが十分な知識を持って子どもたちを適切に指導することが重要である.

1. 指導者をめぐる動き

　日本スポーツ協会は，「プレーヤーズセンタード」の考え方のもと，プレーヤーの成長を支援することのできるスポーツ指導現場の実現を目指して，あるべき指導者像を「グッドコーチ像」として示している. グッドコーチに求められる資質能力として，①コーチングを適切に行いプレーヤーと良好な関係を築くための態度・行動，②あら

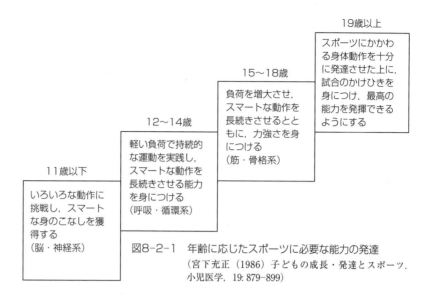

19歳以上
スポーツにかかわる身体動作を十分に発達させた上に,試合のかけひきを身につけ,最高の能力を発揮できるようにする

15〜18歳
負荷を増大させ,スマートな動作を長続きさせるとともに,力強さを身につける
(筋・骨格系)

12〜14歳
軽い負荷で持続的な運動を実践し,スマートな動作を長続きさせる能力を身につける
(呼吸・循環系)

11歳以下
いろいろな動作に挑戦し,スマートな身のこなしを獲得する
(脳・神経系)

図8-2-1　年齢に応じたスポーツに必要な能力の発達
（宮下充正（1986）子どもの成長・発達とスポーツ.
小児医学, 19: 879-899)

ゆる競技のコーチングの場面で共通に必要とされる知識・技能,そして③競技や対象者の年代,レベルなど現場別に必要となる専門知識・技能が挙げられている（日本体育協会, 2016).

　小学生のスポーツ活動の受け皿として大きな役割を果たしているスポーツ少年団では,正しい知識を持った指導者が安全で楽しいスポーツ活動を指導し,行きすぎた指導や誤った指導を防ぐために,2015年度から有資格指導者（認定員,認定育成員）を各単位団に少なくとも2名以上置くことが義務付けられた.そして,スポーツ少年団指導者の資質を向上し,スポーツ少年団の活動・指導者に対する信頼を高めることを目的として,更新研修が必須となる「JSPO公認スポーツ指導者」資格の取得を促進することを,「日本スポーツ少年団第11育成5か年計画（アクションプラン2023-2027）」に掲げている.

　一方,中学生の60％あまり,高校生の40％あまりが活動する学校の運動部活動では,教員が顧問として指導にあたるケースがほとんどである.学校における運動部活動は教育課程外の活動と位置づけられているが,学校教育の一環として,教育課程との関連が図られるよう留意することが求められている（文部科学省, 2017).また,スポーツ指導の現場における体罰も依然として見聞され,その指導のあり方が問われている.頻発する体罰の問題に対しては,2013年に「運動部活動での指導のガイドライン」が作成され,2018年には生徒にとって望ましいスポーツ環境を構築するといった観点から「運動部活動の在り方に関する総合的なガイドライン」が策定された.

　しかし,近年は少子化による教員の定数削減の影響もあって,日本各地で教員不足が叫ばれている.あわせて,生徒指導や部活動の指導,保護者や地域との連携など教員に対する多様な期待が長時間勤務という形で現れており,学校での働き方改革のための方策が文部科学大臣から中央教育審議会に諮問されるほど深刻な事態となっている.また,運動部活動を担当する教員の担当教科が保健体育ではなく,かつ,担当部活動の競技の経験がない教員の割合は,中学校で26.9％,高等学校で25.3％に達して

おり，指導者の専門性も問われている．

　このような教員の負担を軽減することを目的に，前項で述べた外部指導者を活用するケースも年々増加している．中学校の30％，高等学校の28.7％が外部指導者を依頼しているとの報告もある（日本スポーツ協会，2021）．さらに，2017年4月には改正学校教育法施行規則が施行され，中学校，高等学校における部活動の顧問教員の負担軽減のため，部活動指導員が制度化された．部活動指導員は「中学校におけるスポーツ，文化，科学等に関する教育活動（中学校の教育課程として行われるものを除く）に係る技術的な指導に従事する．」（学校教育法施行規則　第78条の2）とされ，日常の活動のみならず学校外での活動（大会・練習試合等）の引率も職務として挙げられ，校長の命により部活動の顧問になることも可能である．部活動指導員を活用するための規則等の整備や部活動指導員に対する研修など体制の整備が必要ではあるが，運動部活動の新たな取組としてその成果が期待されている．

2. 運動部活動の地域移行

　運動部活動が抱える諸問題をめぐって，2020年には「学校と地域が協働・融合」した部活動の具体的な実現方策として，令和5年（2023年）度以降に休日の部活動を段階的に地域に移行することや，合理的で効率的な部活動の推進方策が示された（文部科学省，2020）．そして，2022年6月には，公立中学校等を対象とした「運動部活動の地域移行に関する検討会議提言」（以下，提言）がまとめられた．提言は，令和5年度から令和7年度までを目途に，休日の運動部活動から段階的に地域移行していくことが骨子となっている．そして，運動部活動が地域に移行される際の受け皿となる地域におけるスポーツ団体等の整備や，スポーツ指導者の質保証と量の確保，活動場所となるスポーツ施設の確保などが課題として挙げられ，各地で対応が模索されている．スポーツ庁（2022）は，学校部活動の適正な運営や効率的・効果的な活動を推進し，学校部活動を地域に移行するため，これまでの「運動部活動の在り方に関する総合的なガイドライン」を改定し，「学校部活動及び新たな地域クラブ活動の在り方等に関する総合的なガイドライン」を策定した．

3. 体育教員の役割

　ほぼすべての青少年がスポーツに触れる機会として，学校の体育の授業がある．小学校1年生から高校3年生までの12年間，青少年たちは教科体育を通してスポーツを行っており，組織的スポーツに参加していない青少年たちにとっては唯一のスポーツ活動の機会と言える．教科体育を含む学校での体育活動は，2022年3月に公表された第3期スポーツ基本計画でも，「体育・保健体育の授業等を通じて，運動好きな子どもや日常から運動に親しむ子どもを増加させ，生涯にわたって運動やスポーツを継続し，心身共に健康で幸福な生活を営むことができる資質や能力（いわゆる「フィジカルリテラシー」）の育成を図る．」ことが施策目標のひとつに掲げられ，生涯にわたるスポーツライフスタイル形成の機会として期待されている．その背景には，運動習慣の二極化や慢性的に低水準にある子どもの体力問題がある．また，令和4年度全国体力・運動能力，運動習慣等調査結果（スポーツ庁，2022）によると，運動やスポーツが「嫌

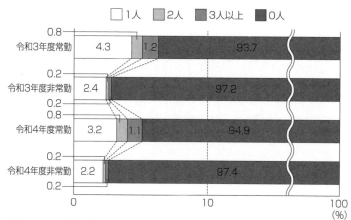

図8-2-2　小学校における体育専科教員配置状況
（スポーツ庁（2022）令和4年度全国体力・運動能力，運動習慣等調査報告書）

い」，「やや嫌い」と回答した小学5年生は男子7.6％，女子14.0％，中学2年生は男子11.2％，女子は22.8％であり，男女ともに加齢に伴って運動・スポーツに対する嫌悪感の増大がみられることを報告している．

　小学校への体育専科教員（常勤）の配置状況は，全国2万校余りのうちわずか5％ほどであり非常勤での配置も2.6％に留まっている（図8-2-2）．また，中学校の保健体育の免許を保持する小学校教員は全体の4.5％に過ぎない（文部科学省，2021）．保健体育に関する専門的な知識技能を有する教員の配置が急務の課題である．運動部活動においては部活動指導員が制度化されたが，教科体育においても教員の指導力の向上や外部の人材を活用するなど，その質的向上へ具体的な取組が期待される．

[北村　尚浩]

[キーワード]
・**部活動指導員**：学校教育法施行規則に規定され，中学校，高等学校等において，校長の監督のもと，部活動の技術指導や大会への引率等を行うことを職務とする．従来の外部指導者とは異なり，校長の命により部活動の顧問となることもできる．
・**フィジカルリテラシー**：リテラシーとは，「読み書きの能力．識字．転じて，ある分野に関する知識・能力」（広辞苑，2018）とされ，各分野の言葉と合わせて，「情報リテラシー」，「メディアリテラシー」のように用いられることが多い．スポーツ基本計画では，「心身共に健康で幸福な生活を営むことができる資質や能力」とされている．

[文　献]
・文部科学省（2017）学校教育法施行規則．
・文部科学省（2013）運動部活動での指導のガイドライン．
・文部科学省（2021）令和元年度学校教員統計調査．
・宮下充正（1986）子どもの成長・発達とスポーツ．小児医学，19: 879-899．
・日本スポーツ協会（2021）学校運動部活動指導者の実態に関する調査報告書．
・日本スポーツ協会（online）日本スポーツ少年団第11育成5か年計画（アクションプラン2023-2027）．https://www.japan-sports.or.jp/Portals/0/data/syonendan/2022/actionplan2023.

pdf（参照日2023年9月2日）
・日本スポーツ協会(online) JSPOが考えるグッド
プレーヤー像，グッドコーチ像. https://media.
japan-sports.or.jp/column/83（参照日2023年9
月2日）
・日本体育協会（online）指導者要請の概要.
https://www.japan-sports.or.jp/club/tabid273.
html（参照日2023年9月2日）
・日本体育協会（2016）平成27年度コーチ育成の
ための「モデル・コア・カリキュラム」作成事
業報告書.
・スポーツ庁（2022）令和4年度全国体力・運動能
力，運動習慣等調査報告書.
・スポーツ庁（2022）学校部活動及び新たな地域
クラブ活動の在り方等に関する総合的なガイド
ライン.
・スポーツ庁（online）部活動指導員について.
https://www.mext.go.jp/sports/b_menu/
sports/mcatetop04/list/1405720_00010.htm（参
照日2023年9月2日）

[3] 青少年スポーツのバーンアウトとドロップアウト

─ ポイント ─
スポーツにおけるバーンアウトとドロップアウトの違いや，その症状と対処方法について述べる.

現代的社会問題のひとつにうつ病がある. この問題が注目されるのは，罹患者の増加というだけでなく，社会活動からの離脱や自殺といった質的にも無視できない結果を招くからである. 本節で扱うスポーツのバーンアウトはうつ病と非常に類似したものである（岸, 2000）. 実際，バーンアウト傾向が高い者は，うつ病傾向も同様に高い. つまり，バーンアウトは，単に運動の継続の問題として捉えるよりも，社会生活やQOLをも脅かす重篤な状態になりえるという大局的な問題意識を持つ必要がある. 本稿では，バーンアウトやドロップアウトがどのような現象・症状であるかの理解に加え，その診断的視点および対処方法を紹介する.

1. スポーツにおけるバーンアウトとドロップアウトとは

バーンアウト（燃えつき）とは，長期的な努力が十分に報われなかったときに生じる心理的・身体的に消耗した状態を指し（Freudenberger, 1974），修学や仕事を含むさまざまな場面で認められる. スポーツでは，競技に対する意欲を失い，燃えつきたように消耗・疲弊した状態とされ（岸, 1994），限定的にアスリート・バーンアウトと呼ぶこともある. 一方，ドロップアウトは，バーンアウトが消耗・疲弊状態の中でもなお競技を継続する状態であるのに対し，競技そのものから部分的，あるいは完全に離脱した状態を指す（Kremer et al., 2011）.

ドロップアウトはバーンアウトのみによって引き起こされるわけではない. 例えば，チーム内での人間関係のもつれ，学業への従事，他のスポーツへの移行などに因ることもある. また，バーンアウト状態にある者が必ずしもドロップアウトを選択するわけではない. 岸（2000）が，「バーンアウトは，コストが大きいにもかかわらず，将来の利益を見込んで投資を続け，その投資が報われるまで活動を続けていく悪循環の結果として生じる」と述べているように，バーンアウトで厄介な問題は，心身の消耗・

疲弊状態で活動を継続することにある．この視点から見た場合，むしろドロップアウトは一時的に悪循環を断ち切る有効な手段ともなりえる．

2.　バーンアウトによって引き起こされる症状

　　バーンアウトの主症状として共通するのは，情緒的・身体的消耗感，価値・達成感の低下である（Raedeke et al., 2002）．例えば，スポーツ選手のバーンアウトの診断基準となる4つの症状として，競技生活にうんざりした，練習が嫌でたまらないといった競技活動そのものが精神的苦痛となっている「競技に対する情緒的消耗感」，チームに貢献していない，周りから認められていないといった競技集団への貢献が低下していると感じる「個人的成就感の低下」，チームメイトは私を快く思っていないといった他者との関係の悪化を感じる「チームメイトとのコミュニケーションの欠如」，競技生活に価値がもてないといった価値の低下を感じる「競技への自己投入の混乱」，がある（岸ほか，1988）．

　　また，バーンアウトによって引き起こされる症状は，競技場面に限定されない．例えば，私は何をやっても駄目であるといったように，広く自己の能力を否定的に捉える傾向が強くなったり，対人関係での孤立・被害感の増大，日常生活での抑うつ，就学意欲の低下，摂食障害が生じることも指摘されている（中込・岸，1991）．これらの症状はバーンアウトそのものではないが，2次的に引き起こされる深刻な症状である．とくに，自殺念慮が引き起こされることは注意が必要である．

3.　バーンアウトの誘因と診断的視点

　　バーンアウトの原因となる心理的背景は複雑であるが，ここでは「ストレス・ネガティブ感情」，「性格特徴」，「アイデンティティ（自我同一性）」を取り上げる．

　　ストレス・ネガティブ感情は，バーンアウト発症の原因として古くから関心がもたれてきた．バーンアウトともっとも関連の強いと考えられているストレスのひとつは競技成績の停滞・低下，とくにその克服のための努力が報われない経験である（岸，2000）．また，このストレスによって不安や焦燥といったネガティブ感情が喚起されると，ストレスを軽減させる適切な対処ができず，より深刻なバーンアウトを引き起こすことになる（田中，2016）．

　　バーンアウトを経験した者には，気まじめ，完璧主義，他者志向，執着気質などの性格特徴が認められる（岸・中込，1989；中込，2012）．このような者は，自己・他者の期待に応えようとし，自分自身に過度に高い目標を課したり，報われない経験が続いても，目標を柔軟に変更することができない．このような性格特徴からくる高い目標への固執により，報われない経験が増加（目標達成が減少）し，この繰り返しから心身ともに消耗・疲弊していくことになる．

　　青年期は，「自分自身が何者であるか」，「どういった存在として社会とかかわるか」といった自分自身の認識（アイデンティティ）を形成していく時期である．スポーツに没頭してきたアスリートは，スポーツ領域に限定されたアイデンティティを形成しやすい．つまり，アスリートであることこそが自身の存在価値であると考えやすい．そのため，競技での失敗やドロップアウトは，自己の存在価値を脅かすことになり，

報われない経験が続いたとしても，存在価値を取り戻そうと競技に固執し続ける．中
込（2012）は，「とにかく競技は続けるもの，続けなければいけないと思っていた」，「辞
めたいと思っても，ほかに何をやっていいのかわからなかった」と，バーンアウトを
経験した選手がアイデンティティの切り替えに困難を示すと述べている．

　以上の心理的特徴を知ることは，アスリートのバーンアウト傾向の理解に極めて重
要である．しかし，これらの特徴は，必ずしもバーンアウトの者だけに限定されるも
のではない．高い成績を残す競技者もまた，完璧主義の性格特徴を示すし，アスリー
トとしての強いアイデンティティを持つ．そのため，バーンアウトを理解するために
は，その発症プロセスも同様に知る必要がある．図8-3-1は，中込・岸（1991）がバー
ンアウト選手の事例に基づいて作成したバーンアウトのプロセスモデルを，岸（2000）
が簡略化したものである．バーンアウト発症には，成功体験→熱中→停滞→固執→消
耗というプロセスがあり，その中で前述のストレス・ネガティブ感情，性格特徴，ア
イデンティティがかかわっていることがわかる．報われない状況の繰り返しにより，
精神的・肉体的に消耗し，それでもなお継続（固執）している状態といえる．岸（2000）
は，こういったアスリートの状態の特徴を捉え，バーンアウトは，「燃えつき」とい
うより，むしろ「くすぶり状態」であるとしている．

4．バーンアウトに対するアプローチ

　図8-3-1のバーンアウト発症プロセスモデルは，単にプロセスが理解できるだけで
なく，対処方法の開発にも有効である．例えば，このモデルでは固執がバーンアウト
に至る中核的な問題であることがわかる．岸（2000）は，このモデルから，自己の存
在基盤（アイデンティティ）である競技を中断することへの不安（過度の同一性）に
着目し，支持的なカウンセリングによって，自己と競技とのかかわり方や心構えを見
直す機会を与えることが有効であるとしている．このように，発症プロセスモデルの
理解は適切な対処法につながる．以下，プロセスモデルに基づいたバーンアウトに対
するアプローチを紹介する．

　プロセスモデルに従えば，競技成績の停滞・低下によってストレスを感じ，焦燥感
や無力感などのネガティブ感情が生じる．そのため，慢性的なストレス状態を緩和す
ることが有効な手段となりえる．ストレス対処（コーピング）とバーンアウトの関係
を調査した研究では，情動焦点型コーピングはバーンアウト傾向を増大させ，問題焦
点型コーピングはバーンアウト傾向を低減させる効果があることが示されている（中
島・山田，2007；田中・杉山，2015）．端的にいえば，情動焦点型は，対峙するスト
レスをいったん棚上げする対処，問題焦点型は，対峙するストレスに積極的に働きか
け状況の打開を試みる対処である．例えば，自己の高すぎる目標を見直すことや，他
者との比較による「結果」ではなく，自己の努力による能力「変化」に焦点をあてる
といった方法は，成績の停滞・低下に由来するストレス低減に有効と考えられる．

　図8-3-1では，バーンアウト発症が，選手個人の中だけで生じているのではなく，
他者とのかかわりも同様に関連していることがわかる．土屋・中込（1994，1996，
1998）は，こういった他者のサポートに着目し，競技集団の一員として尊重され，自
尊感情を高めてくれるようなサポート，競技力向上を目指すために必要な助言，指導

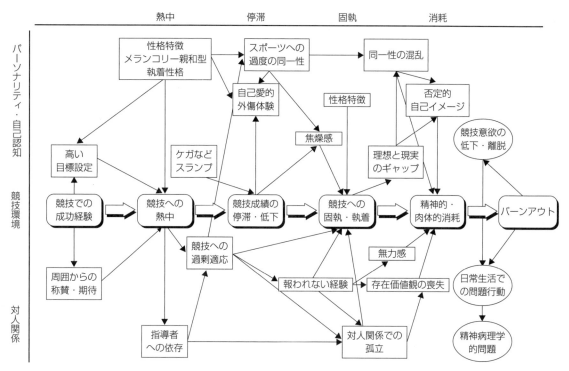

図8-3-1　スポーツ選手のバーンアウトのプロセスと因果関係
（岸　順治（2000）スポーツ選手のバーンアウト．杉原　隆ほか編，スポーツ心理学の世界．福村出版，p. 217）

を与えてくれるサポートがバーンアウトの低減に有効であることを指摘している．また最近では，動機づけ理論に基づいた支援のあり方も提案されている．池本ほか（2013）によれば，指導者が選手の意見を聞きながら共に練習を考える自律性支援や選手の挑戦や自信に焦点をあてて指導する有能さ支援は，内発的動機づけを高め，結果としてバーンアウト傾向を低下させることを報告している．

　最後に，高い競技水準を達成するためにいわゆる追い込んだ練習が必要であると考えることは間違っていない（Ericsson et al., 1993）．ただし，一流選手の調査では，彼らが必ずしも追い込んだ練習だけをしてきたわけではなく，むしろ，青少年期に楽しさを感じるようにさまざまなスポーツとかかわってきたことが明らかにされている（Cote et al., 2003）．こうした経験は，困難な状況に遭遇した場合でもバーンアウトやドロップアウトが生じにくくなる可能性が指摘されている．そのため，アスリートも指導者も精神的にも身体的にも追い込んだ練習だけが，必ずしもパフォーマンスの向上につながるわけではないことを強く認識する必要があると考えられる．

[中本　浩揮]

[キーワード]

・バーンアウト：長期的な努力が報われなかったときに生じる心理的・身体的に消耗した状態．

・ドロップアウト：心理的・身体的な疲弊・消耗状態によって活動を部分的，または完全に離脱した状態．

[文 献]

・Cote J, Baker J and Abernethy B (2003) From play to practice: a developmental framework for the acquisition of expertise in team sport. Starkes J and Ericsson KA, Eds., The development of elite athletes: recent advances in research on sport expertise. Champaign, Human Kinetics.

・Ericsson KA, Krampe RT and Tesch-Romer C (1993) The role of deliberate practice in the acquisition of expert performance. Psychological review, 100: 363-406.

・Freudenberger HJ (1974) Staff burn-out. Journal of Social Issues, 30: 159-165.

・池本雄基, 伊藤豊彦, 杉山佳生 (2013) 指導者の支援的行動が中学・高校運動部員のバーンアウト傾向に及ぼす影響：自己決定理論からのアプローチ. 島根大学教育学部紀要（教育科学）, 47: 51-60.

・岸 順治 (1994) 運動選手のバーンアウトの理解と対処. Jpn J Sports Sci, 13: 9-14.

・岸 順治 (2000) スポーツ選手のバーンアウト. 杉原 隆ほか編, スポーツ心理学の世界. 福村出版, pp.212-225.

・岸 順治, 中込四郎 (1989) 運動選手のバーンアウト症候群に関する概念規定への試み. 体育学研究, 34: 235-243.

・岸 順治, 中込四郎, 高見和至 (1988) 運動選手のバーンアウト尺度作成の試み. スポーツ心理学研究, 15: 54-59.

・Kremer JMD, Moran A, Walker G, et al. (2011) Burnout and dropout. Kremer J et al., Eds., Key concepts in sport psychology. SAGE Publications Ltd, pp.70-73.

・中島宣行, 山田泰行 (2007) 競技成績の停滞によっ

て生じる抑うつ反応とコーピング. 順天堂医学, 53: 257-267.

・中込四郎 (2012) バーンアウトの発生機序. 中込四郎ほか編, よくわかるスポーツ心理学. ミネルヴァ書房, pp.186-187.

・中込四郎, 岸 順治 (1991) 運動選手のバーンアウト発症機序に関する事例研究. 体育学研究, 35: 235-243.

・Raedeke TD (1997) Is athlete burnout more than just stress? A sport commitment perspective. Journal of Sport and Exercise Psychology, 19: 396-417.

・Raedeke TD, Lunney K and Venables K (2002) Understanding athlete burnout: coach perspectives. Journal of Sport Behavior, 25: 181-206.

・田中輝海 (2016) スポーツ領域におけるバーンアウト研究の動向と展望：理論モデルの構築を目指して. スポーツ産業学研究, 26: 217-231.

・田中輝海, 杉山佳生 (2015) バーンアウト傾向に及ぼすポジティブ感情の改善効果：問題焦点型コーピングを媒介変数として. 体育学研究, 60: 479-488.

・土屋裕睦, 中込四郎 (1994) ソーシャル・サポートのバーナウト抑制効果の検討. スポーツ心理学研究, 21: 23-31.

・土屋裕睦, 中込四郎 (1996) サポートタイプと提供者からみた有効なソーシャル・サポートの探求：バーナウトを規定する競技ストレスの緩衝効果に注目して. 筑波大学体育科学系紀要, 19: 27-37.

・土屋裕睦, 中込四郎 (1998) 大学新入運動部員をめぐるソーシャル・サポートの縦断的検討：バーナウト抑制に寄与するソーシャル・サポートの活用法. 体育学研究, 42: 349-362.

[4] 部活動の地域連携・移行化

― ポイント ―

部活動の地域移行について，その歴史と背景，総合型地域スポーツクラブとの連携状況について解説し，地域移行のあり方や青少年の新たなスポーツ振興の礎を考えたい．

1. 部活動の地域移行の背景

　令和5（2023）年度より令和7（2025）年度までに，中学校における休日の部活動の段階的な地域移行がはじまった．そもそも地域移行とは，令和4（2022）年6月にスポーツ庁の有識者会議で提言された，公立中学校における休日の運動部の部活動を外部に移行する部活動改革のひとつであり，移行先には，地域のスポーツクラブや民間企業，スポーツ少年団などが想定されている．移行先では，これまでの中学校単位にとらわれず，複数の中学校で活動することも可能となっている．

　これまでも，平成29（2017）年には，部活動指導員の制度化を図り，外部指導者の活用を促進させたり，さかのぼり平成20（2008）年には，教育振興基本計画において，学校の実態に応じて近隣の学校と合同で運動部を組織し，日常の活動を行う複数校合同部活動等の取り組みを促している．さらには，1970年から1980年代にかけて，運動部活動が社会体育活動との認識による，教職員の業務範囲や労働時間や賃金，事故やケガの際の責任の所在をめぐって，教育課程上の学校教育活動であるのか否かが問題視され，政策として社会体育化が模索されながらも，補償や災害給付の観点から結局は学校へ戻っていった（中澤，2011）．

　とはいえ，OECD加盟国等48カ国・地域が参加した調査（TALIS, 2018）によると，日本の小中学校教員の1週間あたりの仕事時間は53.9時間と最長で，平均38.3時間と比べると15.6時間も多く，そのうち，授業計画や準備に8.7時間（平均6.8時間）であるものの，課外活動に7.5時間（平均1.9時間），事務業務に5.5時間（平均2.7時間）であり，一方で職能開発にはわずか0.7時間（平均2.0時間）と最短の結果となっている．この調査は5年ごとに実施されているが，前回（2013年）と傾向には変化がみられない．

　スポーツ庁はこうした背景を踏まえつつ，平成30（2018）年に運動部活動のあり方に関する総合的なガイドラインを策定している．そこでは，部活動はわが国のスポーツ振興を大きく支えてきた活動である一方，従前と同様の運営体制では維持は難しくなってきており，学校や地域によっては存続の危機に窮しており，抜本的な改革に取り組む必要があるとしている．そして，平成31・令和元（2019）年に，中央審議会や国会から，学校における働き方改革等の観点も含め，部活動を学校単位から地域単位の取り組みとするべきことが指摘され，令和2（2020）年に，スポーツ庁および文化庁としても，令和5（2023）年度以降，休日の部活動の段階的な地域移行を図ることとした．

2. 運動部活動の歴史

　運動部活動が日本においてどのように成立し，制度化されてきたかというと，東京大学が起源とされている．当時，東京大学では正課体育が設けられていなかったが，学生の自発的なスポーツ活動が奨励されており，明治10 (1877) 年に創立後，学生の陸上運動会，翌年には漕艇大会が実施されている（高橋，2002）．その後，一橋大学，慶應義塾大学，筑波大学，京都大学（いずれも現大学名）と次々に設立され，大学における運動部が盛んに行われた．中学校においては，校友会や学友会として活動しており，当時から教科外，課外活動として，生徒の学校生活を補完する活動として実施されていた．戦前の学校生活として，生徒の自主的な活動を認めその運営も生徒中心に進められた唯一の場であった．

　大正期に入ると，対外試合が活発化し，活動が過熱化していく（安東，2009）．学業に支障が及ばないよう，また多額の費用がかからないよう，学校長の承認を得ることが条件であったり，勝敗にとらわれず，同一生徒の参加回数を適当にすることが求められた（神谷，2015）．高校野球において夏の甲子園大会や春の選抜大会が始まり，国民体育大会の前身である明治神宮競技大会の開催や，日本スポーツ協会の前身である大日本体育協会が設立されるなど，競技志向がより強くなっていった．

　昭和に入ると，金融恐慌や世界大恐慌に端を発した経済不況に加え，満州事変や日中戦争など，学校教育活動にも軍国主義的基盤が整備されていくこととなった．そして，国家総動員法が発令されると，学校内における軍事教練が強化され，ほとんどの学校で部活動は学校報国団化され，多くの大会が中止されたこともあり，鍛錬部と変化し，武道や戦闘能力に役立つ活動に重点が置かれた．終戦を迎えると，アメリカは日本の軍国主義一掃の方針はすでにまとまっており，当時の文部省もいち早く教育行政を方針転換し，運動部活動においては，課外運動として適正な組織運営，民主主義的体育振興の原動力として，その機能に期待された．つまり，スポーツを学校教育としてスポーツマンシップや民主主義的態度の醸成につながるものとした．この結果が，体育や運動部活動の存続は維持されたものの，今日まで課外活動でありながら，過熱したり，過重労働を生み出す温床となったと言えよう（永谷，2020）．

　その後は，高体連や中体連が設立され，対外試合についても回数制限などはあるものの再開され，競技化へ振れ戻っていくのは容易であった．高度経済成長期を迎えると，生産の拡大とともに所得が増加し，伴って余暇時間も増えた時期であった．そして，オリンピックを初めて日本で開催することとなり，競技力向上にも拍車がかかり，夏季オリンピックにおいて過去最高の金メダル16個を含む合計29個のメダル獲得となった．こうした競技力を支えてきたのは，やはり学生であり，運動部活動が競技力養成機関のような位置づけとなり，多くの議論もなされた．適切な教育活動ではないとする意見も多く，最終的には大衆化路線へと振れていき，先述の教師の休日出勤や超過勤務補償が問題視され，部活動の社会体育への移行が検討されたものの，結局は学校が引き受けるかたちに戻されている．バブル経済や平成景気など，好不況が目まぐるしく，サッカーJリーグなどのプロスポーツ化やみるスポーツが隆盛してくるようにもなり，一方で企業スポーツや実業団チームは衰退し，地域でスポーツチームを支える動きが活発化してきた．

3. 運動部活動と総合型地域スポーツクラブの連携

　　総合型地域スポーツクラブは，平成7（1995）年から，幅広い世代の人々が各自の興味関心・競技レベルに合わせ，さまざまなスポーツに触れる機会を提供する，多種目，多世代，多志向の地域密着型クラブとして育成が始まった．全国にモデル事業として展開されて以降，令和4（2022）年7月時点では，3,450クラブが創設されている．しかしながら，当初全国の各市区町村において，中学校区程度にひとつは設置することを掲げていたものの，現在の全国の中学校数約1万校に対して1/3程度に留まっているのが現状である．

　　また，運動部活動との連携が進められていたとは言えず，文部科学省（2013）による「運動部活動のあり方に関する調査報告書」によると，これまで，部活動と総合型地域スポーツクラブが連携して活動している事例は数多くあるものの，人口が少ない小学校，中学校，高校がそれぞれ1校ずつしかないような町であったり，クラブ側の強力なリーダーシップによって，事業展開がなされていった事例がほとんどであると指摘されている．

　　折からの少子化も相まって，中体連や高体連は，部員減少が深刻な状況にあるなか，複数校合同チームによる大会参加を認め，大会出場機会を提供しているものの，練習機会や場所の確保は厳しい状況である．また，学校の統廃合が加速度的に行われるようになり，もはや各学校でこれまでの部活動数を維持していくことは困難である現状があり，競技経験や指導経験がない教師による指導，競技力向上を目的としない，多様な活動形態が求められるなど，抜本的な改革に取り組む必要性が示されているが，谷口（2018）は，総合型地域スポーツクラブとの連携不足であったり，行政との協働不足など，課題は多いと指摘している．

　　こうしたことには，もちろん十分なクラブ設立数もあげられるが，日本における体育スポーツ施設の約60％が学校体育スポーツ施設であり，総合型地域スポーツクラブが自前で施設を保有する例は稀である．ほとんどのクラブは公共スポーツ施設や学校体育スポーツ施設を間借りしたり，指定管理団体として管理を請け負いながら運営している．したがって，運動部活動との連携となれば，多くの生徒が集中的に施設を使用することとなり，会費を負担して利用している会員の不利益につながりかねない．もちろん，部活動の部員からも会費を徴収すれば公平性は保たれるのかもしれないが，これまでの部活動は費用負担が少なく，総合型地域スポーツクラブの平均的な会費1,000円程度としても，自立経営が求められるクラブとの折り合いをいち早くつけていくことである．

　　もとより，地域移行が施策として打ち出された今，行政を中心に学校運動部活動と地域クラブあるいは，競技団体や関係団体，民間事業者を含めたかたちで，検討が行われている．教員の働き方改革，負担減少がスタートではあるものの，何より本来の活動者である生徒が満足のいく形になっていかなければならない．これまでも部活動に関しては，外部指導員や合同部活動化の対策は施されてきたものの，生徒の立場に立ったゴールや着地点を第一に考えなければならない．単に教員の負担のみが軽減され，学校から地域に丸投げするのではなく，皆で連携する知恵を絞らねばならない．また，中学校の運動部活動のみではなく，少年団や高等学校も含めた，青少年の新た

144

なスポーツ振興の礎となるべく早急な検討が求められる.

[永谷　稔]

[キーワード]

・**地域移行**：これまで公立中学校で教員が無償で担ってきた課外活動である部活動を，地域のスポーツクラブなどに移行しようとする施策．教

員の過重労働の改善，働き方改革として，まずは休日の活動を段階的に移行しようとするもの.

[**文　献**]

・安東由則（2009）明治期における中学校校友会の創設と発展の外観．武庫川女子大学教育研究所研究レポート，39: 31-57.
・国立教育政策研究所（2019）OECD国際教員指導環境調査（TALIS 2018）.
・文部科学省（2013）運動部活動の在り方に関する調査研究報告書.
・永谷　稔（2020）学校運動部活動の構造変化：体育とスポーツのダイナミズム．北海学園大学経営論集，17（3）: 29-115.
・中澤篤史（2011）学校運動部活動の戦後史（上），実態と政策の変遷．一橋社会科学，3: 25-46.
・高橋義雄（2002）旧制大学・旧制高等教育諸学校のスポーツ活動：名古屋大学の前身校を事例として．名古屋大学史紀要，10: 1-22.
・谷口勇一（2018）地方自治体スポーツ行政は部活動改革動向とどう向かい合っているのか．体育学研究，63: 853-870.
・神谷　拓（2015）運動部活動の教育学入門．大修館書店.

9章 高齢者のスポーツ参加

[1] 少子・高齢社会におけるスポーツの役割

> ― ポイント ―
> 高齢者スポーツに影響を与える加齢観の変化と共に，スポーツの社会現象や社会的役割について概説する．

1. 加齢観のパラダイムシフト

　　高齢化の進展に伴い，加齢や高齢化に対する基本的な視点や考え方（パラダイム）の変革の時代を迎えつつある．20世紀を象徴する近代化は，高度成長に伴う技術革新や工業化，情報化，都市化によって，生産力，成長力，活力のある「若さ」や「新しさ」への尊厳をもたらし，逆に「古き者」や「古き考え」はこの波影に隠れていた．加齢や高齢化に対するさまざまな俗説や偏見，老人神話が生まれた時代である．ジェロントロジスト（老年学者）のPalmore（1998）は，高齢者の地位と威信・権威の後退は，この近代化によりさらに加速したと指摘している．

　　社会学者のTorres-Gil（1991）は，近代化によって形成された加齢や高齢化に対する考え方を「モダンエイジング」と総称し，ステレオタイプの老人像が溢れる「嫌老文化」としてこの時代を特徴づけている．同時に，人口は常に増加するという1つ目の神話，人口の年齢構成は常に美しいピラミッド型という2つ目の神話，そして人間の人生は60年であるという3つ目の神話が崩れだした20世紀末から，「ニューエイジング」という新しい加齢観に次第にシフトしていくことを予測していた．事実，21世紀を迎え，「アクティブエイジング」，「サクセスフルエイジング」，「プロダクティブエイジング」，「サードエイジ」，「エイジレス」等の加齢に関する新用語が注目され，人々や社会の中で，加齢や高齢化に対するパラダイムシフト（思考の転換）が世界的レベルで始まっている．

2. スポーツライフの成熟化

　　ニューエイジングへのシフトは，「加齢」と「スポーツ」との関係を考える際にも重要なバックボーンとなり，これまでの「青年期までは発達，その後は老化の一途をたどる」という「先細り型」の生涯スポーツのイメージから，「年齢に伴い段階的に

成熟化する」ことをベースとした「末広がり型」のスポーツライフへの可能性を探っていく前提となる．スポーツの多くは20世紀に発展を遂げ，モダンエイジングの中で形成されてきた文化であり，その範ちゅうでの高齢期のスポーツは，主体者の行動面からは「停滞・退行」，「不可変」，文化面からは「画一的」，産業面からは「非生産的」，サービスの方向性としては常に「受容者」として考えられてきた．高齢者を対象とした「生涯」スポーツというと「障害」をイメージされることが多く，高齢者とスポーツという2つの言葉は，とくに高齢者という言葉が持つ「虚弱」なイメージと，スポーツのもつ「若さ」の属性とがうまく融合できず，融合できたとしても一部のスポーツ種目のみに限定されていた傾向が強かった．一方，ニューエイジングの観点からの高齢者スポーツは，主体者の行動面では「熟達」，「可変」，文化面では「多様性」，産業面では「生産的」，サービスの方向性としては「受容者・提供者」の両方が存在し，スポーツ文化が本来持っている多様性をも考慮すると，高齢者の個々人と各スポーツ種目とのさまざまなマッチングが可能となる．したがって，高齢期までを含めたスポーツライフコースはもっとも人生の中で個別化を伴った成熟化へのプロセスと捉えられる．

3. ジェリアトリクス（老年医学）からジェロントロジー（加齢発達学）へ

　スポーツライフの成熟化をテーマとする学問的基盤として，モダンエイジングの時代に主流であった，「ジェリアトリクス（老年医学）」から，生涯発達的な視野を広げてきた「ジェロントロジー（加齢発達学）」に基づき，高齢者の身体活動を捉えていく必要がある．これまでの高齢者の身体活動に対してはジェリアトリクスからのアプローチが主流であった．表9-1-1に示すように，この分野はおもに医学，看護学，福祉学から構成され，老化による疾病と障害を主要テーマとし，理想となる加齢像は，疾病や障害を最低限に止めた「ノーマルエイジング」や，疾病や障害をもたない「ヘルシーエイジング」が挙げられる．この視点では，身体活動は疾病と障害を予防・治療するためのひとつの手段となり，「運動」が「スポーツ」よりも安全で最適な「身体的活動」として選択され処方される．この老年医学に基づく処方的な身体運動のセットは，「ジェリアトリック・エクササイズ」と呼ばれ，老人病に対処するためのツールとなる．

　エイジング（aging）という言葉は，老化（senescence）と訳されることが多く，これは他の分野よりエイジングの研究が先行してきた医学や生物学での影響を強く受けており，老化を「成熟期以降の機能的衰退」とする定義が広く受け入れられ，高齢期の身体活動も機能的衰退を予防し，治療することを前提とした考え方が根強いためである．この分野の対象となる高齢者は，「老年医学的人口（ジェリアトリック・ポピュレーション）」と呼ばれ，全体の高齢者人口比率が高くなる社会においては，この人口がクローズアップされるため高齢者全体の問題として過剰反応される傾向が強くなる．しかしながら，この老年医学的人口に相当する人口比率は，全体の約5％の障害高齢者を含めた25％の要支援高齢者人口と推計され，残り75％は自立した高齢者であり，多くの高齢者は運動処方を受けていなくても，自立した自由で多種多様な高度な身体活動—スポーツを行える活動的潜在層となる．

表9-1-1　ジェリアトリクス（老年医学）とジェロントロジー（加齢発達学）から見た中高
　　　　齢者の身体活動へのアプローチ

	ジェリアトリクス （老年医学）	ジェロントロジー （加齢発達学）
学問の領域	医学・看護学・福祉学	自然科学・人文社会科学
主要テーマ	老化による疾病と障害	加齢による発達と成熟
理想となる加齢観	ノーマルエイジング ヘルシーエイジング	アクティブエイジング プロダクティブエイジング
身体活動に対する観点	疾病・障害の予防と治療を目的と した身体活動	個人・社会・文化の成熟化を目的と した身体活動
身体活動の支援方法	運動処方	運動・スポーツのプロモーション
対象となる身体活動の範囲	ジェリアトリック・エクササイズ 　・エクササイズ 　・フィットネス 　・身体レクリエーション	ジェロントロジースポーツ 　・ヘルススポーツ 　・レジャースポーツ 　・マスターズスポーツ

　一方，ジェロントロジー（加齢発達学）は，ジェリアトリクスの医学的分野から派生し，現在の自然科学や人文社会学から学際的に構成され，前述したニューエイジングの影響を受けながら，加齢による発達と成熟に関するテーマに注目した分野である．この観点では，理想となる加齢像として「アクティブエイジング」および「プロダクティブエイジング」に象徴されるダイナミックな加齢観に基づく．中高齢期での身体活動の範囲と可能性が拡大し，より社会性と文化性を持つさまざまなスポーツ活動までを含む範ちゅうとなる．身体活動を支援する支援事業は，治療や処方ではなく，スポーツプロモーションという「推進」の意味の概念に拡がり，老年医学に特有な対処型のヘルスケアからパブリックヘルスやエンパワーメントに代表されるヘルスプロモーションの考え方にシフトし，社会的レベルでは，高齢者スポーツの文化プロデュースや文化振興や産業化までを含めた概念となる．このジェロントロジーの視点によってスポーツを科学する領域がスポーツジェロントロジーと呼ばれる．

4. スポーツと身体運動

　「スポーツ」と「運動」の区別はジェロントロジーの分野では重要であり，「スポーツ」は，「エクササイズ」や「フィットネス」を代表とする「運動」よりも，より社会性，組織性，文化性を伴った活動として特徴づけられる．マズローの欲求段階説では，生理的欲求，安全と安心，愛と所属，自己尊重と他者尊重，自己実現に向かうにつれて完全な成熟を表すが，「運動」はおもに，最初の生理的欲求，安全と安心の欲求の実現を主とし，「スポーツ」は，それ以降の愛と所属，自己尊重と他者尊重，自己実現を達成し可能にする行動様式と捉えることができる．ジェリアトリクスとジェロントロジーの区別も同様であり，ジェリアトリクスは生理的欲求と安全と安心までを研究の主要な関心領域とし，ジェロントロジーは自己実現にまで関心テーマが及ぶ．ジェロントロジーの対象となるスポーツの範囲はさまざまな種目におよび，おもにヘルススポーツ，レジャースポーツ，マスターズスポーツによって構成される．

表9-1-2　中高年のスポーツの類型化と各特徴

	ヘルススポーツ (Health Sport)	レジャースポーツ (Leisure Sport)	マスターズスポーツ (Masters Sport)
おもな活動目的	健康・体力づくり	余暇充足・楽しさ	技術向上・目標達成
おもな活動様式	フィットネス 運動・エクササイズ	アウトドア・リゾート ツーリズム	競技・パフォーマンス イベント参加
活動主体者の心理モード	「維持・改善」	「遊び」	「本気」
おもな活動範囲	日常圏	非日常圏	日常圏・非日常圏
重要な活動要素とレベル	活動の頻度 活動の時間・強度 活動の継続度	活動の期間 活動の地理範囲 活動のタイミング	活動の専門度 活動の熟練度 活動の到達度

5. 中高年スポーツの類型化 （表9-1-2）

　　加齢と共に成熟化していくスポーツライフが，人口の高齢化と人生の長寿化と共に国内外で芽生えてきている．もっとも顕著なのは，"健康・体力づくり"をおもな活動目的とした「ヘルススポーツ」の分野であり，中高齢期における身体活動量の増加やスポーツ参加を促すための振興政策やキャンペーン，地域の高齢者スポーツプログラムの開発，民間産業によるフィットネス各種事業の展開，医療福祉分野における運動・レクリエーションサービスがその代表例である．たとえ後期高齢者であっても身体活動は身体的・心理的便益をもたらすという研究成果の蓄積がこれらの分野の成長を支えている．今後は単に長寿というだけでなく健康寿命への関心が高まっていく中で，中高齢期におけるヘルススポーツの重要性も一層増していくことが予想される．また，"余暇充足と楽しさ"を指向する「レジャースポーツ」の分野では，とくに退職者をターゲットとしたアウトドア，観光，学習，交流等をテーマとする広域圏のスポーツプログラムやサービス事業が精力的に企画・展開されている．さらに長期滞在型のリゾートスポーツプログラムは，時間的にも経済的にも裕福である高齢期だからこそ市場としての魅力が高い．拘束時間の多かった職業人から人生の自由（自遊）時間を得た退職者は知的好奇心が旺盛で活動的であり，人生の豪遊期を謳歌する高齢新人類が登場しており，シニアスポーツツーリスト，アクティブカップル，遊びの達人や年輩スペシャリストはすでに身近な存在である．エイジングとスポーツとの関連で期待される3つ目の分野は，"技術向上や目標達成"を重視した「マスターズスポーツ」が挙げられる．海外では"技を磨き競う"というスポーツのもっとも本質的な楽しみ方を加齢に伴って発展・成熟させていこうとする熟年アスリート人口が急速に増加している．とくに熟年層のスポーツ実施率が高いオセアニア諸国や欧米諸国では，わが国の同年代層と比べ競技人口の割合が高く，「Seriousness is your option（一生懸命さは個人の自由）」という精神のもと，熟年者のマスターズイベントが組織化されている．わが国では競技スポーツは生涯スポーツに対する反対語として捉えられているが，「競う」というスポーツの醍醐味を熟年期でも味わいたいというニーズや潜在性は高い．

[長ヶ原　誠]

[キーワード]
・アクティブエイジング（Active Aging）：WHO により提唱された活動性，積極性，自発性を基本テーマとする年齢の重ね方と人生の楽しみ方を意味し，活力ある個々人の熟年期と高齢社会を目指すための振興理念.
・スポーツ・ジェロントロジー（Sport Geron-

tology）：加齢による人生と高齢化による文化の成熟化を主要テーマとするジェロントロジー（老年学）をベースとして，加齢と共に成熟化するスポーツライフとスポーツ文化振興を探究する学問分野.

[文　献]
・Palmore EB（1990）Ageism: negative and positive. Springer Pub.

・Torres-Gil FM（1991）The new aging: politics and change in America. Praeger Pub.

[2] 高齢者の健康づくり（介護予防プログラム）

> ── ポイント ──
> 高齢社会の現状や高齢期における心身の特徴を整理し，これらを踏まえて展開される介護予防プログラムの具体例を記す.

1. 超高齢社会の進行

　　「令和4年（2022年）簡易生命表」によると，日本人の平均寿命は女性87.09歳，男性81.05歳であり，80歳を迎えることは稀なことではなくなった．百寿者（100歳以上の人）も年々増え，2022年には全国で9万人を超えている．人生100年といわれる時代は現実になりつつある．

　　平均寿命の延伸に伴い，社会の高齢化も急速に進んでいる．令和5年（2023年）推計によると，2037年ごろには高齢化率33.3％を上回り，総人口の1/3以上が高齢者になると予測されている．社会の高齢化により，寿命の延長を第1の目標とするのではなく，健康に暮らせる期間の延長，病気や障害のある期間の圧縮を目指す健康寿命の延伸が求められるようになった．健康づくりの指針となる健康日本21（第二次）では，最終評価において男女ともに健康寿命延伸の達成を確認し，今後も一定程度の延伸は可能と考えられている．一方，延伸の度合いには性や地域で差があり，高齢者の健康づくりはさらに幅広く進められる必要性も指摘されている．2024年から進められる健康日本21（第三次）では，「健康寿命の延伸・健康格差の縮小」が引き続き最上位の目標に挙げられている（p.77，図5-1-1参照）.

2. 高齢期の心身特性

　　高齢期の心身の状態は，しばしば「老化」の語を用いて表現される．老化は「生物的老化」である身体面の変化が特徴的であり，骨粗鬆症や認知症などの老年病の発症や，白髪の増加などの外観の変化，老眼や難聴などの感覚器の機能低下，体力低下などがみられる．老化は他の側面にもみられ，「心理的老化」として高齢期にうつや認

知機能の低下が認められる一方，経験の蓄積に伴う適応といった精神機能の獲得に関わる変化も認められる．また「社会的老化」では，年齢が上がると社会的な地位，役割などが変化し，退職や死別といった仕事や家族構成における喪失を伴う変化も起こる（杉澤, 2021）．社会的役割の喪失は，孤立死や閉じこもりを引き起こすような機能低下に結びつく可能性があり，健康長寿を目指す中では「運動」，「栄養」に加え「社会参加」の重要性が強調されている．

老化は衰退の意味で捉えられることが多いが，人間の能力や行動は一生のさまざまな時点での向上や停滞，低下を含んで発達とする生涯発達の考え方（杉原, 2011）が重要となろう．高齢期の心身・社会的機能は，そこに至るまでの長い年月の生活習慣や経験が反映するため，個人差が大きい．さらに，近年の社会経済的な発展は生活活動の選択肢を広げ，高齢期の過ごし方の多様性は増している．このような背景の中，高齢者の身体機能の改善傾向もみとめられる．地域在住高齢者の25年間の研究では，1992年次の65〜69歳の歩行速度が2017年次の80〜84歳の歩行速度に相当し，この期間に高齢者の身体機能が15年以上若返ったことを示した（鈴木, 2019）．こうした研究成果を踏まえ，日本老年医学会では，高齢者を65歳以上とする現在の定義を75歳以上にする議論が進められている．

3. 要介護のリスクとなる身体症状

健康寿命の延伸や高齢者の身体機能の改善傾向はみとめられるものの，依然平均寿命と健康寿命の差は約10年の開きがあり，高齢後期での体力低下は顕著である．自立した生活機能の維持を目指す介護予防は，今後さらに重要性が増すと考えられる．

内閣府によると要介護認定のおもな要因は，男女総数の第1位は「認知症」であり，第2位には女性で「骨折・転倒」，男性で「脳血管疾患（脳卒中）」が続いている．高齢期での要介護リスクへの早期介入は，介護予防の鍵となる．以下に要介護に繋がりやすい身体症状をまとめる．

（1）フレイル

フレイルは，加齢に伴う予備能力低下のため，ストレスに対する回復力が低下した状態とされ，要介護状態の前段階に位置づく．フレイルは，身体的，精神的，社会的側面がある（図9-2-1）．フレイルの評価方法では，意図しない体重減少，筋力低下，疲労感，歩行速度低下，身体活動の低下のうち3つ以上の保有という基準が広く用いられる．

身体的フレイルと関連するサルコペニアは，「高齢期に見られる骨格筋量の低下と筋力もしくは身体機能（歩行速度など）の低下」と定義される．ロコモティブシンドロームは，サルコペニアや骨粗鬆症などによる「運動器障害のために移動機能の低下をきたした状態」とされる．いずれの身体症状においても，握力や椅子からの立ち上がり能力，歩行速度は代表的な評価指標とされている．

（2）認知機能低下

要介護認定の要因の第1位に挙げられる認知症は，現時点では治療法や予防法が確立されているとはいい難い．認知症は，特別な病気と受け取られやすいことへも注意が必要である．認知症は年齢を重ねると誰もがなりうる病気であり，厚生労働省の表

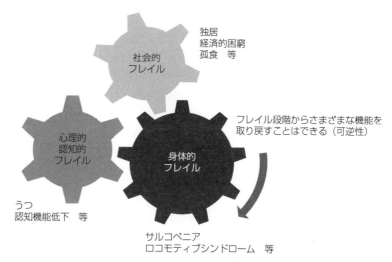

図9-2-1　フレイルの概念図
（飯島勝矢（2020）さらなる健康長寿社会への挑戦．長寿科学振興財団編，
フレイル予防・対策：基礎研究から臨床，そして地域へ．Advances in
Aging and Health Research 2020, pp.9-15より引用改変）

現においても，予防は「認知症にならない」という意味ではなく「なるのを遅らせる・
進行を穏やかにする」とされる．認知症の特性を正しく理解しようとする姿勢は，予
防に携わる上での第一歩といえる．
　本人または周囲による認知機能低下への気づきは，認知症診断の始まりとされる（日
本老年医学会，2019）．予防では，認知症のリスクが高まっている軽度認知障害（Mild
Cognitive Impairment: MCI）を早期に捉え，適切な介入を行うことが重要となる．

（3）転　倒

　転倒は，高齢期において骨折など重度の外傷を起こして要介護の要因になるだけで
なく，高齢者で頻度が高く発生することや，精神面への悪影響にも注意が必要である．
　転倒に関わる因子として，内的要因では視覚障害などの感覚要因，認知機能などを
含む高次要因，筋力・バランス・歩行能力を含む運動要因が挙げられ，いずれも高齢
期に低下が顕著な機能である．外的要因では，障害物や段差などの環境が挙げられる．
精神面への影響では，転倒を経験すると転倒することへの恐怖（転倒恐怖感）から活
動性が低下し，さらなる転倒へのリスクを高めてしまう悪循環が懸念される．転倒予
防では，体力などの向上だけでなく，転倒することなく日常活動を行う自信（転倒自
己効力感）を高めることも目標のひとつとなる．転倒は，視力の適切な調整や環境へ
の注意を促すなど，本人や周囲が意識することで予防可能な要因も少なくない．

4. 介護予防プログラムの実践例

　介護予防プログラムは，前項に記した要介護認定の要因などから「認知症予防」や
「転倒予防」として進められることも多い．運動による介護予防では，筋力や歩行能力，
認知機能などの身体機能の維持向上を目指すことと併せ，既往症をはじめ体力や運動
経験の個人差に配慮し安全に実施すること，社会参加につながるよう楽しさやコミュ

ニケーションを生み出すこと等の要素も欠かせない．さらに，住み慣れた地域で自分らしい暮らしを人生の最期まで続ける地域包括ケアシステムの考え方や，健康の地域格差縮小の視点から，介護予防活動は地域づくりとしての意味も大きい．

介護予防に向けた運動実践は数多くあるが，以下に健康づくりを担う専門資格である健康運動指導士の研修や情報資料等で取り上げられた運動の具体例を紹介する．

(1) 貯筋運動

日常活動を行う上で要となる筋肉を，高齢期にもできるだけ維持することを目的とする運動プログラムである．手軽に高齢者自身で続けられるよう，道具を使わない筋力トレーニングを行う．「貯金」の語になぞらえ，毎日筋力トレーニングを行って筋肉を貯める「貯筋」の表現で，身体機能の予備力向上の重要性をわかりやすく伝えている（健康・体力づくり事業財団）．

(2) コグニサイズ

認知機能の低下予防に向けて開発された運動プログラムである．脳の活性化には，運動と認知課題など複数タスクを同時に行うことが有効であることから，cognition（認知）＋exercise（運動）を組み合わせたcognicise（コグニサイズ）という造語が名称となっている．認知課題や運動課題はさまざまに組み合わせることができ，少し困難な課題に取り組み，脳に負荷をかけることが有効とされる（国立長寿医療研究センター予防老年学研究部）．

(3) スクエアステップ

転倒予防・認知機能向上への効果と併せ，遊びや取り組みやすさを特徴とする運動プログラムである．25cm四方のマス目が横4マス×縦10マスに区切られたマットを用い，さまざまなステップのパターンを覚えて踏んでいく．つま先を意識して足を動かしたり，腿を高く上げたりすることでの脚力向上，パターンを記憶することによる認知機能への刺激が考慮されている（スクエアステップ協会）．

(4) 地域まるごと元気アッププログラム「まる元®」

北海道で展開する介護予防・認知症予防プログラムで，地域づくりを踏まえた事業である．北海道は約8割の市町村が過疎指定地域であり，これらの地域の多くはすでに高齢化率33.3％を超えている．地域に運動実践のための資源に乏しいところが少なくなく，指導者不足もそのひとつである．本事業は，北海道の28市町村（2023年現在）とNPO，企業，大学が連携して活動している．運動指導は健康運動指導士が担い，地域に住んで通年で運動教室を提供する体制をとる．定期的な体力測定会の実施，元気な高齢者が運動指導を担うことを目指した指導者養成プログラム（ゆる元）も有し，高齢者の身体機能の積極的な把握，社会参加の推進にも取り組んでいる（NPOソーシャルビジネス推進センター）．

[小坂井留美]

[キーワード]

・**健康寿命**：「日常生活に制限のない期間の平均」を指標として算定される．「自分が健康であると自覚している期間の平均」や「日常生活動作が自立している期間の平均」を指標とした算定もある．

・**軽度認知障害**：次のような状態と定義される．年

齢や教育レベルの影響のみでは説明できない記憶障害あり，本人または家族による物忘れの訴えあり，全般的な認知機能は正常範囲内である，日常生活動作は自立している，認知症ではない．

［文　献］

・NPOソーシャルビジネス推進センター（online）地域まるごと元気アッププログラム．https://www.maru-gen.com/（参照日2023年8月19日）
・スクエアステップ協会（online）スクエアステップ．https://square-step.org/（参照日2023年8月19日）
・健康・体力づくり事業財団（online）貯筋運動プロジェクト．https://www.health-net.or.jp/tyousa/tyokin/index.html（参照日2023年8月19日）
・国立長寿医療研究センター予防老年学研究部（online）コグニサイズ　認知症予防へ向けた運動．https://www.ncgg.go.jp/ri/lab/cgss/department/gerontology/documents/cogni.pdf（参照日2023年8月19日）
・杉原　隆（2011）スポーツと生涯発達の理論的視点．杉原　隆ほか編，生涯スポーツの心理学：生涯発達の視点からみたスポーツの世界．福村出版，pp.12-21.
・杉澤秀博（2021）老化とは何か．杉澤秀博ほか編，老年学を学ぶ：高齢社会の学際的研究．桜美林大学出版会，pp.2-3.
・日本老年医学会（2019）認知行動障害と気分障害．日本老年医学会編：改訂版　健康長寿診療ハンドブック．メジカルレビュー社，pp.13-27.
・飯島勝矢（2020）さらなる健康長寿社会への挑戦．長寿科学振興財団編，フレイル予防・対策：基礎研究から臨床，そして地域へ．Advances in Aging and Health Research 2020, pp.9-15.
・鈴木隆雄（2019）超高齢社会のリアル：健康長寿の本質を探る．大修館書店，pp.18-46.

［3］　高齢者のスポーツ参加とQOL

― ポイント ―

高齢者スポーツ参加動向と共に，高齢期におけるスポーツ活動がもたらす効果や，そのために必要な条件・要因について概説する．

1．高齢者のスポーツ参加の二極化傾向

　　加齢によるスポーツ参加のこれまでの傾向，過去1年にスポーツをまったく実施しなかった「非実施層」の割合は年齢層が高くなるほど増加し，その一方で，月・年に数回という非定期的な実施層は次第に減少しながら，週1回以上の定期的実施層では高齢期になるほど増加傾向を示す．すなわち，高齢期になるほど非実施層が増加すると同時に，定期的実施層も増加するという「生涯スポーツ人口の二極化」が進むことがわかる．この傾向は，国外のスポーツ人口研究においても同様の結果が報告されている．

　　この二極化は今後の高齢層のスポーツ振興に対して重要な意味を示唆している．例えば，国や自治体の計画で掲げている定期的実施層や運動習慣者の増加という目標は生涯スポーツ人口のいわば上部層の拡大であるが，懸念されるのは，急激な高齢化とともに増加する下部層の非実施人口の増加である．生涯スポーツ社会あるいは「Sport for All」の実現のためには，この潜在人口からの「底上げ」に注目する必要があり，運動・スポーツ活動の継続化のみに終始するのではなく，非実施層の減少も考慮し，

中高齢期における運動・スポーツ活動の「試行」や「開始」を支援する事業を併せて展開していくことも必要となる．諸外国ではこの非活動的人口（sedentary population, inactive population），あるいはカウチポテト指標（couch potato index）の減少を国家的目標とし，とくに中高齢層を対象として全国レベルで生涯スポーツ人口の底上げに取り組んできた政策努力が見られる．

2. 高齢期における非活発性がもたらすリスクとコスト

WHOによると，現在の世界の人口の60％はいまだ身体的に不活発であり，この運動不足が直接的な原因となる心臓病，高血圧，直腸癌，糖尿病，骨粗鬆症などの生活習慣病による死亡件数は全体の60％と予測され，これまでスポーツ行政サービスが届きにくかった人々（hard to reach population）に対して，もっと積極的にプロモーションを行っていく必要があることを強調している．高齢期の非活動的なライフスタイルが，5Dとして知られている，機能障害率（Dysfunction），動作障害率（Disability），精神的欠乏率（Dissatisfaction），疾病率（Disease），死亡率（Death）の発生リスクを高め，QOLや社会的健康に与えるさまざまなマイナス面についての具体的データは世界中で頻繁に報告されている．運動老年学の世界的第一人者であるシェファード博士の研究により，熟年期における運動・スポーツの非実施は，機能障害による10年の半介護期間にプラスして1年の完全介護の期間を引き起こすことが世界的に共通していることが報告されている．

わが国は健康寿命が世界でトップであるという調査結果が報じられているが，これは長寿国であることを考慮すると当然ともいえる結果であり，半介護期間や完全介護期間が短くなければ真の意味での長寿とは成り得ない．寿命等の人生の量的な側面（quantity of life）に加え，質的な側面（quality of life）の向上に貢献できるような活動的ライフスタイルのプロモーションと，そのための高齢者スポーツの促進事業が求められている．

3. さまざまな個人・社会的便益を生み出す高齢者のスポーツ参加

高齢者を対象としたスポーツ振興事業の中から，前述した地域（自治体）レベルにおけるスポーツ参加促進事業に着目すると，その効果として，表9-3-1に示す個人・社会的便益に集約することができる．高齢者のスポーツ参加がもたらす効果は，健康・身体，精神・心理的な個人的便益から，労働的，社会経済的，社会集団的，社会文化的便益を含めた社会的便益に関する情報にまで拡大しており，個人のQOL（生活の質）に関連するさまざまな側面を向上させ，それらがさらに社会的な便益を生み出している．

これらは，高齢者のスポーツ参加による社会生活や文化面での可能性を示すものであり，高齢者自身の生活の質と適応力，人的交流や地域への帰属意識や関与を維持・向上させ，さらには周りの地域や社会のシステムの活性化につながり，そして従来の高齢者や加齢に対する暗いイメージを打破するといった社会的インパクトを与えることとなる．高齢者スポーツの参加をさらに高めていくための重要な始点は，高齢者スポーツ参加がもたらす便益（可能性）の認識であり，これまでその効果性や価値が低く見られがちであった中高齢期の身体活動に対して，より肯定的にポジティブな視点

表9-3-1　高齢者のスポーツ参加がもたらす個人・社会的便益

1.　健康・身体的指標			
＋筋力	＋持久力	＋柔軟性	＋平衡感覚
＋骨密度	＋ADL	＋IADL	＋PADL
＋健康QOL	＋主観的体力	＋客観的体力	＋生活体力
＋身体機能	＋主観的健康度	＋睡眠	＋知的・神経機能
＋寿命	＋活動寿命	＋障害調整生存年	
−冠動脈疾患	−高血圧	−糖尿病	−肥満
−骨粗鬆症	−直腸癌	−転倒	−介護期間
−自立能力障害			
2.　心理的・精神的指標			
＋生きがい	＋快感情・活気	＋生活満足度	＋余暇満足度
＋主観的幸福感	＋精神的健康	＋自己実現	＋ボディイメージ
−ストレス	−不安	−鬱	−怒り
−孤独感			
3.　労働的指標			
＋生産性			
−欠勤率	−労働災害	−辞職率	
4.　社会経済的指標			
＋年間純益			
−医療費	−医療受診率	−入院率	−介護費
5.　社会集団的指標			
＋友人関係	＋住民関係	＋世代間交流	＋夫婦・家族関係
＋ネットワーク	＋地域への愛着		
6.　社会文化的指標			
＋地域活性化	＋地域イメージ		
−否定的加齢感			

注）表中のプラスは高齢者スポーツ参加と正相関，マイナスは負相関を示す．

をもって推進していくことが重要となる．

4.　個人的・社会的便益を最大限に生み出すための条件（要因）

　高齢者スポーツ参加の便益を促進するための条件（要因）研究は精力的に行われており，理論研究，事例研究，横断的研究，縦断的研究，レビュー・メタ研究の相乗効果から情報の量と質が共に充実してきている．振興事業や地方計画に多く見られる指標は施設数や指導者数など行政サイドからの指標が主流であり，「住民自身が考える行動条件とは一体何か」といった活動主役の視点に接近した指標作成は事業開発にとって有効な情報となろう．したがって，これまでの高齢者を対象とした規定要因研究の成果は，その年齢層を対象としたスポーツ参加を誘発するための豊富な科学的アイディアとヒントを提示しているといえる．とくに，運動・スポーツ振興事業に関する評価・理論研究では，非効果的な事業の一因として，事業（input）→行動（output）に介在する要因（process）のミスマッチを挙げている．すなわち事業を実施しても，ターゲット集団の身体活動の要因を過小評価，あるいは誤認していたために，行動にまで影響を及ぼせなかった仮説エラーとして表される．スポーツ活動は他の健康行動と同様に非常に変え難いライフスタイルであるため，それが開始・増加されるためにはさまざまな行動条件を必要とするが，できるだけこれらの多くの条件を事前に認知

表9-3-2　中高齢者の運動・スポーツ活動の規定要因

1．個人的属性	2．前提要因	3．実現要因	4．強化要因
△年齢	＋知識・理解	＋自由時間	＋社会的サポートの量
＋性別（男性）	＋態度	＋クラブ・団体の存在	＋クラブ・団体への所属
＋職業（ホワイトカラー）	＋意欲・動機	＋施設の充実・利便性	＋社会ネットワーク
＋学歴	＋主観的規範	＋指導スタッフの充実	＋コンパニオンシップ
＋収入	＋信念	＋プログラムの魅力	＋配偶者からの励まし
△既婚者	＋自己効力感	＋プログラムの安価性	＋家族全体からの励まし
－喫煙者	＋行動統制感	＋地域の安全性	＋子どもからの励まし
＋外向的性格	＋時間管理能力	＋簡単な情報手続き	＋友人のサポート
＋過去のスポーツ経験	＋意図	－時間の不足	＋医療保健専門家の勧め
＋主観的健康度	＋良い結果の予測	－施設・指導者の不足	＋指導者のサポート
－肥満度（BMI）	－悪い結果の予測	－種目選択の少なさ	＋モデリング
－慢性疾患・病歴	－意欲のなさ	－不活発な生活環境	＋グループの凝集性
－障害	－運動レベルの誤解	－地域の交通の不便性	＋楽しさ
＋体力感	－加齢観		－社会的支援の欠如
			－ドクターストップ

注1）ヘルスプロモーションのPRECEDE-PROCEEDモデルを参考とし，1．個人的属性：人口統計学的変数，過去の経験・状況，身体・健康的特質，2．前提要因：運動・スポーツに対する正しい知識や意欲など住民自身の態度的条件，3．実現要因：運動・スポーツ意欲の受け皿となるイベントや機会，場所や施設の充実度や接近性などの環境的条件，4．強化要因：人々を取り巻く家族，友人，指導者，健康増進関係者，ボランティアからのサポートレベルなどの対人的条件の4要因により分類した．
注2）「＋」は運動・スポーツ活動に対して正の関連，「－」は負の関連，「△」は正負相関の両方を示す．

し，事業努力のターゲットとして改善することができればその事業の成功率は高まる．高齢者スポーツの効果的な事業では，それを促進する要因を事前に把握し，その結果，スポーツに対する正しい知識や好ましい態度，意欲などの心理的な前提条件や，スポーツ参加の欲求を実現する機会や場所に関連する環境的な実現要因，また中高齢者を取り巻く家族・友人，指導者・ボランティアからのサポートレベルなどの強化要因がバランスよく設定されている傾向が見られる．この意味からも，スポーツ行動のメカニズムの解明としての規定要因研究とその情報の活用は，プロモーション戦略を成功させる上で重要な役割を持つ．中高齢者の運動・スポーツ参加のための規定要因研究はこれまで，健康信念モデル（health-belief model），計画的行動理論（theory of planned behavior），社会学習理論（social learning theory），社会的認知理論（social cognitive theory），トランスセオレティカルモデル（transtheoretical model），プレシード・プロシードモデル（precede-proceed model），社会的活動理論（social action theory），社会生態学モデル（socio ecological model）等の理論変数を用いて解明されてきた．日本においては規定要因・予測変数，先行条件，諸外国では，determinants，predictors，correlates，antecedents，factors等の用語で表されている．表9-3-2はこのようなキーワードをもとに高齢者のスポーツ活動に影響を及ぼす要因を集約した．

5．高齢者スポーツ参加種目と可能性の拡大

　　高齢者のスポーツ参加と可能性は拡大しており多様化を見せている．アクティブエイジング全国調査2009（健康・体力づくり事業財団，2009）を見てみると，中高齢者が今後行ってみたいスポーツ種目の回答は多岐にわたり，それらの種目は表9-3-3

表9-3-3　高齢者のスポーツ種目参加ニーズによるプログラム類型化

1）歩行・走力系	（例：散歩，ウォーキング，ジョギング，サイクリングなど）
2）体操・ダンス系	（例：体操，筋力トレーニング，ヨガ，社交ダンスなど）
3）水泳系	（例：水泳，水中歩行，アクアビクスなど）
4）球技・チームスポーツ系	（例：テニス，バレーボール，卓球，野球，サッカーなど）
5）アウトドアスポーツ系	（例：キャンプ，釣り，ハイキング，登山，ゴルフなど）
6）マリンスポーツ系	（例：ヨット，ボート，カヌー，スクーバダイビングなど）
7）ウィンタースポーツ系	（例：スキー，スケートなど）
8）武道系	（例：柔道，剣道，空手，相撲など）

の8分野に集約される．ここで挙げた各スポーツ種目の実施パターンについては，これまで実施してきており今後も行いたい（継続型），以前行ったことがあり再度行ってみたい（復帰型），そして新たに行ってみたい（開始型）という3つに分けられる．ある種目を継続しながら高度に専門化させたり，過去にかかわっていたスポーツを復活させたり，あるいは新規のスポーツに挑戦する参加ニーズがあることを認識し，個々のスポーツ種目のもつ楽しさを最大限に生かしながら，中高齢期ならではの円熟した楽しみ方を開発していくサービス提供側のスポーツプログラム開発に対する工夫が求められる．

[長ヶ原　誠]

[キーワード]
・**健康寿命（Healthy life expectancy）**：日常的・継続的な医療・介護に依存せず，自分の心身で生命維持し，自立した生活ができる生存期間のこと．
・**クオリティ・オブ・ライフ（Quality of life：**

QOL）：個人における人生の内容の質や社会的にみた生活の質を示し，個々人が人間らしい生活を送り，人生に幸福を見出しているか，ということを尺度としてとらえる概念．

[文　献]
・関西広域連合会，神戸大学スポーツプロモーション研究室（2019）関西圏スポーツモニタリング調査2018．

[4] 高齢者のスポーツ参加と社会的支援

- ポイント -
高齢者の過去30余年の運動実施状況を振り返りながら，高齢者の運動実施に関連するミクロレベルおよびメゾレベルにおける研究動向と今後の課題について解説する．

1. 高齢化の現状と運動の効果および実施状況

日本の高齢化率は令和4年10月時点で29.0％であり，将来的には，高齢者人口の増加と総人口の減少の影響で相対的に高まり，2070年には38.7％（65歳以上人口は2.6人に1人，75歳以上人口は4人に1人）に達することが予測されている（内閣府，

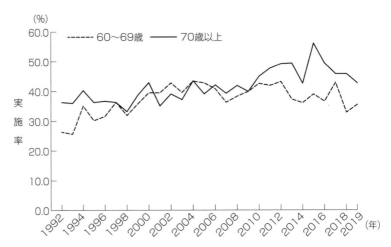

図9-4-1　1992～2019年における定期的な運動実施の推移（男性）
（厚生労働省（1992～2019）国民健康・栄養調査より作成）

2023）．高齢化率の上昇とともに予測されている医療費の高騰を抑制する手段のひと
つとして，高齢年代層において一定水準の質や量を満たす運動実施者の増加が重要な
国家的課題となっている．

　厚生労働省（2013）の「運動基準・運動指針の改定に関する検討会報告書」による
と，身体活動や運動の実施が実施者に及ぼす効果として，虚血性心疾患，高血圧，糖
尿病，肥満，骨粗鬆症，悪性新生物などの罹患リスクの低減が報告されている．また，
同報告書では，歩行など日常生活における身体活動や運動が，生活機能低下いわゆる
ロコモティブシンドロームのリスク低減，さらに，健康・体力づくりといった身体的
側面だけでなく，メンタルヘルスや生活の質の改善に効果をもたらすことも報告され
ている（厚生労働省，2013，p.1，p.14）．

　1992年から2019年までの60～69歳および70歳以上の男性および女性の運動実施
者の推移について，国民健康・栄養調査の結果を基にグラフ化した（図9-4-1，図9-
4-2）．ここで述べる運動実施者とは，1回30分以上の運動を週2回以上実施し，1年
以上継続している者を指す．グラフは，運動実施者がおおむね，男性では40％台前後，
女性では35％台前後で推移してきたことを示している．2019年時点における運動実
施者は，60歳台では男性35.5％，女性25.3％，70歳台以上では男性42.7％，女性
35.9％であった（同調査は，2020年および2021年は新型コロナウイルス感染症の全
国的な広がりのため中止された）．

　2000年に厚生労働省が健康増進法に基づき策定した「21世紀における国民健康づ
くり運動（健康日本21）」では，生活習慣病およびその原因となる生活習慣等の課題
について，9分野（栄養・食生活，身体活動と運動，休養・こころの健康づくり，た
ばこ，アルコール，歯の健康，糖尿病，循環器病，がん）毎に目標を設定した（厚生
労働省，2000）．「身体活動と運動」の分野においては，そのひとつとして，成人の定
期的な身体活動・運動の実施者の割合を増加する数値目標を設定した（男性28.6％か
ら39％，女性24.6％から35％）．そして2013年に同運動は，「健康日本21（第二次）」

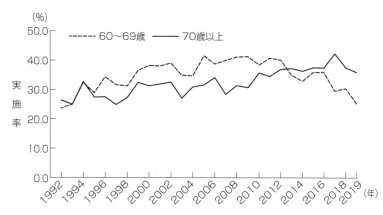

図9-4-2　1992〜2019年における定期的な運動実施の推移（女性）
（厚生労働省（1992〜2019）国民健康・栄養調査より作成）

に全部改正された．そこでは，65歳以上の男性と女性においても数値目標を設定し，男性は2010年の47.6％から2022年での58％へ，女性では同37.6％から同48％への増加目標を掲げた．2022年の10月に公表された最終結果は，65歳以上の運動実施者の割合は，男性で41.9％，女性で33.9％であった．20〜64歳の人々と比較して，65歳以上の人々は運動実施者の割合は高いが，健康日本21（第二次）の目標は未達となった．このような高齢者の運動実施状況において，運動の開始やその継続に関わる社会的支援に注目が集まっている．

2．社会的支援の捉え方と高齢者の運動実施への影響

（1）社会的支援の捉え方

　　高齢者の運動・スポーツ実施における社会的支援の概念図を図9-4-3に示した．

　　高齢者の運動・スポーツ実施状況における社会的支援の捉え方には2通りの考え方がある．第1の捉え方は，社会的支援を「人々が生活上の危機に瀕したときに，周囲の人々との間で交換される手段的・表出的援助」（社会学小辞典，1997）として個人から個人への援助すなわちソーシャル・サポートと同義で用いられる場合である．第1の捉え方に従って，高齢者の運動・スポーツ実施における社会的支援を定義すれば，「高齢者が運動・スポーツを実施しようとする際に，周囲の人々との間で交換される手段的・表出的援助」となる．第2の捉え方は，社会的支援を「他者の意図を持った行為に対する働きかけであり，その意図を理解し，その行為の質の改善，維持あるいは行為の達成を目指すもの」（小橋，2000）と考え，社会支援を個人から個人へといったミクロレベルにおいてのみ展開されるものではなく，社会制度の構築というマクロレベルや，社会集団から個人へといったメゾレベルにおいても展開されるものとして考える場合である．この考え方に従えば，高齢者の運動・スポーツ実施場面では他者からの援助（ソーシャル・サポート）だけはなく，行政機関や民間企業による施設整備や情報提供，専門的指導者の配置などを社会的支援に含むことができる．第2の捉え方に従って，高齢者の運動・スポーツ実施における社会的支援を定義すれば，「高

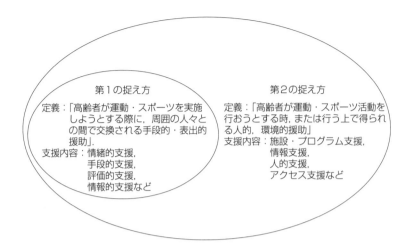

図9-4-3　高齢者の運動・スポーツ実施における社会的支援の捉え方

齢者が運動・スポーツ活動を行おうとする時，または行う上で得られる人的，環境的援助」となる．高齢者の運動・スポーツ実施における社会的支援の第2の捉え方は，これまでの社会的支援（ソーシャルサポート）が収めていた射程をマクロレベルまで拡大したものである．

（2）高齢者の運動実施への影響

　ミクロレベルの社会的支援に着目した場合，社会的支援（ソーシャル・サポート）は，情緒的支援，手段的支援，情報支援，賞賛支援，協働支援等のように高齢者の運動・スポーツ実施を促進する働きかけに焦点が当てられており，その有効性が確認されてきた．しかし，他者からの働きかけには促進的な側面ばかりがあるわけではなく，人間関係の阻害的な側面にも目を向ける必要がある．高齢者の運動・スポーツ実施の阻害要因として抑制，正当化，強制が報告されている．さらにサポートを提供する人についても，これまでは家族や友人からの働きかけに注目が集まっていたが，近年では，医師や看護師，運動の専門家などからの働きかけも運動・スポーツの開始や継続，あるいはバーンアウトに重大な影響を及ぼすことが報告されている．

　また，運動行動に関連する高齢者の社会関係は，日常の生活習慣との関連で構築されることを考慮すれば，社会関係と運動行動をジェンダー視点で分析することも重要な課題である．とくに，日常生活における微細な性別役割分業がジェンダー秩序を構築し，それらが大きな男女差となって他の社会的行為に影響を有すると考える時，男女間の社会的相互作用における権力関係を検討することは，社会関係における阻害的な相互作用を考えるのと同様に重要な課題である．

　メゾレベルおよびマクロレベルの社会的支援に着目した場合，近年，居住地域や所属する集団などが，そこに居住および所属する個人の行動に与える影響を評価する研究に注目が集まっている．この観点は，今日，社会関係資本またはソーシャル・キャピタルという用語で研究が行われている．それらでは，居住する地域での他者との関係とそれへの信頼が当該地域に対する一般的な信頼や互酬性の規範すなわち社会関係資本を構成する要素のひとつとして蓄積されることで，当該個人の行動面や心理面に

間接的な影響を有することが指摘されており，運動もその影響を受ける社会的行動のひとつである．社会関係資本と高齢者との関係に関する研究では，生活満足度や主観的幸福感に対する肯定的および消極的な影響に関する報告があり，行政組織や民間組織の中には，この社会関係資本を積極的に活用したまちづくりに取り組んでいるところもある．このような取り組みは世界的な潮流を生み出している．

　世界保健機関が発表した身体活動に関する世界行動計画では，身体活動促進に向けたミクロ，メゾ，マクロの各水準の相補的な取り組みをシステムズアプローチと名付け，達成可能な4つの戦略的目標を設定している（WHO, 2018）．公衆衛生学，健康教育学や老年学の研究領域では，ミクロレベルの支援を受領することが困難な人々においても，メゾレベルの支援を受けることで生活満足度や主観的幸福感が高まることが報告されている．同様の観点から，運動実施に対する他者からの促進的な働きかけを受領することが困難な人々においても，集団や地域への信頼感が健康意識を介して運動実施に間接的に関連を有するという科学的根拠の蓄積が求められている．しかしながら，こうした観点からの研究はスポーツ科学領域では蓄積が少ない状況にある．今後の課題として，この観点から高齢者の運動行動を研究する必要がある．

［中山　健］

[キーワード]

・**社会的支援（ソーシャル・サポート）**：1970年代半ばごろから福祉・保健研究の領域で使われ始めた概念であり，現在では心理学，老年学，公衆衛生学，体育学，社会学などさまざまな研究領域で使用されている．

・**社会関係資本（ソーシャル・キャピタル）**：個人間のつながりと，そこから生じる互酬性と信頼性の規範と定義される．社会関係資本が多く蓄積されている地域はさまざまな地域課題を円滑に解決することが可能となるなど，各方面から注目されている概念である．

[文　献]

・内閣府（2023）令和5年版高齢社会白書．https://www8.cao.go.jp/kourei/whitepaper/w-2023/zenbun/05pdf_index.html（参照日2023年11月28日）
・厚生労働省（2013）運動基準・運動指針の改定に関する検討会報告書．
・小橋康章（2000）もうひとつの支援．支援基礎論研究会編，支援学：管理社会をこえて．東方出版，p.37.
・World Health Organization (2018) Global action plan on physical activity 2018-2030: more active people for a healthier world. Licence: CC BY-NC-SA 3.0 IGO.

障がい者の スポーツ参加

[1] 障がい者のスポーツ振興の現状

───ポイント───
わが国の障がい者スポーツの振興はスポーツ基本法が施行された2011年以降大きく変化し，2013年のパラリンピック国内開催決定を後押しした．そして今，パラリンピック開催後の振興をどうするか，国，地方ともさまざまな検討が行われている．

1．国および地方の障がい者スポーツ振興体制と施策
（1）国レベル

　障がい者スポーツに関する施策はかつて，厚生労働省が中心となって実施してきた．2011年にスポーツ基本法が制定されて以降，わが国の障がい者スポーツの振興体制は大きく変化した．2014年には文部科学省スポーツ青少年局に障害者スポーツ振興室がつくられ，国としての障がい者スポーツ振興の拠点ができた．その後スポーツ庁が創設（2015）され，障がい者スポーツはスポーツ振興全般の中で一体的に検討されるようになった．選手強化に関しては競技スポーツ課において推進されるようになった．2013年に2020東京大会の実施が決まってからは，障がい者スポーツに関する予算も施策も増加し，障がい者スポーツの振興は大きく前進した．

　障がい者スポーツ振興体制の変化の起点となったスポーツ基本法には「スポーツは，障害者が自主的かつ積極的にスポーツを行うことができるよう，障害の種類及び程度に応じ必要な配慮をしつつ推進されなければならない.」（第2条5）と言及されている．

　これを受けた第1期スポーツ基本計画（2012）においては障がいのある選手の強化支援や障がい者スポーツ普及促進事業として，その後の施策の根拠とする障がい者スポーツの実態調査や障がいのある人とない人がともに楽しむスポーツ・レクリエーションの開発などが行われた．

　第2期スポーツ基本計画（2017）では週1回以上スポーツを行う障がいのある成人の割合を40％程度，週3回以上が20％程度になること，スポーツを通じた共生社会等の実現を目指すという施策目標が立てられた．そのために地方の障がい者スポーツ振興をスポーツ関連部局と障がい者スポーツ関連部局が連携・協働して行える体制づくりの推進や，障がい者スポーツ指導者やボランティアの養成，スポーツ施設のユニバー

サルデザイン化，身近な地域で障害者がスポーツを実施できるような環境整備，障害者スポーツ体験会などを通じた啓発活動等が行われるようになった．この中のひとつの事業として2016年以降の5年間，全国の特別支援学校で，スポーツ・文化・教育の全国的な祭典を開催するための「Special プロジェクト2020」が実施された．ボッチャや知的障がい者サッカーの全国大会が開催されたり，福岡県，青森県，山口県，滋賀県などで特別支援学校を拠点とした障がい者スポーツの拠点づくりなどが行われた．

わが国の障害者スポーツ統括団体である，公益財団法人日本パラスポーツ協会（内部組織である日本パラリンピック委員会を含む）は障がい者スポーツの普及，強化の中心的役割を果たしてきた．具体的には全国障害者スポーツ大会やジャパンパラ大会等の各種大会の開催，障がい者スポーツ指導者の養成・育成，地域における障がい者スポーツの推進，選手の強化，パラリンピック等国際大会への選手派遣などである．日本パラスポーツ協会公認パラスポーツ指導者には，パラスポーツ指導員（初級・中級・上級），パラスポーツコーチ，パラスポーツ医，パラスポーツトレーナーがおり，2023年7月現在2万7,372人が登録されている．指導者の量的拡大とともに指導者の活動の活性化や資格取得者の登録の継続化，資質の向上が大きな課題となっている．また，2013年には「日本の障がい者スポーツの将来像（ビジョン）」を発表し，競技力の向上（山を高くする），スポーツの普及拡大（裾野を広げる）ことで社会の活力向上（木を繁らせる）ことを目標とし，そのための事業を展開させることを示した．2021年にはこれを更新し「2030年ビジョン」を発表，障がい者スポーツ推進にかかわる諸団体と連携，協力しつつビジョンの実現を目指している．

(2) 地方自治体レベル

地方自治体では，2010年に東京都と佐賀県において初めて障がい者スポーツ関連部局がスポーツ関連部局へ一元化されて以降，こうした体制をとる自治体は増え続け，2023年4月現在47都道府県のうち，22の都道県で，政令指定都市では6つの市で一元化が実現している．また，岐阜県，三重県，札幌市では障がい者スポーツに関する業務をスポーツ部局と福祉部局が分担，連携して実施するようになった．

都道府県，政令指定都市に置かれている障がい者スポーツ協会，パラスポーツ指導者協議会，競技団体，スポーツ協会，スポーツ推進委員協議会，地域スポーツクラブ，社会福祉協議会，障がい者スポーツセンター，リハビリテーションセンターなど医療機関，学校・教育委員会などが障がい者スポーツ推進の担い手である．スポーツ基本法の制定，パラリンピック国内開催の決定などにより，それまで障がい者スポーツとの関係が弱かったスポーツ推進委員協議会や地域スポーツクラブ，地域のスポーツ協会なども障がい者スポーツの振興に深く関わるようになりつつある．しかしながら，障がい者スポーツと一般スポーツの管轄が違っていた歴史があり，これらの組織の連携は未だ十分とは言えない．障がいのある人のスポーツキャリアを考えると，学校や社会福祉協議会，医療機関と障がい者スポーツセンター，地域スポーツクラブ，競技団体との連携は不可欠と言える．

これらの組織の連携を促進させるために国もコーディネータの配置を予算化するなどの施策をとっている．また，各都道府県にひとつは地域の障がい者スポーツ振興の拠点となる障がい者スポーツセンター機能を有する施設を設置できるよう検討を進め

ている.

　全国には障がい者専用または優先利用のできるスポーツ施設が150カ所ある（笹川スポーツ財団，2022）．拠点化に際してはこれらの施設から拠点施設を選んだり，一般のスポーツ施設に拠点機能を持たせたりすることなどが考えられるが，こうした施設と先述の関連組織が役割分担，連携して障がい者スポーツが推進されることが望まれる.

2. 第3期スポーツ基本計画に見る障がい者スポーツの振興

　2022年3月には第3期スポーツ基本計画が策定された．第2期スポーツ基本計画の中長期的な指針を踏襲する一方で，オリンピック・パラリンピックのレガシー継承，コロナ禍後の状況，共生社会の実現，SDGsやDXといった今日的な課題を勘案したものとなっている．新たな視点としてスポーツを「つくる／はぐくむ」，スポーツで「あつまり，ともに，つながる」，スポーツにだれもが「アクセスできる」ことをあげ，スポーツ人口の拡大，競技力の向上，共生社会の実現を目指そうとしている.

　障がい者スポーツに関しては，政策目標としては，障がいのある児童生徒の見学ゼロを目指した学習プログラム開発，障がい者の週1回以上のスポーツ実施率40％程度（若年層50％程度），障がい者の年1回以上のスポーツ実施率を70％程度（若年層は80％），障がい者スポーツ経験者を20％程度とすることなどがあげられている．そのための具体的施策として，障がい者が身近な場所でスポーツを実施できるよう，全国障害者スポーツ大会（都道府県等で行う予選会を含む）の活用や，総合型クラブとの連携も図りながら，地域の課題に応じたスポーツ実施環境の整備に取り組むことが示されている．さらに地方自治体，障がい者スポーツ協会および障がい者スポーツ競技団体において，一般のスポーツ推進体制との連携等による障がい者スポーツの推進体制の整備等を図ることなどがあげられている.

　第3期スポーツ基本計画を受け，2022年8月には「障害者スポーツ振興方策に関する検討チーム報告書（高橋プラン）」が発表された．ここでは障がい者スポーツの普及に関して都道府県等による障がい者スポーツセンターの整備を促すことや障がいのあるアスリートの発掘・育成・強化，オリ・パラ競技団体の統合も視野に入れた連携，地域における障がい者スポーツの推進体制の整備について述べられている．具体的な政策展開についてスポーツ庁において検討が進められている.

3. 障がい者のスポーツ実施実態

　障がい者のスポーツ実施実態については2013年から国によって調査が実施されるようになった．図10-1-1は調査が始まってから2022年までの障がい者のスポーツ実施率を示している（スポーツ庁，2023）．2013年は週1回以上スポーツを実施していた障がいのある人は7歳から19歳の人で30.7％，20歳以上では18.2％だった．その後，多少の上がり下がりはあるものの上昇傾向にあり，2022年の調査では7歳から19歳で35.4％，20歳以上で30.9％であった．逆に過去1年間で運動をしなかった障がいのある人の割合は減少していることがわかる．しかしながら，障がいのない人の実施率と比べると20％以上低い.

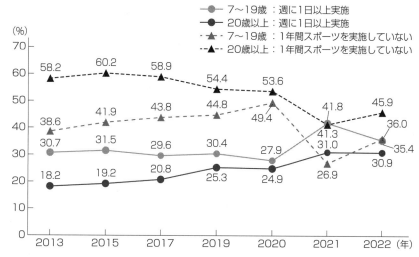

図10-1-1　週1日以上スポーツを実施した人と1年間スポーツをしなかった人の割合
（スポーツ庁（2023）障害者スポーツ推進プロジェクト（障害児・者のスポーツラ
イフに関する調査研究）報告書より筆者作成）

　実施している内容については，2022年の場合，もっとも多かったのが「ウォーキング」，続いて「散歩（ぶらぶら歩き）」，「なわとび」，「体操（軽体操，ラジオ体操，運動遊びなど）」，「階段昇降」となっており，一人で手軽にできる運動がよく行われている．これらは同年の「スポーツの実施状況等に関する世論調査」（以下，世論調査）の結果と同様の傾向であった．

　スポーツ庁2022年度の調査では，障がいのある人がスポーツを行うきっかけとしては，「とくに理由はない・何となく」という人がもっとも多く（42.9％），次いで「家族に勧められた」（26.1％），「医師に奨められた」（22.0％）であった．肢体不自由の人で中途障がいの人は医療関係者がきっかけとなる人が多かったり，知的障がいの人は家族の影響を受けることが多かったりするなど障がいの種類や障がい発生時期によってきっかけが多様であることが特徴である．

　一方，運動・スポーツをしない理由は「とくに理由はない」（50.8％），次いで「わからない」（24.4％），「運動・スポーツに興味がない」（12.3％），「運動・スポーツが嫌いである」（11.6％）となっている．同年の世論調査の同様の質問で「とくに理由はない」とした人は13.2％で，障がいのある人の数字が突出していることがわかる．

　その原因のひとつとして学校期の運動経験の少なさが考えられる．スポーツ庁の調査結果（2023）によれば中学校段階で体育の授業に「ほぼ毎回参加できた」障がいのある人が57.4％，「わからない」と答えた16.6％の人を除く，残りの約26％の人たちは障がいのない人と同じようには授業に参加できていない．その理由としては，「授業の内容から参加が難しかった」，「他の生徒に迷惑をかけると思った」，「参加に必要な用具がなかった」，「医師から止められていた」，「教員から見学を命じられた」，「教員から参加を求められなかった」，「参加のための援助が得られなかった」などであった．適切な支援と指導があれば学校体育に参加でき，その後の運動生活に好影響を与える

ことが推測できることから，体育教員の資質向上など学校での障がいのある子どもが
参加する体育の改善が求められる．先述の通り，第3期スポーツ基本計画の中では障害
のある児童生徒の見学ゼロを目指した学習プログラム開発することが言及されている．

[藤田　紀昭]

[キーワード]
・**パラリンピック**：1960年ローマ大会が第1回大会．
　日本では1964年（東京・夏季），1998年（長野・
　冬季），2021年（東京・夏季）と3回開催され，

わが国の障がい者スポーツを大きく発展させる
原動力となった．

[文　献]
・笹川スポーツ財団（2023）スポーツ白書2023．
・笹川スポーツ財団（2022）障害者スポーツ施設
　に関する研究　2021（抜粋版）報告書．
・日本パラスポーツ協会（2023）令和4年度　公認
　障がい者スポーツ指導員実態調査　報告書．
・日本パラスポーツ協会（2023）改正版　障害の
　ある人のスポーツ指導教本．ぎょうせい．
・日本障がい者スポーツ協会（2020）障害のある
　人のスポーツ指導教本．ぎょうせい．
・日本障がい者スポーツ協会（2016）新版　障が
　い者スポーツ指導教本．ぎょうせい．

・文部科学省（2023）スポーツ基本計画．https://
　www.mext.go.jp/sports/content/000021299_
　20220316_3.pdf（参照日2023年12月8日）
・スポーツ庁（2023）障害者スポーツ推進プロジェ
　クト（障害児・者のスポーツライフに関する調
　査研究）報告書．リベルタスコンサルティング．
・スポーツ庁健康スポーツ課（2023）世論調査報
　告書令和4年12月調査，スポーツの実施状況等
　に関する世論調査．
・文部科学省（2017）スポーツ基本計画．https://
　www.mext.go.jp/sports/content/1383656_002.pdf

[2] パラリンピック東京大会の障がい者スポーツへのレガシー

ポイント

東京2020大会を契機に，「パラリンピックムーブメント」のさらなる発展と，誰もが地域でスポーツを楽しめる共生社会を創造するため，組織委員会，東京都等はさまざまな施策を展開してきた．大会で得た成果を障がい者スポーツへのレガシーとして継いでいくには，具体的な政策目標を掲げ推進していく必要がある．

1. パラリンピック東京大会へ向けた国の取り組み

　　パラリンピックを主催する団体であるIPC（国際パラリンピック委員会）のビジョンは，「パラスポーツを通じ，インクルーシブな社会を創出する」である．東京2020大会は，史上初めて，オリパラ一体で2度目の同一都市で開催された．東京2020パラリンピック競技大会では，22競技（539種目），162の参加国・地域等，4,403人の選手が参加し，いずれも過去最多の数であった．大会は，「東京オリンピック・パラリンピック競技大会組織委員会」（以下，組織委員会），政府，東京都などの関係機関が連携・協力しながら推進してきた．
　　組織委員会は，2014年に設立された．組織委員会は，翌年の2015年に「東京2020

大会開催基本計画」を策定した．この基本計画に基づき，組織委員会，東京都や政府などの関係機関がそれぞれの具体的な政策を展開してきた．基本計画の中では，「すべての人が自己ベストを目指し（全員が自己ベスト）」，「一人ひとりが互いを認め合い（多様性と調和）」，「そして，未来につなげよう（未来への継承）」を3つの基本コンセプトとし，史上もっともイノベーティブで，世界にポジティブな改革をもたらす大会とすることを大会ビジョンに掲げた．このうち「多様性と調和」に関しては，東京2020大会を世界中の人々が多様性と調和の重要性を改めて認識し，共生社会をはぐくむ契機となるような大会とするため，さまざまな周知や研修等の取り組みを行った．2017年，組織委員会は障がいの有無や年齢，性別等にかかわらず，すべてのアスリート，大会関係者，観客にとってアクセシブルでインクルーシブな大会を実現するため，「Tokyo2020アクセシビリティ・ガイドライン」を策定した．ガイドラインを踏まえ，施設等において，可能な限りアクセシブルトイレ，スロープ，車いす席，車いす用エレベーター等の増設を行った．

　文部科学省は，学習指導要領の改訂によるパラリンピック教育の規定（2017年度-2018年度），スポーツの価値や共生社会への理解など多面的な教育価値をもつオリンピック・パラリンピック教育を展開する「オリンピック・パラリンピック・ムーブメント全国展開事業」を実施し，オリンピック・パラリンピック教育の推進に取り組んだ．特別支援学校では，スポーツ・文化・教育の全国的な祭典を開催し，特別支援学校を地域の共生社会の拠点として推進する「Specialプロジェクト2020」を全国各地で展開した．

　日本財団パラリンピックサポートセンターは，世界中の若者がパラリンピックの価値やパラスポーツを通じてよりインクルーシブな世界を目指すパラリンピックムーブメントのビジョンを理解できるよう，教師向けに制作された「I'm POSSIBLE」（アイムポッシブル）を全国の学校に提供した．2021年には，新たな教材として「東京2020パラリンピックのレガシーについて考えてみよう！」がWEB上で公開され，多くの学校で活用された．

　内閣官房東京オリンピック・パラリンピック推進本部事務局は，パラリンピアンとの交流をきっかけに共生社会の実現のための，ユニバーサルデザインの街づくりおよび心のバリアフリーの取り組みを実施する「共生社会ホストタウン」を創設した．

　競技力向上事業においては，2016年にスポーツ庁が「競技力強化のための今後の支援方針（鈴木プラン）―2020年以降を見通した強力で持続可能な支援体制の構築―」を策定し，オリンピック・パラリンピックの中央競技団体に対するコンサルテーションを開始した．具体的には，国内外強化合宿，海外へのチーム派遣および招待，コーチ設置や将来有望な選手の発掘および育成等の事業，スポーツ医・科学サポート，情報等によるアスリート支援の充実に取り組んだ．

　2015年に日本財団により設立された「日本財団パラリンピックサポートセンター」では，障がい者スポーツ競技団体への共同オフィスの提供，団体運営基盤強化のための助成事業，障がい者スポーツ専用体育館である「日本財団パラアリーナ」の建設等，パラスポーツ競技団体を支援する多様な取り組みが行われた．

　競技環境の整備においてもオリパラ一体となった取り組みが行われた．オリンピッ

表10-2-1　ナショナルトレーニングセンター競技別強化拠点（パラスポーツ関係）

パラリンピック競技名	指定施設の名称	設置者
陸上競技	田辺スポーツパーク （南紀田辺スポーツセンター）	田辺市
車いすテニス	いいづかスポーツ・リゾート	飯塚市
5人制サッカー （ブラインドサッカー）	MARUI ブラサカ! パーク	株式会社丸井グループ
車いすバスケットボール	千葉ポートアリーナ	千葉市
ボッチャ	大阪市舞洲障がい者スポーツセンター	大阪市
パワーリフティング	京都府立心身障害者福祉センター体育館 （サン・アビリティーズ城陽）	京都府
シッティングバレーボール	姫路市立書写養護学校 屋内運動場	姫路市
ゴールボール	所沢市民体育館	所沢市
自転車	日本サイクルスポーツセンター 及びJKA250	一般財団法人日本サイクルスポーツセンター
トライアスロン	フェニックス・シーガイア・リゾート 及び周辺エリア	フェニックスリゾート株式会社，宮崎県
カヌー	木場潟カヌー競技場	石川県小松市
バイアスロン	田山射撃場	岩手県八幡平市
アルペンスキー	菅平高原パインビークスキー場	菅平大松山開発株式会社

ク競技のアスリートのみが利用対象だった国立スポーツ科学センター（JISS）および
ナショナルトレーニングセンター（NTC）では，パラアスリートの利用が開始され
るとともに，2019年にはパラリンピック競技のアスリートの利用を前提に設計され
ユニバーサルデザインを採用した新棟「NTC屋内トレーニングセンター・イースト（東
館）」が完成した．ナショナルトレーニングセンターでは対応できない競技においては，
「ナショナルトレーニングセンター競技別強化拠点」を指定し，各競技の選手強化活
動のため，トレーニングや科学・医学・情報サポートの環境整備を図った（表10-2-
1）．このような取り組みの結果，パラリンピック東京大会では，金メダル13個を含
む51個のメダルを獲得し，2004年アテネ大会に次ぐ過去2番目の数のメダルを獲得
した．

2. パラリンピック東京大会へ向けた東京都の取り組み

東京都は2010年7月に障がい者スポーツを障がい者福祉行政からスポーツ行政に移
管し，スポーツ施策を総合的・体系的に推進していくこととした．その翌年2012年
に国および全国の都道府県で初となる「東京都障害者スポーツ振興計画」を策定し，
今後の障がい者スポーツ振興の方向性や方策等を明らかにした．2013年には，「第68
回国民体育大会」と「第13回全国障害者スポーツ大会」をひとつの祭典「スポーツ
祭東京2013」として開催し，障がいの有無に関わらず，誰もがスポーツに親しむこ
とができる社会の実現等を目指した．さらに，障がい者スポーツを東京2020大会の
レガシーとしていくとともに，障がい者スポーツが社会に溶け込んだ東京を創るとい
う決意を込め，現行の「東京都障害者スポーツ振興計画」と「東京都スポーツ推進計
画」を一本化した「東京都スポーツ推進総合計画」（2018年度-2024年度）を策定した．
総合計画では「スポーツを通じた共生社会の実現」に関する政策目標の中に障がい者

スポーツの振興が明記され，「理解促進・普及啓発」，「場の開拓／人材の育成」，「競技力向上」，「支える土台づくり」の視点から，障がい者スポーツ振興に向けた施策の展開を図ってきた．具体的には，パラスポーツイベント情報等を掲載したパラスポーツ専門ポータルサイト「TOKYO障スポ・ナビ」の運営，アスリートだけでなく，スポーツ企業，関係団体等がひとつのチームとなって魅力発信やパラリンピック体験プログラム等の活動を展開する「TEAM BEYOND」，東京から障がい者スポーツの次世代を担う選手を輩出することを目的とした「パラスポーツ次世代選手発掘プログラム」等さまざまな事業を展開し成果を上げた．

3.　パラリンピック東京大会後の意識調査から考えるレガシー

　　東京2020パラリンピック競技大会後の都民意識調査（東京都，2022）によると，東京2020パラリンピックを見た人は4割を超え，リオパラリンピック2016より大幅に増加した．さらに約6割の人が2013年の大会開催決定後，都内のバリアフリー化が進んだと回答した．東京2020パラリンピックの開催効果は「障がい者への理解促進」が最多の約4割であった．

　　障害者のスポーツに関する意識調査（東京都，2022）によると，週に1日以上スポーツや運動を実施した人（18歳以上）は35.2％であり，前年調査より0.2ポイント減少した．一方でスポーツや運動を実施していない人（18歳以上）は44.4％であり，前年調査より1.5ポイント減少した．この他，スポーツ・運動実施者を対象に，スポーツや運動の実施にあたり東京オリンピック・パラリンピック前後で感じた変化について尋ねたところ，「変わったことはない（61.3％）」を除くと，「身近な場所で運動ができる機会が増えた（区市町村や都が実施するスポーツ教室等）（17.1％）」，「スポーツ施設スタッフの障がい者に対する理解が進んだことにより，障がい者の受入が進んだ（12.9％）」，「スポーツ施設のバリアフリーが整備されたことにより，障がい者の受入が進んだ（10.0％）」の順となった（図10-2-1）．

　　東京都および東京都障害者スポーツ協会は，障がいのある人が身近な地域でスポーツを楽しめるよう，「障害者のスポーツ施設利用促進マニュアル」（2022年改訂）を作成した．マニュアルの改訂では，スポーツ施設における障がいのある人の受入対応やソフト面の工夫等について，東京2020大会開催等の社会情勢を踏まえるとともに，各スポーツ施設へのアンケートに基づき最新事例を取り入れている．2023年，パラスポーツの競技力向上の拠点となり，障がいのある人もない人もパラスポーツに親しむことのできる場となる「東京都パラスポーツトレーニングセンター」が開所した．

　　このようなパラリンピック東京大会へ向けての取り組みや成果を，大会後どのようにパラスポーツの振興に活かし，各地域の中で根付かせていくか．組織委員会は，「TOKYO2020アクション＆レガシーレポート」，東京都は「TOKYO2020レガシーレポート」，「TOKYOスポーツレガシービジョン」等を作成し，大会後の具体的な政策目標を掲げ推進している．「TOKYOスポーツレガシービジョン」では，大会で得た成果から具体的な項目を7つに分類し，そのひとつにパラスポーツの振興が明記され，幅広いパラスポーツの普及と人材の育成，きっかけの提供や場の確保などの具体的な取り組みを展開している（表10-2-2）．

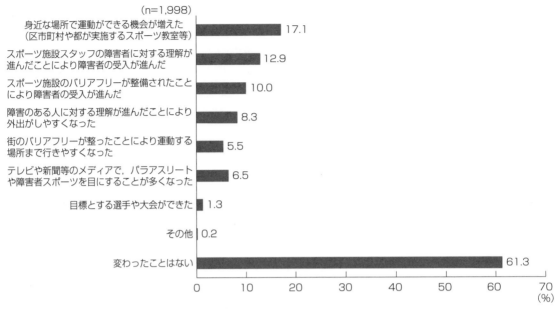

(n=1,998)

項目	値
身近な場所で運動ができる機会が増えた（区市町村や都が実施するスポーツ教室等）	17.1
スポーツ施設スタッフの障害者に対する理解が進んだことにより障害者の受入が進んだ	12.9
スポーツ施設のバリアフリーが整備されたことにより障害者の受入が進んだ	10.0
障害のある人に対する理解が進んだことにより外出がしやすくなった	8.3
街のバリアフリーが整ったことにより運動する場所まで行きやすくなった	5.5
テレビや新聞等のメディアで，パラアスリートや障害者スポーツを目にすることが多くなった	6.5
目標とする選手や大会ができた	1.3
その他	0.2
変わったことはない	61.3

図10-2-1　東京オリンピック・パラリンピック前後で感じた変化［複数回答］〈スポーツ・運動実施者〉

表10-2-2　TOKYOスポーツレガシービジョンにおけるパラスポーツの振興

【幅広いパラスポーツの普及と人材の育成】ファンの拡大と交流
・ボッチャ等を通じ，障害のある人もない人も参加し，交流できるイベントを充実
・競技の観戦機会とユニバーサルなスポーツとして楽しむ体験機会，それぞれの充実
・大会で活躍したボランティアに，継続して情報を提供し，支える人材の裾野を拡大

【きっかけを提供】パラスポーツに取り組む障害のある人を応援
・パラリンピックを機に興味を持った人に，身近な地域での体験機会を提供
・「競技」だけでなく「健康・楽しみ」の面からも広く参加を促進

【場の確保】「だれでも，どこでも，いつまでも」を実現
・施設のバリアフリー情報等も発信．特別支援学校体育施設も更に活用
・デジタル技術を活用し，重度障害者等の参加を支援
・地域でのスポーツ・福祉・医療・教育の協働を後押しし，さまざまな楽しみ方を提供
・東京都パラスポーツトレーニングセンター（仮称）を開設（2022年度末予定）
・スポーツ施設におけるパラスポーツの利用を促進

（東京都（2022）TOKYOスポーツレガシービジョンより筆者作成）

　　　大会で得た成果を障がい者スポーツへのレガシーとして継いでいくためには，各自治体が障がい者スポーツの振興に関する具体的な政策目標を掲げ，関係団体と連携して推進していく必要がある．

[兒玉　　友]

[キーワード]
・パラリンピックムーブメント：多様性や創意工夫に満ちたパラリンピックスポーツの価値や，無限の可能性を体現するパラアスリートの魅力を通して世の中の人に気づきを与え，より良い社会を作るための社会変革を起こそうとするあらゆる活動．

・I'm POSSIBLE：パラリンピックを題材に，共生社会への気づきを子供達に与える教材で，国際パラリンピック委員会が開発した．「東京2020

教育プログラム（愛称：ようい，ドン！）」のパラリンピック教材としても位置付けられている．

[文　献]
・笹川スポーツ財団（2023）スポーツ白書2023.
・東京オリンピック・パラリンピック競技大会組織委員会（2021）TOKYO2020アクション＆レガシーレポート.
・東京オリンピック・パラリンピック競技大会組織委員会（2022）東京2020オリンピック・パラ
リンピック競技大会公式報告書　第1部.
・東京都（2022）東京2020パラリンピック競技大会後の都民意識調査結果.
・東京都（2023）TOKYO2020レガシーレポート.
・東京都（2023）令和4年度障害者のスポーツに関する意識調査報告書.

[3]　障がい者の運動とリハビリテーション

--- ポイント ---

競技スポーツの祭典となったパラリンピックの発祥と理念の変遷について述べる．二次障がいとの関連から，障がいのある人にとって運動が有する意義について説明する．

　　　　パラリンピックは今日，障がいを有するアスリートの祭典として完全に市民権を得た感がある．パラリンピックの呼称からリハビリテーションを連想する人はもはや少数派ではないだろうか．本稿では，パラリンピックの発祥と発展の歴史を振り返りつつ，その理念の変遷を浮き彫りにする．そして，アスリートのみならず広く障がいがある人々にとって運動が有する意義について，その理解を深めることとする．

1.　障がい者スポーツの歴史とパラリンピック
（1）障がい者スポーツの発祥
　　　　今日のパラリンピックを代表とする身体障がい者スポーツは，イギリスのストークマンデビル病院にその発祥地を求めることができる．ストークマンデビル病院は1944年，イギリス政府の要請により，軍隊所属の医療施設としてロンドン郊外のアイレスベリーに設立された．この地で脊髄損傷者の急性期処置からリハビリテーションに至る当時としては画期的な一貫した治療とリハビリテーションシステムを構築したのが，Ludwig Guttmann（以下，グットマン）をリーダーとするリハビリテーションチームであった．ストークマンデビル病院ではスポーツを医療行為の一環として取り入れることが大成功を収めたため，毎年開かれるスポーツフェスティバルとしての競技会をこの地で開催するようになった．そして第1回は1948年，ロンドンオリンピックの開会日と同じ日に行われた．これはストークマンデビル競技会と呼ばれ，四肢麻痺者のためのスポーツ競技会であった．第1回大会の参加者はイギリスの退役軍人男性14名，女性2名の計16名であり，競技種目はアーチェリー競技のみであった．続いて1952年にはオランダの退役軍人も参加し，この大会が国際化するとともに国際

ストークマンデビル競技委員会が設立された．そして，毎年7月末にストークマンデビル病院運動場で競技会を開催すること，およびオリンピック開催年にはオリンピック開催地で開催することが決定された．こうして障がい者のための初めての国際的スポーツ競技会が発足したのであった．

(2) パラリンピックの発祥と発展

　ストークマンデビル競技会は1960年，ローマにてストークマンデビル以外の場所で初めて開催され，続いて1964年には正式名称を「国際身体障害者スポーツ大会」としてオリンピックとともに東京で開催された．この大会をパラリンピック，東京パラリンピックと呼んだのである．パラリンピックという名称はparaplegia（パラプレジア：対麻痺）のパラとOlympic（オリンピック）を組み合わせた造語であり，日本で初めて用いられた愛称であるという．パラリンピックが公式名称になったのは1988年のソウル以降であり，国際オリンピック委員会に正式に認められてからである．ただし，パラの意味は対麻痺ではなくparallelのパラであり，オリンピックと並行して行われるもうひとつのオリンピックの意味になったのである．1989年には国際パラリンピック委員会（International Paralympic Committee：IPC）が発足し，以降パラリンピックを運営するようになった．IPCは1960年にローマで行われた車椅子競技会を第1回パラリンピックとした．そして，1992年のリレハンメル冬季パラリンピックからはIPCが主催権を持ち，4年に一度ずつオリンピック開催地でオリンピックの後に引き続いてパラリンピックを開催することになった．これ以降，パラリンピックは障がいのある人々の純粋な競技会としてハイレベルなパフォーマンスを競い合う場へと突き進むことになる．現在ではオリンピック誘致都市はオリンピック同様にパラリンピック誘致計画の手続きが必要であり，オリンピックとパラリンピックは同一都市での開催が義務付けられている．

　以上，パラリンピックの歴史を振り返ると，当初ロンドンの郊外でリハビリテーション効果を上げることを主たる目的として取り入れられた車椅子スポーツが，現在では医療目的から完全に離れ，障がいのある人々の限界を競い合う，まさにトップアスリートの競技会として発展してきたことがわかる．

(3) パラリンピックの課題

　パラリンピックアスリートは例外なく何らかの障がいを有している．障がい特性は個人によってさまざま異なるため，できるだけ障がいの程度が似通った者同士が競うようにしないと競技の公平性が成立しない．そのためパラリンピックにはクラス分けというオリンピックにはない特有の制度が存在する．これは競技の公平性を担保するための制度であり，障がいに応じた"クラス"を定めて，できるだけ障がいの種類や重症度が近い選手同士で競うことができるようにするための必須の措置ともいえる．つまりクラス分けなくして競技としてのパラリンピックは成り立たないといえる．しかし同時にクラス分けをとことん進めて細分化すると，競技に参加する選手の数が少なくなり，そもそもの競技性が失われるというジレンマがある．この点はパラリンピックを競技として成立させるためには永遠についてまわる課題であり，クラス分けが本質的に重要な理由でもある．

　近年，パラリンピックの認知度が高まるとともに，高性能義足に代表されるテクノ

ロジー利用の是非が大きな問題となりつつある．パラリンピックアスリートの記録が
オリンピックの記録を上回ることが予想されるようになり，パラリンピックアスリー
トがオリンピックに参加することの可否が議論されるようになってきた．この問題は
今後，パラリンピック，オリンピックのあり方にかかわる本質的な課題となることも
予想される．

2.　障がい者にとっての身体運動の重要性

　　パラリンピックを代表とする身体障がい者のスポーツ競技会が社会に広く認知さ
れ，ますます盛んになる一方で，障がい者にとっては，健康管理や体力維持を目的と
した身体運動がよりいっそう重要であることが指摘されている．Rimmerら（2012）
は障がいがあるために生じる日常エネルギー消費量の低下と，それに起因する身体の
不調を，disability-associated low energy expenditure deconditioning syndrome
（DALEEDS）と定義した（図10-3-1）．これは医療技術の進歩に伴って障がい者の
寿命が大幅に延長してきたことと無縁ではない．すなわち，障がい者の高齢化が進む
に伴い，種々の二次障がいやいわゆる生活習慣病の多発が新たなしかも重大な問題と
して顕在化し，ここに至って，それらを防ぐ意味での身体運動の必要性が高まってき
たのである．多くの身体障がい者は積極的に運動しない限り，極端な運動不足（麻痺

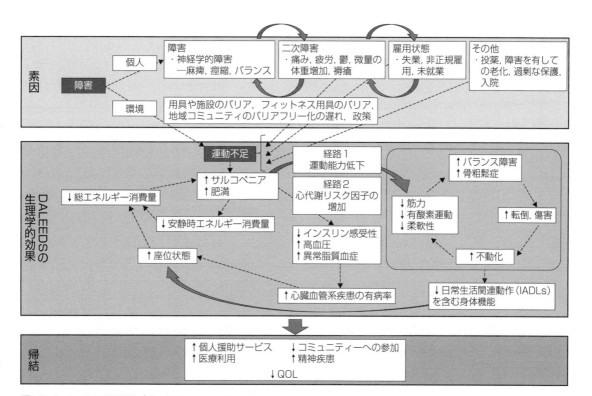

図10-3-1　DALEEDS（disability-associated low energy expenditure deconditioning syndrome）の概念モ
デル
　　（Rimmer JH, et al.（2012）Effects of disability-associated low energy expenditure deconditioning syndrome. Exerc
Sport Sci Rev, 40: 22-29）

部位の不動化，不使用）に陥り，それによって種々の重篤な二次障がいや生活習慣病を招く危険性が増大する．慢性的な運動不足がもたらす種々の悪影響はベッドレスト（長期臥床）やギプスによる不動化を用いた研究で明らかにされてきた．麻痺による四肢の不使用は，その部位ばかりか全身の状態に影響を及ぼす．したがって，身体に障がいがある人にとって健康・体力の保持増進を目的とした身体運動の必要性は健常者以上に高いといえる．事実，身体の一部に障がいがあると日常の身体活動量や基礎代謝の低下があり，健常者に比べて，冠動脈疾患や耐糖能異常を起こしやすい（佐久間，2005）．このようにみてくると，身体の一部に障がいがある人々にとっては，適度な身体運動量の確保が健康確保上不可欠なことがわかる．身体に障がいがある人にとっては，身体運動やスポーツが健常者とはまた違った意味を有することが明らかである．しかし，わが国の現状を見ても一部のトップアスリートだけでなく一般の身体障がい者が気軽に利用できる民間および公共の運動施設が十分に整備されているとはいいがたい．個々の障がい者の状態に適した運動を処方するために必要な科学的データや運動を実践する指導者および施設などのインフラストラクチャーが早急に整備されることがのぞまれる．

今日隆盛を見ているパラリンピックはイギリスのストークマンデビル病院で医療行為の一環として始まった．やがてこの地でのスポーツ競技会が国際化しパラリンピックとして定着し，今や多くの人の知るところとなった．一方，医療技術の進歩は障がいがある人々の寿命を健常者のそれと大差ないものとしたが，二次障がいという新たな問題を顕在化させることとなった．二次障がいの予防，すなわち健康管理を目的とした身体運動は障がい者にも押し寄せる高齢化社会において今後ますます重要となろう．

[中澤　公孝]

[キーワード]
・**障がい者競技スポーツ**：勝敗や記録を競うことを目的とした身体に障がいのある人々のスポーツ．

・**二次障がい**：疾病や傷害が直接的原因となって起こる障がいを一次傷害とすると，一次障がいが原因となって発生する疾病や障がいを指す．

[文　献]
・Guttmann 著，市川宣恭監訳（1983）身体障害者のスポーツ．医歯薬出版．
・津山直一（1984）リハビリテーション医学．医歯薬出版．
・中村太郎（2000）パラリンピックの歴史と課題．バイオメカニクス研究，4: 254-261.
・日本リハビリテーション医学会スポーツ委員会（1996）障害者スポーツ．医学書院．
・Rimmer JH, et al.（2012）Effects of disability-associated low energy expenditure deconditioning syndrome. Exerc Sport Sci Rev, 40: 22-29.
・佐久間肇（2005）障害者における生活習慣病の実態．J Clin Rehab, 14: 792-797.

[4] スペシャルオリンピックス

ポイント

スペシャルオリンピックス（SO）は知的障がいのある人々を対象とする国際的なスポーツ組織であり，彼ら彼女らの自立と社会参加や共生社会の促進を支援している.

---

1. SOの組織と競技会の独自性

(1) SOの組織

SOは，1988年に国際オリンピック委員会（IOC）より正式に「オリンピック」という称号を使う権利を与えられている. スペシャルオリンピックスと名称が複数形「ス」になっている理由は，4年毎に開催される夏季（29競技）・冬季（8競技）世界大会のみをSOというのでなく，SOの理念に基づき世界中で展開されている日常プログラム，地区競技会やナショナルゲームなどすべてをSOと捉えているからである. 世界大会への出場種目およびアスリート・コーチの参加枠は，当該国内における種目別プログラム普及状況およびアスリート・コーチ参加人数に応じて決められている（おおむねアスリートとコーチの比率は4対1で構成される）.

国際本部はアメリカ・ワシントンDCにあり，加盟する世界201の国と地域を7地域（リージョン）に分け統括している（日本は22カ国で構成されるアジアパシフィックに位置づく）. 現在，SOのプログラムに参加するアスリートは約330万人，60万人以上のボランティア（コーチ他）が活動を支える大きなムーブメントとなっている. SOでは，スペシャルオリンピックス活動に参加する人をアスリートと呼んでいる.

1962年，組織の創設者ユニス・ケネディ・シュライバー（アメリカ・故ケネディ大統領の妹）が，自宅の庭を開放し知的障がいのある子どもたちにデイキャンプという形でスポーツをする機会を提供し，能力や可能性を知ろうとしたことがムーブメントの起源である. その後，当時のケネディ財団の資金援助を受け，1968年にSO国際組織が設立された. 現在は創設者の子息ティモシー氏が国際組織の会長を務めている.

(2) SOの競技会 （写真10-4-1）

SOの競技会へのアスリートのエントリー要件は，地区組織が提供する日常プログラム（1回2時間，9回以上が1単位：最終回に競技会を実施）に参加していることである. 競技会は，地区→全国大会→世界大会へと繋がっていく. その日常プログラムには，①組織に会員として登録，②知的障がいのある2歳以上，③医師による事前のメディカルチェックで問題なしと判定，という3条件を満たせば参加が許可される. 障がいの程度，人種，年齢の上限などは問われない. 次に，SOのコーチとなるためには，会員登録をした上で当該地区組織が主催するコーチクリニック［①ゼネラルオリエンテーション（SO全体の概論），②アスリート理解（知的障害・者に関する基礎知識），③当該種目の実技クリニック］を受講することが条件となる. 過去の競技成績や指導実績などは問われず，市民ボランティアとしてコーチ活動に参画していく.

競技会では，世界大会であろうとも障がいが重く低い能力しか発揮できないアス

写真10-4-1　スペシャルオリンピックス世界大会などの写真
a）SONのミッション（SONホームページ）
b〜e）ドイツ/ベルリン/第16回夏季世界大会（2023）開会式・入場行進・競技・表彰式と国
内大会におけるMATPの実施場面（写真提供：スペシャルオリンピックス日本）

リートでも参加できる競技が種目毎に設定されている．つまり，SOの世界大会には，
トップアスリート（カテゴリー5）から低い競技能力のアスリート（カテゴリー1）
までの幅広い競技能力のアスリートが出場し競技するという，他に類を見ない特徴が
ある．さらに，重度の障がいのあるアスリートを対象とするMATP（Motor
Activities Training Program）というレクリエーションプログラムも存在する．競技
の組み分けは，あらかじめエントリー時に提出された記録やタイムにより性別・年齢

区分・競技能力がほぼ等しい組（ディビジョン）に振り分けられ，1回のみの予選が行われる．その予選の結果を基に，再度能力が等しい（目安は15%以内）3〜8人で構成される決勝の組み合わせ（ディビジョニング）が決まり，予選落ちすることなく全員が決勝に進出する．具体的なディビジョニングは，予選の記録をパソコンに入力し，GMS（ゲーム・マネジメント・システム）というソフトを用いる．その際，ひとつのディビジョンに1人か2人のアスリートしか存在しない状況になった場合，競技委員長を中心とした競技役員で審議し，①年齢区分の枠を2区分合体させる，②能力の範囲を10%からさらに広げる，それでも人数が増えない場合は③男女混合にする，といった手順と操作を施し，最終的に3人以上のディビジョンを構成するように修正がなされる．この作業は，SOの競技会において，何にもまして神経を使う作業である．決勝でアスリートがベストの組み合わせで競い合い，個人のモチベーションや挑戦する気持ちなどを最大限に引き出せるかどうかが決定付けられる作業だからである．

　一方，サッカーのような団体種目の場合は，予選の戦いぶりを競技役員であるジュリーメンバーが観察し，決勝のグループを決定するようになっている．なお，決勝では予選の記録より15%以上良い記録が出た場合は失格となるマキシマムエフォートルールが存在する．ゆえに，アスリートは予選も決勝も全力で競技するのである．また，ユニファイドスポーツ®（Unified Sports®）というSO独特の競技方法がある．これは，知的障がいのない性別，年齢，競技能力が類似しているパートナーとアスリートが組み合わさって行われる競技である．その場合，相手のペアやチームも同じ条件で競技することになっており，2016年にユニファイド単一での全国大会として第1回・全国ユニファイドサッカー大会が開催された．今後のSO活動の理解と広がりを見据えた重点戦略のひとつとなっている．

　競技の審判団に関しては，種目毎に正式な審判資格を有する審判員で構成され，厳格なジャッジがなされる．表彰式も独特で，全員が表彰台に上がり表彰される．表彰式用の曲が流されるが，優勝者の国歌は演奏されない．4人以上の組なら，4位以下も順位を示す異なる色のリボンを掛けてもらえる．全力で競技した全員を勝利者として表彰するというSOの競技会精神がそこにある．その精神は，創設者の次の言葉が如実に示している．「スペシャルオリンピックスで大切なのは，もっとも強い身体や目を見張らせるような気力ではない．大切なのは各個人のあらゆるハンディに負けない精神である．この精神なくして勝利のメダルは意味を失う．しかし，その気持ちがあれば，決して敗北はない」（創設者：ユニス・ケネディ・シュライバー）．その精神は，世界大会を含めたSOのあらゆる競技会におけるアスリート宣誓「Let me win. But if I cannot win, Let me be brave in the attempt.」にも貫かれている．

2. スペシャルオリンピックス日本（SON）の取り組みと今後の課題・展望

　1994年に熊本市を拠点に発足したSONは，国内全て47都道府県に地区組織を整備するという目標をおおむね2009年に達成（含む設立準備委員会11地区）し，その後2015年に完全に達成した．2012年には公益財団法人として事業を展開するまでに発展した．現在は事務局を東京に移転し，10名以上のスタッフが常駐するまでになった．2022年度末時点の統計では，国内のアスリートは7,156人，ボランティアコーチは4,673

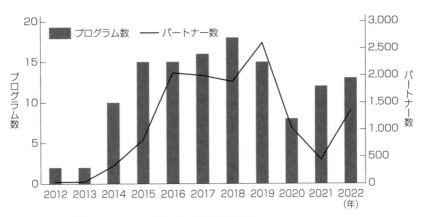

図10-4-1　国内のユニファイドスポーツ®の年次推移

人，実施競技25競技（夏季：17競技／冬季：8競技）となっている．2025年に向けてのスローガンを「Be with all」と掲げ，図10-4-1に示すようにユニファイド活動に注力しスポーツを介した共生社会の実現に向けてさまざまな事業を展開している．ユニファイド活動とはアスリートと年齢，性別，競技能力が類似している知的障がいのないパートナーがチームを組み，同様のチームと対戦する試合形式を普及していくことを指す．2012年以降，プログラム数およびパートナー数が増加していったことがわかる．コロナ禍で減少したものの，再び元の数値に戻りつつある．学校連携プログラムにおいて，学校の体育の授業としてSOを取り入れる事による共生社会の理解促進の試みもその一環である．さらに，就学期前後の知的障害のある幼児・児童を対象に「ヤングアスリートプログラム」という活動にも取り組んできている．また，女性アスリートの拡大を目指してチアリーディングのプログラムも実施している．コーチに対しても，質の向上と指導力のスキルアップを目的に，一部の種目でコーチクリニックをさらに発展させたコーチアカデミーという研究会を実施している．

　田引（2020）は，国内におけるSO組織の発展は「公的補助がほとんどない中」，「国の施策の影響をほとんど受けることなく財政面においては寄付金協賛金を中心としたものであった」というように独特な経緯を経て発展してきたと指摘している．それは事実だとしても，近年の国内の動きとして2013年に制定された障害者差別解消法および2011年6月に制定されたスポーツ基本法の基本理念第2条5などが追い風となり，障害者スポーツに対する国の支援はSOにも及ぶ大幅な広がりを見せている．具体的には，日本障害者スポーツ協会補助の予算（国庫補助金）における総合国際競技大会派遣事業として，2011年の第13回SO夏季世界大会・アテネ以降，国庫補助金（日本障害者スポーツ協会経由）が配分されている．一例として，2017年のSO冬季世界大会に際しては4,994万4,000円が配分された．また，国レベルの障害者スポーツを巡るプロジェクトにSONの幹部役員がワーキンググループの委員に加わるといった連携が増えてきているという．また，新たな連携として，競技レベルの向上を支援するという観点で，世界大会に出場する日本選手団の事前合宿に対してSONと新たにパートナーシップを組まれたパートナー企業が連携の一環で，自社保有の宿泊併設の大型

スポーツ施設を使用提供し，同社の運動部の方々がボランティアとして指導協力するという事例もみられる．こういった一連の事象は，現在の国内におけるSOの認知度は未だ2～3割と低いものの，SONの組織と活動に対する理解と支援体制が飛躍的に向上した事を反映しているといって良いだろう．

　足掛け30年かけて積極的に活動を展開してきた国内におけるSONのムーブメントは，関係者の絶え間ない努力や熱意をベースに，日本の社会において組織とその活動が評価され市民権を得るに至った．とくに2005年・第8回SO冬季世界大会を日本／長野県で開催したことは，国内におけるSOに対する認知や理解に大きく貢献した．今後は，より積極的なプロモーションを展開し活動への理解の促進と興味関心を高め，コーチをはじめ各種ボランティアを安定的に確保し，より多くのアスリートの受け入れが可能となることが求められる．最後に，現在の国内におけるSOを捉えるならば，「関わる一人ひとりが活躍し社会と繋がるオリンピック」という表現が相応しいだろう．

［仲野　隆士］

［キーワード］

・**オリンピック形式**：国際的な競技団体のルールや運営方法を基本とすること．

・**マキシマムエフォートルール**：決勝における記録や得点が予選より規定範囲（15％）を超えて良くなった場合，選手は失格になるというルール．

［文　献］

・仲野隆士（2001）スペシャルオリンピックス．粂野　豊，花村春樹監修，障害者教育の人間学．中央法規，pp.215-232.
・仲野隆士（2010）障害者スポーツ系「2005スペシャルオリンピックス冬季世界大会・長野」のマーケティング戦略．間宮聰夫，野川春夫編集，スポーツイベントのマーケティング．市村出版，pp.179-185.
・田引俊和（2020）日本の知的障害者スポーツとスペシャルオリンピックス．かもがわ出版，pp.156-171.
・スペシャルオリンピックス日本ホームページ　http://www.son.or.jp（参照日2023年9月1日）

11章 生涯スポーツとニュースポーツ

[1] ニュースポーツの現状

> **ポイント**
> ニュースポーツは性別や年齢を問わずに楽しめることから生涯スポーツと親和性がある．ニュースポーツを理解して，うまく活用することによって生涯スポーツの振興につながる．

1. ニュースポーツとは

「ニュースポーツ」と聞いて，どんなスポーツが思い浮かびますか？　ニュースポーツは何かという議論において，なかなか明確な定義がないのが現状である．この状況は，ニューの解釈について「理念」と「カテゴリー」が混同しているからと説明されている（長谷川，2012）．

新しい「理念」とは，勝つことが重要視されている勝利志向や競技志向ではなく，勝ち負けにかかわらずスポーツを楽しむという考え方である．一部の勝者のみが賞賛されるチャンピオンスポーツを目指すことにより，学校部活動における体罰問題や青少年のバーンアウト（燃え尽き症候群）など，大きな社会問題となったため，新しい考え方のニュースポーツが注目を集めている．従来の勝利や好記録だけを目指す考え方を改め，生涯にわたり誰でも気軽に楽しめるスポーツ志向が求められている．しかしこの新しいとされる理念は，以前から存在しているにもかかわらず，なかなか広く浸透していないため，新しい理念として今でも求められている状況である．

「カテゴリー」に関しては，通商産業省（現経済産業省）の『スポーツビジョン21』（1990）においてニュースポーツを「①国内外を問わず最近生まれたスポーツ，②諸外国で古くから行われていたが，最近わが国で普及してきたスポーツ，③既存のスポーツ，成熟したスポーツのルール等を簡易化したスポーツ，を包含したもの」と紹介されている．また，別な表現では①開発型，②輸入型，③改良型の3タイプに分類できる（野川，1992）（表11-1-1）．

2. ニュースポーツの出現

スポーツの世界は，スポーツをとりまく社会と密接に関連している．ニュースポーツが出現した背景には，社会情勢が影響しており，グットマン（1978）が指摘した近

表11-1-1　ニュースポーツ種目の一例

類　型	内　容	種目名
標的型	決められた標的にボールやディスクなどを対戦相手より近づける競技.	ペタンク, ローンボウルス, ユニカール, ボッチャ, シャフルボード
ゴルフ型	ゴルフのクラブとボールおよびホールを改良したゲーム. 標的に入るまでの打数や投数の少なさを競う.	グラウンドゴルフ, パークゴルフ, ターゲットバードゴルフ, ディスクゴルフ, フットゴルフ, スカイクロス
ネット型	ネットを挟んで対戦する球技. テニスやバレーボールの改良型の競技.	インディアカ, ソフトバレーボール, パドルテニス, セパタクロー, ビーチボールバレー, ペロック
ゴール型	2チームで対戦し, 相手ゴールの中にボールを入れるタイプの競技.	ユニバーサルホッケー, ネットボール, ゴールボール, ドローンサッカー
対戦型	チームで対戦する競技で, ボール等の保持やキャッチすることを競ったりするもの.	キンボール, ドッヂビー, カバディ, タッチ (タグ) ラグビー, チャックボール, モルック
その他	個人で自然の中を歩いたり, 人工的な壁を登ったりするものなど.	ウォークラリー, ノルディックウォーキング, ボルダリング, トレイルランニング, スラックライン, スタンドアップパドル (SUP)

代スポーツの特徴「世俗化」,「役割の専門化」,「平等化」,「合理化」,「官僚制組織化」,「数量化」,「記録の追求」がある. 日本は, 敗戦後に高度経済成長を遂げ, 人々はさまざまなレジャー活動を楽しむようになり, 7つの特徴を持つ近代スポーツが身近になった. そのころアメリカでは,「反体制文化」や「伝統否定の文化」といった「新文化」, すなわちニューカルチャーが出現し, 若者文化として1970年代に日本へ紹介された. その時期に, 近代スポーツへの対抗文化(カウンターカルチャー)として, ローラースケートやサーフィン, フライングディスクなどがニュースポーツとして流行した.

　ニュースポーツが関心を集めるようになった背景には, 誰にでもどこでも簡単にという「①大衆性」, 新しい・ちょっと変わっているという「②新奇性」, ある地域に根付いている伝統文化という「③文化性」があげられる (山口, 1996). しかし, ニュースポーツは種目も内容も多岐にわたっており, ニュースポーツの出現時期を明確にするのは困難なことである. ただし, ニュースポーツと呼ばれる種目群が大衆メディアで1990年前後に集中して掲載されたと報告 (長谷川, 2012) があるように, 1990年頃に普及し始めた言葉となっている. それには, 文部省 (現文部科学省) における「生涯スポーツ課」の新設やスポーツ推進委員の活躍など, メディアで取り上げられるのと関連していると思われる要因がいくつか挙げられる.

3. ニュースポーツのトレンド

　オリンピック種目になっている競技の多くが近代スポーツとして19世紀後半に成立している. どの種目も考案された当時はニュースポーツのはずである. バスケットボールもバレーボールも100年前はニュースポーツであった. 1990年頃から出現したニュースポーツと言われる競技は, 多くが諸外国から紹介され, なかでもスカッシュやラクロス, クリケットは, 2028年のロサンゼルスオリンピックで正式種目になるなど, 日本では馴染みが薄いが, オリンピック種目になっていく事例もある. また, キンボールやアルティメットなどは, 国際大会が開かれるなど, 非常に競技性が高まっている. すべてのスポーツが考案された当初は, 組織規模も小さく競技人口が少ない

藤製のボール　　　　プラスチック製のボール

写真11-1-1　用具の進化例（セパタクローのボール）

が，競技が普及していくにつれて競技レベルが向上する傾向があり，大衆性との兼ね合いが課題となっている．

　ニュースポーツの特徴として「大衆性」があげられるが，誰でも簡単にプレーできて楽しめる要素もある競技が人気となっている．北欧発祥の薪を投げて競うモルックやクップは，メディアでも取り上げられることが多く，全国に県協会が設立されつつある状況である．また，「ウォーキングサッカー」は歩いてサッカーをするというニュースポーツであり，年齢性別を問わず，歩ける人なら誰でも一緒にプレーできることにより，徐々に普及している．かつては卓球やテニスのミックスダブルスぐらいしかなかった男女混合の競技は，水泳のメドレーやアイススケートの団体戦，アーティスティックスイミングのチームなどでも採用されており，今後は球技や陸上競技のリレーなど，ユニバーサル志向の競技が増えていくことが考えられる．

　ニュースポーツが流行している要因には，先に挙げたように「新奇性」もあり，なかでもアーバンスポーツと呼ばれる都市型のスポーツが注目され，スケートボードやスポーツクライミング，BMX自転車，ブレイキン（ブレイクダンス）など，若者に人気がある種目がオリンピック種目として採用された．さらに情報化によるSNSの普及もあり，見栄えのするパルクールやバブルサッカーなどは，多くの動画がSNSやネット上で流れている状況である．同様に「ハンぎょボール」「イモムシラグビー」といった「ゆるスポーツ」もSNSで話題になり，大手自動車メーカーや素材メーカーがゆるスポーツ開発に参加するようになっている．

　ニュースポーツの発展に欠かせないのが用具や環境の進化である．従来は，体育館やグラウンドなどのスポーツ施設において定められた規格に適合する用具でスポーツを実施していたが，生産技術の進化や嗜好性の多様化によって素材や大きさや色が異なるさまざまな用具が入手できるようになり，場所や用具の制限が少なくなった（写真11-1-1）．例えば，カービングスキーやスタンドアップパドル（SUP）など，従来の用具に比べて初心者にも扱いやすい物が普及してきたことにより身近なスポーツとして定着している．また，環境面では，人工的に整備されたパークや人工芝フィールドが増加し，人工的な壁や波・水流が利用できるようになった．以前は，天候に作用される屋外で土のグラウンドや野山でスポーツをしていたが，人工的な施設を利用することにより気象条件に左右されず，ニュースポーツをする際の安全性や快適性が高まっている．

4. ニュースポーツの今後

　日本においては，ニュースポーツの「ニュー」を「マイナー」と言い換えても当てはまることが多い．ある競技がメジャーになり，ある一定期間の年数を経ればニュースポーツではなくなるのであろうか．ニュースポーツと呼ばれる種目群が出現した1970年代以降，ニュースポーツからスポーツへと昇格した競技は少なくない．ビーチバレーボール，フットサル，7人制ラグビー，トランポリンなどに加え，東京2020オリンピックの追加種目となったローラースポーツ（スケートボード）やボルダリングも，もはやニュースポーツとは呼ばれない．スカッシュやクリケット，ネットボールなどは欧米では盛んに行われているが，日本においては知名度が低い種目もある．

　また，インディアカは日本に紹介され，組織化して活動するようになって30年以上が経過しているし，フライングディスクも毎年開催されている全日本選手権大会が40回を超えている．さらにスポーツチャンバラとフライングディスクは，日本スポーツ協会の加盟種目となっている．しかし，多くの人はこれらの種目の存在を知らず，ニュースポーツのままである．その理由のひとつは，学校体育の正課種目ではないことが影響しているであろう．ただし，学校体育の正課種目でなくともニュースポーツでありながらメジャーになったと考えられるのが「グラウンドゴルフ」である．ゲートボールが日本中で流行した後に登場したゴルフ型のニュースポーツであるが，高齢者を中心に愛好者を増やし，日本各地で多くの大会が開催され，全国に360万人の愛好者を持つ人気種目になっている．同様に，パークゴルフもなじみが薄いニュースポーツであるが，北海道では各市町村にコースがあり，広く普及している．このように一部ではあるが，地域によってはメジャーなスポーツになっている種目もある．

　スポーツは遊びの延長であり，楽しさを追求する活動である．したがって生涯スポーツとして楽しめるように各人の好みによってルールや用具を変更し，考案することができる．今後はAIやIT技術を駆使したeスポーツの普及が見込まれ，フレイルやサルコペニア予防の観点からも新たなニュースポーツが考案されていくと思われる．

［久保　和之］

[キーワード]

・**バブルサッカー**：ノルウェーのバラエティ番組から誕生したニュースポーツで，空気を充満させた透明なビニール製のバブルを被り，フットサルと同じ要領で相手ゴールへボールを蹴りこむ競技．31都道府県のアミューズメント施設，ラウンドワン・スポッチャで体験することができる．

・**ゆるスポーツ**：世界ゆるスポーツ協会が展開する競技の総称で，「スポーツ弱者を世界からなくす．」をスローガンにして，年齢・性別・運動神経の良し悪しに関わらず，誰もが楽しめる新スポーツ．協会が認定している30数種目があり，各種メディアで取り上げられている．

・**スポーツ推進委員**：1961（S36）年制定のスポーツ振興法で規定された「体育指導委員」が2011（H23）年のスポーツ基本法制定により，「スポーツ推進委員」に移行された．市区町村教育委員会任命の非常勤公務員で，地域のスポーツ振興のために地域住民へスポーツ指導や連絡調整をしている（2023年8月時点で4万8,302人）．

[文　献]

・通商産業省制作局編（1990）スポーツビジョン21．通商産業調査会，pp.113-120.

・ニュースポーツ研究会（1993）ニュースポーツとは何か：そのスポーツ史的考察．平成4年度水

野スポーツ振興会研究助成金研究成果報告書. ブラザー印刷.

・野川春夫（1992）ニュースポーツへの招待. トリムジャパン，9（1）：10-12.

・野々宮徹（2000）ニュースポーツ用語辞典. 遊戯社.

・長谷川健太郎（2012）早稲田大学大学院文学研究科紀要. 第4分冊，57: 137-148.

・山口泰雄（1996）生涯スポーツとイベントの社会学：スポーツによるまちおこし. 創文企画.

・世界ゆるスポーツ協会　https://yurusports.com/（参照日2023年11月24日）

・日本バブルサッカー連盟　https://bubble-football.jp/about（参照日2023年11月24日）

[2] マスターズスポーツ

── ポイント ──

マスターズスポーツは，「技を磨き競う」というスポーツが本来持っている楽しさに挑戦することを目的とするスポーツ実施のことを言う. ここでは，国内外の代表的なマスターズスポーツイベントを取り上げて，マスターズスポーツの現在地や今後の可能性について紹介していく.

1. メンバーシップ型のマスターズスポーツイベント

　　マスターズスポーツは，「過去や現在のスポーツキャリアにとらわれず，成人・中高齢者の個々人が，自己のスポーツ意欲や技術の向上，競技する楽しみ方を成熟・熟達化させていこうとするスポーツライフ」（長ヶ原，2007）と定義されており，スポーツの本質的な「技を磨き競う」楽しさを重視したスポーツ実施である. 「技を磨き競う」というところから，マスターズスポーツでは，競技会やイベントに参加することで，その楽しみを謳歌することができ，参加者はそのイベントに向け，自身の競技レベルや志向に合わせて日常の中でトレーニングや準備を進めていくこととなる. そして，おおむね30歳以上の成人・中高年のスポーツ愛好者を対象としたマスターズスポーツイベントにはさまざまなものがあり，彼らは，いつ（開催時期），どこで（開催地）誰と（仲間・同伴者），どんな（開催種目）マスターズイベントに参加するかを選択することから，その楽しさを享受し始めるのである. 図11-2-1は，日本国内の代表的なマスターズスポーツイベントと，世界で開催されている大規模なイベントを体系的に分類したものである.

　　一般的なメンバーシップ型マスターズイベントでは，例えばマスターズ陸上であれば日本マスターズ陸上競技連合，マスターズ水泳であれば日本マスターズ水泳協会，マスターズ柔道であれば日本マスターズ柔道協会といった組織団体に入会することが参加条件となり，そこから上位イベントであるアジア大会，世界大会への参加資格（推薦など）を得て，各イベントへと参加することとなる. 図中には例示していないが，欧米諸国においても，単一種目のマスターズスポーツイベントでは，このようなメンバーシップ型のマスターズイベントが多く開催されている. また，図11-2-1に示した陸上競技や水泳，柔道といった種目では，比較的早くから複数国・国際レベルのマスターズスポーツイベントが盛んに行われてきたことが報告されている.

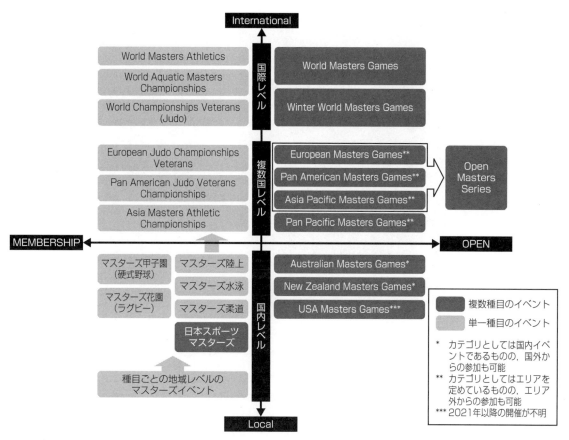

図11-2-1　国内外のマスターズスポーツイベント

（彦次　佳（2013）マスターズスポーツの華麗発達. 山羽教文, 長ヶ原誠編著：健康スポーツ学概論. 杏林書院, pp.221-228および彦次　佳（2018）マスターズスポーツ. 川西正志, 野川春夫編著, 生涯スポーツ実践論　改訂4版. 市村出版, pp.185-189を基に加筆・修正）

　　わが国の国内・メンバーシップ型イベントで特筆すべきは, 世界的にもユニークな, 日本独自のスポーツ文化からインスパイアーされたマスターズ甲子園（2004年〜）やマスターズ花園（2022年〜）の存在である. どちらのイベントにも共通するのが, 高校部活動のOB・OGであることが参加の第一条件となるところであり, マスターズ甲子園であれば高校硬式野球部を引退し高校を卒業したメンバーで, マスターズ花園であれば高校ラグビー部を引退し年齢が40歳を超えたメンバーで, 母校同窓会チームを結成し, それぞれの競技の聖地である阪神甲子園球場または花園ラグビー場でプレーするイベントとなっている. これらは, 上述したマスターズ協会に入会するというメンバーシップ制よりもさらに限定的な, 高校部活動のOB・OGであるという条件が加わるため, 図11-2-1では国内・メンバーシップ型イベントの中でもより左側に位置付けられている.

　　国内・メンバーシップ型イベントの下方にある種目ごとの地域レベルのマスターズイベントでは, 都道府県レベルで開催されているマスターズイベントを示している. 例えば, マスターズ甲子園では全国43都道府県（総勢714校）で開催されている予選

図11-2-2　マスターズ甲子園2023・マスターズ花園2023大会ポスター
(©マスターズ甲子園, ©マスターズ花園)

大会があり，原則として都道府県大会を勝ち抜いたOB校（チーム）が毎年11月に聖地・甲子園球場で開催される本大会に出場する体制をとっている（図11-2-2）．また，マスターズ陸上・マスターズ水泳・マスターズ柔道では，各連合・協会の下部組織である都道県協会が主催する大会や競技会が数多く行われており，参加者は開催日程や開催地を選択してイベントにチャレンジしている．

2.　オープン参加型マスターズスポーツイベント

　近年，世界的に増加してきているのが，オープン参加型マスターズスポーツイベントである．これらのイベントでは，参加者はイベントや種目ごとに設定された年齢基準さえクリアしていれば誰でも参加することができる．図11-2-1の右側に列挙したイベントが，国内レベル，複数国レベル，そして国際（世界）レベルのオープン参加型イベントとなっており，その開放性ゆえ，国内レベルのイベントであっても，国籍を問わずに参加することができる．なかでもオセアニア圏はマスターズイベントの開催が非常に盛んで，Australian Masters Games（2年おきに開催），Alice Springs Masters Games（毎年開催），New Zealand Masters Games（1年ごとに北島と南島で交互開催）などといった国内オープン参加型イベントが結果的に毎年どこかで開催されており，どのイベントにも国籍を問わず参加者が集まっている．さらにオーストラリアでは，国際マスターズゲームズ協会（International Masters Games Association：IMGA）とは独立関係にあるPan Pacific Masters Games（1996年〜：PPMG）を2年おきに開催しており，毎回世界中から2万人近くの参加者がゴールドコーストに集まり，競技体験と観光を楽しんでいる．事実，2022年に開催されたPPMG

では，未だ感染症の影響が及ぶ中，42競技に1万3,000人を超える参加者が集まったと報告されている．

　PPMGと同じ複数国・オープン参加型イベントのカテゴリーでは，European Masters Games（2008年〜），Pan American Masters Games（2016年〜），Asia Pacific Masters Games（2018年〜）といったイベントが間欠的に立ち上がり，それぞれ4年おきに開催され，参加者数を拡大させてきている．現在，European，Pan American，Asia Pacificの3イベントはIMGAの主催イベントとなっていることから，2023年7月IMGAは，より連続性を持って世界規模でマスターズスポーツムーブメントを浸透させるべく，これら3つを統合してOpen Masters Seriesとして改名することを発表した．このことにより，大陸を渡り歩くように複数国レベルのマスターズイベントが開催されるようになり，国や地域性，居住地にとらわれることなく，より自由にマスターズイベントを選択することができるようになるだろう．

　国際（世界）レベルのオープン参加型イベントとして挙げられているWorld Masters Games（WMG）は，IMGAが主催する世界最大のマルチスポーツイベントであり，これまで紹介してきたオープン参加型マスターズイベントの唯一無二のモデルイベントとなっている．1985年の第1回トロント大会に始まり，現在では4年に1度，世界中から2万人を超える熟年アスリートが集まる生涯スポーツイベントで，「Sports for Life（人生のためのスポーツ）」という理念を掲げ，「コア種目」と呼ばれる15の必須種目（陸上競技，バドミントン，バスケットボール，カヌー，サイクリング，ゴルフ，オリエンテーリング，ボート，射撃，サッカー，スカッシュ，水泳，テニス，トライアスロン，ウエイトリフティング）に加え，大会開催国が最大10種目まで自由に選択できる「オプション種目」によって構成される．WMGでは競技体験のみならず，開催地での観光体験や文化体験を共有し楽しむことが大会理念に掲げられており，例えば直近のオークランド大会（2017）の参加者は35歳から101歳までの2万8,578人で宿泊数合計が30万2,509泊，1人当たり平均14.8泊ニュージーランドに滞在したことが報告されており，大会期間が10日間であることから考えると1人当たり約5日間は大会・試合参加以外の観光などに時間を費やしていることが明らかになっている（WMG2017Auckland Organizing Committee, 2017）．これらのことから，WMGに紐づくスポーツツーリズムがいかにお金と人を活発に動かすかがわかり，それがもたらす経済効果と社会文化的効果の大きさは容易に想像ができるだろう．

　さらに，IMGAは2010年からこれまでに3回の開催を実現したWinter World Masters Games（以後，WWMG）の主催団体としても，マスターズイベントとして競技を楽しむスポーツ種目の幅とスポーツシーズンを拡げてきた．これにより，IMGAが主催するマスターズイベントは夏のWMGと冬のWWMG，そして上述したOpen Masters Series（European・Pan American・Asia Pacific）の3本柱となり，毎年世界のどこかで国際（世界）または複数国レベルのオープン参加型イベントが開催される運びとなった（表11-2-1）．その波及効果はわが国にも及ぶところとなり，WWMG 2020 Innsbruckの開催を契機に日本冬季マスターズスポーツ協会が設立され，2027年夏のWMGに続く，WWMGの将来的招致・開催を目指して活動を行っている（日本冬季マスターズスポーツ協会ホームページ）．

表11-2-1　IMGA主催イベントの推移と変遷

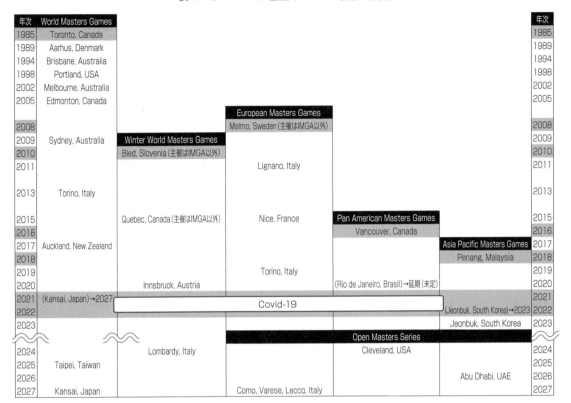

このように，マスターズスポーツはメンバーシップ型とオープン参加型のイベントが国内レベル，複数国レベル，国際（世界）レベルでそれぞれ発展を続けており，イベント数の増加という点でも，参加者の選択肢に広がりが持てるようになってきた．さらに近年，IMGAの働きかけによるオープン参加型のマスターズイベントが増加してきたことにより，国籍はもとより，年齢，性別，競技レベルやスポーツキャリア（元プロ，オリンピアン，アマチュア等）など，対戦相手・チームメイトにさまざまな組み合わせを実現することができ，参加様式の選択肢にも広がりが見えてきた．しかしながら，図11-1-1および表11-2-1からもわかるように，世界規模で見るとアフリカ圏でのマスターズイベントの開催や，アジア圏での国内オープン参加型イベントの開催は未だ見られず，国際（世界）レベルでの今後の動きと，アジア・日本の動向に注目したい．

[彦次　佳]

[キーワード]

・**マスターズスポーツ**：「技を磨き競う」というスポーツの本質的な楽しさに挑戦することを目的とするスポーツ実施のこと．競技会やイベントに参加し，自分自身や他者との勝敗を競うこと，

または競い合うこと自体を楽しむことが醍醐味．

・**ワールドマスターズゲームズ**：国際マスターズゲームズ協会（IMGA）が主催する世界最大のマルチスポーツイベント．出場資格は年齢のみ，

おおむね30歳以上なら誰でも参加可能で，当地の観光や文化を共有し楽しむことも大会理念と

されている.

[文 献]

- Alice Springs Masters Games (online) Alice Springs Masters Games. https://www.alicespringsmastersgames.com.au/（参照日2023年9月15日）
- Australian Masters Games (online) Australian Masters Games. https://australianmastersgames.com/（参照日2023年9月15日）
- 長ヶ原誠（2007）ジェロントロジースポーツ総論. 長ヶ原誠ほか，ジェロントロジースポーツ. ジェロントロジー研究所，pp.12–49.
- 彦次　佳（2013）マスターズスポーツの華麗発達. 山羽教文・長ヶ原誠編著，健康スポーツ学概論. 杏林書院，pp.221–228.
- 彦次　佳（2018）マスターズスポーツ. 川西正志，野川春夫編著，生涯スポーツ実践論　改訂4版. 市村出版，pp.185–189.
- Hikoji K, et al. (2012) The Multidimensional Benefits of Participation in Masters Sports: A Case Study of the "Masters Koshien". Int J Sport Health Sci, 10: 90–101.
- International Masters Games Association (online) WMG 2017 Auckland Final Report. https://d3tfdru9q5sbcz.cloudfront.net/2019/11/ Auckland-WMG-2017-Final-Report.pdf（参照日2023年9月15日）
- International Masters Games Association (online) IMGA Masters Games. https://imga.ch/（参照日2023年9月15日）
- 日本冬季マスターズスポーツ協会　https://www.japanwintermasterssports.com/（参照日2023年9月15日）
- マスターズ花園　https://www.mbs.jp/rugby/masters/（参照日2023年9月15日）
- マスターズ甲子園オフィシャルサイト　http://www.masterskoshien.com（参照日2023年9月15日）
- Pan Pacific Mastes Games (online) The 2022 Pan Pacific Masters Games are here…Finally! https://mastersgames.com.au/ppmg/2022-pan-pacific-masters-games-finally/（参照日2023年9月15日）
- USA Masters Games Office (online) USA Masters Games. https://www.usamastersgames.com/（参照日2023年9月15日）
- ワールドマスターズゲームズ2021関西組織委員会　https://wmg2021.jp/（参照日2023年9月15日）

[3] ニュースポーツによる地域振興

> ― ポイント ―
>
> ニュースポーツの特性を活かしたスポーツ振興とまちづくりを，事例により理解を深めるとともに，新しい（ニュー）スポーツによる地域振興を考える.

　　スポーツ推進により，子どもから高齢者まで，健康・体力づくりをはじめ，地域内外の人々が交流し，スポーツを通して生じるさまざまな効果によって地域が活性化する. ニュー（新しい）スポーツはその特性から，するスポーツへの参与を拡げるとともに，イベント開催を通してまちづくりや地域振興に貢献している.

1. するスポーツの振興

　　ニュースポーツは，1980年以降に考案された新しいスポーツや諸外国で古くから

図11-3-1　ニュースポーツフェスティバル
（サマーニュースポーツフェスティバルポスター，半田市ホームページ）

行われていたが近年国内で普及してきたスポーツや既存スポーツのルール等を簡易化したスポーツ（通商産業省，1990）の総称として，競い合うことよりもプレーを楽しむことに重きをおき，誰もが気軽にプレーできる，わが国のスポーツ・ジャンルのひとつとして定着している．

　ニュースポーツは，ニュー（新しい）の形容詞がつくことで，未知なるスポーツとの出会いが私たちの興味・関心や好奇心を駆り立てる．このニュースポーツに共通する一般的特徴として，①技術の習得が容易ですぐにゲームを楽しむことができる，②筋力や持久力の差がそのまま競技力に反映されることはなく年齢・性別を問わずだれでも活動できる，③従来の競技スポーツとは異なってルールに柔軟性を持たせ楽しみを追求する（久保，2000）がある．「いつでも，どこでも，誰に（と）でも楽しめるニュースポーツ」のキャッチフレーズとともに，子どもから高齢者まで，性別や体力，障がいの有無を問わず，世代間交流が可能なスポーツとして，するスポーツへの参加を推進してきた．はじめてスポーツに取り組む子どもたちや運動・スポーツに苦手意識がある人たちには，誰もが初心者という公平感や安心感があり，スポーツ参加への敷居を低くさせている．また参加者は，技術や体力勝負といったプレースタイルよりも，偶然が醸し出すプレーや交流の楽しさを重視する傾向がある．このようなニュースポーツの特性は，スポーツ体験や参加を促す自治体のスポーツフェスティバルなどで複数種目を集い合わせ多世代交流プログラム（図11-3-1）として，また高齢者の福祉施設ではレクリエーションプログラムや健康・体力づくりや身体機能・能力の維持・向上を図る運動プログラムにも活用されている．ニュースポーツは，地域の人々にスポーツ参加の幅を拡げるインクルーシブなスポーツとして，健康で元気なまちづくり推進の一翼を担っている．

2.　ニュースポーツによるまちづくり

　スポーツによるまちづくりの取り組みを創出させ，スポーツを活用した地域の社会課題の解決を促進することで，スポーツが地域・社会に貢献し，スポーツ振興と地域振興の好循環を実現する（スポーツ庁，2022）として，スポーツによる交流人口を増加させる試みが全国各地で行われている．スポーツによる地域活性化効果には，地域の対外的な知名度の向上・イメージアップとともに，住民の地域への誇りや地域愛着の醸成，住民の一体感やコミュニティ意識の高揚，住民の社会参加・貢献意識やホスピタリティ向上などの社会的効果と，域外からの誘客，観光関連産業の活性化，スポーツビジネスや関連産業の活性化などの経済的効果（本郷，2013）がある．マラソン大会のような人気スポーツ種目のイベントはよく知られることだが，ニュースポーツによるユニークで魅力的な地域振興も行われている．

（1）地元発祥：パークゴルフ

　パークゴルフは，日本発祥のグラウンドゴルフ（鳥取県湯梨浜町（旧泊村））にヒ

図11-3-2　クッブを通じた町おこしを行っている岩手県住田町
　　　　　使用されている薪は，地域の森林から生産された木材を使用している.
（住田町ホームページ　http://www.town.sumita.iwate.jp）

ントを得て，広大な土地と豊かな自然をもつ北海道の幕別町で1983年に生まれた. このパークゴルフは，公園の有効利用を目的として，子どもから高齢者まで幅広い年代の誰もが一緒にできるスポーツとして普及している. 2021年現在では，愛好者は約130万人，北海道から沖縄まで全国に1,216コース（うち公認コース354）があり，発祥の地，北海道内のほとんどの市町村に公営コースがあり，地域振興に活かされている（パークゴルフ協会，2021）.

（2）地域資源の活用：クッブ（KUBB）

「クッブ（kubb）に使用されている木材は地域の森林から生産された木材を使用しています. 森林・林業日本一を目指す住田町には木を使ったクッブがぴったりです.（住田町林政課）」と，スウェーデン生まれの薪（まき）投げスポーツのクッブを活用し，人口5,000人に満たない山間部の町で地域おこしが行われている. 町では国内でクッブが普及されはじめて間もないころに大会（クッブ・ジャパン・オープン）を開催し，2016年のいわて国体ではデモンストレーション競技開催地となった. その後も，町では継続して大会を開催し，地元木材を使用した用具（クッブ）を販売するなど，普及活動と町の広報を兼ねた営みを行っている（図11-3-2）.

（3）温泉地×スポーツ：温泉スリッパ卓球

地元の賑わいや地域おこしを目指して，温泉地の旅館や商工会がB級スポーツともいわれるニュースポーツ大会を開催している. 山口県山口市では当地出身者の石川佳純選手（元卓球女子日本代表）の応援と地元湯田温泉のPRを兼ねた温泉スリッパ卓球大会を2012年よりはじめた（図11-3-3）. コロナ禍による影響で4年ぶり9回目となる大会（2023年）では，一般と未経験者の2部門に県内外から450名を超える参加者が競技とコスプレを楽しんでいる. ベストドレッサー表彰もありユニークな仮装姿で，スリッパのラケットをもった選手らが真剣にダブルスの試合に臨む姿は，プレーのみならず仮装に魅了される盛況イベントである.

（4）都市×スポーツ：アーバンスポーツ

2020東京オリンピックでは，若者に人気のあるスケートボード，スポーツクライ

図11-3-3　温泉スリッパ卓球
(温泉スリッパ卓球大会ポスター，大会実行
委員会)

図11-3-4　アーバンスポーツ
(FISE WORLD SERIES HIROSHIMA
2019ポスター，公式サイト)

ミング，バスケットボール3人制，自転車のBMXフリースタイルなど新しい競技が採用された．これらは，従来のニュースポーツの概念とは異なるエクストリーム系（危険な離れ業などによる華やかさや過激な要素で興奮を生み出す）の新しいタイプのスポーツで，仮設施設などを利用して都市部で大会が開催されている．これらのスポーツの総称がアーバンスポーツ（橋本，2020）である．このアーバンスポーツ世界最高峰の競技会であるFISE（エクストリームスポーツ国際フェスティバル）が2018年に日本で初めて広島市の中心市街地で開催された．2019年大会（FISE広島2019）では，4日間で20代の若者をはじめ10万人を超える来場者が会場を訪れ競技を観戦した（JUSC, 2021）（図11-3-4）．都市型の広い場所を必要とせず，ユニークなファッションと音楽がミックスされた，個人でも気軽にはじめられる新しいタイプのスポーツが，若い世代のライフスタイルスポーツとして受容されている．いまや全国の都市でアーバンスポーツイベントが開催され，する・みるスポーツによるまちづくりのフェーズを創出している．

3. ニュースポーツによる地域振興の課題と期待

　少子高齢化，人口減少社会が進行する地域の社会的状況において，スポーツのもつ多面的な効果や価値は，地域のひとづくり，まちづくりの手段として有為であるが，ニュースポーツ推進の課題がある．さらにこれらを地域振興へと繋げていくかについて考えてみたい．

(1) ニュースポーツ団体の活動推進

　ニュースポーツは，知名度の高まりとともに広く普及した競技種目もある一方で，未だにイベントでの紹介や大会の一過的な活動に留まっている種目も少なくない．種

目の普及・推進には，体験会や競技会など「する」スポーツの機会づくりとともに，一流の競技やデモンストレーションを「みる（魅せる）」機会づくりも継続的な需要の喚起に繋げる営みとして重要である．しかしながら現状では，ニュースポーツの競技団体はヒト，モノ，カネ，情報などの経営資源の不足は否めず，市町自治体や日本レクリエーション協会などの統括団体が行う交流イベントでの体験会を主要な活動としている実状もある．いかにして推進母体となる各競技団体の強化を図り，広報・普及活動を推進していくかが共通の課題となっている．

(2) ニュースポーツと地域振興

　スポーツのもつ多様な価値をベースに，誰もが気軽に参加できるというニュースポーツは，健康・福祉，施設・環境，社会・経済などと繋がりやすく，スポーツ以外のさまざまな分野と組み合わせて活用することが可能である．あらためて各地域にある自然や観光地の温泉や旅館・施設，地元食材，地域の有名人などの資源を見直し，その地域の特性にあった，スポーツ以外の領域と融合・複合化（価値の相乗効果）を図る視点はもっておきたい．ニュースポーツでは，これまでのスポーツ大会でみられるスポーツ単体の，プレーすることのみを目的としたイベントに限定することなく，そこに集う多様（する・みる・ささえる）な人たちの多様なニーズ（競う，交わる，訪れる，観る，学ぶ，知る，食べる，買う，そして楽しむ…）を複合的に満たすインクルーシブな交流イベントが，さらなる交流人口を増加させ，新たな地域の魅力発信と地域振興につながる好循環のきっかけを創るのではないだろうか．

　スポーツは時代とともに進化し，新しいスポーツが生まれる．新しいニュースポーツが，さらにあらたな価値を創出し，さらなる地域活性化のひとつとして活用されるのである．

[松本　耕二]

[キーワード]

・**ニュースポーツ**：比較的近年国内で紹介されたスポーツ，またはルールの柔軟性やゲームの簡易性などを特徴として考案された参加者指向型のスポーツの総称．

・**B級スポーツ**：B級グルメがまちおこしを目論む自治体，業者，市民グループが考え出したメニューを指すこともあることから，同様の意を有するニュースポーツのこと．温泉スリッパ卓球のほかにも，静岡県伊東温泉発祥のスポーツまくら投げなどがある．

・**アーバンスポーツ**：都市型スポーツのことで，広い場所を必要とせず，個人で気軽に始められるスポーツのこと．順位を争うものではなく，自らが楽しみ，仲間や観る人たちも一体となって楽しめる．競技には，BMX，スケートボード，スポーツクライミング，パルクール，インラインスケート，ブレイクダンスなどがある．

[文　献]

・本郷　満（2013）スポーツによる地域活性化の動き．中国地域経済白書，pp.55-65．

・日本パークゴルフ協会　https://www.parkgolf.or.jp（参照日2023年10月29日）

・住田町ホームページ　http://www.town.sumita.iwate.jp（参照日2017年12月30日）

・日本アーバンスポーツ支援協議会　http://jusc.jp（参照日2023年10月29日）

・市井吉興（2020）「ニュースポーツ」とスポーツツーリズム－スポーツツーリズムの資源としての「ニュースポーツ」の可能性とは？　観光学評論，8（1）：71-83．

[4] 地域の生涯スポーツイベント

┌─ ポイント ─────────────────────
│ 身近な地域で行われる生涯スポーツイベントは，誰もがスポーツにアクセスできる機会を生みだす．
│ 事例を通し目的と効果，リスクについて触れる．
└───────────────────────────

1．地域の生涯スポーツイベントとライフスタイル

　　　　　生涯スポーツイベントは，多様な主体による多様な楽しみ方とインクルージョン（包括）を特徴とする．参加者・選手（する），観客（見る），運営（支える）にかかわる人が一堂に会し相互に作用することで，高揚感と一体感を醸し出し，生活圏に非日常的で祝祭的な時空間を一時的に創出する．ヨゼフ・ピーパー（1988）が「余暇こそ人生の主，本当の余暇は無為ではなく，まさしく活動である」と述べているように，余暇活動は本来の人間性を取り戻すために必要な行為である．またスポーツは客観的な時間量よりは圧倒的に短く感じられる主観的な時間経過を経験させ，そのことが豊かなライフスタイルを形成することにつながる（菊，2023）．目指すのは，個人と社会におけるウェルビーイング（Well-being）の実現である．イベントはスポーツに親しむ契機となり，生きがいやコミュニティへの愛着の醸成をもたらすことが期待される．

2．地域における生涯スポーツイベントの波及効果による経済と地域の活性化

　　　　スポーツ基本法前文には「スポーツは人と人との交流および地域と地域との交流を促進し，地域の一体感や活力を醸成するものであり，人間関係の希薄化等の問題を抱える地域社会の再生に寄与するもの」と記され，スポーツが地域社会に果たす役割に期待している．

　　　都市部では，スポーツを核とした街づくりを推進し，メガスポーツイベント誘致が進んでいる．2019年のラグビーワールドカップ日本大会は12都市で約170万4,000人の観客を動員し，経済効果は6,464億円といわれる．インバウンド効果に加え，会場へのアクセスのしやすさもあり観戦者の75％を「にわかファン」が占めるなど競技の魅力を多くの人が知ることになり，観戦文化の醸成にもつながった．

　　　地方では少子高齢化と主要産業の衰退による人口減少という課題に対し，限られた資源である自然環境等を活かして外から参加者や観客を呼び込み，消費を促し経済の活性化を図るねらいがある．にぎわいと交流を創出するとともに，長期的には各市町村の知名度を高め，定住者確保につながることが期待されている．

　　　イベントが地域アイデンティティを支えている例として，ばんえい競争をあげる．ばん馬と呼ばれる大型馬が鉄ソリを引く公営地方競馬で，木材を運び出す馬と人が共に北海道開拓に関わった明治期の草競馬に始まる．累積赤字の増大から廃止の危機に陥り，2006年には岩見沢市，旭川市，北見市が撤退した．ファンの嘆願や寄付に加え企業の支援を受け，現在は帯広市のみで開催されている．廃止は，ばん馬生産農家や調教師，騎手など地域の文化・産業の担い手の消失にもつながり，イベントが地域

の産業と文化の継承にも寄与している.

3.　地域における生涯スポーツイベントの事例
（1）ニュースポーツ大会

　第3期スポーツ基本計画では「成人の年1回以上のスポーツ実施率が100％に近づくこと（障害者は70％程度になること）を目指す」と今後の施策目標が示された. 地方スポーツ推進計画に基づき, 多くの自治体ではこれまで参加してこなかった人に機会を提供するとともに共生社会の実現を目的として, ニュースポーツ大会を開催している. 市町村のスポーツ推進委員会やレクリエーション協会が主催する住民参加型イベントが多い.

　種目は多岐にわたり, 年齢, 性別, 障害の有無, 体力や技能レベルにかかわらず, 誰でも参加できることが共通する. ほとんどの人が初めて体験する比較的低強度な運動で, 「体育」のイメージでスポーツや運動が苦手と感じている人や初心者でも抵抗が少ない. 勝敗よりゲームそのものの楽しさや交流に重点がおかれる.

写真11-4-1　mölkky®（モルック）の用具

　最近注目される種目に, フィンランド発祥の薪投げ遊びから考案された「モルック」というゲームがある. 2011年に一般社団法人日本モルック協会が発足し, 全国に広がった公認団体が各地で大会や体験会を行っている（写真11-4-1）.

（2）生活圏である「まち」や「ストリート」が会場となる大会

　道路など屋外の公的な場所で開催されるマラソン, 自転車ロードレース, パレード形式の踊り等のイベントは, 主催者側は専用競技場を必要としないことに加え, 目に触れやすく認知度が上がる, 観客は入場料がかからないことから気軽に観戦できるといった利点がある. 普段1人で活動する競技者同士や観客が一緒に楽しめる機会でもある.

1）マラソンイベント

　参加型の市民スポーツ大会は一部の市民愛好家が参加するもので, 競技型に比べ非日常感が薄くレジャースポーツとしての集客力は低かった. 日本では陸上競技連盟が安全管理の面からも競技型と参加型との融合には消極的であったが, 2007年に東京マラソンが開催されると, 都市型マラソンや市民マラソン大会ブームが訪れた. 祝祭的な雰囲気を楽しむことが一般の人にも身近なものになり, 参加者数, 観客数, ボランティア志願者数の増加をもたらした. 現在では毎週末に日本各地で3kmや5kmコースを含む大小の大会が開催され, 地域の特色を打ち出し差別化を図る動きもある. オホーツク網走マラソンは絶景コースに加え地元協力による食のおもてなしのインセンティブ, 網走監獄にちなむ完走メダルのグッズなどが特徴で, ポータルサイト「RUNNET」2022年フルマラソン部門1位になった. インバウンド効果は海外からのエン

トリー受け付けにも表れている.

アダプテッド・スポーツの観点では，大分国際車いすマラソンが1981年に日本で初めて大会を開催し先駆的な役割を担ってきた．今日では一般の大会における参加区分のひとつとして同日開催するところも増え，ノーマライゼーションの推進にもつながっている.

2）アーバンスポーツ

スポーツ庁「アーバンスポーツツーリズム研究会」ではアーバンスポーツを「エクストリームスポーツ」の中で都市での開催が可能なもの，と定義している．選手もファンも概して若く，音楽やファッションと一体となりストリート文化が反映されている．メディアやSNSとの融合性も高いことからビジネスの面からも期待されている．TOKYO2020オリンピックではスケートボード，自転車BMXフリースタイル，バスケットボール3×3，スポーツクライミングなどが採用され，PARIS2024オリンピックではブレイクダンスが正式種目として決定している．背景には，若者のスポーツ離れやスポーツへの関心の薄れへの危惧がある.

人口減少や若者の流出に対する危機感から，茨城県笠間市は若者の集客を目的に，県営の公園内にスケートボード競技施設を作り，スポーツ関連企業とネーミングライツ契約並びに指定管理者契約を締結した．イベントにより知名度も上がり，10代，20代の若者を中心に年間利用者数1万5,000人（2021年度）が利用するパークに成長している.

4．共存とリスクマネジメント

（1）生活圏での共存

イベントに無関心な住民の中には，日常の居住空間が否応なく侵食されると感じる人もいる．生活道路の規制や安全確保，騒音，混雑，ごみの投棄，私有地への立ち入り等住民生活への影響が課題になる．eスポーツやエクストリームスポーツのように「遊び感覚のアクティビティ」に対し，公的な場での受け入れに否定的な人も少なくない．スポーツなどのチームは内部の結束が高まる半面，集団の外に対し排他的になったり，配慮が欠けたりすることがある．嗜好が多様化している現在，すべての人が共感することは困難であるが，共存するために，競技者と地域住人が共に考え理解を深めていく必要がある.

（2）リスクマネジメント

イベントは不特定多数の来場者が集まるため，規模にかかわらずリスクを抱えることになる．リスクは，天災事故要因，人災事故要因，特殊事故要因に大別できる（図11-4-1）．2020東京オリンピック・パラリンピックはCOVID-19による延期と無観客開催という異例の事態となった．2019年のラグビーワールドカップ日本大会では台風の影響を受け2試合が中止となった．ツール・ド・北海道2023では，選手と一般車両が接触する事故が起き，大会初日に中止となった．2013年におきたボストンマラソンでの爆破テロ事件や，2014年に観客が人種差別のスローガンを掲げたペナルティとしてサッカーJリーグ初の無観客試合となったことなど，人災事故要因のリスクに対する不安も大きくなっている．主催者にリスク管理が求められるのはもとより，参

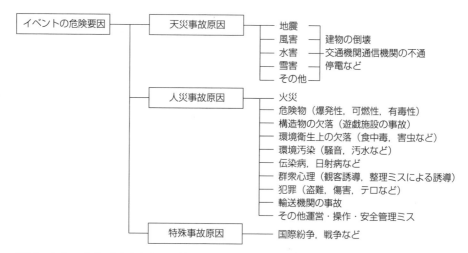

図11-4-1　イベントにかかわる危険因子
（佐野正行，黒田次郎，遠藤利文（2014）図表で見るスポーツビジネス．叢文社）

加者やファンにも危機管理意識が求められる．
　リスクマネジメントの具体的な方策のひとつにイベント関連保険の活用がある．保険区分として興行中止保険，動産総合保険，傷害保険，賠償責任保険，イベント保険などがある．

[増山　尚美]

[キーワード]
・**インクルージョン（inclusion）**：あらゆる属性の個人が排除されずに活躍できる状態．
・**ウェルビーイング（well-being）**：「幸福」．身体的，精神的，社会的に良好な状態にあることで，持続的な状態を意味する．
・**エクストリームスポーツ（extreme sports）**：過激な速度や高度といった難易度が高い目標に挑戦する，危険性の高いスポーツの総称．Ｘスポーツとも表記する．エンターテインメント性が重視され，新旧さまざまな競技が含まれる．若者に支持されるファッションや音楽，カルチャーなどと結びついていることも一定の要件になっている．

[文　献]
・ヨゼフ・ピーパー（1988）余暇と祝祭．講談社学術文庫．
・菊　幸一（2023）スポーツとは何か．体育の科学，73: 368.
・アーバンスポーツツーリズム研究会（2021）第3回配布資料（資料4）アーバンスポーツツーリズム推進に向けた論点整理（案）https://www.mext.go.jp/sports/content/20210315-spt_stiiki-000013443_04.pdf（参照日2023年12月21日）
・ベリンダ・ウィートン（2019）サーフィン・スケートボード・パルクール　ライフスタイルスポーツの文化と政治．ナカニシヤ出版．
・笹川スポーツ財団（2023）スポーツ白書2023.
・日本経済新聞（2020年6月24日）ラグビーW杯の経済効果，史上最高の6464億円．https://www.nikkei.com/article/DGXMZO60716230U0A620C2000000/
・ラグビーワールドカップ2019組織委員会（2020）ラグビーワールドカップ2019™日本大会，大会成果分析レポート．
・佐野正行，黒田次郎，遠藤利文（2014）図表で見るスポーツビジネス．叢文社，p.241.

12章 総合型地域スポーツクラブの現状と課題

[1] 総合型クラブの定義と現状

> ── ポイント ──
> 地域・コミュニティでの総合型地域スポーツクラブの集団としての定義とこれまでの政策的背景について述べたい.

1. 地域・コミュニティでのスポーツ振興とクラブ育成

　　日本のスポーツクラブは，これまで学校や職場を中心に展開され，競技力の向上やスポーツ活動の充実も学校や職場を拠点に実施されてきた．それが，1964年のオリンピック東京大会を契機に，国民の体力向上やスポーツ競技力向上のために，広く国民各層のスポーツ参加が奨励されるような機運が高まった．日本は1960年代に高度経済成長を成し遂げ，近代的な文化的な生活の享受をしつつ，スポーツやレジャー活動への興味や関心が高まった．

　　1960年代後半から日本の関係行政機関は，コミュニティの創造とスポーツ振興に関係したさまざまな行政施策を発表してきた．その中でも，コミュニティ政策の契機ともなり，その基本的役割を果たしたのが1969年9月の国民生活審議会調査部会コミュニティ問題小委員会の報告「コミュニティ：生活の場における人間性の回復」である．この報告書では，「国民生活優先の原則」を打ち立てるために，生活における集団形成の必要性を説き，かつての地域共同体にみられた拘束性や閉鎖性を克服し，現代社会の人々の自由と開放性に立った参加を前提としたコミュニティを構想していた．

　　その後，関係省庁は，新しいコミュニティ創造に向けて積極的な姿勢をみせはじめた．その中でも，コミュニティにおけるスポーツに注目したものが，経済企画庁『経済社会基本計画：活力ある福祉社会のために』（1973）であった．そこでは，「スポーツ活動は増大する余暇を楽しみながら，人間本来の活動力を取り戻すという現代の不可欠の要素である」として，日常生活圏の中に身近にかつ手軽に利用できるコミュニティ・スポーツ施設の整備の必要性を唱え，そこで行われるスポーツ活動が地域住民相互の接触を深め，新しいコミュニティの形成に貢献することを期待していた．経済企画庁ではそうした趣旨を受けて，「コミュニティ・スポーツ施設整備計画調査報告書」（1974）を公にした．ここで注目すべきことは，新しいコミュニティの創造にスポー

ツ活動をその主要な媒介手段に位置づけ，かつそれを行う場としてのスポーツ施設の重要性を強調したことである．時を同じくして，国土庁（1972）をはじめ関係省庁は，いわゆる体育・スポーツを含めた多目的用途に利用されるべき「コミュニティセンター」の建設に意欲的な姿勢を示した．

　行政サイドからの多方面にわたるコミュニティ関連政策の増大とそれに対して高まる国民的関心を受けて，自治省（現総務省）のコミュニティ施策が出現した．自治省は，地方行政を推進するうえで，広域市町村圏および日常生活近隣生活圏の設定とその整備に関する基本方針を示した．後者に関しては，1971年から，「コミュニティ（近隣社会）に関する対策要綱」（自治省行政局，1977）に基づいてモデル・コミュニティの設置を中心とする施策を打ち出した．この施策の趣旨の中でとくに，社会福祉や保健施設等の充実とともに，日常の文化，体育，レクリエーション等の活動を行うのに必要な施設の整備の必要性を述べ，新しいコミュニティを創造するため，大きくは都市的地域と農村地域の2通りに分けてモデル地区の設置を実施するものと提言した．そして，モデル・コミュニティを国内83地区に指定し，可能な限りその地域的実情に即して，ひとつはコミュニティ生活環境の整備，他はコミュニティ活動の充実を図ることをおもな内容とした．体育・スポーツに関しては，モデル・コミュニティ地区内において文化，体育，レクリエーション活動およびコミュニティ行事を楽しむことができるような集会施設や，小規模な体育施設，その他必要な施設を合理的に配置し，その利用が容易になるような交通体系を整備し，そこでの自主的な体育・レクリエーション行事を住民のコミュニティ活動のひとつに位置づけられるようにした．

　一方，体育・スポーツ分野の施策では1961年の「スポーツ振興法」以降は，保健体育審議会として振興政策を答申してきた．1972年「体育・スポーツの普及振興に関する基本方策」を答申し，近隣社会でのスポーツ環境施設整備に関した指針を明らかにした．その後，日本は，社会体育や生涯スポーツ振興の機運を背景に，国民各層のスポーツへの参加率は上昇し，また，スポーツ産業の繁栄もあり，コミュニティには，さまざまな形態のスポーツ施設や参加現象がみられるようになった．1990年代の半ばからの経済状況の悪化とともに，消費的レジャーやスポーツへの参加機運が以前よりも低迷してきたことを受け，また，21世紀に加速度的に進む少子高齢化現象のなかで，それまでのコミュニティ・スポーツのあり方自体が問われることとなった．

　このことは，コミュニティの新たな創造として，子どもからお年寄りまでが共存し，交流できるスポーツ交流拠点の開発が，何よりも重要課題としてあげられる．1997年9月には，保健体育審議会が，豊かなスポーツライフの指針を明らかにし，生涯にわたる人々の身体活動の重要性を示す一方，各ライフステージでの望ましいスポーツライフの指針と特性を明らかにした．そのスポーツ交流拠点となる施設利用についての基本的考え方として，これまでの学校体育・スポーツ施設の開放型から地域共同利用型への転換の必要性を述べた．このことは，コミュニティ主導の体育・スポーツ活動の推進によって，子どもの教育から健康的な町づくりやコミュニティづくりがその基本にある．そうした機運を受け，2000年8月には，文部省によって，生涯スポーツ社会の実現と豊かなスポーツライフの享受を掲げた「スポーツ振興基本計画」が策定され，重点施策としては，国民各層の運動・スポーツ参加率を上げることと，その拠

点としてコミュニティに新しいタイプの学校の枠を越え地域と一体になった総合型地域スポーツクラブ（以下，総合型クラブ）の育成事業をあげている．戦後から今日まで70年以上の間に引き起った急激な社会変化と社会構造の変化に伴い，地域社会の再生のためにスポーツによる社会的連帯感の醸成が期待されてきた．さらに今日的課題としてある少子高齢化は，さらに青少年と高齢者の生活環境の急激な変化をもたらし，スポーツ環境の再構築も必要とされている．

2. スポーツクラブの定義と類型

　これまで日本のスポーツクラブと呼ばれる「スポーツ集団」は，学校，地域，企業においてそれぞれ活動し展開されてきた．その特徴としては，少人数，単一種目，同世代で構成されたスポーツ集団として発展してきた．

　一方，今日の急激な少子化に伴う学校単位の運動部活動の構成基盤の弱体化や低迷，さらに日本での学校や地域で指導が分断型で進められてきた青少年スポーツの現状から，青少年期の一貫スポーツ指導や拠点整備の必要性が出現してきた．また一方で，高齢化現象に伴って高齢者の地域での健康づくりや居場所づくり拠点の必要性，さらには，多様なプログラム指導や整備された拠点施設をもつアスレチッククラブ，スイミングクラブ，テニスクラブなどの商業スポーツクラブの増加など，従来の地域スポーツクラブの活動基盤の枠組みが大きく変わってきた．1990年代後半以降の経済的低迷に伴う企業の経済的状況の悪化で，企業スポーツの運営が難しくなるなど，戦後発展してきた日本のスポーツクラブ事情は急変してきた．

　こうした背景の中で生まれてきた現在の国のスポーツ政策の中心的課題になっている総合型クラブは，地域に学校を含めた構成基盤で多種目，多世代，多志向，自主運

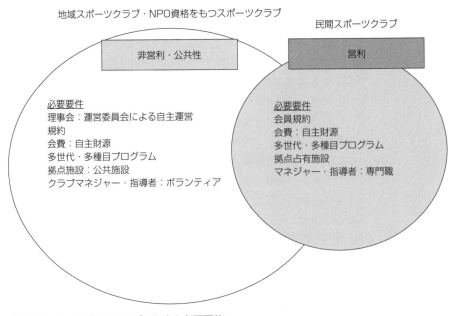

図12-1-1　スポーツクラブの概念と必要要件

営（文部科学省，2000）を前提としたヨーロッパ型のスポーツクラブを想定したものが1995年以降育成されるようになってきた．

　ここでいう総合型クラブは，集団の成熟性とともに，人数規模もチーム的規模ではなく人的交流範囲の広い活動が求められている．同時に，同様の集団運営条件をもつ商業スポーツクラブは，営利を目的としない非営利を重視する点で大きく異なっているものの，NPO法人格をもち独自性の強いクラブなど，その運営形態は多様性を帯びている（図12-1-1）．

　今後は，新しいスポーツ文化の形成のための豊かなスポーツクラブライフを達成するためには，地域を基盤とした公共性・公益性の強い役割機能が重要視されなければならない．換言すればクラブがスポーツを通して新たなコミュニティ形成や仲間作りを目指したスポーツ・コミュニティの役割をもつのにふさわしい，社交的なお付き合いや他の社会的活動参加の促進機能が求められている．単に仲間とスポーツをして帰宅するだけのクラブ活動だけでなく，クラブ活動全体を通して広く地域社会への理解や役割への貢献が期待され，より多くの人々の参加が可能なスポーツ集団として多様な会員のニーズを満たすものが求められている．

［川西　正志］

［キーワード］

・**総合型地域スポーツクラブ**：1995年以降始まった地域スポーツクラブ育成政策の対象となった集団であり，多種目・多世代・多志向の会員を有し，会費を原則として自主運営をされている特性がある．

［文　献］

・保健体育審議会（1972）体育スポーツの普及振興に関する基本方策について．
・自治省行政局（1977）コミュニティ（近隣社会）に関する対策要綱．ジュリスト増刊総合特集，全国まちづくり集覧，No. 9，p.318，pp.319-320.
・経済企画庁（1973）経済社会基本計画：活力ある福祉社会のために．pp.59-60.
・経済企画庁（1974）コミュニティ・スポーツ施設整備計画調査報告書．pp.14-18.
・国土庁（1972）過疎化地域集落整備事業費補助金交付要綱．
・国民生活審議会調査部会コミュニティ問題小委員会（1969）コミュニティ：生活の場における人間性の回復．
・文部科学省（2000）総合型地域スポーツクラブ育成マニュアル．
・文部科学省（2000）スポーツ振興基本計画．

[2] 全国的な総合型クラブの支援・管理組織

ポイント

総合型地域スポーツクラブの質的充実に向けてさまざまな団体が支援を行っている．各団体が行っている支援を知り，各クラブの課題解決に活用することも重要である．

　　2012年に策定された第1期スポーツ基本計画は，第2期（2017年），第3期（2022年）と5年経過ごとに見直されている．総合型地域スポーツクラブ（以下，総合型クラブ）の施策は，第1期から第2期において量的拡大から質的充実に重点が移り，第3期ではより質的充実が求められるようになっている．この変化によって，総合型クラブに求められる要求は増え，取り巻く課題も多岐にわたるようになり，総合型クラブ単独で解決できない場合もみられるようになっている．そこで，総合型クラブの支援と管理を行う公益財団法人日本スポーツ協会，総合型地域スポーツクラブ全国協議会（SC全国ネットワーク），独立行政法人日本スポーツ振興センター，公益財団法人日本レクリエーション協会，広域スポーツセンター，公益財団法人日本スポーツクラブ協会それぞれの取り組みを紹介する．

1．公益財団法人日本スポーツ協会（JSPO）

　　日本スポーツ協会は，1997年度より総合型クラブ育成に関する事業に取り組んでいる．2023年3月に「総合型地域スポーツクラブ育成プラン2023-2027」を発表，育成の基本理念として「スポーツを核とした豊かな地域コミュニティの創造」を掲げている．この基本理念を実現するために，日本スポーツ協会は，各総合型クラブが自立・自律するために取り組むべき事項を提示，関係機関・団体と連携しながら永続的に各クラブが充実した活動を行える環境整備のための事業を行っている．具体的には，①地域スポーツクラブ育成委員会等の開催，②総合型地域スポーツクラブ全国協議会（SC全国ネットワーク）の設立，③クラブ支援ミーティングの開催，④ブロック別クラブネットワークアクションの開催，⑤総合型地域スポーツクラブ育成・支援情報提供，⑥ヒューマンエラー防止研修会の開催，⑦リスクマネジメント研修会の開催，⑧クラブマネジメント指導者海外研修事業などを行っている．

　　また，クラブの持続可能な活動の支援，自立に向けた支援として，各クラブが自己点検できる指針と評価指標を作成し「自立・自律に向けたチェックリスト≪自己評価・点検用ツール≫」を公開，PDCAサイクルの習慣化を促している．

2．総合型地域スポーツクラブ全国協議会（SC全国ネットワーク）

　　SC全国ネットワークは，総合型クラブの全国展開を推進し，総合型クラブをより定着・発展させるため，各総合型クラブにおける活動のノウハウや抱える諸課題を全国的に共有し，課題解決に向けて協議する場を定期的・継続的に構築することを目的として，2009年2月に日本スポーツ協会組織内に設立された組織である．総合型クラ

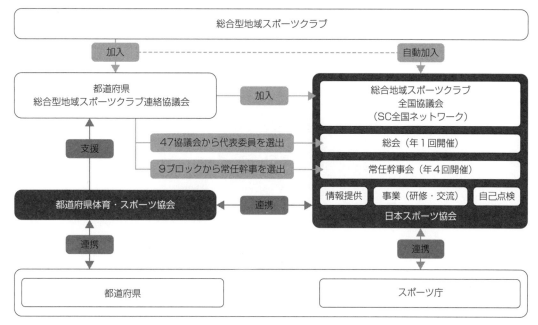

図12-2-1　SC全国ネットワーク組織概要
（日本スポーツ協会HP「SC全国ネットワーク」より抜粋）

ブとSC全国ネットワークの関係を図12-2-1に示す．都道府県総合型地域スポーツク
ラブ連絡協議会に加入すると自動的にSC全国ネットワークに加入することになる．
SC全国ネットワークは，①日本における総合型クラブの全国的なネットワークの構
築，②総合型クラブ間の情報交換および交流の機会等を設け，各クラブの自立を促進
する，③総合型クラブの社会的認知度のさらなる向上を図り，総合型クラブの意義や
役割に関する広報活動を推進することなどを目的としている．SC全国ネットワーク
に加入することにより，研修や交流事業に参加でき，クラブ運営に関するさまざまな
情報の共有，クラブ運営面での課題共有や解決の糸口を探ることができる．2020年
度のSC全国ネットワーク加入率は75.3％であり，加入クラブは，都道府県ごとに日
本スポーツ協会のホームページから確認できる．

3. 独立行政法人日本スポーツ振興センター（JSC）

　　日本スポーツ振興センターは，スポーツ基本法に掲げられている基本理念の実現に
向けて，2013年7月スポーツ関係機関との連携強化・協働を進めるために「JAPAN
SPORT NETWORK」を立ち上げた．この「JAPAN SPORT NETWORK」は，「スポー
ツの力」で明日の社会を拓くヒトを育て，活力のある地域社会と幸福で豊かな日本を
実現するために協働し，子どもたちや若者が夢を持てる国，輝く未来を創ることを目
指したネットワークである．2016年には，地域とスポーツの活性化に役立つ「地域
スポーツ政策イノベーション・プラットフォーム」の構築を目指し，情報配信や共催
事業，セミナー開催等の取り組みを行っている．2023年7月時点で907の地方公共団
体がこのネットワークに加入し，活動を行っている（図12-2-2）．

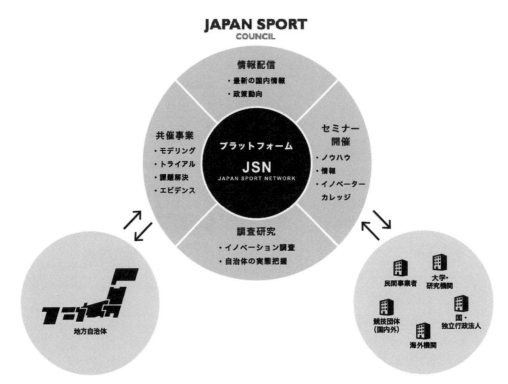

図12-2-2　地域スポーツ政策イノベーション・プラットフォームの構築
（日本スポーツ振興センターHPより抜粋）

　　また，日本スポーツ振興センターはスポーツ振興くじ助成を行っている．スポーツ
振興くじ助成は，スポーツくじの販売により得られる資金をもとに，地方公共団体お
よびスポーツ団体が行うスポーツ振興を目的とする事業に対して助成されるものであ
る．地域スポーツに関わるものとしては，「総合型地域スポーツクラブ活動助成」「地
域スポーツ施設整備助成」「地方公共団体スポーツ活動助成」がある．「総合型地域ス
ポーツクラブ活動助成」は，総合型クラブの創設および自立に対して行われる助成で
ある．クラブマネジャーの設置やクラブアドバイザーの配置に対する助成もあり，ソ
フトウエアやヒューマンウエアに対する助成も含まれる．「地域スポーツ施設整備助
成」は，グラウンドの芝生化やスポーツ施設の整備事業に対して行われるもので，お
もにハードウエアに対する助成である．「地方公共団体スポーツ活動助成」は，地域
のスポーツ活動の推進を主とし，スポーツ教室や大会の開催，指導者の養成・活用に
対する助成である．このように，ソフトウエア，ハードウエア，ヒューマンウエアの
それぞれの資源に対する助成を行いながら，総合型クラブや地域クラブの活動を支援
している．

4.　公益財団法人日本レクリエーション協会

　　日本レクリエーション協会では，スポーツ振興くじの総合型地域スポーツクラブ活
動助成を受け，総合型クラブの創設支援や自立支援を行っている．日本スポーツ振興

センターの助成事例をみると，2007年から2017年で49件の助成を受けていることがわかる．

5. 広域スポーツセンター

　　広域スポーツセンターは，総合型クラブの創設や運営，活動とともに，スポーツ活動全般について効率的に支援することを目指して，1999年より文部省が「広域スポーツセンター育成モデル事業」として始めたものである．2000年のスポーツ振興基本計画では，地域におけるスポーツ環境の整備充実方策のひとつとして，2010年までには各都道府県において少なくともひとつは育成されることが目標とされた．「総合型地域スポーツクラブへの支援体制等に関する調査結果」（2016）によると，全国47都道府県に広域スポーツセンターは54設置されており，各都道府県に最低ひとつという目標は達成されていることがわかる．

　　広域スポーツセンターの事業内容は，おもに総合型クラブの創設・育成に関する事業とそれ以外の事業に分けられる．総合型クラブの創設・育成に関する事業としては，①総合型クラブの創設に向けた取り組み，②総合型クラブへの運営に対する支援，③都道府県総合型クラブ連絡協議会に対する支援，④市町村行政に対する支援などが実施されている．スポーツ庁（2016）の結果をみると，②総合型クラブへの運営に対する支援については，「クラブマネジャーの育成に関する支援」を実施する広域スポーツセンターが8割を超えており，ヒューマンウエアの充実に向けた支援がなされていることがうかがえる．

6. 公益財団法人日本スポーツクラブ協会

　　日本スポーツクラブ協会は，スポーツクラブの普及・育成および健康・体力つくりの指導を行うと共に，スポーツクラブの運営および健康・体力つくりに関する調査研究並びに指導人材の養成を行い，もって国民福祉の向上に寄与することを目的として1976年に設立された．1999年度から2007年度には毎年スポーツクラブセミナーを実施，2008年度からは全国スポーツクラブサミットを開催するなど，全国のスポーツクラブのサポートを行い，地域スポーツ環境の整備に努めている．また，スポーツクラブの経営・運営，健康体力つくりの人材育成のための講習会も実施している．

[大勝志津穂]

[キーワード]

・**総合型地域スポーツクラブの質的充実**：第2期スポーツ基本計画では，これまでの数を増やす施策から，設立されたクラブの持続的な運営を目指した支援方策へと転換がなされた．第3期ではさらに，地域の団体や人材との連携促進，地域資源の最大限の活用を進めながら質的充実を目指すことが求められている．国は，日本スポーツ協会，総合型クラブ全国協議会，日本スポーツ振興センター，地方公共団体，広域スポーツセンターなどさまざまな組織と連携し，総合型クラブの支援体制の構築を目指している．

[文　献]

・日本スポーツ振興センター　http://www.jpnsport.go.jp（参照日2023年7月20日）

・日本スポーツ協会（2023）総合型地域スポーツクラブ育成プラン 2023-2027.

・日本スポーツ協会（2021）SC全国ネットワーク
　総合型地域スポーツクラブ全国協議会リーフ
　レット.
・日本スポーツ協会　https://www.japan-sports.
　or.jp/（参照日2023年7月20日）
・日本スポーツクラブ協会　https://jsca21.or.jp/
　（参照日2023年7月20日）
・日本レクリエーション協会　https://recreation.
　or.jp/（参照日2023年7月20日）

・文部科学省（2022）スポーツ基本計画.
・笹川スポーツ財団（2017）スポーツ白書2017.
　第7章スポーツクラブ，p.192.
・スポーツ庁（2016）総合型地域スポーツクラブ
　への支援体制等に関する調査結果.
・JAPAN SPORT NETWORK　https://www.
　jpnsport.go.jp/jsn/index.html（参照日2023年7
　月18日）

[3] 総合型クラブ運営の人材のマネジメント

— ポイント —
総合型クラブではクラブマネジャーや事務局員などの運営スタッフやスポーツ指導者，ボランティアスタッフなどの人材のマネジメントが重要となる.

1. 総合型クラブ運営の人材のマネジメントの現状と課題

（1）組織と人材のマネジメントの基礎知識

　「組織は人なり」という言葉をよく耳にする．総合型地域スポーツクラブ（以下，総合型クラブ）においても同様にクラブマネジャーをはじめとする「人」がクラブ組織の鍵を握る．経営学者のバーナードは，組織の成立条件として，「共通目的（組織目的）・協働意志（貢献意欲）・コミュニケーション」の3要素を示している．総合型クラブのマネジメントにおいてもこの3要素を軸に，組織目的を明確に設定・発信し，スタッフやメンバーの貢献意欲を引き出し，スタッフ・メンバー間のコミュニケーションを促進することが重要である．つまり，総合型クラブとして組織の「ミッション：社会への使命」と「ビジョン：将来構想・展望」を実現し，安定したクラブライフを推進する上で鍵となるのが，経営資源（ヒト・モノ・カネ・情報）のヒト＝人材であり，重要となるのが人材のマネジメントである．人材のマネジメントとは，Human Resource Management（HRM）を指し，組織の目標達成や維持向上のために，人材という貴重な資源を確保し，活用することである．総合型クラブではクラブマネジャーや事務局員などの運営スタッフやスポーツ指導者，ボランティアスタッフなどがその人材となる.

（2）総合型クラブの目標設定の再確認

　総合型クラブの現在の課題は「人材の確保」である．ではなぜ人材が不足しているのだろうか？　組織の鍵となる人材が集まったり，努力をしたりするのは何らかの目標を達成するためである．しかし，目標には「やりがい」のあるものとないものが存在する．では，どのような目標が設定された時に，人は「やりがい」を感じ，努力をするのであろうか？　目標設定理論では，困難で具体的な目標の設定が，高い生産性（優れたレベルで達成する度合い）に結びつくためには，その目標が価値のあるもの

として受け入れられる必要があるといわれている．総合型クラブの場合，限られた経営資源の中で，スポーツを楽しむクラブの利用会員を増やすという目標に向けて，日々，絶え間ない努力と時間を費やし業務を遂行している．しかし，人材育成という視点で目標を設定している総合型クラブは少なく，クラブを担う人材の確保や活用に苦慮しているのが現状である．つまり，人材のマネジメントにおいても目標設定は重要であるが，企業のように計画的に目標を設定し，遂行することが難しいのが総合型クラブの現状でもある．

(3) 総合型クラブ運営の人材を取り巻く現状

スポーツ庁（2023）の「令和4年度　総合型地域スポーツクラブに関する実態調査結果概要」をもとに，総合型クラブの事務局体制・スポーツ指導者・ボランティアを取り巻く現状について述べる．

①事務局体制

総合型クラブの事務局体制においては，「クラブマネジャー」の配置が50.4％と伸び悩んでおり，うち常勤（週4日以上）が42.9％で非常勤が57.1％となっている．さらに，手当が支給されている常勤クラブマネジャーは79.4％で1日平均8,257円である．しかし，非常勤になると手当の支給は40.3％に止まり，1日平均3,259円と大きな差が生まれる．クラブにおける「事務局員」の配置は58.6％，うち常勤が34.1％で非常勤が65.9％となっている．手当が支給されている常勤の事務局員は73.2％で1日平均5,659円，非常勤になると手当の支給は48.9％となり，1日平均3,056円とここでも大きな差が生まれている．

②スポーツ指導者

総合型クラブの規模は多岐にわたる．「スポーツ指導者」は1クラブ平均14.6人が所属し，そのうち有資格指導者は46.3％となっている．手当が支給されている有資格指導者は56.3％で1回平均額は3,093円，無資格指導者で手当が支給されているのは42.6％，1回平均額は1,751円となっている．

③ボランティアスタッフ

前述のように，クラブマネジャー・事務局員・スポーツ指導者のいずれもの場合も手当が支給されていない無給のボランティア活動となっているケースがある．一方，「ボランティアスタッフ」のカテゴリーでクラブ運営（単発イベント等含む）にかかわる延べ人数（指導者を含む）は，0人が30.3％を占め，次いで1人～10人（22.7％），11～20人（18.3％），21～30人（10.3％），101人以上（5.6％）とクラブの規模や体制・方針によりばらつきがあることがわかる．

(4) 総合型クラブ運営の現在の課題は「人材確保」

前述のスポーツ庁（2023）の令和4年度の実態調査によると，現在の総合型クラブの課題の第1位が「人材の確保」である．とくに，回答した1,979クラブのうち，「クラブ運営を担う人材の世代交代・後継者確保」を課題にあげているクラブは71.1％を占め，次いで「指導者の確保（養成）」61.0％，「会員のクラブ運営への参画促進」36.4％，「事務局員の確保」31.5％，「クラブマネジャーの確保」30.7％となっている．他の視点では「財政的自立」の中で，「会費・参加費などの受益者負担による財源確保」が44.6％を占めたが，総合型クラブの鍵となるクラブマネジャーやクラブ運営を担う人材確保は切

実な課題であり,人材確保と活用のための人材のマネジメントは急務であるといえる.

2. 総合型クラブ運営の人材のマネジメント

(1) 総合型クラブ運営の人材マネジメントの基本サイクル

　一般的な企業や団体における人材マネジメントは,①「採用・育成」,②「配置・異動」,③「評価・処遇」という3つのステップや「採用」「育成」「配置」「活用」「評価」などの5〜6つの要素から成るといわれている.総合型クラブの場合は,まず,組織のミッション・ビジョンなどの目標達成に必要な優秀な人材像を決定するところまでは問題は生じにくい.しかし,組織の運営スタッフとして「採用」する際の処遇面で,前述のように常勤・非常勤,有給・無給などの厳しい条件が人材確保を阻む要因となることが少なくない.また,限られた経営資源の中で,能力を修得する研修プログラムやトレーニングを通じてスタッフ一人ひとりの能力や資質の伸長を図る「育成」においても,経験を通じて指導する方法(OJT)となるケースが多い.運営スタッフ各自の能力や適性に応じて適材適所に「配置・異動」し,人材の「活用」を図るだけの余裕はなく,1人で複数の業務を担うことになるのがクラブマネジャーの実情である.さらに,その能力や成果を評価基準に合わせて公正に賃金や手当,昇進などによって「評価・処遇」するというプロセスが理想であるが現状は難しい.なぜならば評価をする人も基準も曖昧で,賃金や手当などの昇給,ましてや昇進なども現実的には難しい状況となっている.仮に評価の結果,その組織にふさわしくない人材や十分に貢献できない人材と判断されたとしても,後継者が見つからないなどの現実問題もあり,異動やクラブ運営から外す状態にすることも難しい.つまり,人材マネジメント・サイクルを健全に機能させるための経営資源の確保などの基盤づくりが最重要課題となる.今後は,組織内のさまざまな事情や環境要因,外部の環境要因(法律・条例・制度・政策・労働市場等)を検討しつつ,人材マネジメント・サイクルの機能について改善が必要となる.とくに総合型クラブにおいては,「採用」および「育成」の段階で,クラブのミッション・ビジョンについて理解を深めることが重要であり,「配置」の際にも,配属や業務だけを指示するのではなく,ミッション・ビジョンを軸としてどのような成果をあげるために必要となる業務なのかということに基づいて,動機づけやクラブに対するコミットメントの向上,クラブ内での協働やチームワークの促進などに配慮しつつ,人材を活用できるしくみの構築が重要となる.

(2) 総合型クラブ運営を担う人材のマネジメントのプロセス

　総合型クラブでは,人材不足やミスマッチなど人材のマネジメントをめぐる問題を抱えているクラブも少なくない.それらを解消するためには,ボランティアマネジメントのプロセスを援用し,人材のマネジメントのプロセスを確立することが重要である.図12-3-1に示したように,そのプロセスには7つのステップがある.受け入れ準備の段階として「①ニーズ・アセスメントとプログラムの立案」では,クラブを活性化させ充実したクラブライフを実現させるために,クラブのミッション・ビジョンを軸に運営のどこに問題があるのかを把握し,必要とする人材像を確立する.そして,採用段階の応募者に対する「④採用:インタビューとマッチング」以降では,一人ひとりの動機や適性を配慮し,適材適所の人的配置を最大限考慮し,実践活動となる「⑥

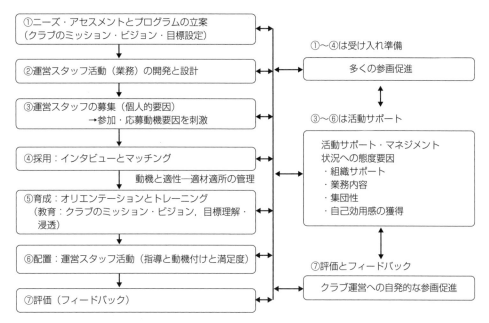

図12-3-1　総合型クラブ運営を担う人材のマネジメントのプロセス
（桜井政成（2007）NPOマネジメント・シリーズ③ボランティアマネジメント：自発的行為の組織化戦略．ミネルヴァ書房を参考に著者作成）

配置：運営スタッフ活動（指導と動機付けと満足度）」につながる．そして，「⑦評価（フィードバック）」という流れになり，活動の継続を促進することやこのマネジメントのプロセス自体を見直すことも最後の段階では重要となる．この評価には手当の支給という点も重要な課題となることはいうまでもない．

　また，マネジメントのプロセスで重要になるのが，非営利活動などのボランティア継続に影響を与える3つの要因「参加動機要因」「個人的要因」「状況への態度要因」を援用し，クラブ運営スタッフ活動の要因として把握することである（桜井，2007）．「参加動機要因」を刺激することは重要な視点となるが，とくに利他的動機（地域貢献など）の充足感と満足感が活動継続に影響する．次に，「個人的要因」の視点では，活動継続に重要な視点は属性だけではなく，組織のミッション・ビジョンや非営利活動の理念の理解度が決め手となる．活動継続に影響を与える「状況への態度要因」は，活動者自身がさまざまな状況に対して，どのような認知態度（とくに満足度）をとっているのかを「組織サポート」「業務内容」「集団性」「自己効用感」の4つの視点からみる必要がある．とくに，ボランティア研究にて報告されている女性や中高年者，学生の参加動機の充足感（満足度）からひもとくと，「組織サポート」にあたる活動前後のオリエンテーションや交流会が重要となり，他のスタッフとの関係構築や集団一体感など「集団性」の向上や，「自己効用感」などの自身のエンパワメント（力をつけて行動すること）にも繋がる点が非常に重要である．

　総合型クラブ運営を担う人材の参画を促進するためのマネジメントのプロセスを実践することで新たな経営資源が生み出されるため，今後の総合型クラブにとって非常

に重要な一歩となる.

[松永　敬子]

[キーワード]
・HRM（Human Resource Management）：組織の目標達成や維持向上のために，人材という貴重な資源を確保し，活用すること.
・人材マネジメント・サイクル：人材マネジメント・サイクルは，①「採用・育成」，②「配置・異動」，③「評価・処遇」という3つステップや「採用」，「育成」，「配置」，「活用」，「評価」などの5～6つの要素から成る.

[文　献]
・バーナードCI著，山本安次郎，田杉　競，飯野春樹訳（1968）新訳　経営者の役割. ダイヤモンド社.
・スポーツ庁（2023）令和4年度　総合型地域スポーツクラブに関する実態調査結果概要.
・桜井政成（2007）NPOマネジメント・シリーズ③ボランティアマネジメント：自発的行為の組織化戦略. ミネルヴァ書房.

[4] 総合型クラブのスポーツ振興政策への質的課題

― ポイント ―
日本の総合型地域スポーツクラブの育成状況と政策課題についての質的充実の内容について述べる.

1. 日本の総合型クラブの現状

　　文部科学省が推進してきた総合型クラブ育成事業のマニュアル（文部科学省，2000）では，「総合型地域スポーツクラブ（以下，総合型クラブ）とは，人々が，身近な地域でスポーツに親しむことのできる新しいタイプのスポーツクラブで，①子どもから高齢者まで（多世代），②さまざまなスポーツを愛好する人々が（多種目），③初心者からトップレベルまで，それぞれの志向・レベルに合わせて参加できる（多志向），という特徴を持ち，地域住民により自主的・主体的に運営されるスポーツクラブ」と定義されている. 自主運営の基本は，クラブ会員の会費による自主財源の確保と運営に基づき，会員相互の理念の共有ができることが重要視されている.

　　国のスポーツ振興法に沿って文部省（現文部科学省）から出されたスポーツ振興基本計画（2000）では，スポーツ振興施策の展開方策の2. 生涯スポーツ社会の実現に向けた地域におけるスポーツ環境の整備充実方策Aの中で「2010年（平成22年）までに，全国の各市区町村において少なくとも1つは総合型地域スポーツクラブを育成する. また2010年（平成22年）までに，各都道府県において少なくとも1つは広域スポーツセンターを育成する.」としている. ここでは，地域におけるスポーツ環境の整備充実方策の政策目標達成のために必要不可欠である施策として総合型クラブの全国展開を目指し，10年間での総合型クラブの育成目標を掲げ（将来的には中学校区の地域に密着），同様に各都道府県において少なくとも1つは広域スポーツセンターを育成（将来的には広域市町村単位に設置），を設置目標としている.

　その後，クラブの育成政策は，2004年から2012年度まで文部科学省委託事業として「総合型地域スポーツクラブ育成推進事業」を日本体育協会（現日本スポーツ協会）で実施し，その後は，スポーツ振興くじ助成（toto助成）による育成のための財政支援が実施されてきている．

　総合型クラブに関したスポーツ政策の目標は，旧法のスポーツ振興法（1961）を全面改訂したスポーツ基本法（2011）の制定後に出された「スポーツ基本計画」（2012）に示されている．10年間の前期5年間を見据えた第1期では，住民が主体的に参画する地域スポーツ環境の整備で，とくにコミュニティの中心となる地域スポーツクラブの育成推進が掲げられ，全国各市町村に1つの総合型クラブの整備と運営面や指導面において周辺の地域スポーツクラブを支えることができる拠点クラブの整備をあげている．とくに学校体育との連携や新しい公共を担うことが期待され，地域の実情に合わせて指導者確保も重要課題としてあげられている．

　次に，5年後の「第2期スポーツ基本計画」（2017）では今後5年間に総合的かつ計画的に取り組む施策（2）スポーツ環境の基盤となる「人材」と「場」の充実で総合型クラブの高齢者をはじめ多くの人への場の提供や他機関との人材連携などがあげられている．また，総合型クラブに対しては，具体的な数値目標もあげられている．例えば，①総合型クラブの質的充実，②総合型クラブの登録・認証等の制度と中間支援組織の整備（47都道府県），③PDCAサイクルにより運営の改善等を図る総合型クラブの増加（37.9%→70%），④地域課題解決に向けた取組を行う総合型クラブの増加（18.4%→25%）などである．そして「第3期スポーツ基本計画」（2022）では，多様な主体におけるスポーツの機会提供や創出において，学校や地域での子どもや若者のスポーツ機会の充実があげられ，とくに運動部活動改革に向けて，多様なクラブの育成やスポーツ環境の整備充実の必要性が述べられている．

　スポーツ庁の令和4年度総合型地域スポーツクラブ育成状況調査（2022）では，2022年7月現在，全国1,401の市区町村（1,741市区町村中）において，総合型クラブがすでに創設ないし創設準備段階にある．全国で育成されているクラブ数は，すでに創設されたクラブが3,450クラブ，創設準備中のクラブが133クラブ，合計3,583クラブとなっている（図12-4-1）．また，2008年には日本体育協会（現日本スポーツ協会）内に総合型クラブ全国協議会（SC全国ネットワーク）が組織化された．令和2年11月末時点で加盟クラブは2,706クラブである．とくに年次的な動向では，育成数が2005年度より倍増し，日本スポーツ協会の創設事業やスポーツ振興くじによる財政支援などによる政策事業の実施の背景のもと，数の上では2010年までの100%の設置率を目指した目標の80.5%の達成率となっている．市町村への100%の設置率を持つ都道府県は，2022年度では秋田，山形，富山，兵庫，奈良，大分の6県であり，設置率の低い都道府県は，北海道，群馬，島根，長野の順となっている．

　また，スポーツ庁（2023）令和4年度総合型地域スポーツクラブに関する実態調査結果概要からは，クラブの総会員数は，「101〜300人」が41.7%，「1〜100人」が30.4%，「301〜1,000人」が22.2%となっている．また，その内訳をみると，「小学生」が25.9%ともっとも多く，次いで「70歳以上」9.9%，「中学生」6.4%と続いている（図12-4-2）．このように，総合型クラブの会員規模は小・中規模クラスが多くを占めて

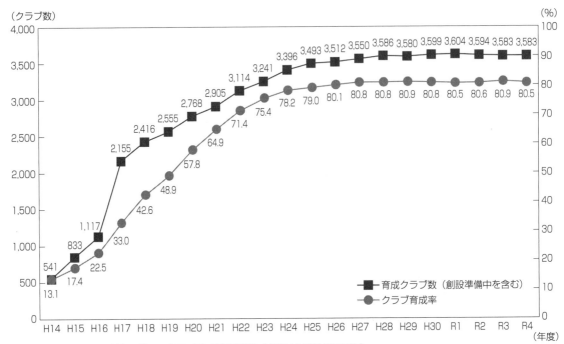

図12-4-1　総合型地域スポーツクラブ育成状況推移（令和4年7月1日現在）
（スポーツ庁（2022）令和4年度総合型地域スポーツクラブ育成状況調査）

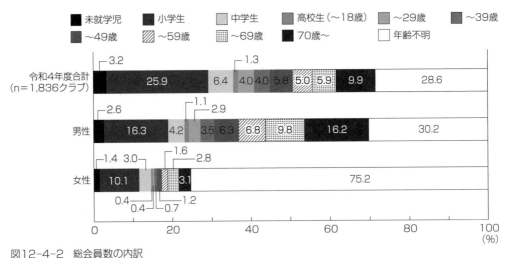

図12-4-2　総会員数の内訳
（スポーツ庁（2023）令和4年度総合型地域スポーツクラブに関する実態調査結果概要）

いる．また，年齢構成も小学生年代は多いものの中学生や高校生年代はあまり多くなく，また，60歳代を含む高齢者層の割合が多いなどの偏りがみられる．

　クラブの会費は「徴収している」が87.8％（令和3年度調査では87.5％），「徴収していない」が12.2％（令和3年度調査では12.5％）となっている．会費の平均額は，月額1,147.4円である．会費徴収額別に見ると，「1,001円以上」が30.2％，「1〜100円」が

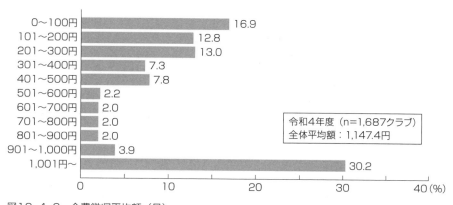

図12-4-3　会費徴収平均額（月）
（スポーツ庁（2023）令和4年度総合型地域スポーツクラブに関する実態調査結果概要）

16.9％，「201〜300円」が13.0％となっている（図12-4-3）．会費額を見る限り，クラブ運営に関して必要な財源の基礎となる会費徴収額は必ずしも十分とは言えない．

　これらの現状から，現時点での総合型クラブは，数の上では全国の市町村あたりへの設置率は高い傾向にあるものの，人数規模，会費の徴収状況からは，今後の自立に向けた会員基盤の整備や財政的なマネジメントの限界が見え隠れしている．言いかえれば，補助金が無くなった状況での集団運営が大きな課題である．

2. 総合型クラブに求められる質的変換

　今日，する・みる・ささえるというスポーツ文化の形成を基礎とするスポーツ基本計画には，スポーツ・コミュニティの形成拠点となるべき総合型クラブに求められる期待は大きい．スポーツ庁の総合型クラブの調査結果が示すように受益者負担の原則から自主運営を前提とした活動が期待されているが，必ずしも実態としては運営に必要な会員の十分な経費負担内容ではないことも事実である．

　今後の総合型クラブに求められる新たなスポーツクラブ文化の創造に向けては，量から質へ大きな転換が必要な時期に来ている．1995年から国策として始まった総合型クラブの育成も全国に，約3,600クラブが創設されてきたことは周知の事実である．しかしながら，一方でクラブが抱えるスポーツ環境や，これまでの子どもを取り巻く既存の学校を基盤としたスポーツ制度との狭間で抜本的な改革がないままきているのも事実である．多様な構成基盤で複雑に展開されてきた日本の地域スポーツ集団は，これまでの日本のスポーツ振興と今後目指す地域基盤の総合型クラブ振興との共存の弊害も多く見受けられる．

　スポーツ庁が実施した実態調査（2023）の結果から，クラブの現在の課題は，「クラブ運営の人材の世代交代・後継者の確保」が71.1％，次いで「指導者確保」が61.0％と人材の確保の課題が多くみられる．また，財政的自立に向けての「会費・参加費など受益者負担による財源の確保」も44.6％と多い．そして，クラブ事業の多様性の観点からは「会員世代（38.9％）や活動種目（32.5％）の拡大」が上位の課題としてあげられている．

なかでも「会員の世代の拡大」は，若い世代の加入が限定されており，少子化による地域社会の変革にも影響を受けている．財源課題にあるように，以前から言われてきた受益者負担の意識や制度の確立が望まれる．もし，財政的な安定が維持できなければ，有能な指導者・スタッフ等の確保や多様なプログラム運営が難しくなるだろう．

今日，日本では子どもの体力低下に伴う学校体育指導や活動プログラムの整備向上が望まれるものの，抜本的にそうした課題をどこで解決するのかはあまり明確にされていない．総合型クラブ創設が始まったころ，クラブは老若男女の集うスポーツ集団で，子どもを含めた運動・スポーツを提供できる集団機能が求められてきたはずである．しかしながら，学校や地域のスポーツ少年団等々，周辺の活動環境の多くは旧態依然のままである．少なくとも，子どもが将来的に安心して総合型クラブで楽しいスポーツライフを過ごすことを最優先しなければならない．全国的な試合参加の機会提供や制度もさることながら，中学校の運動部活動の管理責任や運営方法など，学校と地域の縄張りが最優先されていては新しい取組みとしてできた総合型クラブは次の発展期のステージに入れない．

現在，もっとも話題になっている中学校の部活動の地域移行化についても，総合型クラブの地域連携は，十分な連携体制を構築しているとは言えない．総合型クラブのエンパワーメント評価（川西ほか，2023）から見れば，組織内運営の評価は高いものの，クラブと外部機関との連携力に関した評価は低い状況である．このことは，連携事業の展開において，今後総合型クラブは外部機関との連携力を強化しなければならないことを意味している．

今こそ，将来の日本の新しいスポーツ文化の拠点となりうる総合型クラブのスポーツ環境や制度の改革と整備に，さまざまな機関やスポーツ団体が真摯に取り組む時が来ている．全国各地に灯されたクラブの明かりをつなぎ，次世代の豊かなスポーツライフの形成のために，少しでも長く明るく輝く支援やネットワークをつくるため，行政・クラブ・住民・スポーツ団体が連携して取り組むことが重要な課題であることは言うまでもない．

[川西　正志]

[キーワード]
・**広域スポーツセンター**：地域の総合型地域スポーツクラブの育成と発展のために機能すべき役割を担う全国の都道府県に設置されるセンターであり，総合型地域スポーツクラブの育成施策とともに全国の都道府県に整備されるようになったが，現在はその役割機能について再検討課題としてある．

[文　献]
・文部科学省（2000）総合型地域スポーツクラブ育成マニュアル．
・スポーツ庁（2022）令和4年度総合型地域スポーツクラブ育成状況調査．https://www.mext.go.jp/sports/b_menu/sports/mcatetop05/list/detail/1412250_00012.htm（参照日2023年11月29日）
・スポーツ庁（2023）令和4年度総合型地域スポーツクラブに関する実態調査結果概要．https://www.mext.go.jp/sports/b_menu/sports/mcatetop05/list/detail/1379861.htm（参照日2023年11月29日）
・川西正志，萩裕美子，山田奈美江ほか（2023）日本のスポーツ振興政策の実現に向けた総合型地域スポーツクラブの量的・質的課題の検証．北翔大学生涯スポーツ学部研究紀要，14：29-48．

13章　スポーツクラブの運営

[1] 民間フィットネスクラブの現状

> ── ポイント ──
> 社会状況の変化により，レジャー産業からヘルスケア産業へとフィットネスクラブに求められる役割が変化してきている．

1. 民間フィットネスクラブの成立と成長

　日本における民間フィットネスクラブ（以下，フィットネスクラブ）の歴史は，1964年に開催された第18回夏季オリンピック大会（以下，東京五輪）まで遡る．この当時，東京五輪開催に向けて，高度成長を後押しに，都心に建設された高級ホテルに会員制の「ヘルスクラブ」が併設された．また，東京五輪終了後には，未来のオリンピック選手を育成することを目的とする「スイミングスクール」や，健康の維持・増進や体力向上を目的とする「アスレチックジム」が次々に開業した．当時の日本は「水泳大国」と呼ばれ，世界で活躍する水泳選手を多数輩出しており，選手の活躍が国民に活力を与えていたこともあり，スイミングスクールはたちまち多くの会員を集めていた．1970年代になると大手流通業などが全国でスイミングスクールをチェーン展開し，急速に拡大していった．とくに第二次ベビーブームによる人口増加が，スイミングスクールの会員増加への後押しとなった．1980年代になると，アメリカからケネス・クーパー氏が来日し，「エアロビクス・トレーニング」というメソッドを提唱した．これが全国に急速に拡がり，当時の女性層を中心に「エアロビクスダンス」が一大ブームとなった．これを機に，マシンジム，スタジオ，プールを統合した「フィットネスクラブ」の名称を冠した総合型施設が誕生し，この時点で現在のフィットネスクラブの原型となる，「入会金・月会費・利用料なし」の料金システムの原型ができた．さらに1980年代後半からは，日本経済が「バブル期」をむかえ，総合型フィットネスクラブの出店が全国各地で一斉に加速し，業界市場最大の成長期を迎えた．この当時は，従来の専業事業者だけではなく，土地と人材の有効活用を目的とした上場企業や土地オーナーが，高騰する固定資産税や相続性の低減を目的にフィットネス産業に参入し活況を呈した．なかには，テニスコートやゴルフ練習場を併設する大型クラブも生まれた．その後，フィットネスクラブはバブルの崩壊やデフレ経済の影響により，

216

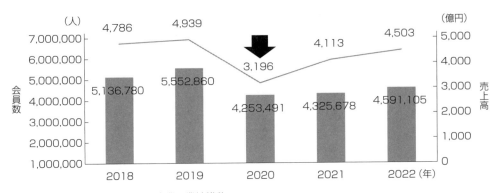

図13-1-1　民間フィットネス産業の業績推移
（クラブビジネスジャパン（2023）日本のフィットネスクラブ業界のトレンド2022年版. Fitness Business編集部, 2023年6月23日）

料金体系や施設構成を見直す必要に迫られた．具体的な転換としては，建築費の支払いをすべて土地オーナーに任せたうえで，オーナー総投資額の相当分を月額家賃と入居保証金を支払う，いわゆる「ロー・コスト建築（経営）」の導入が加速した．と同時に，Ｍ＆Ａによる業界再編が進んだ．2000年代以降は，さまざまな試行錯誤による効率化や顧客探索の結果により，ヨガ・ピラティススタジオやパーソナルトレーニングジムなどの小型施設などが誕生した．こうした新業態開発に支えられ，フィットネスクラブの業績が回復していくこととなった．しかし，2019年の新型コロナウイルス感染症拡大防止による緊急事態宣言の発令が，フィットネス産業を襲うことになった．

2. 直近のフィットネス業界の変化

新型コロナウイルス感染症拡大は，図13-1-1に示すようにフィットネスクラブに大きな打撃を与えることとなった．「スポーツクラブはクラスターの発生源」や「スポーツクラブは不要不急の施設」であるなど，その危険性の根拠が十分ではない状態での政府発言と，これを受けてのマスメディアによる情報発信により，"大きな風評被害"を受けた．さらには半ば強制的な自粛要請を受けて，多くのフィットネスクラブが休業に追い込まれ，経営上，大きなダメージを被ることになった．具体的には，新型コロナウイルス感染症拡大以前の2019年には会員数は550万人を超え，売上高もあと少しで5,000億円に届く状況にあったが，2020年には会員数は425万人，売上高も3,196億円まで減少．新型コロナウイルス感染症拡大が終息した現在も，未だ感染症拡大以前の状況までの業績回復には至っていない．このような状況下においては，従来型のビジネスモデルを転換し，新しい事業創造が求められるとともに，今後はＭ＆Ａなどによる業界再編が進んでいくことも予測される．

3. 民間フィットネスクラブの将来性
（1）レジャー産業からの転換

フィットネス産業は，2002年に改訂された日本標準産業分類で新設された大分類

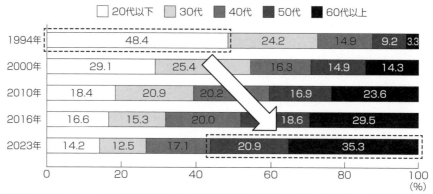

図13-1-2　フィットネスクラブにおける年代別会員構成比の推移（ルネサンス会員）
（ルネサンス「会員の年代別構成比の推移」2023年5月）

の中で，生活関連サービス業，娯楽業の中分類「娯楽業」，小分類「スポーツ施設提供業」に位置付けられ，「室内プール，トレーニングジム，スタジオなどの施設を有し，会員に提供する事業所」と定義されている．「スポーツ施設提供業」にはほかに，ゴルフ場，ゴルフ練習場，ボウリング場などが含まれているが，フィットネス産業はこれらのサービス産業とは異なり，景気動向（景気感応度）の影響を受けにくい．これは，フィットネス産業が，従来のスポーツ施設提供業や生活関連産業などのレジャー産業の位置づけから，医療・福祉・介護サービス業などの事業領域に近い存在になりつつあるともいえる．また図13-1-2に示すように，フィットネスクラブの会員構成は，1994年は20代以下の会員数が全体の48.4％となっていたが，2023年現在は60代以上が35.3％，50代以上を合わせると56.2％になっており，この30年間で会員の年代構成比が逆転し，中高年層が大幅に増加している．このデータからも，フィットネスクラブが社会状況の変化により，レジャーやファッション的要素の産業から，健康維持・増進をおもな目的とするヘルスケア産業へと転換してきていることを示している．

（2）ヘルスケア市場への事業展開

　欧米でのフィットネスクラブへの参加率が10〜15％と高い水準にあることに対して，日本のフィットネスクラブへの参加率は一般的には3〜5％，累計参加率を考慮しても10％という状況が長年続いている．この背景には，欧米とは異なる日本の国民皆保険制度の影響も予見される．例えば，アメリカは国民皆保険ではないために，自らが選択し適切な医療保険に加入することを含めて主体的に行動する必要性があるが，日本では医療や介護へのアクセシビリティが充実しているがために，「自分の健康は，自分で守る」という健康への投資が当たり前の状況には至っていない．しかしながら，近年，高齢化による医療や介護に関わる社会保障費の高騰などを背景に経済産業省などが推進し，産業界で注目されている健康経営やヘルスケア産業の創出，厚生労働省が進める医療費の適正化，地域包括ケアシステム，高年齢従業員の行動災害（転倒・腰痛など）防止への企業支援などの政策実施により，身体活動を含む運動やスポーツの必要性がより社会で認知されるようになってきている．このような背景のもと，図13-1-3に経済産業省が示すヘルスケア産業の市場規模推計をみると，公的

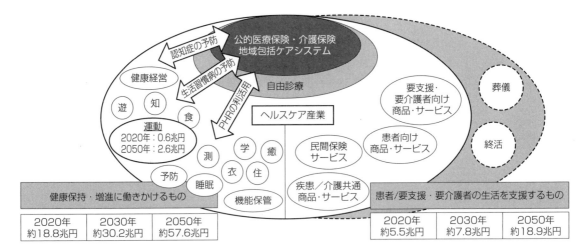

図13-1-3　日本国内でのヘルスケアビジネスの深化
フィットネス以外の「業界」を広くとらえると，ヘルスケアビジネス全体においては，「健康」というテーマへの関心が高まり，医療や介護連携とともに市場が拡大し，サービスも多様化してきている．
（健康・医療新産業協議会（2023）新しい健康社会の実現に向けたアクションプラン2023．経済産業省，令和5年7月より引用改変）

医療保険や介護保険の周辺領域を中心に，2020年18.8兆円から2050年には57.6兆円とヘルスケア産業は発展し，「運動」単体をみても2020年0.6兆円から2050年には2.6兆円産業に拡大すると推計している．このようにヘルスケア産業の拡大が予測される中で，今までの施設に来館する顧客に対しての施設提供・サービス提供から，クラブの外に出て健康増進や介護予防などの新たな事業を展開するニーズが高まってきている．先進的なフィットネスクラブでは企業や自治体に対して，オンラインサービスなどの活用を含めたサービス提供を展開し始めている．また日本が，世界に比べても人口減少と超高齢化が同時に進む課題先進国であることを考えると，クラブ経営のノウハウや，スポーツや健康づくり，介護予防を事業として取り組むことで，国内の健康課題を解決し，さらに価値に転換することができれば，海外からも「健康づくりのことは，日本に聞け！」といわれるような持続的な経済発展の可能性が日本のフィットネス産業には十分にある．

（3）持続的な成長に向けて必要なこと

　ヘルスケア市場拡大への期待の高まりにより，今後，新業態施設や新規プログラム開発，新たな経営手法やマーケティングノウハウの必要性が生まれていく．しかしながら従来からの画一的な知識や思考方法だけでは，差別化しようとすればするほどに同質化するというジレンマに陥る可能性がある．よって競争優位性の高いイノベーションを起こすためには，独自の思考や着眼点が求められるようになる．フィットネスクラブは，スタッフが提供するサービスの良否によって経営に大きな差が生まれる事業であることからも，事業を成功に導くためには求められるスタッフのスキルを明らかにし，リスキリングやリカレントも含めた人的資本経営に取り組んでいく必要がある．企業の価値創造・競争力の源泉は，新たな，よりよいものを作り出そうとする

イノベーションの活力であり，他企業に真似のできない（もしくは模倣に時間のかかる）資源を作り出すことで競争力を高めること．そして，新製品や新しいビジネスモデルを作り出すことで，従来の製品市場・ビジネスを変えること（創造的破壊）である．こうした変革をもたらす原動力のすべては，「"人"の意識，信念，知識」であることからも，改めてフィットネス産業に関わる私たちは，「"人"という"資源"が"資本"することで，生み出される価値」について再考していく必要がある．しかし，このゴールという視点で，人的資本経営を経営戦略として明確に位置づける企業は未だ少ない．人的資本経営では，経営者が自社の特徴を活かし，「人」と「企業」と「社会」の持続的な成長と発展を戦略的に組み立てることが求められる．フィットネス産業の未来をつくるためには，有形・無形のエネルギーが必要だが，「人」がもつ創造力，生産力などの大切な無形のエネルギーをいかに育むかが，経営者の手腕によって差が生まれていくものと思われる．投資に対する収益をしっかりと確保することが経営の目的であるのであれば，「人的資本」としての無形財産に投資をすることでの収益を，未来の企業の価値に転換していくことが重要となる．

［樋口　　毅］

[キーワード]

・**ヘルスケア産業**：健康や医療，介護に関わる産業のうち，個人が利用・享受するサービスであり，健康保持や増進を目的とするもの，または公的医療保険・介護保険の外にあって患者/要支援・要介護者の生活を支援することを目的とするもの．

・**人的資本経営**：人的資本経営とは，人材を「資本」として捉え，その価値を最大限に引き出すことで，中長期的な企業価値向上につなげる経営のあり方．「人材版伊藤レポート」により，人的資本経営に求められる3つの視点・5つの共通要素が整理され，その情報開示の在り方について，現在，議論が進んでいる．

・**健康経営**：健康経営とは，「企業が従業員の健康に配慮することによって，経営面においても大きな成果が期待できる」との基盤に立って，健康を経営的視点から考え，戦略的に実践することを意味している．今後は，「人という資源を資本化し，企業が成長することで，社会の発展に寄与すること」が，これからの企業経営にとってますます重要になっていくものと考えられる（健康経営®は特定非営利法人健康経営研究会の登録商標）．

[文　献]

・クラブビジネスジャパン（2023）日本のフィットネスクラブ業界のトレンド2022年版．Fitness Business編集部，2023年6月23日．
・健康・医療新産業協議会（2023）新しい健康社会の実現に向けたアクションプラン2023．経済産業省，令和5年8月24日．
・健康経営研究会（2021）未来を築く，健康経営—深化版：これからの健康経営の考え方について．令和3年7月19日．

[2] クラブマネジャーの資質

┌─ ポイント ─────────────────────────
│ クラブマネジャーはクラブの運営や経営を担う重要な存在である．マネジメント知識は当然重要で
│ あるがそれだけでなく，クラブに関わる人や組織から信頼される資質を備えることが求められる．
└───────────────────────────────

　　　　総合型クラブの自立において，クラブをマネジメントできる人材の確保は重要である．第2期スポーツ基本計画から総合型クラブは，量的拡大から質的充実へと施策が変化，マネジメントできる人材の養成・育成が重要な課題となっている．ここでは，総合型クラブのマネジメント特性を踏まえながら，クラブマネジャーに必要な知識や資質について考えていく．

1. 総合型クラブのマネジメント

　　　　マネジメントの提唱者とされるP.F.ドラッカーは，「マネジメントなしに組織はない」とし，あらゆる組織，営利であれ非営利であれ，組織が機能するにはマネジメントが成果をあげなければならないとしている．松岡（2009）も，非営利目的の総合型クラブにおいても，そのクラブの目的を達成するためにはマネジメントが必要であり，そのために経営資源であるヒト，モノ，カネ，情報を調達し活用することが必要であると述べている．

　　　　総合型クラブにおける経営資源と活用は図13-2-1に示すとおりである．ヒトはスポーツ指導者だけでなく，クラブ全体をマネジメントできるマネジャーやマネジャーをサポートするスタッフなどが考えられる．モノはスポーツ施設や用具だけではなく，クラブを運営するために必要な事務用品なども含まれる．カネは会費収入や事業収入，さらに助成金なども含まれる．情報は地域の他のスポーツ団体の活動や住民のニーズ，さらには，運営のノウハウなどの知識も含まれる．クラブマネジャーは，これら経営資源を効率よく調達し，管理・分配を通してうまく調整することが求められる．

2. 総合型クラブのマネジメントに求められる要素

　　　　スポーツ基本計画において，総合型クラブの質的充実・向上が目指され，持続可能なクラブ運営が目指されるようになっている．総合型クラブが継続的・安定的な活動を行うためには，PDCAサイクルを実行していくことが重要である．日本スポーツ協会は，「持続可能な総合型地域スポーツクラブの指針および評価指標」を作成，各クラブにこれを用いた自己点検・評価を促している．そこで，この指針からクラブのマネジメントに何が求められているのかをみる（表13-2-1）．

　　　　まず諸資源の獲得として①活動基盤の整備と②連携体制の整備がある．①にはクラブマネジャーを含めた事務局体制の整備，指導者や活動拠点の確保，さらに受益者負担の理解があげられている．②には市町村，学校，自治組織，他の地域スポーツ団体，民間組織や団体など，地域内の他団体との連携を行うことが求められている．組織体

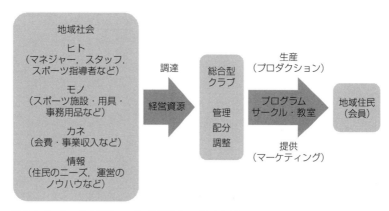

図13-2-1　総合型クラブの経営資源の調達と活用

（松岡宏高（2009）総合型クラブのマネジメントと企業経営の共通点. 黒須　充編著, 総合型地域スポーツクラブの時代　第3巻　企業とクラブとの協働. 創文企画, p.42）

表13-2-1　持続可能な総合型クラブの指針

諸資源の獲得	①活動基盤の整備	事務局体制の整備	クラブの運営が円滑にかつ効率的に行われるため, 組織運営に関する豊富な知識を有したクラブマネジメント資格を保持する「クラブマネジャー」が配置されていること.
			組織の充実・発展に伴い, 専従事務局員の有償配置を含めた複数名による事務局体制が確保されていること.
		指導者の確保	安全かつ正しく, 楽しくスポーツ活動を行うため, 一定の知識と技能を有した公認資格を保有する指導者が確保されていること.
		受益者負担の理解	受益者負担に関する理解が会員に共有され, 助成金, 補助金等に頼らず, 会費, 参加費をはじめとする事業収入, 寄付金等により, 十分な活動資金が確保されていること.
			助成金, 補助金等は, 自助努力だけでは確保できるものではなく, また一定の期限や用途などが設定されていることから, これらの財務的資源のみに頼らずクラブの活動が継続できること.
		活動拠点の確保	クラブの活動を行う上で必要不可欠な施設を安定的に確保するため, 学校施設または公共スポーツ施設の指定管理者制度の活用または管理委託等により利用できること.
			事務作業等を行うための事務局スペース, 会員や地域住民が自由に交流・談話できるサロンスペースを有したクラブハウス機能が確保されていること.
	②連携体制の確立	市区町村との連携	クラブの活動の場や機会を拡充させ, 地域における存在意義を高めるため, 行政と緊密に連携していること.
			行政と総合型クラブとの対等なパートナーシップを構築し, 社会的な信頼及び期待を高めるための好循環が創出されていること.
		学校との連携	学校体育活動をはじめとする各種の教育的活動の一部を補完することにより, クラブの活動の場や機会を拡充し存在意義が高められていること.
			学校との連携により, 児童生徒や保護者に対する認知度を向上させるとともに, 公益性を高め, 地域からの信頼が得られていること.
		地域自治組織との連携	地域コミュニティの活性化や地域の自治を目的とする自治会, 町内会などの組織は, クラブの活動趣旨・目的と共通点が多い. これらの組織と連携し, クラブの活動の場や機会を拡充させ, 地域住民の認知度を向上させるとともに, 地域からの信頼が高められていること.
		地域スポーツ団体との連携	スポーツ少年団や単一種目の地域スポーツクラブなどの地域のスポーツ団体は, 総合型クラブの活動趣旨・目的と共通点が多い. これらの団体と連携し, クラブの活動の多様性を一層図るとともに, 地域のスポーツ環境を豊かにすることにより, 地域からの信頼が得られていること.
		地域民間組織・団体との連携	地元企業や商工会, NPO などが行う地域貢献に係る活動において連携することにより, クラブの活動の場や機会を拡充させ, 存在意義が高められていること.
			これらの組織との連携を通して, 総合型クラブは地域貢献に関するノウハウを提供するとともに, 民間企業から事業運営に関するノウハウ等を学ぶ機会とするなど, 各種の民間組織・団体とのパートナーシップが構築されていること.

表13-2-1　持続可能な総合型クラブの指針（続き）

組織体制の整備	③理念の共有	理念の共有	「スポーツの推進」を第一義の目的とし、「地域づくり」を加えた内容が理念として明文化されていること。
			すべての会員がクラブの理念を理解し、クラブの活動趣旨・目的が共有されていること。
			会員のみならず、クラブの理念が広く地域住民に理解されるよう計画的な活動が行われていること。
	④自発的（ボランタリー）組織特性	会員の自発的な参画	会員がクラブを「支える」活動への参画を通して、会員同士の相互理解、相互協力が図られ、会員間の結びつきを深めることから、会員が「支える」活動に参画する体制が整えられていること。
		効率的な体制	特定の運営者および会員に負担が偏らないよう、運営に必要な役割分担が体系的に整理され、円滑に機能していること。
			当番制等、多くの会員が運営に携わる体制を整えるとともに、規約に明記することにより、組織体制の内容が会員と事務局で共有されていること。
		継承性に関する人材確保	クラブの理念および活動趣旨・目的を次世代に継承するため、中・長期的な計画を策定するとともに、定期的な内部研修が充実していること。
			次世代を担う人材を早期に発掘し、運営の中心的な役割に携わる体制が整えられていること。
	⑤日常生活圏	日常生活圏の重視	クラブが地域に密着し、広く開かれた組織として定着するため、日常生活圏との関係を重視した取り組みが行われていること。
			地域のニーズや課題を具体的に把握し、それらに応じた内容を中心に活動していること。
成果の創出	⑥事業の多様性	多様な事業	会員のニーズ・特性が反映され、多くの会員が参加する定期的なスポーツのサークル活動またはスポーツ教室事業が充実していること。
			会員のニーズ・特性が反映され、多くの会員が参加する定期的な文化活動が充実していること。
			会員同士の親睦や連帯感を深める交流事業が季節に合わせて実施されていること。
			会員のみならず、会員以外の地域住民を対象とした地域社会とクラブをつなぐ交流事業が地域行事に合わせて実施されていること。
		多世代化（対象の拡大）	幼児を含む子どもから若者、高齢者の世代までの各年齢層がクラブの活動に参加していること。
			障がい児・者を対象とした交流事業が実施されていること。
		多志向化（目的の拡大）	障害の有無を問わず、楽しみ志向、健康志向、交流志向、競技志向等の各志向のニーズに応じて対応していること。
		複数種目の実施者	会員が、スポーツ本来の「自発的な運動の楽しみ」の理解、身体能力の総合性を養う等の複数種目に参加する意義を理解し、実践していること。
	⑦クラブライフの定着	「マイクラブ」意識	会員が、クラブの活動の意義や役割を理解し、クラブに対する愛着や親近感などの「マイクラブ」の意識を有していること。
			会員以外の地域住民や諸機関・団体が、自分の地域のクラブに対する愛着や親近感などの「マイタウンクラブ」の意識を有していること。

（日本スポーツ協会：持続可能な総合型地域スポーツクラブの指針および評価指標）

制の整備として③理念の共有，④自発的（ボランタリー）組織特性，⑤日常生活圏があげられている．③では，「スポーツの推進」だけではなく「地域づくり」を加えることや，会員だけでなく地域住民に広く理念が共有されることが目指されている．④では，総合型クラブの特徴でもある会員の自発的な参画を促す体制の整備や特定の人に負担がかからないよう効率的な運営体制の整備が求められている．また，継続的な運営に向けた人材確保のために中長期的な計画を策定することや新たな人材を早期に発掘できる体制の整備が求められている．⑤は総合型クラブの活動範囲が，中学校程度の日常生活圏内を中心にしているため，地域のニーズや課題を把握し，総合型クラブが地域社会の中心となって活動する存在となることが目指されている．最後は，成果の創出として⑥事業の多様性と⑦クラブライフの定着がある．⑥は総合型クラブの特徴である多世代，多志向，多種目に対応した事業を展開することが目指されている．⑦はスポーツライフの充実だけでなく，クラブライフの充実を目指した活動を行い，

表13-2-2　クラブマネジャーに求められる資質

「現状を把握する」能力	クラブを経営している地域で求められるスポーツニーズ，会員がクラブに求めていること，求められているスポーツ指導者像等，具体的な現状把握を行うことができる能力.
「説明する」能力	地域の団体や住民，会員に対して，クラブの目的や活動をわかりやすく，魅力的で訴求的なプレゼンテーションができる能力.
「コミュニケーション」能力	会員のニーズを把握したり，クラブの理念を共有したりするために，気軽に誰とでもコミュニケーションをとることができる能力.
「調整する」能力	クラブの目的に沿った安定的な活動を行うための課題を解決していくために，会員や協力団体，活動種目間等を調整することのできる能力.
「事務処理をする」能力	クラブには，会計処理・会員管理・施設の利用調整等の日常的な業務があり，さまざまな事務処理を公正かつ円滑に遂行していく能力.

（文部科学省：総合型地域スポーツクラブ育成マニュアル．2—2クラブマネージャーの役割を参考に作成）

地域住民にとって総合型クラブが愛着のもてる誇りとなる対象となるための活動や取り組みを行うことが求められている.

3.　クラブマネジャーに求められる資質

　　総合型地域スポーツクラブ育成マニュアルによると，クラブマネジャーに求められる資質として5つの能力を身につけることが求められている．その能力とは，「現状を把握する能力」，「説明する能力」，「コミュニケーション能力」，「調整する能力」，「事務処理をする能力」である（表13-2-2）.

　　クラブマネジャーは，自らが会員と関わる第一線で働くというより，各場面で適切な人材を配置できることが求められる．そのためには，各分野における専門家を配置できるネットワークを構築することが重要である．自クラブの活動をわかりやすく説明し説得する能力，相手の意見を聞く傾聴力，さらに，総合型クラブに関わる指導者やスタッフ，外部との円滑な連携を図るコミュニケーション能力が求められるだろう．プロフェッショナルな人材を発掘するとともに，信頼関係を築き依頼できる関係を作ることのできる資質が求められる.

　　さらに，クラブマネジャーには，「スポーツクラブに関わるヒューマンリソース，サポートユニット，テクノロジー，そしてコンテクストをコーディネートし，スポーツクラブに関わる人々が求めるスポーツ活動を効率よく生み出し，提供する」役割がある（松岡，2013）とされている．これらの役割を果たすために，マネジメントに必要な知識（マーケティング，経営戦略，財務管理，会員管理，施設管理，イベント管理，リスクマネジメントなど）を持っておくことは重要なことである．しかし，総合型クラブはシューズやウェアなどのように形として見えるモノを提供するのではなく，プログラムや活動空間など，直接手にとって触ることのできないサービスを提供する．さらにサービスは，その場で消費されるためやり直しが効かず，提供する側と受給する側が同時に関わりあうことで成り立つものである．それは，同じプログラムを同じ方法で提供したとしても，対象者や場面が変わればまったく同じものを提供することができないことからも理解できる．すなわち，1回1回の関わりあいを大切に「おもてなし」の精神，ホスピタリティを持って，会員や参加者，さらにはスタッフに接することが求められるのである．クラブマネジャーは，自分自身がホスピタリティの精神で接するとともに，総合型クラブの運営に携わるすべての人々にその精神を伝え

る必要がある.

　以上のように,クラブマネジャーにはマネジメントを実行するための知識とともに,人との関わりに関する資質が求められる.

[大勝志津穂]

[キーワード]

・**PDCAサイクル**：Plan（計画）, Do（実行）, Check（測定・評価）, Action（対策・改善）の仮説・検証型プロセスを循環させ,マネジメントの品質を高めようという概念である.総合型クラブにおいても継続的・安定的な運営を行うためにこの考え方の導入が求められている.

・**ホスピタリティ**：狭義には人が人に対して行う「おもてなし」の行動や考え方であり,広義には社会全体の構成員それぞれが,ホスピタリティ

の精神を発揮することで社会が豊かになると考える考えである.総合型クラブに当てはめると,サービスを提供するクラブとサービスを受ける会員の相互関係だけでなく,クラブに関わるスタッフや地域の他団体,スポーツ関連団体などさまざまな人や団体がお互いにホスピタリティの精神を持って関わることで地域社会が豊かになる可能性があるということである（日本ホスピタリティ推進協会を参考）.

[文　献]

・日本スポーツ協会（online）クラブの自己点検・評価. https://www.japan-sports.or.jp/local/tabid1065.html（参照日2023年8月28日）

・松岡宏高（2009）総合型クラブのマネジメントと企業経営の共通点.黒須　充編著,総合型地域スポーツクラブの時代　第3巻　企業とクラブとの協働.創文企画, pp.40-51.

・松岡宏高（2013）スポーツクラブマネジャー養成制度について考える.早稲田大学スポーツナ

レッジ研究会編,スポーツマネジメント教育の課題と展望.創文企画, pp.126-130.

・ドラッカーPF（2011）エッセンシャル版　マネジメント：基本と原則.ダイヤモンド社.

・文部科学省（online）総合型地域スポーツクラブ育成マニュアル. https://www.mext.go.jp/a_menu/sports/club/main3_a7.htm（参照日2023年9月8日）

[3] 地域スポーツクラブの財務管理

― ポイント ―

財務管理はクラブ運営にとって非常に重要である.本稿では,大学を拠点に活動する「NPO法人Aスポーツクラブ（以下,Aクラブ）」の活動計算書と,クラブ会員数や教室利用状況等により,実践例を踏まえた財務管理について詳述する.

　2022年7月現在,全国で3,584の総合型クラブ（設立準備中含）が設置されており,その育成率は80.5%となっているが,2014年からの9年間は横ばい状態となっている（スポーツ庁, 2023）.このことは財務状況の悪化により,廃止や統廃合となった総合型クラブが少なくないことと関連しているといえよう.注視すべきは,総合型クラブの予算規模（総額）が100万円以下が34.8%,自己財源率50%以下が3割強,さらに「受益者負担による財源確保」においては44.6%が課題としていることである.クラブが地域に根づき,継続的な運営を行うには,いかにして財源を確保し,財政的基盤を安

定させていくことができるかが課題となり，そのための財務管理は重要であるといえる．

この財務管理とは，経営資源となる「ヒト」，「モノ」，「カネ」，「情報」のうち，「カネ」を管理することをいい，事業の元手となる資金をどのように調達し，どの事業にいくら配分し，用途とするのかを管理していくことである．とくに，いかに収益性を高め効率的に配分するのか，さらには短期的および長期的な収支バランスをどのようにとっていくのかも重要なポイントとなる（リンク総研，2011）．

1. NPO法人Aスポーツクラブ

Aクラブは大学の地域連携センターである施設を活動拠点に，「いつまでも楽しくスポーツを続けられる機会を提供し，地域住民の健康と地域社会の発展に貢献する」ことを理念として2009年に設立され，2013年にNPO法人格を取得した大学―地域連携型の総合型クラブである．2023年8月現在，会員数は268名（ジュニア会員188名，一般会員80名）で，12の教室（ジュニア会員用6，一般会員用6）を事業として展開している．

2. 財源の構成と資金調達のポイント

総合型クラブの財源は，一般的に①会費収入，②事業収入，③寄付金収入，④受託事業収入，⑤企業からの協賛金，⑥補助金・助成金が挙げられるが，クラブや地域の実情にあった多種多様な財源の確保が求められる（文部科学省，2023；澤村，2017）．

ここでは，Aクラブにおける直近5カ年の活動計算書とクラブ会員数や教室利用状況を基に，財務管理の実践から基本的事項を紹介する．

(1) 事業収入（会費・教室参加料金）

Aクラブでは，クラブ会員より「会費」と「教室参加料金」に区分して徴収し，スポーツ・健康づくりに関する事業収入としている．

1) 会　費

会費は安定したクラブ運営を支える基本的な財源となる．

Aクラブの2022年度の会費は，ジュニア会員が6,000円，一般会員が10,000円に設定されており，会費収入は約198万円（総収入の51.3%）であった．総合型クラブ創設ガイド（日本体育協会，2008）の会費設定の考え方（スタッフの人件費をはじめとした年間運営維持費／会員数）に照合すると，スタッフの人件費分をわずかに上回ってはいるが，年間運営維持費を十分に賄えているとは言い難い状況である．

2) 教室参加料金

教室参加料金は，各種イベント，物品販売等で得る事業収入であり，会費と同様にクラブ運営の大きな財源となる．

Aクラブの教室参加料金は1回券（700円；2022年度）のほか，すべての教室やイベント等に参加でき，1回券よりもお得な回数券（5,000円/15回分；2022年度）を会員特典として発行している．この制度は，民間スポーツクラブのように教室への参加/不参加に関係なく月会費を支払うシステムではなく，会員は実際に参加した教室の参加料金のみを支払う仕組みであり，少人数ではあるが複数の教室参加につながって

いる．会員にはメリットがあるが，自己都合による不参加がある場合，クラブにとっては収入減に直結する．このため，指導者謝金では歩合制（一部の指導者を除く）を導入し，経費負担減に対処している．

2022年度の教室参加料金による収入は約184万円（総収入の47.7％）で，会費収入とほぼ同額であった．同様に総合型クラブ創設ガイド（日本体育協会，2008）の教室参加料金設定の考え方（指導者の人件費をはじめとした教室運営の必要経費／教室参加人数）に照合すると，クラブ会員数は減少したが，開講プログラム数の削減と指導者謝金に歩合制を導入することによってコストの削減ができ，教室運営経費は賄えている状況にある．

3）会員管理，会費設定と会費徴収のポイント

会費や教室参加料金は，クラブの経営上もっとも大切な収入源であることから，クラブ会員数の維持，退会防止のための会員管理は特に重要である．教室利用状況から，ジュニア会員の増減が激しい時期はいつか，一般会員の退会者は少ないが増加もしていないのはなぜかなど，会員の動向を把握することが退会防止対策とともに新規会員獲得につながり，収入の確保に資する．加えて，会員の教室参加は，時節の気候，学校行事，地域自治体の行事に影響を受けるため，これらを勘案した年間での教室開講プランを計画すべきである．またさらなる会員獲得のためには，対象エリアの動態を注視し，情報を的確に把握しておくことが求められる．

また，この会費や教室参加料金などの価格設定には，細心の注意を必要とする．会員数が維持・増加しても，価格を低く設定したばかりに収益があがらず，資金繰りに困るクラブは多い．一方，安定した収入確保のための価格の値上げは，会員から不満が出るだけでなく，退会者を増やすことにもなりかねない．したがって，価格設定は長期的な視点に立った原価志向とともに，受益者負担の両側面から極めて細かな配慮と慎重を期す必要がある．

Aクラブでは，会費は半年ずつの年2回に分割して徴収し，年度途中の入会者には月割にして，新規入会時の金銭的ハードルを低くしている．またコロナ禍によって，一般会員数は約16％減，ジュニア会員数は約3割減となった．加えて，2023年度からは物価高騰と雇用者の賃金値上げも相まって，2009年の開設以後，初めて会費を2割，教室参加料金は5割ほどの値上げを実施した．会員負担増を必要最小限に留めたことが理解を得たのか，この影響によると考えられる退会者はわずか数名であった．

（2）事業収入（イベント参加費）

イベント参加費は会費や教室参加料金と同様，重要な自主財源であり，多彩なイベントを開催することは収入を得るだけでなく，広報にもつながることから新規会員獲得を期待することができる．

Aクラブでは，会員交流と新規会員獲得のための「スポーツイベント」と，教室での成果を発表する場としての「演技発表会」を開催している．このほかにも，日頃の練習のモチベーションを高めてもらうことを意図し，地元市民祭り等のイベントに参加している．なお，2022年度のイベント参加費による収入は約3.5万円（総収入の1％）で，Aクラブでは必要経費を賄うに留めた参加費設定をしている．

とくにイベント事業は，自治体や地域団体等との連携や協力・協働することで，広

報も含めた新規会員獲得に絶好な機会となるため，有効に活用したい．ただ，その時期や回数に配慮せず安易に実施すると参加者数が減少するだけでなく，イベントの"質"の低下を招いてしまう恐れがあり，会員の不満と退会へとつながる可能性もあるので注意が必要である．

（3）寄付金収入

　寄付金は，「一般寄付」と「指定寄付」の2種類がある．前者はクラブの理念や趣旨に賛同して納められる収入であり，使途の自由度が高い．後者はあらかじめ指定された事業の目的達成のために寄付されるため，他の事業への流動は背信行為にあたる．

　この寄付行為は，寄付する側が直接的な対価を得ることはない篤志的行為であり，他の収入とは異なることを理解しておく必要がある．また認定NPO法人や公益法人への寄付は税制優遇が受けられることから，クラブは寄付金を受け入れる際，寄付する側に周知しておくべきである．

（4）受託事業収入

　受託事業収入とは，自治体や企業から委託された事業に対する対価をいう．これには，スポーツ施設や学校など自治体が所有する施設の管理運営業務のほか，スポーツ振興事業などがある．なお，前者においては活動拠点確保への可能性が広がるメリットがある．近年，自治体では税収減等によって事業のアウトソーシングが積極的に行われており，公共性・公益性を謳う総合型クラブが業務を受託すると，受託事業収入が大きな財源となる．

　また自治体のスポーツ振興事業は，地域のスポーツ団体に委託するケースが多い．この場合，いわゆる事務手数料（一般管理費）は勘案されず，事業費のみとなっていることが少なくない．受託側は非営利団体であっても，事業費において人件費に相当する事務手数料の計上が認められない場合が多いことから，業務に携わる人たちの人件費に相当する手数料が含まれているかを注視しておく必要がある．このように，人件費を確保したうえで事業効率を上げることは，結果として地域スポーツ振興のサービスクオリティを向上させることにつながるので，とても重要である．

（5）企業からの協賛金

　企業からの協賛金の代表格として，スポンサー料があげられる．このスポンサー料はクラブの会報やホームページ，情報宣伝活動に用いるチラシやイベントプログラムに，支援団体や企業の名称，商品名を掲載し，宣伝することで得られる収入をいう．総合型クラブにおいては地元企業や商店からの収入を期待できるが，この出資者を得るには，公益性を有するクラブであることへの理解と，広告宣伝による具体的なスポンサーメリットを提示する必要がある．また日頃より地域の会合や行事に参加し，出資者や出資者となる可能性のある方々との密接な関係づくりも意識しておくべきであろう．

　その他，協賛金だけではなく，道具・用具や商品，人材の提供もある．ただし，地域貢献やメセナといった事由だけでは協賛の獲得は難しいため，企業とクラブがともにメリットを生み出すことが必要である．

（6）補助金・助成金

　補助金・助成金は，国や地方自治体，公共団体，民間団体に申請し，事業の取り組

みをサポートするための資金として審査を経て支給されるものである．一般的に補助金は，採択件数や金額があらかじめ決まっているため枠が限られているが，助成金は一定の要件を満たせば，比較的受給できる可能性が高いとされる．これらはさまざまな分野で募集されていることから，その事業の趣旨や目的に適した補助金や助成金を獲得する努力が求められる．とくにクラブ設立時や設立後間もないクラブにとっては，スタートアップの運営環境を整えるための貴重な財源となる．

　この補助金や助成金は，あくまで総合型クラブを介した事業参加者に対しての補助・助成であり，事業実施者へのものではないことを理解しておくべきである．また受託期間終了後は参加費等が高額になる，もしくは事業が廃止になるケースもあることから，補助金や助成金を活用するスポーツ団体は，その本来の意味や役割を十二分に理解したうえで，過度に頼り過ぎないように注意しつつ，実施団体の周知啓発などに対し，計画的に有効活用すべきである．

3. 財務管理のポイント

　クラブ事業を継続，発展させていくためにも財務管理を適切に行っていくことは極めて重要である．その目的は，収入と支出のバランスを保つことによって経常利益をあげ，新たな事業への投資，クラブ規模の拡大，活動や設備等の充実化を図ることにある．とくに年間事業計画を基にした固定収入と変動収入，そして必要経費を予測し，そのための財源を確保することが重要である．そのポイントとしては，①ひとつの財源に頼ることなく，クラブの特性や地域性等を鑑みたバランスのとれた複数の収入源を確保すること．②一時的にかかる費用は，「補助金・助成金」，「寄付金」，「協賛金（スポンサー料）」を調達して財源とすること．③コスト削減の可能性がある変動費の削減に努めることがあげられる．加えて，収支が改善される事業を拡大していくことや，逆に収支を悪化させている事業の縮小や廃止をしていく英断が求められる．また年間での収支の時期を把握し，債務不履行とならないようにすべきである（武藤，2006）．

4. よりよい財務管理をめざして

　2010年6月の「新しい公共」宣言（内閣府）に加え，第2期および第3期スポーツ基本計画において，スポーツを通じた地域活性化を推進する核となる組織として位置づけられる総合型クラブは，今後，ますます地域のスポーツ振興や地域住民に対する役割機能を果たす重責を担っていくことになるであろう．したがって，クラブが存続・発展していくためにも，PDCAサイクルを導入して事業運営の改善を図るとともに，より多くの財源を確保するため，下記にあげるような試みを検討する必要があるだろう．

・子育て支援をはじめ，その地域で問題となっている案件を事業化し，集客へとつなげる．
・自治体に留まらず，地域の企業や団体・組織，あるいは教育機関とのコラボレーションによるスポーツ事業を展開することにより，認知度を高め入会への促進を図る．
・クラブの存在意義やその活動内容を認めてもらうために，会員募集においては地域活動を積極的に展開する．

・クラブにおいては，会費や各事業の参加費に見合ったサービスを提供できるように，スポーツの価値や事業サービスの質を高める．

・公益性と地域性，そして新奇性のある企画力によってクラウドファンディングを活用する．

[國本　明徳]

[キーワード]

・**活動計算書**：NPO法人会計基準（2010年7月20日公表，2011年11月20日に一部改正），ならびに特定非営利活動促進法改正（2012年4月1日施行）において，この会計基準に沿った会計報告書として貸借対照表と財産目録とともにその作成が求められている．法律ではないことから義務づけられてはいないが，市民が財務状況等をチェックでき，NPOそのものの信頼性向上を図っていくためにも積極的に情報公開を行うよう定めている．

・**新しい公共**：2010年6月，内閣府より「新しい公共」宣言がなされた．このなかで，「行政による無償の公共サービスから脱却し，地域住民が出し合う会費や寄付により，自主的に運営するNPO型のコミュニティスポーツクラブが主体となって地域のスポーツ環境を形成する．」といった新しい公共を担う社会的・公共的な人材の育成において，「総合型クラブを拠点とした地域住民の主体的な取り組み」が期待されている．

[文　献]

・リンク総研（2011）はじめての財務管理．http://dndi.jp/cooperation/clublink.jp/archive/802110.pdf（参照日2011年12月14日）

・國本明徳（2018）地域クラブの財務管理．川西正志，野川春夫編著，生涯スポーツ実践論　改訂4版，市村出版，pp.215-222.

・文部科学省（2023）総合型地域スポーツクラブ育成マニュアル「多様な財源の確保」．https://www.mext.go.jp/a_menu/sports/club/031.htm（参照日2023年11月29日）

・武藤泰明（2006）資金繰りと資金調達．武藤泰明，プロスポーツクラブのマネジメント．東洋経済新報社，pp.136-157.

・大竹弘和（2006）クラブの財務管理．川西正志，野川春夫編著，生涯スポーツ実践論　改訂2版，市村出版，pp.197-199.

・澤村　明（2017）どのように資金調達するのか．澤村　明，田中敬文，黒田かをりほか，はじめてのNPO論．有斐閣．pp.173-189.

・スポーツ庁（2023）令和4年度　総合型地域スポーツクラブに関する実態調査結果概要.

・日本体育協会（2008）総合型クラブ創設ガイド.

[4] 地域密着型スポーツクラブの実践例

— ポイント —

民間のスポーツクラブは地域のニーズにいち早く対応し，利用者にとって利便的で魅力的な施設改築やプログラムを提供しなければ生き残れない．

　　当クラブは，神奈川県川崎市高津区で1974年2月に創業者が地域の子どもたちの健全な発育・発達を願い「強く・明るく・たくましく」という標語を掲げ，それまで営んでいた養鶏場を取り壊しスイミングクラブの営業を開始してから，2024年2月で創立50年を迎える．

　創業当時は，ジュニア層を中心に競技志向が強いプログラムを提供していたが，現在はベビー，幼児，小・中学生，成人，高齢者，障がい者等幅広い層に水泳指導を行っている．これまで競泳では日本代表選手や日本高校記録樹立者，水球ではオリンピック選手を輩出してきた．また，社会情勢のさまざまな変化に伴い，地域の住民，保育園，幼稚園，学校，スポーツ関連団体等とコミュニケーションを図るとともに，医療機関・大学の専門研究機関とも連携を強化し，常に試行錯誤を繰り返しながら，地域のニーズに則したプログラム変更を実施し，さらに，中高年の健康志向の高まりの中，泳ぐための指導だけではなく，水の特性を生かした高齢者向けの最新のエビデンスに沿った新規コースも展開している．また，ハード面では通年利用していただける利便性の高い施設にするために改築や増築を繰り返し行っている．こうした地域の多種多様なニーズに応える取り組みを行い，その結果，利用者（会員）のお孫さん曾孫さんたちが通ってくれる地域に根差したクラブとして営業し続けている．

　これまでの既存の枠にとらわれない発想が今日まで運営を続けられた所以である．全国にチェーン展開する大手クラブとは異なり，地域密着で50年の長きにわたり営業を続けている実際の取り組み例を紹介する．

1. 設立時の社会的背景

　日本の民間スポーツクラブのスタートは，1964年の東京オリンピックの「水泳日本」の惨敗により，1965年から1966年にかけて各地でエイジグループの育成を目指したスイミングスクール（クラブ）の誕生にある．

　公立施設では，川口市営・国立競技場・代々木国立・愛知県体育館・名古屋スポーツガーデン・広島県営・八幡市営の7カ所があり，学校関係では東京大学と修徳中学校の2校があった．エイジグループの指導に当たっていた指導者の多くは小中高の先生がボランティアで教えていた．

　そして10カ所目として1967年4月に25m×5コースの室内プールを有し，専任コーチ（正社員）を採用した民間第一号のスイミングスクール（クラブ）の営業が始まる．競泳において「アメリカを追い越せ」が命題だったため，あくまでもジュニア層中心の運営だったが，これが今日の日本の民間のスポーツクラブの基盤を築き上げたと考えられる．しかし，ジュニア層の競技志向が強いスイミングクラブは，開業するためには多額のイニシャルコストが掛かり，未知数の産業だったため，1970年前後は初期投資が回収できるか疑問視されていた．

　弊社がスイミングクラブ開設を検討していた当時（1970年前半）は民間のクラブは全国に約50施設ほどしかなく，このようなスポーツクラブビジネスが成功するか否かわからない時代であった．しかし，創業者は，水泳を通じて子どもたちの健全な成長を願い，その一助に成り得る新事業として決断し開業に踏み切ったと考えている．

　しかし，今でこそ，地域の年代別ターゲット人口や立地条件，初期投資額などさまざまな要素をコンサルティング会社等に相談しながら綿密な事業計画を立て，できる限りの広告媒体を使い，オープン時の目標会員数を設定することは当たり前であるが，当時は開業しているクラブでさえ運営が手探り状態であったため相談できるコンサルや専門家は皆無であった．そのような状況下で弊社独自の事業計画では，オープン時

の会員数は500名程度の集客を想定していた.

　しかし，実際は開業時の会員数は99名で2年経っても500名前後，3年で700名前後と伸び悩んだ. さらに，同時期にオープンした近隣クラブが2,000名前後集客していたことも追い打ちをかけ，創業者は，初期投資の回収のめどが立たず，スイミング事業からの撤退を何度となく考えていたと思われる.

　会員数が増加しない原因は，明らかに立地条件にあった. 私有地とはいえ最寄り駅から徒歩20分，多摩川の沿線道路沿いに建っているためマーケットは半径だけしかなく，さらに2km圏内は昔ながらの家業を営む養鶏場・梨畑など人口が少ない地域と約5〜10名の従業員を抱えた約200社の中小企業が集まる工業地区という環境であり，ジュニア層の人口があまりにも少ない地域であった.

2. 取り組んできた実践例

（1）開業初期

　開業して3年目を迎え閉鎖の危機に追い込まれた状況下で，今でこそ当たり前であるが，開業しているどのスイミングクラブ関係者に相談しても反対された「スクールバス」の導入に踏み切った. 当時，スイミングクラブは，ジュニア層の五輪選手育成が主たる目的で，サービス業としての「お客様」という発想より「目的に向かい，雨の日も風の日も休まずに通う意思の強い子どもを育成する」といった今では考えられない日本古来の道場的な色彩が強い時代であった. 当時，スクールバスを導入した当クラブは，バス運行経費・送迎時の安全面等で多くのクラブから揶揄されたことを記憶している. しかし，これが多くの保護者に受け入れられ，爆発的な会員の増加につながった. マイクロバス導入から始まり乗車定員がすぐ埋まってしまったため，定員45名の中型バス2台に切り替え，スクールバス導入から2年も経たないうちに開業時の約18倍の会員を集客，どうにか採算ベースに乗せることができるようになった.

（2）1980年代

　1980年代になると団塊世代のジュニアを中心に，子どもたちのお稽古として広まり，どのスイミングクラブも子どもたちで溢れ，入会希望者のキャンセル待ちが出るほど盛況となった. バブル期を迎え，大手企業の資本が参入し「スポーツクラブビジネス」は爆発的に拡大して行き，全国で多くのスポーツクラブやスイミングクラブが誕生する. なかには，富裕層を対象とした入会金300万，医師も常駐するステイタスシンボルとしての高級スポーツクラブが出現するほどであった. このころ当クラブは，他クラブに先駆けて助産師がいる託児所完備のマタニティ・産後スイミングコースや選手コース（18：00〜20：30）後の成人コースを増設し22：00までの営業時間とした. また，全国的に有名なランニング専門雑誌と連携し当施設の目の前にある多摩川サイクリングコースを活用してトライアスロン大会を開催した. その結果，参加者の方々の要望によりランニング指導者を招聘しトライアスロンコースも増設した. そして，近隣の公立養護学校と連携を図り，自閉症・ダウン症・筋ジストロフィー等の障がい児の水泳教室を定期的に開催した.

　また，施設面においては成人専用の更衣室や会員のコミュニケーションの場として男女一緒に水着で入れる6種類のお風呂，サウナ，トレーニングジム，スタジオを増設備して，中高年の健康志向に対応する環境を整えることで，冬場の寒い時期の退

会者防止に繋げ，定期的に1年中通ってもらえるようにした．このころクラブ史上最高の会員数を抱えていた．

(3) 1990年代

1990年代入り，バブル景気に暗雲が立ち込め全国でクラブ会員数が激減．それに伴い閉鎖に追い込まれるクラブが増加した．当クラブも500名近く会員が減少した．とくに成人が7割以上を占めた．

少子高齢化を見据え，地域の中高年の健康・体力づくりに取り組み始めた．水中運動を専門に研究する大学教授と連携し「泳がない水中運動プログラム」を開発．地域の整形外科医と相談しながら変形性膝関節症・腰痛の方に対するプログラムを提供し始めた．

時代の変化とともに1980年代のジュニア層は小学校卒業までは在籍していたが，親がより多くの習い事に通わさせるため小学4年生ごろまでの在籍期間に変化していった．そこでジュニア中心の運営形態を抜本的に見直し，在籍期間を延ばすために，やる気を起こさせる進級基準の設定や近隣の保育園の水泳受託指導を開始した．現在では年間で10保育園以上の定期指導を行っている．

(4) 2000年代

2000年代に入り，数は少ないが要支援・要介護認定者が入会し始めたため，専門家と水の特性の研究をさらに進め，脳疾患系の病で片麻痺になった方やパーキンソン病の方などに対し，介護度を進行させないためのアプローチを開始する．

並行して，高齢者の寝たきり防止策として提唱されている『貯筋運動』教室を，町会や団地の自治会，老人会，公立のスポーツセンター，総合型地域スポーツクラブ，地域のスポーツ推進委員と連携を取りながら実施．自宅から歩いて通える距離（集会場・老人いこいの家・スポーツセンター等）に会場を確保して当クラブから指導者（高齢者の身体能力を熟知した健康運動指導士）を派遣し，各会場で実施した．

また，複数の近隣の小学校と連携を図り「地域から一人でも泳げない子をなくす」をスローガンに小学校で募集チラシを配布してもらい，当クラブで無料水泳教室を実施した．現在では，参加した子どもの保護者や教員の働きかけにより，行政から予算がつけられ「泳力向上プロジェクト」として毎年実施している．

(5) 2010年代〜現在

2010年代に入り，超高齢社会が到来し，当クラブに筋肉量が低下した高齢者，要支援・要介護者の方々の入会が増加する中，40年前の施設では，増築やリフォームをいくら繰り返しても利用者には使い勝手が悪く，適した施設環境とは言い難い状況であった．

そこで，低体力の高齢者や要支援・要介護者のADL向上を目的とした水中運動特化型施設『Do KAWASAKI』を2016年11月に開設した．運動量が少なくても寒くない34℃前後の水温設定（通常のプールは29〜30℃），症状や身長に水深を合わせることができ，車椅子ごと入れる可動床プール（水深0〜105cm設定可），館内オールバリアフリー機能を備えた施設である．また，介護保険認定者が多く通っていただけるよう，通所介護施設の指定を受け，地域社会のより多様なニーズに応える新たな事業展開を図った．

現在では利用者の9割が要支援・要介護認定を受けている方々である.

　創業当時,成人に対しての入会規約の中に高血圧・心臓疾患・糖尿病等の成人病(現在は生活習慣病)の方は入会できない,と明記してあった.それが近年,健康志向の高まりから適度な運動習慣が生活習慣病・介護予防・改善に有効であると認知され,地域のニーズに対応するために生活習慣病の方や要支援・要介護認定者の方々も可能な限り積極的に受け入れる環境を整え続けている.

　当クラブのスタッフは卒業生や元会員が多く,当然,近隣の方々である.最悪の立地条件からスタートした当クラブは,開業2年目で,今ではどのクラブも行っているスクールバスの運行を導入しなければ閉鎖に追い込まれていた.スクールバス導入は,現場の指導者が,保護者の意見を拾い上げていたことから始まった.そして,小回りが利く単体のクラブとしてあまり大きく構えず地域の要望・要請に応じて『とりあえずやる』という社風が生まれた.オイルショック,バブル経済の崩壊・少子高齢化・超高齢社会と社会が変化していく中で,今日まで数多くの無駄と失敗を重ねてきたことにより,地域の声に耳を傾け,地域住民のために,地域で生まれた指導者が指導する,地域に根差したクラブとして生き残れてきたと考えている.

[松本　弘志]

14章 生涯スポーツの プロモーション

[1] メディアスポーツ

┌─ ポイント ───
│ メディアで取り上げられるメディア的価値の高いスポーツを「メディアスポーツ」と呼び，メディ
│ アスポーツとメディア（おもに映像メディア）の関係，その現状を考察する.
└──

1. メディアとメディアスポーツの関係

今やメディアに取り上げられないスポーツはないだろう．それほど各種のスポーツ
は多くの人の関心を集め，スポーツはメディアを通じて振興や普及を図っている．ス
ポーツはメディアにとって優良なコンテンツ（記事や番組）であり，長く蜜月の関係
を維持してきた．顕著な例としては，プロ野球とメディアの関係を挙げることができ
るだろう．

1950年代からテレビの普及が始まると，テレビ，ラジオ，新聞，雑誌とあらゆる
媒体がプロ野球を報じ，プロ野球は国民的スポーツへと発展していく．今では，年間
2,000万人がスタジアムを訪れるが，こうした人気はプロ野球をメディアが報じるこ
とで生まれる相乗効果で作られたものだ．大相撲や高校野球，箱根駅伝などの人気も
メディア（おもにテレビ）に支えられてきた．それゆえに新しく始まるスポーツのプ
ロリーグや新興の競技は，メディアスポーツとしてメディアにどう取り上げられるか，
試合の中継をどのような頻度で行ってもらえるかにそのスポーツの人気や発展がか
かっている．

また，メディア側も人気のスポーツ大会，とりわけ注目度の高い国際大会(五輪,サッ
カーW杯，ラグビーW杯，野球WBC，世界陸上，世界卓球，世界水泳，等々)の中
継を目指してメディアスポーツの争奪戦を繰り広げている．ビッグイベントの放映権
は，莫大な金額となって競技団体を潤し，大会の運営費や活動資金として使われてい
る．注目度の高い選手，アスリートは，こうした世界的な舞台での活躍（高い広告価
値）を期待され，こちらもそれぞれのスポンサーと高額な契約を結んでいる．

メディアとメディアスポーツの関係は，単にそれが報じられるだけでなく，メディ
ア側には多額の広告収入をもたらし，競技団体と選手側にも，放映権料やプロ契約が
用意されたりする．メディアとメディアスポーツは，それが効果的に機能する（大き

な関心を集める）ことによって，巨大なスポーツビジネスを形成している．

2. 新しいメディアの台頭

　　テレビの多チャンネル化が始まったのは，それまでの地上波に加えてBSとCSの放送がスタートしたことによる．BSは1989年，CSは1992年に始まる．地上波も各地で開局が相次ぎ，1988年に103局だった放送局は，1995年までに現在の127局になっている．さらにBSとCSの開局も続き，デジタル化（チャンネル数が増やせる）も伴って，現在はBSが39チャンネル，CSは62チャンネルにまで増えている．すべてがスポーツを放送している訳ではないが，スポーツ専門チャンネルも誕生し，スポーツの放送機会は増加している．

　　そしてこれまでの視聴習慣を含め，メディアとスポーツの関係を劇的に変えたのが，インターネット回線を利用した有料動画サービスの登場だ．テレビの受像機に頼らず，パソコンの画面でスポーツを観ることができる．当初は1本ごとに料金を払うPPV（ペイパービュー）方式が中心だったが，現在は低額の「定額見放題」が定着している．スマートフォンが普及してからは，場所や時間を問わず，さまざまなコンテンツが見放題となり，とくに若い世代はテレビを持たず，スマホでの視聴が増えている．多チャンネル化と新しいメディアの登場が，これまでは限られていたメディアスポーツを多種多様な形で取り上げることになった．

3. メディアスポーツの現状

　　テレビの多チャンネル化と動画配信サービスの普及が，メディアスポーツの視聴に変化をもたらしている．地上波（テレビ）でもっとも影響を受けているのは，プロ野球である．1980年代，1990年代は常に10％を超える視聴率を誇ってきたが，近年は一桁台で横ばいが続いている．視聴率の低下が中継回数の減少を招き，現在は衛星放送や有料動画配信サービスでの放送にシフトしている．地上波でプロ野球中継が減った理由には，試合時間の長さや，延長戦など終了時間が予測できないことも要因として挙げられる．また，大谷翔平をはじめとする日本人メジャーリーガーの活躍でメジャーリーグ中継を見る人が増えていることも確かだろう．動画配信サービスの登場で，テレビそのものの視聴が減っている「テレビ離れ」も，プロ野球だけでなくスポーツ全体の観戦率に影響が出ているものと思われる（図14-1-1）．

　　テレビだけを考えれば，スポーツ観戦率は低下しているが，多チャンネル化とインターネット回線による動画配信サービスの登場によって，これまで以上に多様なスポーツがメディアスポーツとして視聴されていることは，スポーツ界にとっては歓迎すべきことだろう（表14-1-1）．加えてこれまではテレビ局が選んだスポーツだけが，メディアスポーツとして注目を集めていたが，メディアが多様化することで多くのスポーツが取り上げられ，自分の好きなスポーツを自ら選択して視聴できるようになった．その結果，各スポーツはメディアスポーツになることによって，それぞれのファンを増やすことができるようになった（表14-1-2）．

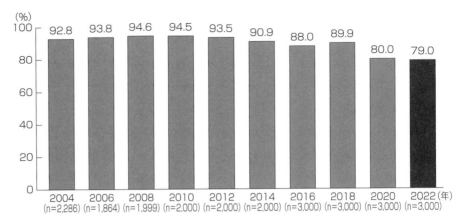

図14-1-1　テレビによるスポーツ観戦率の年次推移（1年間のテレビ観戦状況）
2014年までは20歳以上，2016年以降は18歳以上を調査対象としている.
（笹川スポーツ財団（2022）スポーツライフに関する調査）

表14-1-1　テレビによる種目別スポーツ観戦率（全体・性別：複数回答）

順位	全体 (n＝3,000)			男性 (n＝1,503)		女性 (n＝1,497)	
	観戦種目	観戦率(%)	推計観戦人口(万人)	観戦種目	観戦率(%)	観戦種目	観戦率(%)
1	プロ野球（NPB）	46.0	4,851	プロ野球（NPB）	55.9	フィギュアスケート	42.4
2	サッカー日本代表試合（五輪代表・なでしこジャパン含む）	36.8	3,881	サッカー日本代表試合（五輪代表・なでしこジャパン含む）	42.6	プロ野球（NPB）	36.0
3	マラソン・駅伝	34.8	3,670	高校野球	37.1	マラソン・駅伝	35.1
4	高校野球	33.9	3,575	マラソン・駅伝	34.5	サッカー日本代表試合（五輪代表・なでしこジャパン含む）	30.9
5	フィギュアスケート	30.2	3,185	メジャーリーグ（アメリカ大リーグ）	31.0	高校野球	30.7
6	大相撲	26.0	2,742	大相撲	30.5	卓球	24.4
7	メジャーリーグ（アメリカ大リーグ）	24.0	2,531	格闘技（ボクシング，総合格闘技など）	27.6	大相撲	21.5
8	卓球	21.9	2,309	プロゴルフ	25.7	バレーボール（高校，大学，Vリーグ，日本代表など）	18.0
9	プロゴルフ	20.0	2,109	Jリーグ（J1，J2，J3）	21.8	メジャーリーグ（アメリカ大リーグ）	17.0
10	格闘技（ボクシング，総合格闘技など）	18.9	1,993	卓球	19.4	プロテニス	15.1
11	Jリーグ（J1，J2，J3）	16.9	1,782	フィギュアスケート	18.2	プロゴルフ	14.2
12	バレーボール（高校，大学，Vリーグ，日本代表など）	14.8	1,561	ラグビー（高校，大学，リーグワンなど）	15.6	バドミントン	14.0
13	プロテニス	14.7	1,550	プロテニス	14.4	Jリーグ（J1，J2，J3）	12.0
14	バドミントン	12.8	1,350	バレーボール（高校，大学，Vリーグ，日本代表など）	11.7	格闘技（ボクシング，総合格闘技など）	10.1
15	ラグビー（高校，大学，リーグワンなど）	11.8	1,244	バドミントン	11.5	ラグビー（高校，大学，リーグワンなど）	7.9
	テレビで観戦した種目はない	20.3	—	テレビで観戦した種目はない	16.6	テレビで観戦した種目はない	24.0

推計観戦人口：18歳以上人口（20歳以上は2021年1月1日時点の住民基本台帳人口，18・19歳は同時点の住民基本台帳人口のうち，15～19歳の人口に2020年の国勢調査から得られた18歳および19歳の人口割合を乗じて得られた推計値を利用）の105,448,713人に観戦率を乗じて算出.
（笹川スポーツ財団（2022）スポーツライフに関する調査）

表14-1-2　インターネットによる種目別スポーツ観戦率（全体・性別：複数回答）

順位	観戦種目	観戦率(%)	推計観戦人口(万人)	順位	観戦種目	観戦率(%)	順位	観戦種目	観戦率(%)
	全体（n=3,000）				**男性（n=1,503）**			**女性（n=1,497）**	
1	格闘技（ボクシング，総合格闘技など）	6.7	707	1	格闘技（ボクシング，総合格闘技など）	11.0	1	格闘技（ボクシング，総合格闘技など）	2.4
2	プロ野球（NPB）	5.6	591	2	プロ野球（NPB）	9.0	2	プロ野球（NPB）	2.1
3	メジャーリーグ（アメリカ大リーグ）	4.7	496	3	メジャーリーグ（アメリカ大リーグ）	8.2	3	フィギュアスケート	1.6
4	海外プロサッカー（欧州，南米など）	3.4	359	4	海外プロサッカー（欧州，南米など）	6.0	4	サッカー日本代表試合（五輪代表・なでしこジャパン含む）	1.2
4	サッカー日本代表試合（五輪代表・なでしこジャパン含む）	3.4	359	5	サッカー日本代表試合（五輪代表・なでしこジャパン含む）	5.7	4	メジャーリーグ（アメリカ大リーグ）	1.2
6	Jリーグ（J1, J2, J3）	2.9	306	6	Jリーグ（J1, J2, J3）	4.9	6	バレーボール（高校，大学，Vリーグ，日本代表など）	0.9
7	プロゴルフ	2.0	211	7	プロゴルフ	3.5	6	Jリーグ（J1, J2, J3）	0.9
8	海外プロバスケットボール（NBAなど）	1.7	179	8	F1やNASCARなど自動車レース	2.9	8	海外プロサッカー（欧州，南米など）	0.8
9	高校野球	1.6	169	9	海外プロバスケットボール（NBAなど）	2.8	9	卓球	0.7
9	F1やNASCARなど自動車レース	1.6	169	9	高校野球	2.8	9	バドミントン	0.7
11	プロバスケットボール（Bリーグ）	1.4	148	11	eスポーツ	2.3	9	プロテニス	0.7
11	eスポーツ	1.4	148	12	プロバスケットボール（Bリーグ）	2.1	9	プロバスケットボール（Bリーグ）	0.7
13	プロテニス	1.3	137	13	プロテニス	1.9	13	海外プロバスケットボール（NBAなど）	0.5
14	卓球	1.2	127	14	卓球	1.8	13	サッカー（高校，大学，JFL，WEリーグなど）	0.5
14	フィギュアスケート	1.2	127	15	サッカー（高校，大学，JFL，WEリーグなど）	1.7	13	バスケットボール（高校，大学，Wリーグなど）	0.5
	インターネットで観戦した種目はない	77.7	—		インターネットで観戦した種目はない	67.9	13	プロゴルフ	0.5
							13	ラグビー（高校，大学，リーグワンなど）	0.5
							13	eスポーツ	0.5
								インターネットで観戦した種目はない	87.4

推計観戦人口：18歳以上人口（20歳以上は2021年1月1日時点の住民基本台帳人口，18・19歳は同時点の住民基本台帳人口のうち，15～19歳の人口に2020年の国勢調査から得られた18歳および19歳の人口割合を乗じて得られた推計値を利用）の105,448,713人に観戦率を乗じて算出.
（笹川スポーツ財団（2022）スポーツライフに関する調査）

4. メディアスポーツのこれから

　　今やあらゆるスポーツでプロの選手が誕生している．かつてはプロ野球やプロゴルフ，大相撲の力士などに限られていたが，スポーツがメディアに取り上げられるメディアスポーツになることによって，プロとしての活動が可能になった．
　　日本のスポーツ界において，その流れを一気に加速させたのは，1993年にスタートしたサッカーJリーグの誕生であろう．それまでは実業団リーグ（会社員）として

プレーしていた選手たちが，Ｊリーグの発足と同時にプロの選手になった．こうした選手たちの年俸は，観客収入やグッズの売り上げなどが原資になっているが，Ｊリーグから分配される放映権料も各クラブの支えになっている．当初は10クラブでスタートしたＪリーグも，今はJ1（18クラブ），J2（22クラブ），J3（20クラブ），全国に60クラブが存在している．

　現在Ｊリーグは，世界的な動画配信サービス「ＤＡＺＮ」と2023～2033年まで11年間2,395億円の契約を結び，資金的な安定を確保している．各クラブはメディアで報じられることでサポーターをスタジアムに呼び込み，その観客収入と分配金を使って選手たちとプロ契約を結ぶ．Ｊリーグの成功は，魅力的なメディアスポーツになることによってもたらされたのだ．

　かつては地上波のテレビコンテンツに選ばれることだけがメディアスポーツの条件だったが，多チャンネル化とインターネットの動画配信サービスの登場で，さまざまなスポーツがメディアスポーツとなって経済的な価値を高めることができるようになった．そのスポーツに資金と注目が集まれば，多くのプロ選手が生まれることになる．しかし，こうしたスポーツとメディアの「ウィンウィン」の関係に問題がないわけではない．有料の動画配信サービスと独占契約を結んだスポーツは，ファンがそのメディアと視聴契約を結ばなければ見ることができない．つまりどんなにそのスポーツが好きでも，経済的な理由で取り残されるスポーツファンができてしまうのだ．

　また，莫大な放映権料などが一部のスポーツ関係者だけに流れ込み，普及や振興，次世代への投資に使われなければ，そのスポーツや大会の将来は危ういものになる．事実，五輪やFIFA（国際サッカー連盟）など，国際大会や内外のスポーツ組織において金銭的なスキャンダルが絶えない．現代におけるスポーツの隆盛は，メディアとの関係をどう構築するかにかかっている．メディアスポーツとなることで，多額の放映権料と多くのファンを獲得できるからだ．一方で，大きな資金が流入するメディアスポーツ（組織）には，これを公正に使い，透明性のあるガバナンスとコンプライアンスが求められている．

[青島　健太]

[キーワード]
・**テレビ離れ**：新聞と並び基幹メディアであったテレビの役割が変化している．テレビはパソコンやスマホに代わられようとしている．若い世代は，「テレビを見ない」，「テレビを持たない」2つの意味で「テレビ離れ」が進んでいる．

[文　献]
・笹川スポーツ財団（2022）スポーツライフ・データ．
・ICT総研（2023）2023年有料動画配信サービス利用者動向に関する調査．
・総務省（2023）令和5年度版・衛星放送の現状．
・NHK出版（2023）放送研究と調査．2023年8月号．
・ビデオリサーチプラス（2019）テレビ番組で振り返る テレビが映してきたもの，視聴者が見てきたもの．2019年4月11日．

[2] 多様性へのプロモーション

ポイント

生涯スポーツ分野の多様性を高めることの重要性を理解し，プロモーションにおいて留意すべきことや具体的な方策について考える．

---

1. なぜ多様性が促進される必要があるのか

　　近年，さまざまな場面で人間の多様性を認め，排除がなく誰も取り残さない社会を目指すことの重要性が指摘されている．では，なぜスポーツにおいても多様性が促進される必要があるのだろうか．理由の第一は，差別や排除なくスポーツをする権利の保障という，スポーツに関わる個人の観点から捉えることができる．

　　第二に，組織や社会全体に好影響を与えるという観点からも，その重要性を捉えることができる．国内外では，企業経営において「ダイバーシティ・マネジメント」を促進することにより，組織の創造性や反脆弱性を高めるなどの好影響があると指摘されている．例えば，女性の活躍の推進，ワークライフバランス，LGBTQ＋の人々の安心な環境づくり等に取り組む企業は，より利益率が高いとされる．また，性に関して価値中立的だと考えられがちな科学技術・研究・政策においても，生物学的・社会的な性差を考慮し，イノベーションを創出する（ジェンダード・イノベーション）ことが提案されるようになっている．よく知られる事例として，自動車の衝突実験では男性サイズの人形を使用することが標準的であったために女性ドライバーの重症率が高くなってしまったり，女性だけが更年期障害を抱えると考えられてきたことなどがある．

　　スポーツ分野の多様性は，年齢，からだの性別，肌の色，国籍，障がいの有無などの比較的わかりやすい属性のほか，からだの性別以外の性のあり方全体（セクシュアリティ），宗教や文化的な影響，運動の好悪などの可視化されにくい属性の観点からも促進される必要がある．スポーツ界で遅れが目立つ対応のひとつに，LGBTQ＋の人々の安心・安全なスポーツ環境づくりがある．国内では，2023年6月に「性的指向及びジェンダーアイデンティティの多様性に関する国民の理解の増進に関する法律」が施行された．競技の勝敗を第一義に置くわけではない生涯スポーツの分野では，参加者や関係者の性自認のあり方を最大限尊重し，性自認や性的指向にもとづく差別や排除がなく，誰もが安心して関われる環境づくりに積極的に取り組むことが求められる．

　　また近年の研究では，さまざまな属性の交差性が要因となって，社会的により弱い立場に置かれる傾向があることも指摘されている．例えば，障がいのある女性，肌の色によって周縁化されてきた集団に属する女性などのような交差性の影響を受ける人々は，経済格差の下位に置かれることになり，スポーツへの参加を困難にする要因を抱えやすい．

2. 多様性へのプロモーションにおいて留意すべきこと

多様性へのプロモーションにおいて重要なことは，単に多様な個人が参加できるようにするだけでなく，その個人の自分らしさが守られ，個性や能力が発揮できる環境を生み出すことである．男性役員ばかりで構成されていた意思決定機関に，一定割合の女性やその他の少数者を含めたとしても，それらの人々の発言や価値観を既存の運営方法や価値観に採り入れることができなければ，組織の創造性を高めることは難しい．最近よく使用される「ダイバーシティ＆インクルージョン」という言葉は，この留意点をふまえた用語だといえる．

ある集団の中で，それまで弱い立場に置かれてきた人々の意見や価値観が無視できなくなる「クリティカル・マス」が構成されるためには，弱い立場の人々の割合が全体の30％程度必要であるという研究結果が示されている．ただし上述のように，この割合を超えても組織風土が醸成されていない場合には，効果は限定的である．一方，この割合が15％程度であっても多様性が促進される組織では，組織のリーダーをはじめとするメンバーの意識が高く，組織全体に変化を起こす積極的な取り組みを行っていることが観察されている．

スポーツは，自主的・主体的な参加を前提としているために，深刻なレベルで弱い立場に置かれている人々の存在は気づかれにくい．つまり，スポーツに関して弱い立場の人々は，そもそもスポーツに参加しづらい／参加していない，という状況がある．これを前提として，どのような人々の参加や参画を高めるのか，ターゲットを具体的に定め，戦略的に取り組むことが望ましい．目標と企画を立案するプロセス自体が，チームや組織などにとって，他人との違いを認めることを阻害する心理的要因を取り除き，無意識の偏見（アンコンシャスバイアス）や知識不足への気づきにつながる．それらは，その戦略のターゲットではなかった他の弱い立場や不可視化されている人々に関する取り組みに向けた課題の発掘，現状の評価，実践，実践結果の評価という一連の流れを生み出すための基盤を形成する．

3. スポーツ界の現状：ジェンダー平等を例に考える

(1)「参加促進」の現状

オリンピックやパラリンピックのような国際的なスポーツ大会では，世界中から選手が集まり，多種目で競い合う姿がメディアで報じられる．それらのメディア表象は，国内外のスポーツ界の多様性の達成度合いを人々に印象づけ，生涯スポーツを含むスポーツ界の構造や社会全体の構造にも影響を与える．そこで，ここではトップ・アスリート界のジェンダー平等に関する現状を手がかりに課題を把握してみよう．

東京2020オリンピック大会に参加した女性選手の割合は，46％であった．パリ2024オリンピック大会では，男女の参加者数が同数になる予定である．オリンピックの参加者数が男女同数になるまでに120年以上を要したことになるが，女性の参加者数と種目数が顕著に増加したのは，1990年代に入ってからである．この背景には，IOCがジェンダー平等政策を策定し，戦略的な取り組みをはじめたことがある．

一方，東京2020パラリンピック大会の女性選手の割合は約42％であった．この割合はパラリンピック史上最高であるが，オリンピックに比して進捗はやや遅れている．

とくに冬季のパラリンピック大会では，参加者のジェンダー平等の遅れが目立ち，女性選手の割合は約25％であった．

　日本のみに焦点をあてると，2000年代に入ってからオリンピック代表団選手の男女比にはほとんど不平等が見られなくなった．ところが，パラリンピック夏季大会では30～40％で推移し，冬季大会では2018年平昌大会では13.2％，2022年北京大会では27.6％と大会毎に変動があり，女子の競技が未成熟である状況がうかがえる．

　このように競技の普及や選手の育成という「参加」の面では，国内外ともに一定の進捗と同時に課題が浮き彫りになっている．

（2）参加から参画へ

　プレーフィールド外のジェンダー平等に関しては，国内外共に大きな課題を抱えている．図14-2-1に東京2020，北京2022のオリンピック2大会の参加国・地域におけるNOC団長，女性旗手，技術役員，公認コーチの割合を示した．入場行進の女性旗手は，男女が協力する共生社会を象徴的に示そうとするIOCの方針により，比較的割合が高い．しかし，専門的・指導的立場の女性割合は，総じてかなり低い状況にある．

　日本国内においても，この傾向は同様である．健康づくりやレクリエーション場面の指導者では，女性の割合が男性より高い場合があるものの，地域のスポーツ指導者に関しては，トップ・アスリート界と同様の傾向が示されている．

　地域における生涯スポーツの支援に重要な役割を果たす指導者資格には，公益財団法人日本スポーツ協会（JSPO）による公認指導者がある．そのうちの一部の資格について，直近2年間の女性割合を表14-2-1に示した．総じて資格のレベルがあがるほど女性割合は減少する．JSPO公認指導者の女性割合は都道府県によっても違いがあることから，資格のレベルや地域の特性を踏まえた戦略的対応が求められる．

　スポーツ庁が2019年に公表した競技団体向けのガバナンスコードでは，女性役員の割合を40％とすることや外部役員を25％とすることが目標とされた．以降の役員改選によって，目標を達成する組織は増加している．

　このように意思決定に関わる人々の多様性を高めるための割合目標を定めたり，選出方法を工夫する方策は，海外の政治分野等でも広く活用されている．この利点は，第一に，多様性の促進をめざしているという組織の姿勢が社会に明示される点である．第二に，とくに変化が緩慢な組織において実質的な効果が期待できる点である．専門的・指導的立場のジェンダー平等などの多様性は，性別や年齢が同質的な人々では気づくことができない組織の運営上の課題発見にも貢献する．

　スポーツをめぐる社会的環境全体に関しても，改善すべき課題がある．わかりやすい例のひとつに，プロスポーツ選手に対する報酬額がある．著しい男女差があることは長年指摘されてきたが，大きな変化はみられない．プロテニス界は，男女の賃金格差がもっとも少ないスポーツとされ，4大大会の賞金額が男女同一であるが，それでもCM出演料等のプレー外の収入を含めると，女性選手の収入は男性選手より約34％少ないというデータがある．米国経済誌フォーブスが毎年発表しているプロスポーツ選手の2023年の報酬ランキングでは，トップ10に入る女性選手はいない．競技の賞金とCM出演等をあわせた報酬全体は，男子1位の8,910万ドルに対し，全体で49位

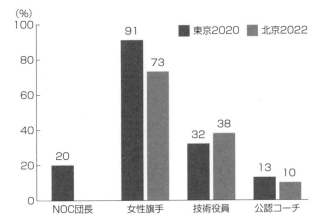

図14-2-1 プレーフィールドの外でのジェンダー
平等
（IOC（2023）Factsheet: Women in the
Olympic Movement, 14 April 2023より著
者作成）

表14-2-1 2021年および2022年のJSPO公認指導者の資格別女性割合

	2021年 （%）	2022年 （%）
コーチングアシスタント	18.7	19.6
スタートコーチ	32.2	31.0
コーチ1	21.6	23.5
コーチ2	23.2	76.8
コーチ3	18.0	18.1
コーチ4	8.4	8.7
教師	37.6	38.3
上級教師	14.4	14.8
スポーツドクター	9.7	9.7
アスレティックトレーナー	23.5	23.4
スポーツ栄養士	92.4	92.2
フィットネストレーナー	37.4	37.6
ジュニアスポーツ指導員	38.1	38.3

（日本スポーツ協会提供データ（各年10月1日時点）より著者作成）

となる女子1位の選手は4,350万ドルと約2倍の差がみられる．こうした現状は，経済
的価値に置き換えた場合の女性のスポーツの価値を引き下げるという，社会全体に対
するマイナスの効果をもたらす．

　別の例には，スポーツにおけるメディアに関する課題がある．ユネスコは2018年
の段階でスポーツメディアにおける女性に関するコンテンツの割合はわずか4％であ
るとし，IOCは大会の女性の公認メディアスタッフは平均20％であるとしている．

　これらのスポーツをめぐる社会的環境は，生涯スポーツ場面の身近な努力だけでは
解決が困難である．しかし，生涯スポーツの現場からジェンダー平等をはじめとする
多様性を促進することによって，変化を押し進めることが期待される．

4. 多様性へのプロモーションの方策

　スポーツ庁は地域の身近なスポーツ施設の整備に役立つ資料として2022年に『ス
ポーツ施設のユニバーサルデザイン化ガイドブック』を公表した．このガイドブック

では，高齢者・肢体不自由者（立位・車いす利用者）・視覚障害・聴覚障害・内部障害・知的障害・精神障害・発達障害・子育て親世代・女性（妊婦・一般女性）・子ども・外国人・LGBTQ＋当事者・ケガをした人・働き盛り世代など，属性ごとに人々が抱えるリスクや望まれる対応が示されている．施設のハード面だけでなく，ソフト面からの方策についても提案されており，有用である．

　このような資料を活用するための土台は，国際社会や国内での人権課題に関し，日常的な教育・啓発活動を行い，関係者が知識を増やすことによって形成される．また，困難を抱えている当事者の意見を反映するための仕組み作りも重要である．この仕組みがないままにプロモーションをすることは，配慮の押しつけになる場合があることにも留意が必要である．欧米を中心に促進されているスポーツにおけるジェンダー平等政策では，「ジェンダー主流化」という語を用いて，施設・プログラム・運営・財源配分などのあらゆる面において，常に排除や不平等がないかを意識づけることが推奨されている．さまざまな属性を持つ誰もが気軽にスポーツに親しむ場づくりにとって，参考になる考え方である．

［來田　享子］

［キーワード］

・**多様性（ダイバーシティ）**：異なる要素を持つ多くの人や物の集まり．比較的わかりやすい「表層的多様性」と考え方や価値観などの可視化されにくい「深層的多様性」がある．セクシュアリティ，人種，国籍，文化，障害の有無などさまざまな社会的属性のどれかひとつに焦点をあててしまわないよう注意が必要である．

［文　献］

・内閣府（2019）令和元年度年次経済財政報告．「令和」新時代の日本経済，第2章　労働市場の多様化とその課題．
・Kanter RM（1977）Some effects of proportions on group life: skewed sex ratios and responses to token women. Am J Sociol, 82（5）：965–990.
・Dahlerup D（2006）The Story of the Theory of Critical Mass. Politics Gend, 2（4）：511–522.
・IOC（2023）Factsheet: Women in the Olympic Movement, 14 April 2023.
・Forbes（2023）The world's Highest-paid Athletes. https://www.forbes.com/lists/athletes/?sh=36b8fd4d5b7e（参照日2023年9月22日）
・UNESCO（2018）Gender Equality in Sports Media. https://webarchive.unesco.org/web/20230104165710/https://en.unesco.org/themes/gender-equality-sports-media（参照日2023年9月22日）
・IOC（2021）スポーツにおけるジェンダー平等，公平でインクルーシブな描写のための表象ガイドライン．https://olympics.com/ioc/gender-equality/portrayal-guidelines（参照日2023年9月22日）
・スポーツ庁（2022）スポーツ施設のユニバーサルデザイン化　ガイドブック．https://www.mext.go.jp/sports/b_menu/sports/mcatetop02/list/1380329_00010.htm（参照日2023年9月22日）

[3] 高齢者スポーツのプロモーション

> ― ポイント ―
>
> 高齢者を対象としたスポーツ推進（プロモーション）の計画化や事業化とともに，今後の事業の可能性について概説する．

1. スポーツのプロモーション計画と全体プロセスの考え方

　諸外国における運動・スポーツ活動のプロモーションガイドラインを概観すると，効果的な事業を行う全体条件として，①計画準備，②計画策定，③計画実行，④計画評価，⑤計画改善の5つのステージからなる計画・評価サイクルを重視している傾向が見られる．計画準備の段階では，計画策定に欠かすことのできない運動・スポーツ実施現状調査や過去の参加データ等の情報収集・分析や，対象地域の運動・スポーツ振興に関わる関係機関や個人の確認と活動調査等を行い，運動・スポーツ活動に関わる現状や有効資源・課題について，どれだけ事前に把握できるかが，よりよい計画策定のための最重要点であることが強調されている（図14-3-1）．計画策定段階では，計画化とその実践がもたらす個人的・社会的便益とは何か（便益目標設定），その便益目標を実現するたには誰のどのような運動・スポーツ行動を高めていくか（行動目標設定），その行動目標を達成するためにはどのような条件が必要か（条件目標設定），条件目標を実現するにはどのような改善や整備等のアクションが必要か（事業目標設定）の順で目標設定を行いながら計画全体を構築し，これらの一連の目標設定が計画の根幹を形成する．策定した計画は実践に移され，経過観察（モニタリング）や中間評価等を通じて継続，あるいは修正されながら各事業が展開される（計画実践）．そして実践の最終段階から，あらかじめ設定した事業目標，条件目標，行動目標，便益目標の到達度に関する評価を行い（順に，マネジメント評価，プロセス評価，インパクト評価，アウトカム評価），計画策定や計画実践に関する情報も統合し計画全体の評価を行い，成果や課題を明確にした上で，次期の計画策定に還元していくための改善案の情報も含め記録化し報告・公開を行う．プロモーションガイドラインでは，プログラム作成者がこれらの計画・評価の全体プロセスをどの程度事前認知しているかが，効果的な運動・スポーツ活動の推進計画を作成する重要な要因であることを強調している．

2. 高齢者スポーツプロモーションの効果的事業

　高齢者を対象としたスポーツプロモーションのモデルの中で，もっとも重要視されているのは，「要因」と「事業」との連携である．活動の主体者には，行動を起こすための動機や意識に代表される主体的要因と，その受け皿の環境資源であるハードウェア，ソフトウェア，ヒューマンウェアで構成される外的要因の両方が行動のための必須条件となる．そしてその主体者の内的要因に直接作用するコミュニケーションと，外的要因を改善していく事業が必要となり，前者は肩を押す意味のプッシュ事業，

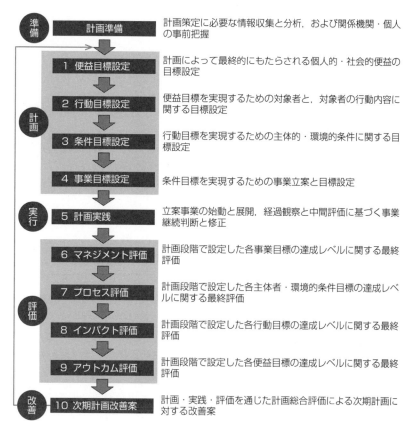

図14-3-1　高齢者を対象とする運動・スポーツ活動のプロモーションの計画指標と
主要プロセス

後者は引き寄せる意味でプル事業と呼ばれ，スポーツプロモーションでは，両事業と
も必須の事業となり，お互いに関係しながら総合事業として相乗効果を生みだしてい
くことが理想である．プッシュ事業の例は，対人カウンセリング，グループサポート
が挙げられ，その代表例は，啓発キャンペーンとなる．プル事業では，その代表例が
環境バリアフリー，ユニバーサルデザインである．図14-3-2に示す坂の勾配は阻害・
障害レベルを示しており，高齢になるほど高くなっていくが，環境的な障害・阻害レ
ベルを下げていくことによって，活動主体者の参加と習慣化が起こりやすいように支
援することが必要となる．バリアフリー（障壁除去）は「存在する障害や障壁を取り
除く」という意味に対し，ユニバーサルデザインは，「特別な調整や特化したデザイ
ンとすることなく，できる限り多くの人が利用することのできる製品や環境のデザイ
ン」であり，「最初から障害や障壁を感じさせない」，あるいは「現在みんなが使って
いるものについて使える人をより増やす」ということを意味する．身体活動はこれま
で「若さ」の属性が強く，施設，用具，プログラム，イベント，組織，体制，政策の
あらゆる環境面で，若年・青少年層を意識したものが多かっただけに，この分野にお
けるバリアフリー化とユニバーサルデザインは非常に重要な事業となる．

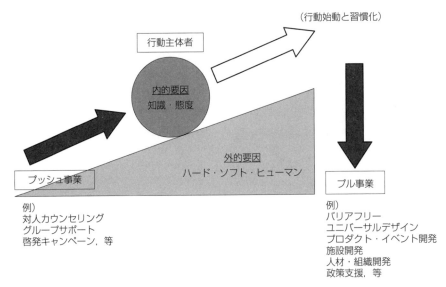

図14-3-2　高齢者スポーツプロモーションにおける2つの要因と事業の組み合わせ

3. 高齢者スポーツプロモーションの事業類型化

　　高齢者のスポーツ活動を推進するためには要因にマッチングした事業立案が求められる. 図14-3-3は，これまでの成人層を対象としたスポーツプロモーション事業から抽出された，主体者，人，機会，環境の各条件の改善に関わる支援事業を類型化したものである. 効果的な事業に見られる傾向としては，計画策定において事業企画に偏りがなく，これらの事業が組み合わさりパッケージ化されている特徴がある. 高齢者の運動・スポーツ活動の促進のためには，その活動を行う主体者自身の条件と，それを取り巻く人，機会，環境の諸条件の変化が必要となるため，事業策定についてもこれらの条件改善に見合う総合戦略が求められる. 多くのガイドラインが強調している点は，前述したようにとくに主体者の内的条件（動因）に直接作用する事業と，外的条件（誘因）を高めていく事業を両軸とし，前者は活動主体者の背中を押す意味のプッシュ事業，後者は活動主体者を引き寄せる意味でのプル事業と総称され，セット事業として捉えられている. 非効果的な事業の特徴である"数打てば当たる"の「乱射型」や，ひとつの戦略のみに偏る「こだわり型」の事業ではなく，あらかじめ設定した条件目標を重視し，既存事業の継続・修正・補充，あるいは新規事業の立ち上げを考慮していくことが望まれる.

4. 高齢者スポーツプロモーション事業コンテンツ

　　効果事業の中身を示す事業コンテンツの作成にあたっては，人を引き付けるための受け皿としての「魅力づくり」がもっとも重要なキーワードとなる. 環境的魅力（モノ）づくりとして，場所（地理的条件への魅力），施設（人口的設備・空間への魅力），用具（使用品や提供品への魅力），経験的魅力（コト）づくりとして，プログラム（日常的体験への魅力），イベント（非日常的体験への魅力），情報（知的関心と学習経験

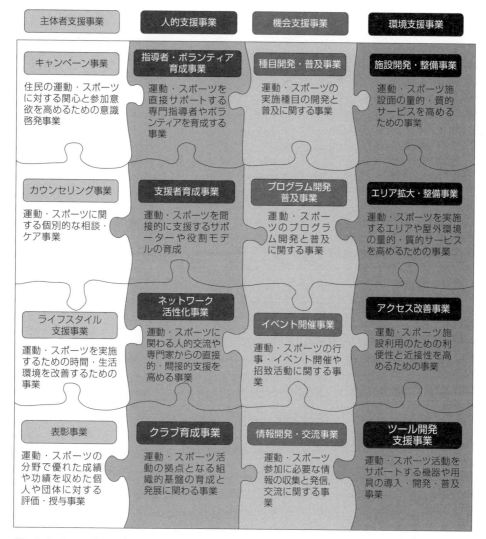

図14-3-3　スポーツプロモーションの事業パッケージ

への魅力），人的魅力（ヒト）づくりとして，仲間（交流と親睦への魅力），指導者（信頼性・ホスピタリティの魅力），組織（所属感・共同体への魅力）が重要な側面となる．

　生涯スポーツのプログラム開発では，各ライフステージに適したスポーツ種目が限定的に考慮される傾向が依然として強く，スポーツのカテゴリー化あるいはラベリングと呼ばれる思考の固着が依然として存在する．高齢者が今後実施してみたい，あるいは実施しているスポーツ種目の範囲は多岐にわたり，それらは，①歩行・走力系，②体操・ダンス系，③水泳系，④球技・チームスポーツ系，⑤アウトドアスポーツ系，⑥マリンスポーツ系，⑦ウィンタースポーツ系，⑧武道系，等が挙げられる．これまで，高齢者を対象としたプログラムは特定の身体運動やスポーツ種目だけに限定されている傾向があったが，実際は，さまざまなスポーツ種目を行いたいとする実施ニーズの潜在ボリュームは大きい．高齢期においてもさまざまなスポーツ種目に意欲を持

ち，実践していく行動力の高さが指摘できる．高齢者を対象としたスポーツプロモーションを行う際には，加齢とスポーツに対する固定観念に注意しながら，中高齢者の求める種目に対するサービス提供側の範囲を広げ，多様な活動ニーズで形成されている集団に応じた活動サービスが求められる．

［長ヶ原　誠］

[キーワード]
・バリアフリー（障壁除去）：存在する障害や障壁を取り除くこと．
・ユニバーサルデザイン：特別な調整や特化した

デザインとすることなく，できる限り多くの人が利用することのできる製品や環境のデザイン．

[4] 青少年スポーツのプロモーション

― ポイント ―
青少年スポーツのプロモーションとは何か？　どのようなプロモーションが実施されているかを各国の事例を通して学び，理解を深める．

　青少年スポーツのプロモーションは，参加および参加の機会とそのベネフィットを促進することにあり，スポーツおよび身体活動を行うことは，青少年が自由に遊ぶといった健全性を含む（Shilbury, et al., 2008）．スポーツや身体活動への参加習慣は，心身の健康，犯罪の減少，登校拒否（無断欠勤）の減少，生活への不満，社会的包含，社会的責任を含む青少年の発達にポジティブな結果をもたらす（Hills, 2008）．また，ルールや価値観，伝統を学ぶことを含んだスポーツを習慣化する基盤となり，青少年の今後のライフステージにおいて「する・みる・ささえる」といったスポーツ参加を促進し，エリートやプロスポーツへ通じる可能性も秘めている（Coakley, 2017）．

　青少年スポーツのプロモーションは，スポーツ政策に基づいて行われるのが一般的であり，生涯を通じたスポーツライフスタイルの形成，国家の増強，労働力としての健康で強靭な身体の育成，ナショナリズム，ナショナル・アイデンティティの高揚といった国家としての狙いも見え隠れする（Houlihan and Green, 2011）．例えば，2010年8月14～26日までシンガポールで開催された第1回ユースオリンピック競技大会以降，スポーツを通じた青少年教育の重要性を唱えた，青少年スポーツ向けのプロモーションが世界各国において注目されている．青少年スポーツが政策として注目されることで，スポーツを通じた国のプレゼンスのアピールが実現されるとともに，将来，国を支えることを期待される青少年の人格形成に寄与する可能性が再認識されている．本節では，青少年スポーツのプロモーションを官・民に関わらず，スポーツへの関わり（する・みる・ささえる）や身体的活動への意識・関心を高め，スポーツ活動や身体的活動を促すための一連の活動と捉える．

1. 青少年スポーツのプロモーションに関する事例 （表14-4-1）

　　青少年を対象としたスポーツのプロモーションは世界各国で行われている．アメリカでは，幼少期における肥満を解消すべく，政府，学校，民間企業などによる身体活動や栄養にかかわる情報の提供，子どもとその家族への身体活動の呼びかけとして，メディアを駆使して青少年の身体活動の重要性を訴求した「Let's Move!」や「The National Youth Sports Strategy（NYSS）」等の健康・身体活動の重要性をキーワードとした取り組みが展開されている．また，プロスポーツ団体による青少年向けのプロモーションも積極的である．例えば，2007年にナショナル・フットボール・リーグ（NFL）が着手した青少年の健康と身体活動を推奨するキャンペーン「NFL Play 60」，自動車ブランドのシボレーがメジャーリーグベースボール（MLB）と連携して，2006年から開催している「CHEVY YOUTH BASEBALL AND SOFTBALL CLINICS」などの取り組みがある．MLBのアトランタ・ブレーブスは，本拠地Truist Parkにおいて，非営利病院であるChildren's Healthcare of Atlantaと協力して，球場に訪れた子どもとその家族に対して，いろいろなアトラクションを球場内で提供し，健康で活発なライフスタイルを促進するための啓発活動を行っている（写真14-4-1）．

　　オーストラリアでは，就学前，就学中，および就学後のスポーツ活動の促進を目指した「Sporting Schools programme」，カナダでは，子どもたちの身体活動水準に関する調査をして報告書を作成・公表するプログラム「The ParticipACTION Report Card on Physical Activity for Children and Youth」や，年齢層ごとの身体活動の推奨に加えて，座位行動や睡眠行動に関する解説が組み込まれている「CANADIAN 24-HOUR MOVEMENT GUIDELINES」，ニュージーランドでは，子どもスポーツの発展を目的として開始された「KiwiSport」や「Play.Sport」といった特色のあるプロモーションが実施されている．

　　シンガポールでも，スポーツを通じた青少年の健全育成を国家戦略として位置付けている．Let's Playムーブメントの一環として，子どもに対して基本的な運動技能の指導を導入し，強化することを目的としたプログラム「FUN Start, MOVE Smart!」や，スポーツ教育の重要性を提唱し，学校でのスポーツ参加を奨励することで若者のスポーツ実施機会の増加を目指す「Sports Education Programme」などのプロモーションは注目に値する．さらに，近年の国際的なスポーツイベントの招致および開催によって，"みる・ささえる"の観点からのスポーツプロモーションも盛んに行われている（写真14-4-2，写真14-4-3）．これらプロモーションの多くは，学校や地域を通じた青少年のスポーツ参加機会の提供を目指しているものである．

　　日本では，スポーツ基本計画（第3期2022年3月25日）において，「学校や地域における子ども・若者のスポーツ機会の充実と体力の向上」が掲げられている．具体的には，地域において子どものニーズに応じた多種多様なスポーツを安全・安心に実施できる環境を新たに構築するための，運動・文化部活動の地域移行に向けた取り組みを推進している．加えて，体育・保健体育の授業を通じて，運動好きな子どもや日常から運動に親しむ子どもを増加させ，生涯にわたって運動やスポーツを継続し，心身共に健康で幸福な生活を営むことができる資質や能力の育成を目指している．そのため，「総合型地域スポーツクラブ」による身近な地域でスポーツに親しむことのでき

表14-4-1　青少年を対象とした国家レベルでのおもなスポーツのプロモーション

国名	施策／プロモーション	おもな内容
カナダ	The ParticipACTION Report Card on Physical Activity for Children and Youth	カナダの子どもたちの身体活動水準に関する調査をして報告書を作成・公表するプログラム．カナダの子どもたちの身体活動に関する取り組み・達成度についての「通信簿」．2014年秋にActive Healthy Kids Canadaの長年にわたるパートナーであるParticipACTIONへプログラムを移行した．近年では，COVID-19パンデミックの影響により，青少年の身体活動にどのような影響があったかを報告するようにしている．
	CANADIAN 24-HOUR MOVEMENT GUIDELINES	カナダの幼児（0〜4歳），子ども・青少年（5〜17歳）向けの24時間運動ガイドライン．幼児向け（0〜4歳）では3つの行動（成長過程に応じた遊びの動作を含む活動，座位行動，睡眠）に関するガイドラインをひとつにまとめている．子ども・青少年（5〜17歳）向けでは，中程度から強程度の身体活動の推奨，適度な身体活動，健康的な成長を促すための睡眠，座位行動について毎日バランスよく行い，活動的なライフスタイルを送ることを推奨している．
オーストラリア	Sporting Schools programme	2015年から始まった，学校による子どものスポーツ参加を増やし，コミュニティスポーツへの参加機会と関連させるために計画された1億6,000万オーストラリアドルの政府の取り組み．2012年に発表された「Play. Sport. Australia」において，多くの国民，とくに若者のスポーツ参加を積極的に促すための計画による．就学前，就学中および就学後にスポーツ活動を促進させるため，30以上の国家スポーツ機関（NSO）と提携して，NSOが推奨するスポーツ用品を子どもやその家族に無料で提供している．2015年のプログラム開始以来，8,500を超える学校が資金援助を含む支援を受けており，のべ1,200万人以上の子どもにさまざまなスポーツ活動を積極的に楽しむ機会をつくっている（2021年現在）．
アメリカ	The National Youth Sports Strategy（NYSS）	2019年，アメリカ合衆国保健福祉省により策定．人種，民族，性別，能力，居住地域に関係なく，定期的な身体活動を奨励し，青少年のスポーツ参加を促進するための戦略．スポーツや定期的な身体活動への参加，健康についての認識向上，公的・民間組織への資金提供，スポーツへの参加，身体活動に関する指標の開発，活動を支援するボランティア募集の戦略，National Fitness Foundationとの連携，関連組織とのパートナーシップ強化，少数民族や経済的地位の低い青少年，農村地域や障がいのある青少年への支援などを主要な柱としている．
	Let's Move!	2010年2月にミシェル・オバマ元大統領夫人の提唱により，幼少期における肥満を減らすために，政府，学校，民間企業などによる身体活動や栄養に関わる情報の提供，子どもとその家族への身体活動の呼びかけを実施．Partnership for a Healthier America（PHA：アメリカ国民の健康的な生活を啓発する組織）やAlliance for a Healthier Generation（AHG：健康的な世代を築くための機関）などの民間団体によって実施されている「Healthy Schools Program」などに組み込まれている．目標は，2030年までに小児の肥満率を5%まで減らすこと．
	NFL Play 60	2007年にNFL（National Football League）が開始したプログラム．青少年に1日60分以上の身体活動を推奨し，健康的なライフスタイルを構築するための健康とウェルネスのプラットフォーム．NFLに所属する32チームやPLAY60のパートナー（例えば，The American Heart AssociationやSpecial Olympics）とともに，あらゆる青少年がより健康で活動的な生活を送ることができるよう支援している．
ニュージーランド	KiwiSport	1988年，オーストラリアのオージー・スポーツ（Aussie Sports program）を参考に，小学生にあたる子どもたちのスポーツ振興プログラムとして開発．2009年より内容が一新され，教育省を通じたプログラム（Direct Fund: DF）とスポーツ・ニュージーランド（Sport New Zealand）から地域スポーツトラストを通じたプログラム（Regional Partnership Fund: RPF）の2つのプログラムを展開している．
	Play.Sport	2012年から2015年までの3年間に実施されたSport in Education（SiE）project，2014年に始まったSchool Sport Futures Project（SSFP）によるエビデンスを基に，2015年から4年間のプロジェクトとして開始された，学校や地域社会における体育やスポーツの質と量を向上させるコミュニティベースの取り組み．教師，学校，親，コミュニティ組織への体育およびスポーツ活動に対して，プログラムの開発，指導サポート，地域社会との連携，施設活用などを行う．4年間で800万ニュージーランドドル以上の投資を予定．このプロジェクトは以下の3つの柱を推奨している．①学校スポーツにおけるPE（Physical Education）メンター，カリキュラムアドバイザー，コーディネータの設置，②コミュニティにおけるリーダーシップを養うためのコミュニティレベルにおけるガバナンスおよびマネジメントグループの履行，施設の運用モデルの履行，プログラム提供者の品質保証の啓発，③若者たちが政府の提供する身体活動へのビジョンを持つために，プログラムの推進，身体活動に対するリテラシーへのアプローチ，研究やモニタリングの啓発など．
イギリス	School sport and activity action plan	2019年7月に策定された国家レベルの計画．この計画では，すべての子どもたちが毎日60分間の身体活動を行い，少なくとも30分間は学校内で，残りの30分間は学校外で行うという目標を掲げている．2023年7月には，体育と学校スポーツの質の向上を目指す，週2時間の体育授業を推奨，少女・少年のスポーツへの平等なアクセスを確保する，学校でスポーツを実施する子どもを増やすとともに，水泳や水の安全などのカリキュラムを推奨することなどが示された．

表14-4-1　青少年を対象とした国家レベルでのおもなスポーツのプロモーション（続き）

シンガポール	Academies & Clubs	シンガポールにおけるスポーツ参加の全体的なエコシステムを改善し、スポーツを通じて国を団結させることを目的としたスポーツの国民運動。子どもたちのスポーツへの興味を楽しみながら育み、磨くように設計されている。プログラムは、子どもたちが人格を形成し、規律、忍耐力、チームワークなどの核となる価値観、さらにはコミュニケーション、課題克服、目標設定などのライフスキルを学ぶためのものとなっている。
	YouthCreates	楽しく活気ある青少年スポーツコミュニティを築くためのムーブメント。社会に貢献しようとする意欲的な若者を育成するために、若者自らがSNSなどのメディアを通じてムーブメントへの参加を促している。
	SportCares Bursary	低所得世帯の青少年がAcademies & Clubsが提供するさまざまなプログラムに参加する機会を増やすことを目的としている。この取り組みを通じてSportCares Bursary受給者が健康的なライフスタイルを実践し、新しいスポーツを学び、住んでいるコミュニティへの帰属意識を構築することを目的としている。受給基準は、政府または非営利団体から財政援助を受けているシンガポール国民および永住者の3歳から18歳。
	FUN Start, MOVE Smart!	2010年に、Let's Playムーブメントの一環として、子どもに対して基本的な運動技能の指導を導入し、強化することを目的としたプログラム。おもに幼児教育者がこのプログラムに沿った指導を実施することで、子どもたちが身体的活動の重要性を理解し、成人期へ移行しても積極的で豊かなライフスタイルを築くための支援を行う。
	Sports Education Programme: SEP	2007年から開始された、シンガポール・スポーツ・カウンシルと教育省の共同パートナーシップで行われているプログラムであり、スポーツ教育の重要性や学校でのスポーツ参加を奨励し、若者のスポーツ実施機会の増加を目指している。スポーツプログラムは4カテゴリー（4段階）に分類される。①Sports exposure（スポーツに触れる）：スポーツの導入部分であり、一回限りのイベントを含んで、スポーツが楽しいというメッセージを送る。②Sports Play（スポーツを楽しむ）：スポーツが娯楽用のレベルで楽しいと感じさせるプログラムで、初期段階でどうしたらうまくなるのか考える。③Sports Development（スポーツの技術を高める）：遊びの部分も取り入れた高い技術の取得が望めるプログラムで、年齢に応じてより高いレベルを目指す。④Sports Leagues（スポーツを競う）：学校内部で長期間のリーグ戦を開催することでスポーツの競争性を学ぶ。
日本	総合型地域スポーツクラブ	国民が身近な地域でスポーツに親しむことのできるスポーツクラブで、①子どもから高齢者まで（多世代）、②さまざまなスポーツを愛好する人々が（多種目）、③初心者からトップレベルまで、それぞれの志向・レベルに合わせて活動できる（多志向）という特徴を持ち、地域住民により自主的・主体的に運営されるスポーツクラブ。2022年7月1日現在で3,584クラブ（全市区町村の80.5%）が育成・活動している。
	子どもの体力向上の推進	新体力テストの実施：国民の体位の変化、スポーツ医・科学の進歩、高齢化の進展等を踏まえ、国民の体力・運動能力の現状を明らかにし、体育・スポーツ活動の指導と、行政上の基礎資料として広く活用。上体起こし、立ち幅跳び、握力などの種目からなる（児童は8種目、生徒は9種目、ただし持久走と20mシャトルラン（往復持久走）はどちらかを選択）。
		アクティブ・チャイルド・プログラム：子どもが発達段階に応じて身につけておくことが望ましい動きを習得する運動プログラムの提供。①子どもの身体活動の現状や、体を動かすことの重要性、②多様な動きを身につけることの重要性や動きの質のとらえ方、③遊びプログラムの具体例として、運動遊びや伝承遊び、④身体活動の習慣化を促すアプローチとして、ポイントや実践例の4つのテーマについて指導現場への普及・啓発を図っている（日本スポーツ協会が実施）。
	学校体育	「中学校・高等学校スポーツ活動振興事業」、「武道等指導充実・資質向上支援事業」、「学校部活動及び新たな地域クラブ活動の在り方等に関する総合的なガイドライン」の作成など、体育の授業や学校部活動等の活性化を通じて、児童・生徒がスポーツ・文化活動の楽しさ、爽快さ、達成感などを体験する機会を豊かにすることにより、生涯にわたりスポーツ・文化活動に親しむ基礎を培うことを目的とした取り組みが行われている。

（各国の政策関連ホームページ、またはヒアリング調査をもとに作成）

る環境づくり、子どもの発達段階に応じた運動プログラム「アクティブ・チャイルド・プログラム」などは政策目標の達成に重要なプロモーションとなっている。

　このように、日本においても青少年期からのスポーツを通じて、幸福で豊かな生活を営むことができる社会づくりが進められている。子ども自身が体を動かすことの楽しさに触れ、進んで体を動かすだけでなく、スポーツをみる（応援する）・ささえる（ボランティア）活動も含めたスポーツへの関わりが重要である。そのためには、子どもたちの生活の場である地域におけるスポーツ活動を充実していくことが重要であり、

写真14-4-1　Truist Park内のChildren's Healthcare of Atlantaによるアトラクション
（筆者撮影）

写真14-4-2　第1回アジアユースゲームズの
　　　　　　運営を支える少年ボランティア
（筆者撮影）

写真14-4-3　地元小学生によるスポーツイベントへの応援参加
（筆者撮影）

　スポーツ習慣が身についていない子どもやスポーツが苦手な子どもをスポーツ好きに
するためのプロモーションが求められる．

[渡辺　泰弘]

[キーワード]
・**青少年スポーツのプロモーション**：青少年への
　スポーツおよび身体活動を推進するプロセス．
　「する・みる・ささえる」といったスポーツおよ
　び身体活動を習慣化するだけでなく，心身の健

康，犯罪の減少，登校拒否（無断欠勤）の減少，
生活への不満，社会的包含，社会的責任を含む，
青少年の成長過程に影響する．

［文　献］

・Australian Sports Commission（n.d.）https://www.ausport.gov.au/（参照日2023年8月29日）
・Canadian 24-Hour Movement Guidelines（n.d.）http://csepguidelines.ca/（参照日2023年9月10日）
・Coakley J（2017）Sport in Society: Issues and Controversies. 12th Ed., McGraw Hill.
・Hills L（2008）Youth Culture and Sports Development. In: Girginov V, Ed., Management of Sports Development. Elsevier Publications, pp.164-182.
・Houlihan B and Green M（2011）Routledge Handbook of Sports Development. Routledge, pp.127-129.
・National Football League（n.d.）https://www.nfl.com/community/（参照日2023年9月10日）
・ParticipACTION（n.d.）https://www.participaction.com/en-ca（参照日2023年8月30日）
・Shilbury D, Sotiriadou K, Green C（2008）Sport Development. Systems, Policies and Pathways: An Introduction to the Special Issue. Sport Management Review, 11: 217-223.
・スポーツ庁（n.d.）http://www.mext.go.jp/sports/（参照日2023年8月30日）
・Sport New Zealand（n.d.）http://www.sportnz.org.nz/（参照日2023年8月29日）
・Sports Singapore（n.d.）https://www.sportsingapore.gov.sg/（参照日2023年8月29日）
・United States Department of Health and Human Services（2019）https://health.gov/sites/default/files/2019-10/NYSS_ExecutiveSummary.pdf（参照日2023年9月2日）

15章 スポーツ施設マネジメント

[1] スポーツ施設の現状

> ── ポイント ──
> 生涯スポーツ振興に必要不可欠なスポーツ空間について，定義，種類，現況に加え老朽化が進む公共施設についての概要を紹介する．

1. スポーツ施設の定義と分類

（1）スポーツ施設の定義

　一般的にスポーツ施設とは，スポーツや運動をする空間と考えられているが，万国共通となる定義は見当たらない．谷口ら（1998, p.9）は「スポーツ自体が歴史的に変化し，多種多様に分化しているため，スポーツの種類を一律に定義づけるのは困難」であることから，通常は「常設の施設を指すが，トライアスロン競技のように臨時に使用される道路・海浜・山岳等を含む極めて幅広い場」をもスポーツ施設と呼んでいる．

（2）スポーツ施設の類型化

　スポーツ施設の類型化は視点によって異なることから単純ではない．類型化の基準は，設置者，設置場所，利用主体，構造形態，設置目的などによって異なる．一般的な類型化では，設置者（公設vs民設），設置場所（屋内vs屋外），利用主体（学校vs社会体育vs民間），構造形態（単一vs複合vs総合），設置目的（スポーツ・運動主体vs介護・リハビリ主体），使用機能（専用vs共用vs多機能）などがあるが統一見解があるわけではない．さらにアーバンスポーツやeスポーツなどの新種目が増え続けるため，新たな類型化がその都度必要になる．

（3）種目別スポーツ参加人口の動向

　レジャー白書（2022）によると，コロナ禍においてはラジオ体操に代表される「器具を使わない体操」の参加人口が最多で，次いで「ジョギング・マラソン」，「トレーニング」の3カテゴリーが1,000万人以上の参加人口と推測されている．500万人以上の参加人口が推測される種目は，「プールでの水泳」，「サイクリング，サイクルスポーツ」，「ゴルフ（練習場）」，「ゴルフ（コース）」，「バドミントン」，「卓球」，「釣り」である．レジャー白書が調査対象種目に入れていない「ウォーキング・散歩」が他のス

ポーツ参加調査では実施率第1位と報告されており，ウォーキング・散歩を含めると参加人口が多いスポーツ種目は，公道や公園あるいは自宅などで行う生涯スポーツであり，専用のスポーツ施設が必要な種目はゴルフ，水泳，バドミントン，卓球だけになる．

2. スポーツ施設の現況

(1) 公共体育・スポーツ施設の現状

　文部省体育局は，1969年度から日本全国における公共体育施設の設置状況を調査し，「体育・スポーツ施設現況調査」として5年毎に発表してきた．なお，スポーツ庁発足後は地域振興担当が3年毎に調査することになっている．

　直近の調査結果（表15-1-1）によると，2021年時点のわが国の体育・スポーツ施設は21万1,300カ所である．その内訳は，小・中・高等学校および専修学校等の「学校体育・スポーツ施設」12万1,901カ所（57.7%），「短大を含む4年制大学と高専体育施設」7,838カ所（3.7%），公共スポーツ施設（社会体育施設＋青少年教育施設＋女性教育施設等のスポーツ施設）が5万1,740カ所（24.5%），商業目的の民間スポーツ施設2万9,821カ所（14.1%）である．

　生涯スポーツ振興に必要不可欠な公共スポーツ施設は，1985年度に前回調査（1980年度）より2倍以上増え，さらにバブル経済破綻後の1996年に最大数を記録していたが，税収の落込みと約1/4世紀にわたるデフレ経済により2002年から徐々に減少している．なお，バブル経済が崩壊した1990年以降，企業スポーツチームの廃部・休部が相次ぎ，日本のスポーツ振興を支える2本柱といわれた職場スポーツ施設は2015年から調査対象になっていない．

(2) 公共スポーツ施設の種別

　公共スポーツ施設の内訳は，社会体育施設（45,658）と青少年教育施設および女性教育施設等に付帯する体育施設（6,082）である．種別の設置数上位5位以内の施設は，「多目的運動場」，「体育館」，「水泳プール（屋外＋屋内）」，「庭球場（屋外）」，「野球場・ソフトボール場」で占められている．とくに屋内水泳プールが約1,800施設あることが公共スポーツ施設の特徴と言える．また，1980年代に火が付いたフィットネスブームによって公共施設にもエアロビクスやサーキットトレーニング，ウエイトトレーニングなどで使える「トレーニング場」が順調に増えている．反対に一時爆発的な人気となった高齢者スポーツの代表格のゲートボール場は15年間で約1/4に減少し，近年はグラウンドゴルフやパークゴルフ場との併用になっているようである．

(3) 都市公園における公共スポーツ施設

　「都市公園はスポーツ施設の宝庫」と言われるように全国4,950公園内に1万5,853カ所のスポーツ施設が整備されている．2021年度のスポーツ庁の現況調査において社会体育施設4万5,658カ所の約35%が国土交通省管轄の都市公園に設置されている．全国各地の「総合運動公園」とは，国民体育大会（2024年からは国民スポーツ大会）の開催を契機に設置された複数のスポーツ施設を包含した都市基幹公園の運動公園である．通常は地域住民などのグラスルーツスポーツのスポーツ振興に使われるが，国民体育大会やサッカーのワールドカップなどの大型スポーツイベントの開催を通じて

表15-1-1　日本の体育・スポーツ施設の設置数（1969〜2021年）

調査年	学校体育・スポーツ施設	大学・高専体育施設	公共スポーツ施設	職場スポーツ施設	民間スポーツ施設	総数
1969年	101,672	5,720	10,193	23,768	6,707	148,059
1975年	120,098	7,198	19,835	26,873	14,224	188,224
1980年	135,170	6,624	29,566	29,013	18,258	218,896
1985年	148,995	9,124	60,777	29,332	43,899	292,117
1990年	156,548	9,726	62,786	—	—	229,060
1996年	152,083	8,531	65,528	12,737	19,147	258,026
2002年	149,063	9,022	56,475	8,286	16,814	239,660
2008年	136,276	8,375	53,732	6,827	17,323	222,533
2015年	116,029	7,621	52,719	—	14,987	191,356
2018年	113,054	6,122	51,611	—	16,397	187,184
2021年	121,901	7,838	51,740	—	29,821	211,300

—：不明
（スポーツ庁（2023）令和3年度体育・スポーツ施設状況調査より筆者作成）

表15-1-2　業態別の全国フィットネス施設数

業　態	施設数	割合（%）
総合型クラブ	1,131	14.3
小規模クラブ	2,189	27.7
24時間型クラブ	1,704	21.6
ヨガ型クラブ	983	12.5
その他	1,886	23.9

（矢野経済研究所（2021）業態別の全国のフィットネス施設数）

競技スポーツの振興にも貢献している．近年はテニスコートに加え，サッカー・ラグビー仕様の球技場，フットサル，バスケットボールコートなどの整備が増えている．

（4）民間・商業スポーツ施設の現状

　一般市民の日常的なスポーツライフの施設として，民間スポーツ施設の存在も忘れてはならない．とくに2021年度の現況調査で大幅に増加した施設は，市民の健康体力づくりを担う民間フィットネス施設である．民間フィットネス施設では，スポーツの競技性よりもフィットネス志向や健康志向を重視したプログラムが提供されている．

　民間フィットネス施設は，営利を目的とした会員制の運営形態であり，専任指導者が常駐し，三種の神器とよばれるトレーニング室・スタジオ・プールを備えた総合施設が従来の形態であった．近年は，プールやシャワーの水回り施設・設備を省いた「プールレス」と呼ばれる女性専用小規模サーキットスタジオや，ヨガ・ピラティスなどに特化した小規模クラブ，あるいはマンションの一部屋を利用したパーソナルトレーナーの個別指導の新規開設が目立っている（表15-1-2）．

（5）障がい者スポーツ施設の現状

　障がい者スポーツのスポーツ施設の整備状況については，「障害者専用・優先スポーツ施設に関する研究」（SSF，2021）によると，障害者専用・優先スポーツ施設は150カ所と11年前よりも34施設増えたことを報告している．施設の種別数は，単体の施

設が35.1％と全体の1/3を占め，施設の種別が2種類の施設は21.9％であった．単体施設40カ所のうち，体育館整備の施設が38カ所，プール整備の施設が2カ所と障がい者スポーツ施設の約1/3が体育館単体の施設である．

　東京パラリンピックを契機として，障がい者のスポーツ施設利用の幅が広がりつつある．しかし体育館フロアでの車椅子利用を積極的に認めるまでに至っていないのが公共スポーツ施設の現状である．パラアスリートだけに焦点をあてず，障がい者が生涯を通じてスポーツを楽しむ環境創りにはまだ時間ときっかけが必要と言える．

3. 進む公共スポーツ施設の老朽化

（1）学校スポーツ施設の老朽化

　スポーツ基本計画の第2期（2017年）に，学校に多くのスポーツ施設が存在していることが取り上げられ，「ストックの適正化」という名目で公共スポーツ施設・学校スポーツ施設の実質的な縮減が謳われてきた．学校体育・スポーツ施設の数は少子化に伴う学校の統廃合や施設の老朽化の影響で減少傾向にある．

　東京都の小中学校施設の耐用年数は，65～80年間とされている．耐震基準が変更された1983年以降は，鉄筋コンクリート（RC工法）が導入され，木造校舎から鉄筋コンクリート製の学校へと新築・改修されている．これらの基準に該当する東京の小学校が7割以上，中学校が6割以上であり，それぞれ改修・改築時期を迎えている．

（2）公共体育施設の劣化度

　図15-1-1は国土交通省の調査を基にスポーツ庁が発表した公共施設の老朽化予測である．スポーツ庁によると「施設の老朽の状況は建設年度で一律に決まるのではなく，立地環境や維持管理の状況等によって異なるが，スポーツ施設の建築後50年以上経過する施設の割合は比較的高い水準で推移する．」とし，10年後の2033年には2013年度の3倍になると予測している．

　地方公共団体の厳しい財政下にあり，施設数の減少のみならず，老朽化した施設の再整備にむけては大きな課題を抱えている．

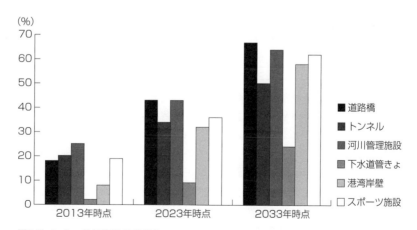

図15-1-1　公共施設の老朽化
（国土交通省：社会資本の老朽化の現状と将来より引用一部修正）

　安倍元首相の公共施設の「長命化」の指令の下，施設の維持管理を工夫する（騙し，ダマし使う）方針と，公共施設の減量化（11～13％）を目的とした「ストックの適正化」政策を推進するため，近接の類似施設を削減し，スポーツ目的だけでなく介護予防や保育などの複合機能化を推し進めている．また，公共スポーツ施設の新設は認めないとの宣言の後で，「コスト施設（税金垂れ流し）」から「プロフィット施設（稼ぐ）」への転換の掛け声で，大型スポーツ施設の新設も進められている．

[野川　春夫]

[キーワード]

・**公共体育施設**：本来は公立学校（小・中・高校＋専修学校）の学校体育施設と各地域に設置された社会体育施設，少年自然の家などの青少年教育施設および女性教育施設等に付帯する体育施設を指す．

・**都市運動公園**：『都市住民全般の所として運動の用に供することを目的とする公園で都市規模に応じ1箇所当たり面積15～75haを標準』として配置されている（1956年：都市公園法第2条第2項第5号）．

[文　献]

・浅見俊雄ほか編（1984）現代体育・スポーツ大系．第12巻　体育・スポーツ施設．
・国土交通省（online）社会資本の老朽化の現状と将来．http://www.mlit.go.jp/sogoseisaku/maintenance/02research/02_01.html（参照日2023年5月7日）
・SSF笹川スポーツ財団（2016）スポーツライフ・データ．
・SSF笹川スポーツ財団（2021）障害者専用・優先スポーツ施設に関する研究2021（抜粋版）．https://www.ssf.or.jp/thinktank/disabled/2021_excerpt.html（参照日2023年11月4日）
・文部科学省（1981）学制百年史．第2章　新教育制度の整備・充実（昭和27年～昭和47年）第9節1．学校体育，4．社会体育の振興．https://www.mext.go.jp/b_menu/hakusho/html/others/detail/1317552.htm（参照日2023年11月4日）
・スポーツ庁（2023）我が国の体育・スポーツ施設：体育・スポーツ施設現況調査報告．https://www.mext.go.jp/sports/content/20220927-spt_stiiki-300000983_2.pdf（参照日2023年11月4日）
・矢野経済研究所（2021）業態別の全国のフィットネス施設数．https://www.yano.co.jp/press-release/show/press_id/2657（参照日2023年11月4日）

[2] 指定管理者制度

― ポイント ―

わが国のスポーツ環境を充実・発展させるためには，公共スポーツ施設における指定管理者制度導入の現状を把握し，課題を解決することが重要である．

1. 指定管理者制度の概要と現状

　指定管理者制度は，2003年の地方自治法の一部を改正する法律（2003年法律第81号）により，公の施設を対象に，行政コストの削減と住民サービスの向上を目的として導入された制度である．指定管理者制度の導入前は，管理委託制度であった．管理委託制度時代における公共施設の管理主体は，公共団体，公共的団体，公共団体が1/2以

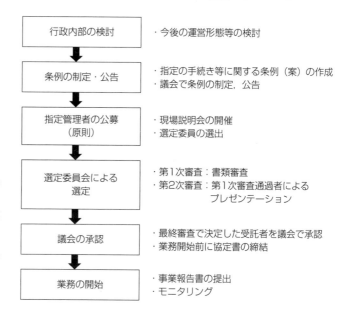

図15-2-1　指定管理者が業務を開始するまで
のプロセス
（地域協働型マネジメント研究会編
（2004）指定管理者制度ハンドブック.
ぎょうせい，および出井信夫（2005）
指定管理者制度. 学陽書房を参考に筆
者作成）

上を出資して設立された公共団体の出資法人に限定されており，業務委託であれば，民間事業者が行うことが可能であった．指定管理者制度導入後の管理主体は，団体であれば特段の制限は設けないこととなった．すなわち，指定管理者制度の導入によって，公共施設を民間事業者が包括的に管理運営することが可能となった．

　指定管理者を選定する際は，原則公募であり，公募における指定管理者選定のプロセスを図15-2-1に記す．まず，行政内部で今後の施設の運営形態等の検討が行われ，その後，条例を制定し，公告する．次に，指定管理者の公募を行うとともに，選定委員の選出を行う．選定委員によって審査会が開催され，指定管理者の候補団体の順位付けが行われる．その後，議会の審議・議決により正式に指定するという手順が基本となる（地域協働型マネジメント研究会，2004；出井，2005）．指定管理者として管理運営業務を遂行するが，毎年度終了後には自治体に事業報告書を提出する．事業報告書の提出理由は，指定管理者が約束した事業を適切に実施しているか自治体が確認するためであり，モニタリングの一部である．

　指定管理者制度におけるモニタリングとは，指定管理者による公共サービスの履行に関し，条例，規則および協定等に従い，適切かつ確実なサービスの提供が確保されているかを確認する手段であり，安定的，継続的にサービスを提供することが可能であるかを監視（測定・評価）することである（南，2008）．監視（測定・評価）という意味合いを持つことから，客観的なモニタリングが求められる．

　総務省の調査（2007，2009，2012，2016，2019，2022）によると，指定管理者制度を導入している施設は，全体的に増加傾向にある（表15-2-1）．民間事業者が指定管理者に選定される割合も増加しており，複数の団体がコンソーシアム（連携）を組み，指定管理者として管理運営を行っているケースが多い．一般公募による競争入札の割合が年々増加しており，指定期間は全体的に「5年未満」の割合が減少し，「5年」が顕著に増加している．

表15-2-1　指定管理者制度導入の現状

	報告書年	2007年	2009年	2012年	2016年	2019年	2022年
指定管理者制度 導入施設数	都道府県	7,083	6,882	7,123	6,909	6,847	6,721
	指定都市	5,540	6,327	7,641	7,912	8,057	8,063
	市区町村	48,942	56,813	58,712	61,967	61,364	62,753
	合　計	61,565	70,022	73,476	76,788	76,268	77,537
民間企業等が 指定管理者の割合 （%）	都道府県	11.7	22.8	32.3	34.6	37.7	40.2
	指定都市	13.7	24.7	40.3	44.0	46.1	47.8
	市区町村	19.8	30.5	32.4	37.0	39.5	42.8
	合　計	18.3	29.3	33.2	37.5	40.0	43.1
公募による募集 （%）	都道府県	51.2	57.9	63.8	63.4	64.3	63.7
	指定都市	48.8	55.8	63.3	67.8	68.0	67.8
	市区町村	23.7	36.0	38.9	41.9	44.9	47.4
	合　計	29.1	40.0	43.8	46.5	49.1	50.9
利用料金制の採用状況（%） （一部利用料金制含む）	都道府県	21.1	46.6	48.6	51.4	51.0	45.5
	指定都市	23.0	31.6	33.6	36.1	38.3	42.5
	市区町村	53.5	49.3	52.1	53.4	54.2	54.4
	合　計	46.9	47.5	49.8	51.5	52.2	52.4
指定期間 （%）	都道府県 5年未満	82.9	63.2	51.2	20.0	13.0	12.9
	5年	16.3	35.7	47.8	78.7	83.7	82.1
	6〜10年未満	0.1	0.3	0.3	0.4	1.6	3.1
	10年以上	0.6	0.7	0.7	0.8	1.7	1.9
	指定都市 5年未満	78.3	59.6	52.8	45.4	24.1	12.6
	5年	21.5	37.9	43.2	50.7	68.3	75.2
	6〜10年未満	0.2	0.6	2.1	1.8	1.8	5.5
	10年以上	0.1	1.8	1.9	1.9	5.8	6.6
	市区町村 5年未満	60.3	42.5	33.3	26.6	22.7	21.3
	5年	31.6	49.8	58.6	65.7	70.6	71.4
	6〜10年未満	1.0	1.1	1.2	0.9	1.0	1.4
	10年以上	7.0	6.7	6.9	6.7	5.7	5.9
	合　計 5年未満	64.5	45.9	37.0	27.9	22.0	19.7
	5年	28.9	47.3	56.0	65.3	71.5	72.7
	6〜10年未満	1.0	1.0	1.2	1.1	1.1	2.0
	10年以上	5.7	5.6	5.8	5.7	5.4	5.6

（総務省（2007，2009，2012，2016，2019，2022）公の施設の指定管理者制度の導入状況等に関する調査結果より筆者作成）

　　指定管理者の取り消しも近年目立っている．2009年において取り消し理由は，都道府県，政令指定都市，市区町村ともに「運用上の理由」によるものがもっとも多く見られた．「運用上の理由」の中身は，費用対効果・サービス水準の検証の結果，指定管理者の経営困難等による撤退（指定返上），指定管理者の業務不履行，指定管理者の不正事件等である．「運用上の理由」が指定取り消しの最多理由であることから，2009年までは制度が軌道に乗っていなかったことがうかがえる．2012年における取り消しの理由として，都道府県においては「団体自身の理由」（指定管理者の合併・解散）が8割以上でもっとも多く，政令指定都市と市区町村においては「施設の見直し」がもっとも多かった．「施設の見直し」の中身は，施設の休止・廃止等，施設の再編・統合，施設の民間等への譲渡・貸与等である．2016年，2019年および2022年は，都道府県，政令指定都市，市区町村ともに「施設の見直し」がもっとも多く，施設の老朽化や指定管理者制度ではなく新たな手法での民間事業者への譲渡が行われていることがうかがえる．

2. 公共スポーツ施設における指定管理者制度の現状

　　公共スポーツ施設における指定管理者制度導入の特徴としては，産業振興施設（展示場施設等）や文教施設（図書館等）等よりも民間事業者が指定管理者になる割合が高いことである．公共スポーツ施設における指定管理者制度導入の状況については，総務省の調査（2007，2009，2012，2016，2019，2022）のレクリエーション・スポーツ施設の結果を参考にする．レクリエーション・スポーツ施設における指定管理者制度導入施設は，2007年は1万1,330施設，2009年は1万3,742施設，2012年は1万4,602施設，2016年は1万5,178施設，2019年は1万5,215施設，2022年は1万5,479施設と増加している．民間事業者が指定管理者になる割合も増加している．2007年と2022年を比較すると，2016年に指定管理者の種別項目で複数回答が可能になったため，単純に比較できないことに留意する必要はあるものの，政令指定都市では，民間事業者が指定管理者になる割合が約2倍に増加している．都道府県と市区町村でも，約20%増加している．公募による募集の割合も増加している．2007年と2022年を比較すると，市区町村では20%以上増加しており，政令指定都市の場合，2016年以降9割以上の自治体が一般公募を行っている．

　　総合型地域スポーツクラブが抱える問題である財政基盤の脆弱さや活動場所の不足を解決するため，NPO法人高津総合型スポーツクラブSELF，NPO法人スポーツクラブ21はりま，NPO法人姶良スポーツクラブ等の総合型地域スポーツクラブが，指定管理者として管理運営を行っている公共スポーツ施設もある．また，プロ野球やJリーグで使用するような大規模観戦型施設においても，指定管理者制度を導入している施設がある．例えば，広島東洋カープの本拠地である広島市民球場（MAZDA Zoom-Zoomスタジアム広島）は，2019年4月から2029年3月の10年間，株式会社広島東洋カープが指定管理者として管理運営を行っている．

3. 指定管理者制度の課題と今後

　　指定管理者制度の課題はさまざまな点が指摘されているが，最大の課題として，行政コスト削減に重点を置いていることが挙げられる．指定管理者の選定基準や評価について，コスト削減を重視しているものが多くみられたことから，総務省は2008年と2010年に，公共サービスの水準の確保を強調する通知を出した．コスト削減を重視するあまり，従業員の賃金低下による意欲の喪失から起こりうる利用者に対するサービスや安全管理が低下していくことが懸念されている（大竹，2008）．実際に，利用者の安全性を脅かすような事故等も報告されている．適切な指定管理料を設定することで利用者の安全を守り，地域のスポーツ環境の充実につなげることが望まれる．

　　さらに，緊急時の自治体と指定管理者の役割分担の明確化も重要である．近年，自然災害が大規模化しており，公共スポーツ施設が避難所になるケースが多い．避難所の立ち上げや運営等，あらかじめ役割を決めておくことで備えることが可能となる．あらゆるケースを想定し，自治体と指定管理者の緊密な連携が求められる．

　　2011年の「民間資金等の活用による公共施設等の整備等の促進に関する法律」（PFI法）の改正により，「公共施設等運営権制度」（コンセッション方式）が導入された．また，2016年には「障害者差別解消法」（障害を理由とする差別の解消の推進に関す

る法律）が施行された．指定管理者制度を含め，上記の制度や法律の対象に公共スポーツ施設が含まれる．公共スポーツ施設は，私達のするスポーツ，みるスポーツ，ささえるスポーツの場であることから，公共スポーツ施設を対象とした制度や法律は，私達の日常のスポーツ活動に影響を及ぼす可能性が高い．近年のスポーツ政策においては，わが国のスポーツ環境の充実のため，指定管理者制度の活用が謳われている．一刻も早い指定管理者制度の課題解決が，わが国のスポーツ環境の充実・発展につながるであろう．

[秋吉　遼子]

[キーワード]
・**公の施設**：地方自治法第244条1項によると，「住民の福祉を増進する目的をもってその利用に供するための施設」である．

[文　献]

・地域協働型マネジメント研究会編（2004）指定管理者制度ハンドブック．ぎょうせい．
・出井信夫（2005）指定管理者制度．学陽書房．
・南　　学（2008）自治体アウトソーシングの事業評価：指定管理者制度とモニタリング．第三者評価．学陽書房．
・大竹弘和編（2008）実践指定管理モニタリング導入のすべて．ぎょうせい．
・総務省（2007）公の施設の指定管理者制度の導入状況に関する調査結果．
・総務省（2009）公の施設の指定管理者制度の導入状況等に関する調査結果．
・総務省（2012）公の施設の指定管理者制度の導入状況等に関する調査結果．
・総務省（2016）公の施設の指定管理者制度の導入状況等に関する調査結果．
・総務省（2019）公の施設の指定管理者制度の導入状況等に関する調査結果．
・総務省（2022）公の施設の指定管理者制度の導入状況等に関する調査結果．

[3] 事故と安全管理（リスクマネジメント）

> ── ポイント ──
> スポーツ事故の現況と安全管理・安全対策に必要な原則，スポーツ施設・用器具の維持管理法について習得する．

1．スポーツ事故とは

スポーツ参加において突然発生する異常な事態を「スポーツ事故」とスポーツ法学の権威・菅原哲朗（2005）は定義している．スポーツ事故は，スポーツ活動中と活動外のケースに大別されるが，本稿ではスポーツ活動中の事故のみを扱う．スポーツ活動中の事故には，スポーツ活動の参加中にプールで溺れたり，サッカーやバスケットボールなどの試合中に相手と衝突したり，参加者自身の不注意で転んだりする自傷事故ケース，体育館の床のササクレが刺さったり，強風でサッカーのゴールが倒れて下敷きになるなどのスポーツ用器具・備品の瑕疵（かし：欠陥のこと）による受傷事故ケース，野球のファウルボールが観客に直撃したり，イベントのボランティアが熱中

症で倒れるなどのスポーツ参加者以外の第三者に損害をもたらすケースも含まれる．したがって，スポーツ指導を行う際は，参加者の体調チェック法，施設・用具の安全確認法，運動指導の原則，救急処置法などの習得が求められる．また，スポーツ事故によって指導者が民事責任を問われる可能性もある．

2.　スポーツ事故の現況

　幼児から高校生までのスポーツ事故の件数と種類は，災害共済給付制度を運営している独立行政法人日本スポーツ振興センター（以下，JSC）の「学校管理下の災害」（表15-3-1)にて公表されている．全年齢のスポーツ事故に関しては，公益財団法人スポーツ安全協会の「スポーツ安全保険加入者の傷害事故統計」（表15-3-2）が引用されるが，この事故統計にはスポーツ活動以外のボランティア活動，レクリエーション活動などが混在している．どちらの統計も骨折や捻挫，脱臼などの傷害で入院または通院した医療費の請求が認められた件数のみが記録されていることに留意する必要がある．つまり，軽い捻挫や打撲，軽度の擦過傷などは含まれていない．

　骨折，捻挫，打撲が3大スポーツ傷害であることは明白だが，近年の地球温暖化に伴う「熱中症」は高校生年代がもっとも多い．また関節症や筋腱傷害も高校生年代がもっとも多い．小学生では，転倒や打撲による皮膚が裂ける創傷がもっとも多く，中学生では成長痛に関連した関節症・筋腱傷害がもっとも多い．朝日デジタル(2019)は，JSCのビッグデータ分析結果を基に，小学生は休憩時間と体育の授業中に運動場や校庭でのケガが多く，中学生と高校生は体育の授業よりも運動部活動中の事故が多いことを報告している．

3.　安全管理システムの構築

　安心してスポーツ活動を持続的に進めるには安全管理システムを構築する必要がある．安全管理システムを構築するためには「安全配慮義務」を指導する側に浸透させることが重要になる．スポーツ事故が発生するのは，①スポーツの準備段階，②練習や試合などの実施段階であるが，③練習後や試合後の時差別条件および，④参加者の体力・技術レベル等が，裁判になった場合に指導者や施設管理者の過失責任を判定するときに考慮される要素となる．したがって，指導者や施設管理者は以下の4点を留意する必要がある．

（1）人における安全配慮義務：参加者の健康状態を確認する

　指導者は，絶えず参加者の健康状態に注意を向け，参加者の顔色，声，姿勢，皮膚の状態，眼の輝きなどの身体状態とともに，集中力の欠如や心理的な動揺などの心の状態について安全配慮する必要がある．参加者にも体調を自己管理できるように教育する必要がある．

（2）方法における安全配慮義務：無理のない運動プログラムを心掛ける

　運動・スポーツ活動はウォーミングアップに始まり，競技練習，クーリングダウンなどの順序の段階的なプログラム構成とする．また，スポーツ技術の難易度，実施時間の長短などを含め，指導方法・参加方法における安全配慮義務が事故防止につながる．

表15-3-1　学校管理下におけるスポーツ傷害

障害種別	小学生 (%)	中学生 (%)	高校生 (%)	総件数
骨　折	34.8	36.0	24.9	221,734
捻　挫	32.3	35.6	29.4	165,922
脱　臼	26.4	15.3	20.9	34,307
打　撲	39.9	27.4	22.2	233,118
挫　創	45.4	14.0	13.7	38,638
負傷のその他	32.4	23.6	28.0	82,801
関節・筋腱・骨疾患	16.7	39.3	41.9	32,175
熱中症	10.1	38.4	49.6	2,595
疾病のその他	42.1	18.0	15.0	27,596
合　計	35.1	30.0	24.3	838,886

（日本スポーツ振興センター（2022）学校の管理下の災害［令和4年版］第3編基本統計（負傷・疾病の概況と帳票））

表15-3-2　スポーツ安全保険加入者の傷害事故統計

障害種別	件　数	割合（%）
骨　折	43,884	32.6
捻　挫	24,942	18.5
打　撲	22,010	16.3
靭帯損傷	10,476	7.8
肉離れ	6,701	5.0
創　傷	5,420	4.0
腱断裂	2,585	1.9
脱　臼	2,167	1.6
神経損傷	539	0.4
脱臼骨折	493	0.4
その他・不明	15,571	11.6
合　計	134,788	100.0

（スポーツ安全協会（2021）令和3年度スポーツ安全保険　加入者および傷害事故統計データ）

（3）用具における安全配慮義務：用器具の正しい使い方を徹底する

使用する用具・備品は常に点検し，本来の性能が発揮される状態に整備しておく．用具や備品に瑕疵が見つかれば修理して使うか，修理できない場合は使ってはいけない．

（4）施設・用具における安全配慮義務：事前に施設の安全点検を怠らない

運動・スポーツ活動前に施設・用具の安全管理が不十分で危険を感じたときは，直ちに修理する．修理されない場合は，「注意して運動しなさい」という注意指示ではなく，スポーツ活動を中止しなくてはならない．

4. 危機管理・安全対策の原則

公益財団法人スポーツ安全協会の「指導者・管理者のためのワンポイントアドバイス（日常活動編）」の冒頭に『100%の安全などあり得ない』と記されているように，運動・スポーツ活動には危険が伴う限り，完全な事故防止は不可能であるという大前

提を十分認識する必要がある．不幸にしてスポーツ事故が発生した際，指導者が法リスクを回避するために，スポーツ法学の第一人者の菅原（2005）は，①事故やトラブルは本来予期不能，②リスク管理の基本は初期管理，③予見可能性と回避可能性，④小さな欲が大きな危機を招く，⑤危機管理は逆転の発想から，という5つの「逆転の発想」を提唱しているので一読を薦める．

5. 安全教育の徹底

　　指導者が注意義務を最大限に遂行しても参加者本人の安全意識が低いと事故やトラブルにつながる．したがって，参加者本人への安全教育を徹底することも大切である．参加者は，自分の体調・技術に合わせて無理のない範囲で運動・スポーツを楽しむことが，自分の生活習慣に根づき継続につながる．昨今は，『運動は医薬である』という考え方がドイツや米国で浸透しているが，運動の効用は「適度な」運動という意味であって，むやみやたらに運動・スポーツをすると健康づくりにも逆効果をもたらす．運動することが健康の維持増進への万能薬ではないことを参加者にもきちんと理解させることが重要である．

　　スポーツは自由意思に基づく任意の活動である．スポーツの参加者および指導者はスポーツには「内在する危険」を承知の上で参加するという前提がある．「内在する危険」とは，サッカーのスライディングタックルやラグビーのタックル，ボクシングや空手のパンチなどは，参加者本人や対戦相手をケガさせる可能性を含んでいる．参加者はこの危険性を承知で参加している以上，ルールに従わない結果の事故には「違法性がある」と判断される可能性が十分にあることを認識する必要がある．したがって，児童・生徒にはスポーツルールを徹底し，とくに危険防止のための安全ルールを指導者も守る姿勢が求められる．

6. スポーツ施設・用器具の保守点検

　　スポーツ施設・用器具は設置場所や使用頻度・使用法，維持管理のレベル等の複数の要因によって劣化・損傷の度合いが異なる．スポーツ活動が盛んになればなるほど劣化・損傷の度合いが高まる．公益財団法人日本スポーツ施設協会施設用具部会が作成した「事故防止のためのスポーツ器具の正しい使い方と安全点検の手引き」には，製品ごとに標準耐用年数が設定されている．標準耐用年数とは，初期の器具特性が保持できなくなり，各部分の劣化が進行し，器具による事故発生の確率が高くなる分岐点を指す．そのために施設・用器具の保守点検を行う必要がある．

　　施設・用器具の保守点検の最大の目標は事故防止である．また，スポーツ施設・用器具のコンディションを最良の状態に保ち，美観を保ちつつ長命化を図り，修繕・買い替え計画を立てやすくする目的もある．保守点検の必要事項としては，瑕疵の早期発見と早期対応，保守点検マニュアルの整備，複数の眼による確認，点検記録の保持，そして専門点検の実施である．清掃を含む日常点検と定期点検に加えて，専門家による専門点検を定期的に実施して予防保全に努めることがもっとも重要である．

[野川　春夫]

[キーワード]

・**リスクマネジメント**：スポーツ指導において危険予見義務と危険回避義務を伴い，安全対策を徹底して事故を未然に防ぐことであり，指導上だけでなく施設・設備の安全管理（定期点検，定期メンテナンス）を含む安全管理である．

・**災害共済給付制度**：高等学校以下の学校の管理下において児童生徒に災害が発生した場合，児童生徒の保護者に対して災害共済給付（医療費または見舞金）を行う日本スポーツ振興センターの制度である．

[文　献]

・朝日デジタル（2019）子どもたち，守れますか：学校の死角．https://www.asahi.com/special/gakko-shikaku/（参照日2023年11月20日）
・スポーツ安全協会（2021）令和3年度スポーツ安全保険　加入者および傷害事故統計データ．ugmr4v00000000tt.pdf（sportsanzen.org）（参照日2023年11月20日）
・日本スポーツ施設協会（2023）公認スポーツ施設運営士養成講習会テキスト．日本スポーツ施設協会．
・日本スポーツ振興センター（2022）学校の管理下の災害［令和4年版］第3編基本統計（負傷・疾病の概況と帳票）．https://www.jpnsport.go.jp/anzen/kankobutuichiran/kanrika/tabid/3020/Default.aspx（参照日2023年11月20日）
・野田哲由（2020）安全管理と救急処置．スポーツインストラクター資格認定教本，日本スポーツクラブ協会．
・野川春夫（2023）第18回公認スポーツ施設運営士養成講習会テキスト．スポーツ施設のマネジメント：管理運営概論，pp.1-10．
・大橋卓生，合田雄治郎，西脇威夫編（2017）スポーツ事故対策マニュアル．体育施設出版．
・菅原哲朗（2005）スポーツ法危機管理学．エイデル研究所．
・柳沢和雄監（2022）スポーツクラブマネジャー資格認定教本．日本スポーツクラブ協会．

[4] 公共スポーツ法人の役割

ポイント

公財政破綻による公共サービスの後退から，スポーツ施設の担い手を公から民間事業者，NPO法人，地域住民等にシフトする動きが主流化している．

1．公民連携による新しい公共サービス運営：「新しい公共」の進展

　　　　　1980年代に入り，「右肩上がりで人口と税収が増え，中央省庁が描いた国のルールと予算に基づいて，地方自治体（以下，自治体）は粛々とそれを実行する」かつてのやり方は行き詰まり，行政の役割やあり方が大きな曲がり角に直面した．厳しい財政状況が続くなか，地域が求める多様な公共サービスの拡充が求められる一方，「人口減少下で満足度の高い，豊かさを実感できる社会をどう構築するか」に応える行政サービス提供のカタチも変化している．公共サービスの担い手をもっぱら自治体とする固定観念は急速に崩壊し，さまざまな形で「民」が「公」と連携協働して公共サービスに参加する「新しい公共」の考え方が浸透してきた．

2. 減少期に入ったスポーツ施設と再整備：定常型社会におけるスポーツ施設と特徴を生かした施設の活用

スポーツの日常化の重要なツールとなる施設は機能的に3つに分類できる.

（1）学校体育・スポーツ施設：日常的なスポーツ活動に寄与する施設

おもに学校教育の場であるが，学校教育に支障がない範囲で地域住民の利用に供されている（学校開放）. 近時，学校を地域が共有する社会的資産と捉え，地域で施設の管理運営を含め積極的に関与して利活用を図ろうとする動きが盛んである. 地域団体との連携協働による施設の管理運営の工夫・改善が求められる.

（2）公共スポーツ施設：「するスポーツ」，「みるスポーツ」の場となる施設

豊かな生活実現に寄与するため住民利用を目的に設置，運用される施設である. 国体をはじめ大規模大会の開催を契機に整備され，観覧席を備えた施設も多い. アマチュアスポーツ中心に運用される傾向が強く，これが公財政を圧迫する原因となってきた（コストセンター形成の原因）. スポーツに限定せずに多様な利用や観覧席の利活用を図るなど幅広い利活用を促進し，施設経営の改善を図って自己収益を確保・改善し，サービス改善，アウトプットを向上させる可能性を持っている.

（3）民間スポーツ施設：コマーシャルベースに経営される施設

民間事業者が自由意思に基づき経営し，営利目的で提供する施設である. 公民間の契約によって具体的なスポーツ推進事業のパートナーとして公共サービス提供を行政に肩代わりして担うことも可能である. この場合，成果を的確に把握し，提供されるサービスの質・効果に見合った公費の支出を検討することが肝要となる.

3. スポーツ施設の現況：質・量・配置に不足はないが，使い勝手に課題がある

わが国には，21万1,000余の体育・スポーツ施設があり（スポーツ庁，2023），学校体育・スポーツ施設が58%，公共スポーツ施設が25%，民間施設が14%を占め，このほかに大学等施設（4%）がある. 施設の偏在や使い勝手に課題はあるが質量的には需要に十分対応できる. 一方，半数の施設が築30年を経過し，施設更新・立て直し等早急な整備方針の策定，財政力に見合う施設の再整備が緊急の課題となっている.

施設数は1996年に最大を示して以降，継続的に減少傾向にある. 1996〜2015年の間に約2割減少している. 施設数の減少は，2/3は学校体育・スポーツ施設，1/4は公共スポーツ施設である. とくに公民館や青少年施設等の社会教育施設付属のスポーツ施設（体育館やグラウンド等）の減少が目立つ. また，地方財政における体育施設費は1995年をピークに6割程度に落ち込んでいる. なお，これ以外に，都市公園内の運動施設や港湾，農業政策に付随する福利厚生機能を持つスポーツ施設等があるが，これらを網羅した調査は行われていない.

4. 公共施設総合管理計画：新しく造るより賢く使う

自治体では高度経済成長期を中心に急速に整備された公共施設等（インフラ，都市基盤施設を含む）が一斉に更新時期を迎える. 厳しい財政状況が続くなか人口減少・少子化等による新たな行政サービスの増大，公共施設等の利用需要の変化など公共

サービスを巡る社会状況も大きく変化している．これに対応して，長期的展望をもって公共施設を掌握し，実態に即した更新，統廃合，長寿命化によって最適配置を実現，財政負担を軽減化，平準化を図り，将来展望を踏まえた街づくり行動計画（公共施設等総合管理計画）を策定して老朽化対応を進めることが必須である．

スポーツ施策においても，「施設の新設から，多機能化・複合化により現有施設を活用する選択整備の時代」を迎え，施設の老朽化に起因する課題の喫緊な解決を求められている．自治体が取り組むべき課題は，大きく次の3点である．

(1) 施設の更新と建直しへの対応

高度経済成長期に公共施設全体で整備が進んだ．なかでも，市部への人口移動に伴い最初に整備された義務教育学校施設では，2000年代に一転して少子化が進み，それ以降，施設の老朽化とともに余剰する施設の統廃合，用途変更の推進を含む利活用が求められている．

(2) 維持管理費増大の抑制

施設の劣化進行に伴い維持管理費の増大は避けられない状況にあるが，民営化は維持管理費を圧縮する工夫のひとつである．効率的な業務運用による経費の削減とサービス改善の両立には，中長期の保全計画による施設の長寿命化，生涯費用（LCC）の削減による施設機能の保持など維持管理の計画的執行が求められる．

(3) 安全な施設の提供保持

スポーツにおける施設サービス提供では，安全で安心して快適に活動できる環境の提供，安全な施設の確保は最優先事項である．このため，予防保全を基礎とする安全点検・危険回避や施設の特性に応じた実効性ある対応マニュアルや事業継続計画（BCP）の策定，オンザジョブトレーニング（OJT）等による練度向上などに組織ぐるみで取り組む必要がある．施設の安全性確保の立場から経費節減優先の姿勢には留意する必要がある．

5. 多様な担い手の参加と担い手に求められる役割

「人々の多様化，高度化するニーズに応え，豊かさを実感できる社会をどう構築するか」の命題解決のために行政サービス提供の取り組みも大きく変容しつつある．公共施設マネジメントの推進をはじめ，PPP/PFI，指定管理者制度，民間委託など，さまざまな公民連携が進められ，「公共サービスは自治体が提供するもの」という固定観念も急速に変化している（表15-4-1）．

これまでの自治体のあり方・役割が大きく変わっていくなかで，例えば，指定管理者制度やPPP/PFI等が定着したように，「公共サービスは自治体だけが提供可能なものではなく，企業やNPO等も提供できる」という前提が当たり前の時代に移行し，実際に公共サービスを提供する民間事業者は増え続けている．しかし，これまでの公民連携の中心は，単純に公共サービスの提供者を委託契約によって企業などの民間に移すことであった．今後，地域住民やNPO，大学，民間研究機関等と自治体が連携して新しい公共サービスを策定し，その担い手にもなるより核心的な公民連携が進行することが考えられる．この意味で，公民連携は過渡期にあるといえるだろう．さらに，行政は「ビジネスをする」意味を理解したうえで，民間と連携する制度設計をう

表15-4-1　公共スポーツ施設における多様な公民連携手法

	指定管理	PFI BTO, BOT, BOOなど	PFI コンセッション	公園施設の 管理許可	普通財産の 貸付け
概要	公の施設の目的を達成するため，施設管理を民間事業者に行わせる	公共施設等の設計建設，施設管理，運営を一括して民間事業者に委ねる	利用料金を徴する公共施設について，施設所有権を公共主体が所有したまま施設運営権を民間事業者に設定する	都市公園施設について，公園管理者以外が公園管理者の許可を得て管理する（施設設置も可）	公有財産のうち普通財産について，民間事業者等に貸し付ける（民間事業者が地方自治体と定期建物賃貸契約を結び管理運営することが可能）
期間	法令上とくに制限なし	法令上とくに制限なし	法令上とくに制限なし	1回の許可期間上限10年	法令上とくに制限なし
事例	京都サンガスタジアム（10年間），大田アリーナ（5年間），市立吹田サッカースタジアム（48年間負担付与）	袋井市総合体育館（BTO：10年間），北九州スタジアム（BTO：10年間）	津山市グラスハウス（10年間），有明アリーナ（25年間），愛知県新体育館（30年間）	宮城球場（10年間＋延長5年間），横浜スタジアム（40年間）	舞洲アリーナ（10年間）

（スポーツ庁（2018）スタジアム・アリーナ改革ガイドブック（第2版）．スタジアム・アリーナ運営・管理計画検討ガイドライン，p.143より引用改変）

まく進める必要がある．

6. スポーツ施設経営のカタチ：コストセンターからプロフィットセンターへ

　新しい公共の浸透とともにスポーツ施設の経営に関する基本的考え方にも変化が生じている．これまでのスポーツ施設では受益者負担の原則から施設利用者が施設利用料を負担するものの，管理運営費の大半を公経済が負担してきた．高度経済成長に支えられ，地方財政にゆとりがある時代の財政運営はこれを許してきた．しかしながら，昨今の厳しい地方財政の下では収支バランスを保持しつつ高品質な施設サービスを持続して提供することが求められている．それぞれの施設では設置目的を踏まえた経営計画の樹立が期待される．国も，公共サービス改革基本方針（2021年7月9日閣議決定）に基づき，これを積極的に推進している（スポーツ庁，2016）．

7. 経営改善の5つのポイント：サステナブルなスポーツ施設経営の取り組み

　多くの公共スポーツ施設は，これまで大規模大会や競技団体からの要望等に応えて，大会開催，競技優先でその都度整備されてきた事例が多い．大会後の利用，施設の転活用等を促してサステナブルなスポーツ施設として持続的に経営していくためには施設利用者だけでなく観客・地域住民等幅広い関係者にとって快適空間である施設を整備し，自己努力によって施設を継続的に維持できる財源を調達できる経営体質を具備していく必要がある．このため，これまでの施設の運営管理体制の抜本的な改善が求められている．そのポイントは次の5点である．
①制約的利用から多目的型へ：施設利用を特定競技種目に限定することなく多種目の利用，さらにはスポーツ以外の施設利用拡大をも促し，利便性を向上させる．
②行政主導から民間活力導入へ：施設の計画・設計段階から民間の経営ノウハウを導入して施設の多様な利活用を促すため「安上り」から「高品質」の施設に転換した

施設設備の充実を図る.

③郊外立地から街なか立地へ：観客の利便性を優先し，交通至便，都市施設との連携から街なか立地が望ましい．郊外立地では他の集客施設・利便施設との事業提携の検討が肝要となる.

④低収益性から収益性改善へ：施設は，社会共有の資産として住民に長期間にわたり利活用されることに価値がある．事業継続には安定した収益を確保し，経営基盤の確立が重要である.

⑤スポーツの事業化（さまざまな試みが実現する豊かなスポーツ社会）：スポーツの成長産業化と地域活性化の基盤（第3期スポーツ基本計画）の構築を目指す公民連携の試みが盛んである．一方，民設民営によるスポーツ連携の試みが盛んである．これらが「豊かなスポーツ社会」の創生に寄与することが期待される.

[松本　眞一]

[キーワード]

・**新しい公共**：これまで行政が独占していた公共サービスの提供について，地域住民，地域組織，NPO法人，企業等の民間の多様な主体も等しくそのサービスの提供者となりうるとの認識に立ち，公民が協働して地域社会を持続的に発展させていくという考え方が主流となりつつある.

・**スポーツ施設**：心身ともに健康で生きがいのある生活を営むことは人々の基本的権利である．公民連携の下，多様な担い手が重要なツールである施設経営に参画している．施設経営で最優先すべきは，高品質のサービスを持続的に提供する経営体制の整備である.

[文　献]

・スポーツ庁（2023）体育・スポーツ施設現況調査：令和3年度調査について．https://www.mext.go.jp/sports/b_menu/toukei/chousa04/shisetsu/kekka/1368165.htm（参照日2023年9月15日).

・スポーツ庁（2016）スタジアム・アリーナ改革指針．https://www.mext.go.jp/prev_sports/comp/b_menu/shingi/toushin/__icsFiles/afieldfile/2016/11/16/1379559_2_1_1.pdf（参照日2023年9月15日)

資料1　スポーツ基本法（平成23年法律第78号）のあらまし

1　総則

（一）この法律は、スポーツに関し、基本理念を定め、並びに国及び地方公共団体の責務並びにスポーツ団体の努力等を明らかにするとともに、スポーツに関する施策の基本となる事項を定めることにより、スポーツに関する施策を総合的かつ計画的に推進し、もって国民の心身の健全な発達、明るく豊かな国民生活の形成、活力ある社会の実現及び国際社会の調和ある発展に寄与することを目的とすることとした。（第一条関係）

（二）スポーツを通じて幸福で豊かな生活を営むことが人々の権利であることに鑑み、国民が生涯にわたりあらゆる機会とあらゆる場所において、自主的かつ自律的にその適性及び健康状態に応じて行うことができるようにすることを旨として、推進されなければならないこと等、スポーツに関し、基本理念を定めることとした。（第二条関係）

（三）スポーツに関し、国及び地方公共団体の責務、スポーツ団体の努力等について定めることとした。（第三条～第七条関係）

（四）政府は、スポーツに関する施策を実施するため必要な法制上、財政上又は税制上の措置その他の措置を講じなければならないこととした。（第八条関係）

2　スポーツ基本計画等

（一）スポーツ基本計画

　文部科学大臣は、スポーツに関する施策の総合的かつ計画的な推進を図るため、スポーツの推進に関する基本的な計画（以下「スポーツ基本計画」という。）を定めなければならないこととした。（第九条関係）

（二）地方スポーツ推進計画

　都道府県及び市町村の教育委員会（その長がスポーツに関する事務（学校における体育に関する事務を除く。）を管理し、及び執行することとされた特定地方公共団体にあっては、その長）は、スポーツ基本計画を参酌して、その地方の実情に即したスポーツの推進に関する計画（以下「地方スポーツ推進計画」という。）を定めるよう努めるものとすることとした。（第一〇条関係）

3　基本的施策

（一）スポーツの推進のための基礎的条件の整備等について、指導者等の養成等、スポーツ施設の整備等、学校施設の利用、スポーツ事故の防止等、スポーツに関する紛争の迅速かつ適正な解決、スポーツに関する科学的研究の推進等、学校における体育の充実等の施策を定めることとした。（第一一条～第二〇条関係）

（二）多様なスポーツの機会の確保のための環境の整備について、地域におけるスポーツの振興のための事業への支援等、スポーツ行事の実施及び奨励等の施策を定めることとした。（第二一条～第二四条関係）

（三）競技水準の向上等について、優秀なスポーツ選手の育成等、国民体育大会及び全国障害者スポーツ大会、国際競技大会の招致又は開催の支援等、ドーピング防止活動の推進等の施策を定めることとした。（第二五条～第二九条関係）

4　スポーツの推進に係る体制の整備
(一)　スポーツ推進会議
　政府は、スポーツに関する施策の総合的、一体的かつ効果的な推進を図るため、スポーツ推進会議を設け、文部科学省及び厚生労働省、経済産業省、国土交通省その他の関係行政機関相互の連絡調整を行うものとすることとした。(第三〇条関係)
(二)　都道府県及び市町村のスポーツ推進審議会等
　都道府県及び市町村に、地方スポーツ推進計画その他のスポーツの推進に関する重要事項を調査審議させるため、条例で定めるところにより、審議会その他の合議制の機関を置くことができることとした。(第三一条関係)
(三)　スポーツ推進委員
　市町村の教育委員会(特定地方公共団体にあっては、その長)は、当該市町村におけるスポーツの推進に係る体制の整備を図るため、社会的信望があり、スポーツに関する深い関心と理解を有し、スポーツの推進のための事業の実施に係る連絡調整等の職務を行うのに必要な熱意と能力を有する者の中から、スポーツ推進委員を委嘱するものとすることとした。(第三二条関係)

6　国の補助等
　国は地方公共団体、学校法人又はスポーツ団体に対し、地方公共団体はスポーツ団体に対し、それぞれそれらの行うスポーツの振興のための事業に要する経費の一部を補助することができることとした。(第三三条～第三五条関係)

7　施行期日等
(一)　政府は、スポーツに関する施策を総合的に推進するため、スポーツ庁及びスポーツに関する審議会等の設置等行政組織の在り方について、政府の行政改革の基本方針との整合性に配慮して検討を加え、その結果に基づいて必要な措置を講ずるものとすることとした。(附則第二条関係)
(二)　この法律は、公布の日から起算して六月を超えない範囲内において政令で定める日から施行することとした。

文部科学省　https://www.mext.go.jp/a_menu/sports/kihonhou/attach/1307836.htm

資料2　スポーツ基本計画（概要）

 第3期スポーツ基本計画（概要）

［第2期計画期間中の総括］

①新型コロナウイルス感染症：
➤感染拡大により，スポーツ活動が制限

②東京オリンピック・パラリンピック競技大会：
➤1年延期後，原則無観客の中で開催

③その他社会状況の変化：
➤人口減少・高齢化の進行
➤地域間格差の広がり
➤DXなど急速な技術革新
➤ライフスタイルの変化
➤持続可能な社会や共生社会への移行

こうした出来事等を通じて，改めて確認された
・「楽しさ」「喜び」「自発性」に基づき行われる本質的な「スポーツそのものが有する価値」（Well-being）
・スポーツを通じた地域活性化，健康増進による健康長寿社会の実現，経済発展，国際理解の促進など「スポーツが社会活性化等に寄与する価値」
を更に高めるべく，第3期計画では次に掲げる施策を展開

1. 東京オリ・パラ大会のスポーツ・レガシーの継承・発展に資する重点施策

 持続可能な国際競技力の向上
〇東京大会の成果を一過性のものとせず，持続可能な国際競技力を向上させるため，
・NFの強化戦略プランの実効化を支援
・アスリート育成パスウェイを構築
・スポーツ医・科学，情報等による支援を充実
・地域の競技力向上を支える体制を構築

共生社会の実現や多様な主体によるスポーツ参画の促進
〇東京大会による共生社会への理解・関心の高まりと，スポーツの機運向上を契機としたスポーツ参画を促進
〇オリパラ教育の知見を活かしたアスリートとの交流活動等を推進

スポーツを通じた国際交流・協力
〇東京大会に向けて，世界中の人々にスポーツの価値を届けたスポーツ・フォー・トゥモロー（SFT）事業で培われた官民ネットワークを活用し，更なる国際協力を展開，スポーツSDGsにも貢献（ドーピング防止活動に係る人材・ネットワークの活用等）

 大規模大会の運営ノウハウの継承
〇新型コロナウイルス感染症の影響下という困難な状況の下で，東京大会を実施したノウハウを，スポーツにおけるホスピタリティの向上に活かした取組も含め今後の大規模な国際競技大会の開催運営に継承・活用

地方創生・まちづくり
〇東京大会による地域住民等のスポーツへの関心の高まりを地方創生・まちづくりの取組に活かし，将来にわたって継続・定着
〇国立競技場等スポーツ施設における地域のまちづくりと調和した取組を推進

スポーツに関わる者の心身の安全・安心確保
〇東京大会でも課題となったアスリート等の心身の安全・安心を脅かす事態に対応するため，
・誹謗中傷や性的ハラスメントの防止
・熱中症対策の徹底など安全・安心の確保
・暴力根絶に向けた相談窓口の一層の周知・活用

2. スポーツの価値を高めるための第3期計画の新たな「3つの視点」を支える施策

スポーツを「つくる/ はぐくむ」

社会の変化や状況に応じて，既存の仕組みにとらわれずに柔軟に見直し，最適な手法・ルールを考えて作り出す．

◆柔軟・適切な手法や仕組みの導入等を通した，多様な主体が参加できるスポーツの機会創出
◆スポーツに取り組む者の自主性・自律性を促す指導ができる質の高いスポーツ指導者の育成
◆デジタル技術を活用した新たなスポーツ機会や，新たなビジネスモデルの創出などDXを推進

スポーツで「あつまり，ともに，つながる」

様々な立場・背景・特性を有した人・組織があつまり，ともに課題に対応し，つながりを感じてスポーツを行う．

◆施設・設備整備，プログラム提供，啓発活動により誰もが一緒にスポーツの価値を享受できる，スポーツを通じた共生社会の実現
◆スポーツ団体のガバナンス・経営力強化，関係団体等の連携・協力による我が国のスポーツ体制の強化
◆スポーツ分野の国際協力や魅力の発信

スポーツに「誰もがアクセスできる」

性別や年齢，障害，経済・地域事情の違い等によって，スポーツの取組に差が生じない社会を実現，機運を醸成．

◆住民誰もが気軽にスポーツに親しめる「場づくり」等の機会の提供
◆居住地域にかかわらず，全国のアスリートがスポーツ医・科学等の支援を受けられるよう地域機関の連携強化
◆本人が望まない理由でスポーツを途中で諦めることがない継続的なアクセスの確保

3. 今後5年間に総合的かつ計画的に取り組む12の施策

①多様な主体におけるスポーツの機会創出
地域や学校における子供・若者のスポーツ機会の充実と体力向上，体育の授業の充実，運動部活動改革の推進，女性・障害者・働く世代・子育て世代のスポーツ実施率の向上　等

②スポーツ界におけるDXの推進
先端技術を活用したスポーツ実施のあり方の拡大，デジタル技術を活用した新たなビジネスモデルの創出　等

③国際競技力の向上
中長期の強化戦略に基づく競技力向上支援システムの確立，地域における競技力向上を支える体制の構築，国・JSPO・地方公共団体が一体となった国民体育大会の開催　等

④スポーツの国際交流・協力
国際スポーツ界への意思決定への参画支援，スポーツ産業の国際展開を促進するプラットフォームの検討　等

⑤スポーツによる健康増進
健康増進に資するスポーツに関する研究の充実・調査研究成果の利用促進，医療・介護や企業・保険者との連携強化　等

⑥スポーツの成長産業化
スタジアム・アリーナ整備の着実な推進，他産業とのオープンイノベーションによる新ビジネスモデルの創出支援　等

⑦スポーツによる地方創生，まちづくり
武道やアウトドアスポーツ等のスポーツツーリズムの更なる推進など，スポーツによる地方創生，まちづくりの創出の全国での加速化　等

⑧スポーツを通じた共生社会の実現
障害者や女性のスポーツの実施環境の整備，国内外のスポーツ団体への女性役員候補者の登用・育成の支援，意識啓発・情報発信　等

⑨スポーツ団体のガバナンス改革・経営力強化
ガバナンス・コンプライアンスに関する研修等の実施，スポーツ団体の戦略的経営を行う人材の雇用創出を支援　等

⑩スポーツ推進のためのハード，ソフト，人材
民間・大学も含めた地域スポーツ施設の有効活用の促進，地域スポーツコミッションなど地域連携組織の活用，全NFでの人材育成及び活用に関する計画策定を促進，女性のスポーツ指導に精通した指導者養成支援　等

⑪スポーツを実施する者の安全・安心の確保
暴力等の不適切な指導等の根絶に向けた指導者養成・研修の実施，スポーツ安全に係る情報発信・安全対策の促進　等

⑫スポーツ・インテグリティの確保
スポーツ団体へのガバナンスコードの普及・促進，スポーツ仲裁・調停制度の理解増進等の推進，教育研修や研究活動等を通じたドーピング防止活動の展開　等

『感動していただけるスポーツ界』の実現に向けた目標設定

全ての人が自発的にスポーツに取り組むことで自己実現を図り，スポーツの力で，前向きで活力ある社会と，絆の強い社会を目指す

💡 **国民のスポーツ実施率を向上**
✓成人の週1回以上のスポーツ実施率を70%（障害者は40%）
✓1年に一度以上スポーツを実施する成人の割合を100%に近づける（障害者は70%を目指す）

💡 **生涯にわたって運動・スポーツを継続したい子供の増加**
（児童86%⇒90%，生徒82%⇒90%）
子供の体力の向上
（新体力テストの総合評価C以上の児童68%⇒80%，生徒75%⇒85%）

💡 **誰もがスポーツに参画でき，共に活動できる社会を実現**
✓体育授業への参加を希望する障害のある児童生徒の見学ゼロを目指した学習プログラム開発
✓スポーツ団体の女性理事の割合を40%

💡 **オリンピック・パラリンピック等の国際競技大会で，過去最高水準の金メダル数，総メダル数，入賞者数，メダル獲得競技数等の実現**

💡 **スポーツを通じて活力ある社会を実現**
✓スポーツ市場規模15兆円の達成（2025年まで）
✓スポーツ・健康まちづくりに取り組む地方公共団体の割合15.6%⇒40%

💡 **スポーツを通じて世界とつながる**
✓ポストSFT事業を通じて世界中の国々の700万人の人々への裨益を目標に事業を推進
✓国際競技連盟（IF）等役員数37人規模の維持・拡大

スポーツ基本計画（本文）
スポーツ庁：https://www.mext.go.jp/sports/content/000021299_20220316_3.pdf

資料3　学校部活動及び新たな地域クラブ活動の在り方等に関する総合的なガイドライン（概要）

学校部活動及び新たな地域クラブ活動の在り方等に関する総合的なガイドライン【概要】

令和4年12月

○少子化が進む中，将来にわたり生徒がスポーツ・文化芸術活動に継続して親しむことができる機会を確保するため，速やかに部活動改革に取り組む必要．その際，生徒の自主的で多様な学びの場であった部活動の教育的意義を継承・発展させ，新しい価値が創出されるようにすることが重要．
○令和4年夏に取りまとめられた部活動の地域移行に関する検討会議の提言を踏まえ，平成30年に策定した「運動部活動の在り方に関する総合的なガイドライン」及び「文化部活動の在り方に関する総合的なガイドライン」を統合した上で全面的に改定，これにより，学校部活動の適正な運営や効率的・効果的な活動の在り方とともに，新たな地域クラブ活動を整備するために必要な対応について，国の考え方を提示．
○部活動の地域移行に当たっては，「地域の子供たちは，学校を含めた地域で育てる．」という意識の下，生徒の望ましい成長を保障できるよう，地域の持続可能で多様な環境を一体的に整備，地域の実情に応じ生徒のスポーツ・文化芸術活動の最適化を図り，体験格差を解消することが重要．

※Ⅰは中学生を主な対象とし，高校生も原則適用．Ⅱ～Ⅳは公立中学校の生徒を主な対象とし，高校や私学は実情に応じて取り組むことが望ましい．

Ⅰ　学校部活動

教育課程外の活動である学校部活動について，実施する場合の適正な運営等の在り方を，従来のガイドラインの内容を踏まえつつ示す．

（主な内容）
・教師の部活動への関与について，法令等に基づき業務改善や勤務管理
・部活動指導員や外部指導者を確保
・心身の健康管理・事故防止の徹底，体罰・ハラスメントの根絶の徹底
・週当たり2日以上の休養日の設定（平日1日，週末1日）
・部活動に強制的に加入させることがないようにする
・地方公共団体等は，スポーツ・文化芸術団体との連携や保護者等の協力の下，学校と地域が協働・融合した形での環境整備を進める

Ⅱ　新たな地域クラブ活動

学校部活動の維持が困難となる前に，学校と地域との連携・協働により生徒の活動の場として整備すべき新たな地域クラブ活動の在り方を示す．

（主な内容）
・地域クラブ活動の運営団体・実施主体の整備充実
・地域スポーツ・文化振興担当部署や学校担当部署，関係団体，学校等の関係者を集めた協議会などの体制の整備
・指導者資格等による質の高い指導者の確保と，都道府県等による人材バンクの整備，意欲ある教師等の円滑な兼職兼業
・競技志向の活動だけでなく，複数の運動種目・文化芸術分野など，生徒の志向等に適したプログラムの確保
・休日のみ活動をする場合も，原則として1日の休養日を設定
・公共施設を地域クラブ活動で使用する際の負担軽減・円滑な利用促進
・困窮家庭への支援

Ⅲ　学校部活動の地域連携や地域クラブ活動への移行に向けた環境整備

新たなスポーツ・文化芸術環境の整備に当たり，多くの関係者が連携・協働して段階的・計画的に取り組むため，その進め方等について示す．

（主な内容）
・まずは休日における地域の環境の整備を着実に推進
・平日の環境整備はできるところから取り組み，休日の取組の進捗状況等を検証し，更なる改革を推進
・①市区町村が運営団体となる体制や，②地域の多様な運営団体が取り組む体制など，段階的な体制の整備を進める
　※地域クラブ活動が困難な場合，合同部活動の導入や，部活動指導員等により機会を確保
・令和5年度から令和7年度までの3年間を改革推進期間として地域連携・地域移行に取り組みつつ，地域の実情に応じて可能な限り早期の実現を目指す
・都道府県及び市区町村は，方針・取組内容・スケジュール等を周知

Ⅳ　大会等の在り方の見直し

学校部活動の参加者だけでなく，地域クラブ活動の参加者のニーズ等に応じた大会等の運営の在り方を示す．

（主な内容）
・大会参加資格を，地域クラブ活動の会員等も参加できるよう見直し
　※日本中体連は令和5年度から大会への参加を承認，その着実な実施
・できるだけ教師が引率しない体制の整備，運営に係る適正な人員確保
・全国大会の在り方の見直し（開催回数の精選，複数の活動を経験したい生徒等のニーズに対応した機会を設ける等）

学校部活動及び新たな地域クラブ活動の在り方等に関する総合的なガイドライン（本文）

スポーツ庁：https://www.mext.go.jp/sports/content/20221227-spt_oripara-000026750_2.pdf

［山田奈美江・川西　正志］

索　　引

277

1章　生涯スポーツとは

年　　月　　日

学 科　　　　　　　　　　　　　学 年

学籍番号　　　　　　　氏 名

1. 生涯スポーツの定義を述べなさい.

2. 体育社会学分野における生涯スポーツ研究動向について説明しなさい.

2章　世界の生涯スポーツ政策

年　　　月　　　日

学　科		学　年	
学籍番号		氏　名	

1. EU（欧州連合）の「Erasmus+」プログラムの概要ならびに３つの事業目的を説明しなさい.

2. カナダの「スポーツと身体活動における長期育成モデル」における７つのステージと２つのプレステージについて説明しなさい.

3章　日本の生涯スポーツ・レジャー振興の現状

年　　　月　　　日

学 科　　　　　　　　　　学 年

学籍番号　　　　　　氏 名

1. 日本のスポーツ行政分野におけるレジャー政策の現状と今後の仕組みづくりと，野外レクリエーション活動におけるキャリング・キャパシティの問題と必要とされるマーケティングについて述べよ．

2. 経済・社会情勢の側面から野外レクリエーションや海洋レクリエーションのトレンドに影響を与えたと考えられる4つの要因について述べよ．

4章　生涯スポーツとビジネス

年　　月　　日

学 科 _____　　学 年 _____

学籍番号 _____　氏 名 _____

1．生涯スポーツにおけるマーケティングミックスの7P（4P＋3P）について説明しなさい．

2．スポンサーフィットについて説明し，それを高める方法を挙げなさい．

5章　生涯スポーツとヘルスプロモーション

年　　月　　日

学　科　　　　　　　　　　　　学　年

学籍番号　　　　　　　　氏　名

1. 健康づくりのマネジメントのプロセスについて説明しなさい.

2. 地域における健康づくり事業の計画作成に必要な内容を挙げ, それぞれについて説明しなさい.

6章　生涯スポーツと地域活性化

年　　月　　日

学 科	学 年
学籍番号	氏 名

1. 生涯スポーツイベントの目的や特徴を説明し，スポーツイベント開催の効果として考えられるものを3つ挙げなさい．

2. パットナムのソーシャルキャピタルの概念を示したうえで，「結合型」と「橋渡し型」の2つのタイプについて，プロスポーツ振興を例に説明しなさい．

7章　生涯スポーツ指導者とボランティア

年　　月　　日

学　科　　　　　　　　　　　　学　年

学籍番号　　　　　　　氏　名

1. わが国のスポーツ指導者養成について，スポーツ基本法に定められている指導者の名称と役割を示し，さらにわが国の運動・スポーツ指導者資格認定制度には業務独占資格の機能がないことによるメリットとデメリットを挙げなさい．

2. わが国のスポーツボランティアの現状と，スポーツボランティア育成の課題を挙げ，生涯スポーツイベントにおけるボランティアマネジメントの重要性について説明しなさい．

8章　子ども・青少年のスポーツ参加

年　　月　　日

学 科　　　　　　　　　　　　　　　学 年

学籍番号　　　　　　氏 名

1. 小学校期，中学校期，高等学校期のそれぞれにおける組織的スポーツ参加の現状について述べなさい.

2. 子どものスポーツ指導における留意点について述べなさい.

9章　高齢者のスポーツ参加

年　　　月　　　日

学 科 _____　　学 年 _____

学籍番号 _____　氏 名 _____

1. 高齢者のスポーツ参加がもたらす個人・社会的便益について説明しなさい.

2. 高齢者の運動・スポーツ実施状況における社会的支援の捉え方について説明しなさい.

10章　障がい者のスポーツ参加

年　　　月　　　日

学　科　　　　　　　　　　　　学　年

学籍番号　　　　　　氏　名

1. 障がい者スポーツの振興と施策について，国や都道府県，自治体の取り組み，さらには東京2020パラリンピックのレガシーから説明しなさい.

2. 障がい者（身体障害，知的障害，精神障害）にとって運動やスポーツが有する意義について説明しなさい.

11章　生涯スポーツとニュースポーツ

年　　月　　日

学　科　　　　　　　　　　　　　　学　年

学籍番号　　　　　　　氏　名

1．生涯スポーツの視点から，ニュースポーツが果たす役割と課題について述べなさい．

2．マスターズスポーツとはどのようなものか簡潔に説明し，その役割について述べなさい．

12章　総合型地域スポーツクラブの現状と課題

年　　月　　日

学　科　　　　　　　　　　学　年

学籍番号　　　　　氏　名

1. 総合型クラブの質的充実に向けた取り組みや施策について説明しなさい.

2. 総合型クラブの運営に必要な人材をあげるとともに，人材育成・養成に必要なマネジメント要素について説明しなさい.

13章　スポーツクラブの運営

年　　月　　日

学　科　　　　　　　　　　　学　年

学籍番号　　　　　　氏　名

1. 民間フィットネスクラブの事業形態と今後の課題と展望について説明しなさい.

2. 総合型クラブの運営に求められるクラブマネジャーの資質とクラブの財務管理の方法について説明しなさい.

14章　生涯スポーツのプロモーション

年　　月　　日

学 科　　　　　　　　　　学 年 _____

学籍番号　　　　氏 名 _____

1. 生涯スポーツのプロモーションにおけるメディアの役割について述べなさい.

2. スポーツ活動のプロモーション計画・評価に関する4つの主要な目標について述べなさい.

15章　スポーツ施設マネジメント

年　　月　　日

学　科 _____　　学　年 _____

学籍番号 _____　氏　名 _____

1. わが国のスポーツ施設の現状（数量と種別）を説明し，公共スポーツ施設の老朽化における問題点を挙げなさい．

2. 指定管理者制度の導入理由を説明し，現在指定管理者制度が直面している2つの課題を挙げなさい．

体育・スポーツ・健康科学テキストブックシリーズ

生涯スポーツ実践論
—生涯スポーツを学ぶ人たちに—
改訂5版

定価（本体3,300円＋税）

2002年	10月	12日	初版	1刷
2006年	10月	19日	改訂2版	1刷
2012年	10月	17日	改訂3版	1刷
2018年	4月	30日	改訂4版	1刷
2020年	4月	1日		3刷
2024年	5月	1日	改訂5版	1刷

監修者
川西　正志・野川　春夫

発行者
市村　近
発行所
有限会社　市村出版
〒114-0003　東京都北区豊島2-13-10
TEL03-5902-4151
FAX03-3919-4197
http://www.ichimura-pub.com
info@ichimura-pub.com

印刷・製本
株式会社　杏林舎

ISBN978-4-902109-68-9　C1037
Printed in Japan

乱丁・落丁本はお取り替えいたします。